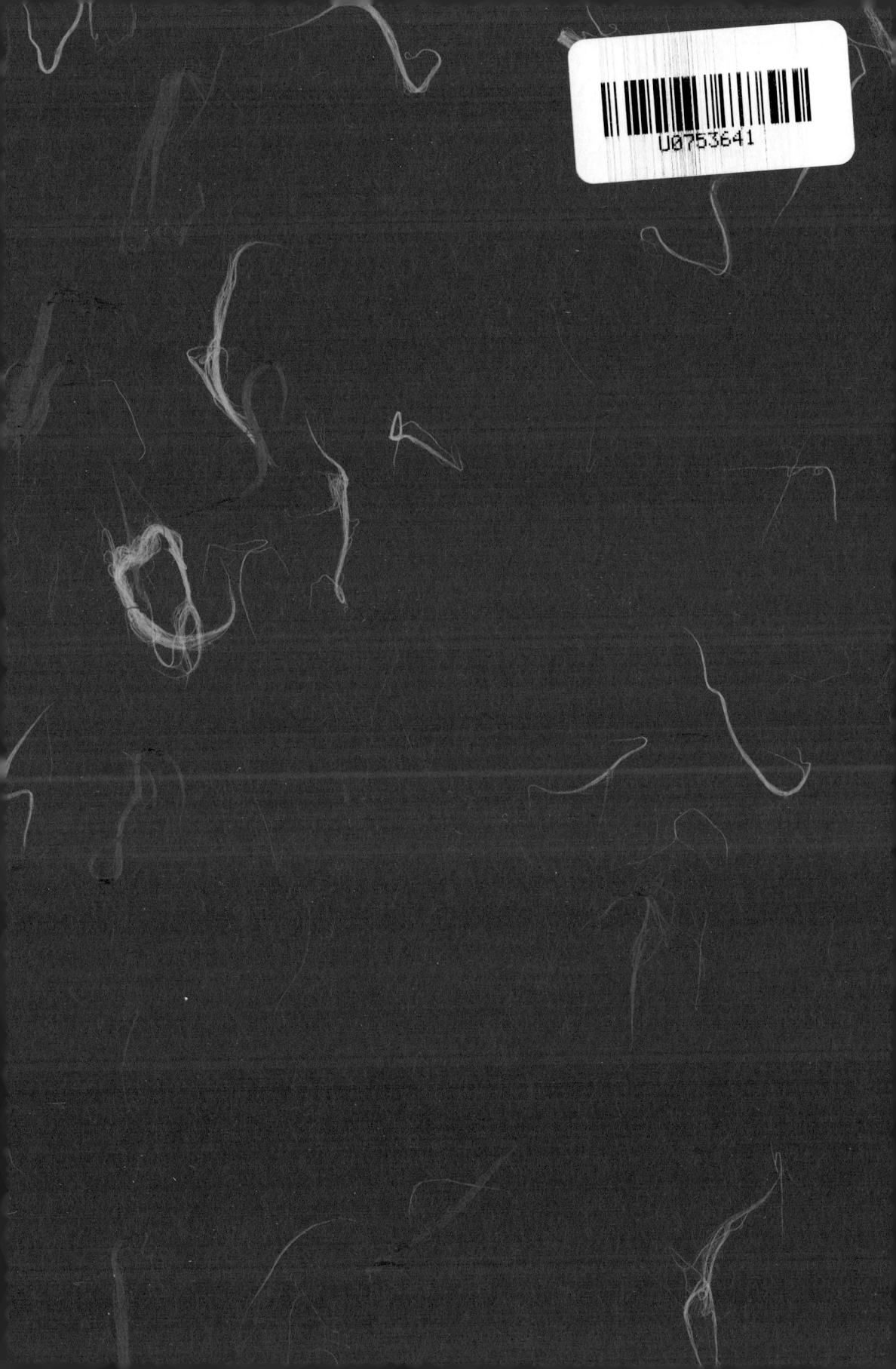

北京科技大学思想政治工作研究院
北京科技大学马克思主义学院　组编

思想政治教育
研究热点年度发布
2024

冯　刚　主编

团结出版社
·北京·

© 团结出版社，2025 年

图书在版编目（CIP）数据

思想政治教育研究热点年度发布 . 2024 / 冯刚主编 . 北京：团结出版社, 2025.3. -- ISBN 978-7-5234-1646-4

Ⅰ. G641

中国国家版本馆 CIP 数据核字第 20256C1V45 号

责任编辑：牛　浩
封面设计：阳洪燕

出　　版：	团结出版社
	（北京市东城区东皇城根南街 84 号 邮编：100006）
电　　话：	（010）65228880　65244790（出版社）
	（010）65238766　85113874　65133603（发行部）
	（010）65133603（邮购）
网　　址：	http://www.tjpress.com
电子邮箱：	zb65244790@vip.163.com
经　　销：	全国新华书店
印　　装：	三河市东方印刷有限公司

开　　本：	170mm×240mm　16 开		
印　　张：	30	字　数：	412 千字
版　　次：	2025 年 3 月　第 1 版	印　次：	2025 年 3 月　第 1 次印刷

书　　号：978-7-5234-1646-4
定　　价：98.00 元

（版权所属，盗版必究）

前　言

思想政治教育热点是对思想政治教育学科积淀和发展趋势的集中反映，持续追踪和深入研究思想政治教育热点对于推动思想政治教育学科创新发展具有重要意义。2024 年，在学习贯彻党的二十届三中全会和全国教育大会精神，纪念思想政治教育学科成立 40 周年中，学者们围绕思想政治教育理论和实践命题开展了深入探讨，取得了丰硕研究成果。思想政治教育实证研究是思想政治教育研究的热点议题，在扎根现实世界、关照现实问题中更为科学地把握、理解和阐释思想政治教育实际，对于推动思想政治教育科学化发展具有重要意义。

一、夯实思想政治教育实证研究的理论基石

思想政治教育实证研究理论基石的构筑夯实，关系着这一研究范式存在的合理性与合法性，也规定着这一研究范式程序和结论的科学性。一是坚持以马克思主义经典作家实证研究观为理论指导。实证研究是思想政治教育学者深入现实世界、贴近教育对象进行客观描述与具体考察，以发现和验证思想政治教育现象的真相、性质和规律的精神、规则和方法的结合，其本身就内蕴着马克思主义的科学世界观和方法论，彰显着辩证唯物主义与历史唯物主义的思想光辉。马克思、恩格斯毕生的理论创造都与实证研究密不可分，他们反对黑格尔那种脱离经验现象、以概念推演为对象的思辨哲学，所

以将研究对象转向社会生活实践。如,马克思编制的《工人调查表》开了马克思主义问卷调查的先河,恩格斯的《英国工人阶级状况》是实地走访调查英国工人状况长达一年多时间形成的研究报告,列宁也曾明确指出:"首要任务之一是组织一系列的社会调查。"① 二是坚持以中国共产党领导人关于大兴调查研究之风论述为理论支撑。坚持理论联系实际,大兴调查研究之风,是中国共产党的优良传统与作风。要从党的创新理论特别是习近平总书记关于大兴调查研究之风论述中明确思想政治教育实证研究的意义,认领思想政治教育实证研究的内容,优化思想政治教育实证研究的路径,推进思想政治教育实证研究的成果转化。三是坚持从实证主义、建构主义、解释主义汲取思路,以实证研究体系发展相对成熟的社会学、教育学、心理学、法学等社会科学学科为理论借鉴,在坚持马克思主义的基础上,探索思想政治教育实证研究的哲学反思,在方法论、研究范式和体系建构等方面实现实证研究的"思想政治教育化"探索。

二、聚焦思想政治教育实证研究的基本内容

深化思想政治教育实证研究,并不是以思想政治教育实证研究取代思想政治教育思辨研究,而是出于固根基、扬优势、补短板、强弱项的考虑,在坚持思想政治教育思辨研究主导地位的基础上,明确适合且需要实证研究的理论命题,着力推动思想政治教育实证研究基本内容的创新发展。具体而言,一是深化思想政治教育田野调查,其是一种深入研究现象的生活背景,以参与观察和结构访谈的方式收集资料,并通过对这些资料的定性分析来理解和揭示现象的社会研究方式,与思想政治教育效果的滞后性和潜隐性高度契合,应广泛用于把握教育对象的思想品德发展事实和思想政治教育活动开展事实。二是深化思想政治教育案例研究,旨在分析追踪一个或少数几个思想政治教育领域案例,彰显思想政治教育的人本取向,有利于增强思想政治

---

① 《列宁全集(第34卷)》,人民出版社1985年版,第349页。

教育针对性，其重点在于典型案例、极端案例、反常案例以及相似案例的选择与分析。三是深化思想政治教育数据挖掘，其关键在于充分利用发展迅猛的数智技术，将思想政治教育现象转化为可视化、可加工、可复制的数据，并实现思想政治教育数据的描述性应用、诠释性应用和探索性应用。四是深化思想政治教育模型建构，强调对思想政治教育系统内各要素关系、运行机制及发展规律进行抽象化、结构化呈现，建构起可验证的实践模型，并不断予以修正。五是深化思想政治教育常模评价研究，与标准评价研究预先设定好评价标准不同的是，其评价标准来自对大量代表性样本进行思想政治教育相关指标的测量后，再经过统计分析而得出的标准数值集合，更注重评价对象的差异研究，以更好更全面地把握思想政治教育效果，实现以评促建、以评促改。

三、推进思想政治教育实证研究的共建共享

思想政治教育是全方位、全时段、全员的教育体系，资源与成果的共建共享是培根铸魂、立德树人的应有之义。深化思想政治教育实证研究，不仅要依靠马克思主义理论学界，更应跳出传统形式和单一场景，与其他学科紧密合作，从全社会寻求资源助力，搭建成果共享平台，形成推动大思政体系建设的合力，使思想政治教育发挥更大功能，焕发出更强大的思政引领力。一是以科际整合优化思想政治教育实证研究质量。思想政治教育应与计算机科学、教育学、社会学、心理学等开展交叉学科紧密合作，在质性挖掘、实验设计、量化分析、社会计算等方面汲取养分，孵化高质量实证研究成果。二是以资源整合提升思想政治教育实证研究效率。作为实证研究的基础，思想政治教育数据采集有难度且耗时间，对研究者的数据素养和技术设备均有较高要求。这就要求各研究机构和学术团队适当开放数据库的使用权限，避免重复性大规模的数据采集，推进二次分析的深入开展，还应加强技术培育、人才支持和设备流通。三是以平台搭建实现思想政治教育实证研究成果

转化应用。思想政治教育实证研究成果往往分散在各研究机构和学术团队的手中，囿于机构隶属关系和时空限制，其传播及应用的效果甚微，因而有必要搭建思想政治教育实证研究成果共建共享的网络平台，实现重要数据、精品案例、实践模型、评价模型等的精准推送、实践检验与转化应用。

本书系统梳理了2024年思想政治教育研究热点共26章，分别对思想政治教育学科40年发展、范畴、政策、功能、方法、话语、环境、形象、治理、制度机制、质量评价、文化育人，全面深化改革、党内法规、心理健康教育、传统文化、社会思潮、新质生产力与思想政治教育，大学生精神生活与内生动力、数字思想政治教育、思政课建设、时代新人培育、辅导员队伍建设、比较思想政治教育、民族思想政治教育、大中小学思想政治教育一体化等相关研究进行了总结分析，在梳理研究进展、把握特点不足、展望发展趋势中进一步深化思想政治教育规律性认识，有力推动思想政治教育学科在新的历史起点上守正创新。

冯刚

2025年1月

目 录

前 言 / 1

第一章 思想政治教育学科 40 年发展研究 / 1
  一、思想政治教育学科 40 年发展研究的年度聚焦 / 1
  二、思想政治教育学科 40 年发展研究的年度特征 / 7
  三、思想政治教育学科 40 年研究的趋势展望 / 11

第二章 全面深化改革与思想政治教育 / 16
  一、全面深化改革与思想政治教育研究的年度梳理 / 17
  二、全面深化改革与思想政治教育研究的主要特点与不足 / 24
  三、全面深化改革与思想政治教育研究的趋势展望 / 28

第三章 思想政治教育范畴研究 / 33
  一、思想政治教育范畴研究的年度进展 / 33
  二、思想政治教育范畴研究的年度特点 / 45
  三、思想政治教育范畴研究的总结与展望 / 47

第四章 思想政治教育政策研究 / 54
  一、思想政治教育政策研究成果 / 54
  二、思想政治教育政策研究特点 / 60
  三、思想政治教育政策研究展望 / 64

第五章 思想政治教育功能研究 / 69
  一、思想政治教育功能研究的年度进展 / 69

二、思想政治教育功能研究的年度特征 / 77

三、思想政治教育功能研究的未来展望 / 81

第六章 思想政治教育方法研究 / 86

一、思想政治教育方法研究的年度进展 / 86

二、思想政治教育方法研究的年度特征 / 92

三、思想政治教育方法研究的趋势与展望 / 97

第七章 思想政治教育话语研究 / 102

一、思想政治教育话语研究的年度进展 / 102

二、思想政治教育话语研究的年度特征 / 110

三、思想政治教育话语研究的趋势展望 / 113

第八章 思想政治教育环境研究 / 118

一、思想政治教育环境研究的年度进展 / 118

二、思想政治教育环境研究的年度特点 / 125

三、思想政治教育环境研究的发展趋势 / 128

第九章 思想政治教育形象研究 / 133

一、思想政治教育形象研究的成果述要 / 133

二、思想政治教育形象研究的年度特征 / 141

三、思想政治教育形象研究的未来展望 / 147

第十章 思想政治教育制度机制研究 / 152

一、思想政治教育制度机制研究的年度进展 / 152

二、思想政治教育制度机制研究的年度特点 / 159

三、思想政治教育制度机制研究的趋势展望 / 163

第十一章 思想政治教育治理研究 / 167

一、思想政治教育治理研究的年度进展 / 167

二、思想政治教育治理研究的年度特点 / 171

三、思想政治教育治理研究的总体趋势 / 174

四、思想政治教育治理研究的未来展望 / 178

第十二章 大学生精神生活与内生动力相关问题研究 / 182

一、大学生精神生活与内生动力相关问题的研究现状 / 183

二、大学生精神生活与内生动力相关问题的研究特点与不足 / 192

三、大学生精神生活与内生动力相关问题的研究展望 / 197

第十三章 思想政治教育质量评价研究 / 202

一、思想政治教育质量评价研究的年度进展 / 202

二、思想政治教育质量评价研究的年度特征 / 210

三、思想政治教育质量评价研究的未来展望 / 215

第十四章　思想政治教育文化育人研究 / 220

一、思想政治教育文化育人研究的年度进展 / 220

二、思想政治教育文化育人研究的年度特征 / 225

三、思想政治教育文化育人研究的趋势展望 / 234

第十五章　数字思政研究 / 240

一、数字思政研究的年度进展 / 240

二、数字思政研究的年度特点 / 248

三、数字思政研究的趋势展望 / 253

第十六章　思想政治理论课建设研究 / 260

一、思政课建设研究聚焦 / 260

二、思政课建设研究特点 / 266

三、思政课建设研究趋势 / 272

第十七章　新质生产力与思想政治教育相关问题研究 / 279

一、新质生产力与思想政治教育研究年度梳理 / 280

二、新质生产力与思想政治教育研究特点 / 285

三、新质生产力与思想政治教育研究展望 / 288

第十八章　党内法规的思想政治教育意义研究 / 293

一、党内法规的思想政治教育意义研究的年度进展 / 293

二、党内法规的思想政治教育意义研究的年度特征 / 300

三、党内法规的思想政治教育意义研究的趋势展望 / 306

第十九章　心理健康教育与思想政治教育研究 / 311

一、心理健康教育与思想政治教育研究的年度进展 / 311

二、心理健康教育与思想政治教育研究的年度特点 / 315

三、心理健康教育与思想政治教育研究的趋势展望 / 317

第二十章　中华优秀传统文化与思想政治教育研究 / 323

一、中华优秀传统文化与思想政治教育研究的进展 / 324

二、中华优秀传统文化与思想政治教育研究的特点 / 330

三、中华优秀传统文化与思想政治教育研究的展望 / 333

第二十一章　社会思潮与思想政治教育研究 / 338

一、社会思潮研究年度成果 / 338

　　二、社会思潮研究呈现的特征 / 346

　　三、社会思潮研究趋势前瞻 / 351

第二十二章　时代新人培育研究 / 356

　　一、时代新人培育研究成果的年度回顾 / 356

　　二、时代新人培育研究的年度进展与特点 / 364

　　三、时代新人培育研究的发展展望 / 369

第二十三章　辅导员队伍建设研究 / 372

　　一、辅导员队伍建设研究的成果述评 / 372

　　二、辅导员队伍建设研究的年度特点与不足 / 378

　　三、辅导员队伍建设和发展研究的展望 / 385

第二十四章　民族思想政治教育研究 / 390

　　一、民族思想政治教育研究的年度进展 / 390

　　二、2024年度民族思想政治教育研究的特征与不足 / 397

　　三、民族思想政治教育研究展望 / 401

第二十五章　大中小学思想政治教育一体化研究 / 404

　　一、大中小学思想政治教育一体化研究的主要进展 / 404

　　二、大中小学思想政治教育一体化研究的年度特征 / 413

　　三、大中小学思想政治教育一体化研究的发展展望 / 419

第二十六章　比较思想政治教育相关问题研究 / 424

　　一、比较思想政治教育相关问题研究的年度进展 / 424

　　二、比较思想政治教育相关问题研究的年度特点与不足 / 427

　　三、比较思想政治教育相关问题研究的趋势展望 / 432

参考文献 / 436

　　一、经典文献 / 436

　　二、学术著作 / 437

　　三、期刊论文 / 438

后　记 / 469

第一章　思想政治教育学科 40 年发展研究

2024 年是思想政治教育学科正式设立的第 40 个年头，也是学科发展从"而立"迈入"不惑"阶段的开局之年。40 年来，思想政治教育学科始终坚持守正创新，以党的创新理论为基本遵循，在中国特色社会主义实践中不断建设发展。思想政治教育学科的发展以科学化、体系化为基本特征，以问题意识、系统思维为重要引领，在理论构建和实践探索中不断深化。梳理相关研究成果，明确年度研究特征，把握研究趋势，对于推动思想政治教育学科守正创新具有重要意义。

一、思想政治教育学科 40 年发展研究的年度聚焦

据统计，分别以"思想政治教育学科""思想政治教育""学科建设"等为关键词，以 CSSCI 为筛选类型在中国知网（CNKI）中进行检索，2024 年度相关研究成果数量相较 2014 年度有一定提升，研究向度不断扩展，研究深度持续增加。这不仅是思想政治教育学科建设在研究成果上丰富拓展的直接体现，更是思想政治教育学科从"三十而立"到"四十不惑"这十年来在学科体系建构、基础理论研究以及育人实践探索等维度深化与发展的逻辑必然。

（一）思想政治教育学科发展规律与趋势研究

思想政治教育学科自 1984 年正式设立以来经历了创建、发展、繁荣等阶段，每一阶段都有着亟待解决的特定问题，每一阶段都在遵循学科发展基

本规律的同时丰富和深化着这些规律性认识，并且每一阶段也都蕴含着下一阶段发展的基本趋势。认识与把握学科发展的基本规律，并从中研判下一阶段的发展趋势构成了本年度学界的研究重点。

一方面，思想政治教育学科发展的趋势研判。十年前，《思想政治教育学科30年发展研究报告》一书在梳理学科发展成果，总结学科建设经验的基础上提出了自主发展、创新发展、整合发展和内涵发展的基本趋势，为学科发展指明基本方向。[①] 十年后，《思想政治教育学科40年发展研究报告》一书在回顾思想政治教育40年发展历程，尤其是新时代思想政治教育学科创新发展的厚重积淀的基础上，为学科发展阐明了不断夯实思想政治教育内涵式发展的理论基础，持续完善思想政治教育改革创新的政策支撑，持续增进思想政治教育创新发展的重要动力，以及持续推动思想政治教育高质量发展的时代进路。[②] 此外，明确思想政治教育学科的时代方位和学科定位也是学科发展趋势研究的重要内容。有学者就如何在中国式现代化进程中不断增强学科自信与学科自觉，丰富学科内涵与学科外延，彰显学科特色与学科优势，从而实现思想政治教育学科高质量发展展开系统论述。[③] 有学者围绕明确思想政治教育学科定位以加强对本学科的归属感、认同感，进一步明确与确立思想政治教育"铸魂育人"的学科本质，在中国式现代化中推动学科科学发展，提升学科服务中国式现代化的能力与水平展开研究。[④]

另一方面，思想政治教育学科发展的规律把握。任何事物的发展都有其内在规律，科学把握思想政治教育学科发展规律对于深化本质认识、推动守

---

① 冯刚、郑永廷主编：《思想政治教育学科30年发展研究报告》，光明日报出版社2014年版，第1—12页。

② 冯刚主编：《思想政治教育学科40年发展研究报告》，中国人民大学出版社2024年版，第1—9页。

③ 黄蓉生：《思想政治教育学科创立与发展的根本价值取向——写在思想政治教育学科创立40周年之际》，《思想理论教育》2024年第6期。

④ 项久雨：《"四十不惑"：思想政治教育学科发展的历史沉思》，《思想理论教育导刊》2024年第4期。

正创新具有重要意义。有学者指出:"对思想政治教育规律性认识的深化历程也就是思想政治教育学科成熟和创新的历程,对规律性认识的深化不仅夯实了学科的理论根基,同时对学科的学理性创建提供了鲜明的导向。"① 有学者将思想政治教育学科发展 40 年的规律总结概括为——"坚持党的领导服务育人大业,与社会发展进程相契合,与个体发展需要相适应,根植本土兼具全球视野"②,这四点为今后学科发展提供重要遵循。有学者认为,思想政治教育学科 40 年发展的风雨历程为学科面向未来、守正创新积累了弥足珍贵的一系列经验,应当以始终坚持党对思想政治教育学科建设的领导为根本遵循,并且在此基础上坚守思想政治教育学科建设主阵地,推动理论研究与实践运用的进一步融合。③ 还有学者对思想政治教育学科 40 年发展取得的重大成就进行梳理和总结,认为在思想政治教育概念形塑,思想政治教育科学构建,思想政治教育学科体系建立以及思想政治教育学科力量培育等方面积累的经验和形成的规律,是今后学科发展的宝贵财富。④

(二)思想政治教育学科基础理论研究

基础理论研究既是思想政治教育学科一路走来的基石,也是指明学科未来发展方向的重要牵引。40 年来,学界围绕思想政治教育本质、规律、目的、内容、方法、环境等展开深入研究并取得丰硕的优秀成果,构建起思想政治教育学科基础理论的四梁八柱。同时,思想政治教育基础理论研究仍在不断拓展和丰富,本年度学界聚焦概念研究、要素研究、体系研究等方面,

---

① 冯刚:《思想政治教育学科 40 年创新发展的历程与经验》,《南京大学学报(哲学·人文科学·社会科学)》2023 年第 4 期。
② 冯刚:《思想政治教育学科 40 年发展的规律性把握与时代展望》,《马克思主义理论学科研究》2024 年第 4 期。
③ 吴潜涛、杜思睿:《思想政治教育学科建设的历史发展与基本经验》,《马克思主义理论学科研究》2024 年第 7 期。
④ 佘双好:《改革开放以来思想政治教育学科发展的回溯与展望》,《社会科学辑刊》2024 年第 3 期。

进一步深化思想政治教育学科基础理论研究。

第一，思想政治教育概念研究。有学者围绕一些具有思想政治教育学科意蕴的标识性概念，如"思想实际""价值引领""精神"等展开研究，以概念为小切口对其内涵、特征等进行系统梳理、发掘和阐发，搭建起日常话语、政策文件和学术研究之间的纽带，从而为深化思想政治教育学科基础理论研究，夯实思想政治教育学科知识体系做出重要贡献。① 有学者聚焦"思想政治教育主要矛盾"进行内涵厘清，通过勘定"思想政治教育"的界域，明确"主要"之特性以及廓清"矛盾"之属性为思想政治教育主要矛盾的判定确立基本标准和依据，从而助力思想政治教育理论研究和实际工作进行。②

第二，思想政治教育要素研究。一是思想政治教育功能研究。有学者以系统思维为引领对40年来思想政治教育功能的演进、建构与发展进行研究，在对思想政治教育功能发展历程进行阶段划分的基础上提出了当前推动思想政治教育功能高质量发展的基本思路。③ 二是思想政治教育载体研究。有学者以信息时代为基本视域深入思考思想政治教育载体这一基本要素，由传统思想政治教育载体到网络思想政治教育载体，再到数字思想政治教育载体的三重形态嬗变，以及其时代化、数字化发展对思想政治教育研究和实践所带来的深刻影响。④ 三是思想政治教育话语研究。有学者认为话语问题是思想政治教育的内生问题，系统梳理思想政治教育话语的发展历程，高度重视思想政治教育话语研究的时代价值有助于推动思想政治教育学科自主知识体系和话语体系建设。⑤

---

① 叶方兴：《"思想实际"的思想政治教育学阐释》，《思想教育研究》2024年第6期。
② 匡宁、王习胜：《论思想政治教育主要矛盾的判定》，《思想教育研究》2024年第6期。
③ 黄蓉生、刘云彬：《40年来思想政治教育功能的演进、建构与发展论析》，《思想理论教育导刊》2024年第7期。
④ 付安玲、张书铭：《40年来思想政治教育载体的形态嬗变与经验启示》，《学校党建与思想教育》2024年第17期。
⑤ 周琪：《思想政治教育四十年话语回溯与展望》，《湖南社会科学》2024年第3期。

第三，思想政治教育体系研究。一是基础理论体系研究。有学者认为，思想政治教育基础理论体系是思想政治教育学科体系、学术体系、话语体系的基础，是思想政治教育体系发展和完善不可缺少的组成部分，也是思想政治教育学科体系逐渐成熟的重要标志。40年来，思想政治教育学科基础理论研究逐步深化，经历了从命题提出、专题研究、论域形成到体系建构的四个阶段，坚持系统观念，运用系统思维推进思想政治教育基础理论的整体研究、专题研究和应用研究，通过体系建构为学科发展提供坚实支撑。① 二是理论基础与基础理论的关系探赜。有学者立足思想政治教育学科特点，从"大文科"视域下把握思想政治教育学科理论基础和基础理论的区别与联系，对学科基础理论类型进行优化、细化，对学科理论基础的内涵进行厘清和界说，并在此基础上提出了推动二者协同创新的基本路径。② 此外，还有学者就思想政治教育方法论体系、方法体系、价值体系等基础理论展开研究。

（三）思想政治教育学科理论创新研究

思想政治教育学科基础理论研究内在蕴含着理论创新的种子，在思想政治教育实践中找到基础理论研究的新的生长点，在同实践前沿的有机互动中深化基础理论研究，为理论创新提供内在动力。本年度，学界在研究主题和交叉学科研究上有所创新，取得了一定成果。

第一，思想政治教育的研究主题创新。研究主题的创新蕴含着深刻的必然性和重要性，既符合时代发展需求，也符合思想政治教育学科高质量发展要求。有学者立足世情、国情、党情的新变化，对思想政治教育主题进行研究，不仅包括了传统的思想政治教育史论、关系论、价值论、课程论研究，而且提出了"思想政治教育战略论""思想政治教育战术论"等新的研究论

---

① 孙其昂：《推进思想政治教育基础理论的体系研究》，《社会科学辑刊》2024年第3期。
② 王振：《论思想政治教育学科的理论基础与基础理论》，《马克思主义理论学科研究》2024年第7期。

域，彰显出鲜明的时代特色和学科特质。[①] 有学者从政策文件和实际工作中挖掘思想政治教育学科理论研究的创新点。围绕思想政治教育过程这一常论常新、常新常论的基本范畴，以"思想政治教育贯通论"为题进行研究，深入思考以思想政治教育之变应对社会实践之变，积极探索思想政治教育对社会实践全面贯通的运行机理和实践路径。[②]

第二，思想政治教育交叉学科研究。学界关于交叉学科的重视程度随着思想政治教育学科基础理论的深化不断提升。40年来，思想政治教育交叉学科的研究论域不断丰富，研究范式逐渐形成，研究理论持续深化。本年度，有学者对形态学和思想政治教育学进行交叉研究，对思想政治教育有形或无形的问题进行讨论，在一定程度上拓宽了研究视角。[③] 还有学者对历史学和思想政治教育学进行交叉研究，借鉴历史学科的理论与方法，审视思想政治教育领域的历史、理论和实践问题。[④]

（四）聚焦思想政治教育学科人才培养

思想政治教育学科在40年的发展历程中始终高度重视人才队伍建设，以人才培育为重要抓手为推动学科发展提供深厚力量。如何建设人才队伍、建设什么样的人才队伍，如何培养人才、培养什么样的人才是思想政治教育学科发展致力回应的重要问题。"中青年学者是推动思想政治教育学科发展的中坚力量，思想政治教育学科要实现接续发展，需要一代代中青年学者发挥作用、贡献力量。"[⑤] 第一，思想政治教育学科的发展需要有一批有责任意识、敢于担当的中青年学者主动、自觉地投身于思想政治教育学科发展，并且在学科发展过程中不断夯实自身综合素质，进一步激发内生动力。第二，

[①] 项久雨：《新时代思想政治教育主题论》，人民出版社2023年版。
[②] 骆郁廷：《思想政治教育贯通论》，人民出版社2023年版。
[③] 杨威、张会静：《论思想政治教育的有形与无形》，《思想教育研究》2024年第8期。
[④] 王树荫：《论思想政治教育历史学的知识体系建构》，《马克思主义理论学科研究》2024年第1期。
[⑤] 冯刚主编：《思想政治教育学科中青年学者成长之路》，团结出版社2023年版，第4页。

中青年学者的成长离不开学科的支持，需要一个展示自身、交流互鉴、教学相长的机会和平台。第三，中青年学者的成长也离不开学科资深专家前辈的关注与培养，发挥"传帮带"作用，帮助中青年学者不断成长、持续进步。

2023 年，由冯刚教授主编的《思想政治教育学科中青年学者成长之路》正式出版，并于 2024 年出版《思想政治教育学科中青年学者成长之路》（第二辑）。该书生动刻画了 80 多位思想政治教育学科中青年学者成长发展的心路历程，反映出中青年学者所取得的学术成果背后的砥砺奋斗和持续深耕，通过这种群体形象的展现呈现中青年学者眼中的思想政治教育学科内涵，同时也展现出思想政治教育学科发展的趋势与未来，对思想政治教育学科发展和人才培养起到积极的促进作用。此外，还有学者就如何着力完善思想政治教育学科的人才培养体系展开讨论，认为"立足于新时代新征程，提升思想政治教育学科人才培养质量，既要围绕党和国家对于思想政治教育学科的发展定位明确人才培养的目标，又要紧扣现代化发展的现实需要增强人才培养的特色，更要聚焦人才培养的关键环节着力提升人才培养质量，不断完善思想政治教育学科人才培养体系"。[①]

二、思想政治教育学科 40 年发展研究的年度特征

思想政治教育学科 40 年发展研究是把握时代发展脉搏，关注学科发展动态，久久为功、绵绵用力的长期过程。梳理本年度思想政治教育学科 40 年发展研究成果，把握本年度研究的最新进展，可以发现其中蕴含的年度研究特征。本年度，思想政治教育学科 40 年发展研究以党和国家对哲学社会科学和思想政治工作的重要指示为基本遵循，以中国式现代化为基本视域进行学理建构，以问题导向推动思想政治教育学科发展。这些年度研究特征为后续的思想政治教育学科发展研究提供了重要的参考和借鉴。

---

① 吴潜涛、雷洲：《新时代思想政治教育学科高质量发展的着力点》，《思想教育研究》2024 年第 10 期。

（一）以政策文件为基本遵循

思想政治教育学科是一门应用型学科，学科的设立与发展与党和国家的政策文件密切相关。党的十八大以来，以习近平同志为核心的党中央高度重视教育事业发展，把思想政治工作摆在突出位置。习近平总书记在全国宣传思想文化工作会议、全国教育大会、哲学社会科学工作座谈会、全国高校思想政治工作会议、学校思想政治理论课教师座谈会等会议上的讲话，以及中共中央、国务院印发的《关于加强和改进新形势下高校思想政治工作的意见》《关于加强和改进思想政治工作的意见》等文件，均对思想政治教育学科创新发展起到重要的指引和支撑作用。首先，习近平总书记在哲学社会科学工作座谈会上提出的"要按照立足中国、借鉴国外，挖掘历史、把握当代，关怀人类、面向未来的思路，着力构建中国特色哲学社会科学，在指导思想、学科体系、学术体系、话语体系等方面充分体现中国特色、中国风格、中国气派"[1]，引发学界就如何建构"思想政治教育自主知识体系"展开深入研究。本年度学者们围绕思想政治教育自主知识体系的理论阐释、建构逻辑、基本内容等方面，探讨回答了思想政治教育自主知识体系的基本问题，奠定了新时代建构思想政治教育自主知识体系的理论基础。其次，习近平总书记在全国教育大会上指出："建设教育强国是一项复杂的系统工程，需要我们紧紧围绕立德树人这个根本任务，着眼于培养德智体美劳全面发展的社会主义建设者和接班人，坚持社会主义办学方向，坚持和运用系统观念，正确处理支撑国家战略和满足民生需求、知识学习和全面发展、培养人才和满足社会需要、规范有序和激发活力、扎根中国大地和借鉴国际经验等重大关系。"[2] 这一重要论述在给学界带来了新的理论生长点的同时，也给思

---

[1] 习近平：《论党的宣传思想工作》，中央文献出版社2020年版，第226页。
[2] 《习近平在全国教育大会上强调 紧紧围绕立德树人根本任务 朝着建成教育强国战略目标扎实迈进》，《人民日报》2024年9月11日。

想政治教育学科体系建设提出了新要求。最后，本年度学界以习近平文化思想为指导，一方面积极拓展思想政治教育学科发展的文化向度，另一方面从马克思主义基本理论和中华优秀传统文化相结合中汲取文化滋养，获取文化伟力。

（二）以中国式现代化为基本视域

习近平总书记在党的二十大报告中提出了"以中国式现代化全面推进中华民族伟大复兴"的战略要求。中国式现代化不仅为思想政治教育学科发展提供了基本的时空场域与时代坐标，而且也引发了学界关于如何在中国式现代化进程中推动思想政治教育学科发展的深度思考。相较于去年，本年度学界更侧重于从思想政治教育学科出发，聚焦中国式现代化与思想政治教育内在关系研究、中国式现代化融入思想政治教育研究、中国式现代化的文化价值研究、中国式现代化与当代青年研究等方面，进行深化与拓展。首先，把握中国式现代化与思想政治教育学科之间的内在关系是本年度学界较为关注的一个重要问题。习近平总书记指出："中国式现代化的探索就是一个在继承中发展、在守正中创新的历史过程。"① 思想政治教育学科发展本身就是中国式现代化的一个重要表征，中国式现代化的推进也需要通过思想政治教育学科的发展予以支撑，通过资政育人重要功能的现代化建构发挥出学科的应然作用，从而更好地服务于中国式现代化。其次，理解思想政治教育学科在中国式现代化中的学科属性、学科特点、时代定位、实践基础以及前进方向，是本年度学界较为关注的另一个重要问题。思想政治教育本质上是做人的工作，中国式现代化的关键是人的现代化，从这一层面上说，思想政治教育学科发展必须要抓住中国式现代化的本质特征，在此基础上对思想政治教育学科的元问题进行深入剖析，而这也构成了本年度学界致思的重要内容。最后，在中国式现代化中深化思想政治教育学科基础理论研究也是本年度学

---

① 《习近平关于中国式现代化论述摘编》，中央文献出版社2023年版，第232页。

界关注的重点。新时代新征程，思想政治教育基础理论研究与中国式现代化进程应当保持适当张力，这就要求思想政治教育对现代化"祛魅"，把握现代化的基本规律，一方面在研究范式、研究方法、研究内容上与时俱进，确立中国式现代化的现代性，另一方面在研究队伍、研究评价、研究资源等方面实现现代化发展。

（三）以问题导向为基本引领

坚持问题导向，聚焦思想政治教育学科发展过程中存在的突出问题，既是马克思主义的重要品质，也是观照学科发展现状的重要体现。本年度，学界在问题导向的引领下，从多个层面、多个维度对思想政治教育学科发展过程中存在的问题进行深入思考与系统研究。首先，从时间维度上看，本年度学界坚持辩证唯物主义和历史唯物主义，对思想政治教育学科40年发展中存在的历史问题进行梳理和总结，也对当前制约学科发展的根源性问题进行挖掘，借"古"思"今"，以"今"望"昔"，通过"发现问题——研究问题——解决问题"的基本逻辑深化思想政治教育学科发展的规律性认识，同时以学科发展规律为抓手深刻回应相关问题。其次，从研究层次上看，本年度学界高度关注学科整体层面上的问题，如党的创新理论与思想政治教育的关系、思想政治教育学科内涵与定位，这是其一。其二在理论研究层面，学界对思想政治教育基本范畴、本质、价值、功能、内容、过程、对象、载体、话语、环境等方面存在的问题进行探赜。其三在实践探索层面，学界对高校思想政治理论课建设、高校思政课教师队伍建设、高校辅导员队伍建设、大中小学思想政治教育一体化等方面存在的问题进行讨论。其四在运行层面，学界对思想政治教育运行过程中各个环节存在的问题，如思想政治教育方法的使用、思想政治教育评价体系的建立、思想政治教育机制优化、思想政治教育模式创新以及思想政治教育治理等进行深入分析。其五在发展层面，学界对思想政治教育学科发展过程中与文化的耦合问题、与社会的协同问题以及与国际的交流问题进行了深入讨论。质言之，这种多维度、多层次的系统研究思路正是思想政治教育学科发展研究坚持问题导向的体现，也是思想政治教育学科高质量发展的基本遵循。

三、思想政治教育学科 40 年研究的趋势展望

把思想政治教育学科 40 年发展研究作为本书的第一章，既是因为今年是思想政治教育学科设立 40 年，应当也必须对本年度学界相关重要研究成果进行梳理与总结，也是因为从学科高质量发展的角度上看，的确需要以专题的形式对今年关于学科 40 年发展的研究进行深入剖析，并对未来的研究趋势进行规律性展望。

学界关于思想政治教育学科发展的研究只有"进行时"，没有"完成时"，这一点在《思想政治教育研究热点年度发布》（2017—2023）这 7 本书的框架设计、章节设置、主题创新、论域演进中体现得尤为明显。思想政治教育学科 40 年发展研究是 40 年来学科发展经验的总结、基本规律的把握，也是思想政治教育理论建构和实践探索的过程。随着对思想政治教育学科发展规律性认识的不断深化，思想政治教育学科也必将迎来更为广阔的发展空间。在把握本年度学界研究进展和特点的基础上，结合思想政治教育学科发展规律可以发现，未来相关研究将在党的创新理论引领思想政治教育学科发展研究，中国式现代化与思想政治教育学科发展研究，思想政治教育实证研究等方面持续深化。

（一）党的创新理论引领思想政治教育学科发展研究

以党的创新理论引领思想政治教育学科发展是推动思想政治教育理论、实践创新发展的重要力量。坚持以党的创新理论引领思想政治教育学科发展，对于提升学科发展质量、理论体系建构、实际育人成效至关重要。

2024 年 10 月 12 日，"深化新时代思想政治教育改革发展理论研讨会暨

北京科技大学思想政治工作研究院成立大会"在北京召开。本次会议以思想政治教育学科设立 40 周年以及北京科技大学思想政治工作研究院的成立为契机，聚焦新时代思想政治教育改革发展，与会专家学者开展专题研讨。冯刚教授指出，党的创新理论为思想政治教育学科建设进一步夯实思想政治教育学科基础理论研究发挥重要引领作用，也为深刻把握基础理论研究和理论创新的内在关系提供重要遵循。

新时代新征程，党的创新理论引领思想政治教育学科发展研究可以从以下三个方面进行深化与拓展。首先，深化以习近平文化思想引领思想政治教育学科发展研究。从文化的角度上看，人无不生活在文化之中，不但思想政治教育是一种文化现象，而且思想政治教育学科发展也是一种文化产物。进言之，正是中华优秀传统文化、革命文化、社会主义先进文化与思想政治教育的水乳交融，在文化层面赋予思想政治教育学科区别于其他人文学科的基本特质，让思想政治教育学科具有中国特色、中国风格、中国气派。以习近平文化思想引领思想政治教育学科发展研究既可以从整体上对如何彰显思想政治教育学科的文化属性、文化特质进行研究，也可以对思想政治教育以文化人、以文育人以及文化功能、文化环境、文化载体、文化样态等基础理论进行创新研究。其次，深化党的创新理论武装青年研究。回顾思想政治教育学科 40 年的发展历程，青年始终是思想政治教育的重要对象，以科学的方式对新时代青年群体进行理论武装是思想政治教育学科未来发展过程中必须要重视的问题和研究领域，在总结育人实践中经验和规律的基础上积极推进学理阐释和理论创新。最后，深化思政引领力研究。习近平总书记在全国教育大会上提出的"思政引领力"这一重要概念，标志着党和国家对于思想政治工作和思想政治教育的认识达到了新的高度。思政引领力是党的思想政治工作作为治党治国重要方式在教育领域的集中体现，应当在建成中国特色社会主义教育强国的时代背景，"六个力"的整体协同以及时代新人培育的具体实践中对思政引领力进行理解和把握。这三个维度为相关研究提供了基本向度，具有重要意义。

（二）中国式现代化与思想政治教育学科发展研究

思想政治教育学科的现代化发展是遵循思想政治教育学科发展规律的逻辑必然。中国式现代化给思想政治教育学科发展提供了新的研究论域，也激起了学界深入研究的热情。

2024年11月7日，"中国式现代化与思想政治教育场域创新"主题学术研讨会在南京举行。冯刚教授指出，中国式现代化是思想政治教育创新的最大场域，中国式现代化的本质特征对思想政治教育提出了要求，应通过课堂与课外、学校与社会、线上与线下、理论与实践的"四个结合"，系统把握中国式现代化视域下思想政治教育的场域空间，深刻反映中国式现代化的本质，体现中国式现代化进程，进而加强和改进学校思想政治教育，提升思政课铸魂育人实效。

学界关于中国式现代化与思想政治教育学科发展研究可以在以下三个向度展开。第一，人的现代化与思想政治教育学科发展研究。中国式现代化的关键是人的现代化。学界关于人的现代化的研究已产出了一定成果，可以围绕中国式现代化视域下思想政治教育学科体系建设的实践进路，中国式现代化进程中思想政治教育的学科定位以及中国式现代化进程中思想政治教育学科方法体系、功能建构等进一步深化研究，形成一批扎实的研究成果。第二，思想政治教育学科的现代性研究。现代化是现代性的生成过程，现代性则是现代化过程和结果的"质"的规定性。当前，学界关于思想政治教育学科现代化的相关研究成果仍多以思想政治教育理论和实践的生成和发展过程研究为主，关注思想政治教育学科实然状态的进展，缺少关于思想政治教育学科应然状态的学理研究。进言之，对思想政治教育学科研究进行现代性建构和现代定向对于夯实思想政治教育理论基础，推动思想政治教育理论创新具有深远意义。第三，思政引领力研究。"思政引领力"作为教育强国建设的内在要求，不仅是我国教育现代化的应有之义，也是学界应当高度重视的研究议题，未来可以围绕思政引领力的科学内涵、实践样态、功能建构、提升路径等方面进行专题研究。

（三）思想政治教育实证研究

思想政治教育实证研究是推动思想政治教育学科创新发展的重要力量，有利于提升思想政治教育研究的科学性和规范性，是助力思想政治教育学科高质量发展的重要依托。

2024年12月21日，首届"全国思想政治教育实证研究"学术论坛在重庆大学举办。论坛旨在通过加强思想政治教育实证研究为思想政治教育学科发展提供新的增长点，更好发挥思想政治教育在时代新人培育和教育强国建设中的强大思政引领力。论坛体现了鲜明的跨学科交叉研究特色，来自思想政治教育和教育学、心理学、管理学、社会学、政治学、新闻传播学等学科的专家学者，围绕数智时代思想政治教育实证研究、思想政治教育田野调查、思想政治教育案例研究、思想政治教育量化数据挖掘、思想政治教育实证研究方法论反思、思想政治教育效果评价等展开深入交流，为助推中国特色社会主义教育强国建设进一步凝聚理论共识，提供思路启发。论坛发布了《思想政治教育实证研究宣言》，明确思想政治教育实证研究处于挑战与机遇共存、目标与愿景共存的发展时期，今后应当着力推动思想政治教育实证研究在理论与实践上实现共进，并积极呼吁思想政治教育实证研究在资源与成果上实现共享。论坛站在思想政治教育学科发展40年的时间节点，进一步开启了思想政治教育实证研究的新起点，必将推动思想政治教育学科更好地实现学理与实践的双向互动、理论总结与实证研究的相互促进，助力思想政治教育学科的学理化、科学化发展。

此外，深化思想政治教育实证研究也要充分把握质性研究与量化研究之间的关系。质性研究是一种与量化研究相对的社会学研究方法，指的是研究者在研究开始前先不进行理论假设,而是从实际经验中发展理论。质性研究的这种理论建构模式对于思想政治教育理论和实践研究来说具有一定的启发意义,例如可以通过对思想政治理论课课堂的教学情况进行实际调查与持续跟踪,从而形成一定的研究材料并进一步上升至理论层面,促进理论创新,又例如可以通过参与高校思想政治工作的实际运行,聚焦评价指标确立、评价机制建立以及评价理论建构等进行研究。量化研究也是一种社会学研究方法,多用于社会调查,指的是用统计、数学和计算机技术等对社会现象进行系统性的经验考察。思想政治教育理论和实践的融合研究需要量化研究的在场,这是因为量化研究不仅丰富了现有的思想政治教育研究范式,与其他人文社会学科有了更多的交流和对话空间,更重要的是能够让思想政治教育的评价更为立体,更有说服力。

第二章　全面深化改革与思想政治教育

2024 年是全面深化改革的重要年份，党的二十届三中全会的顺利召开标志着全面深化改革迈入一个全新的发展阶段。站在新的历史起点上，科学谋划进一步全面深化改革，这既是党的十八届三中全会以来全面深化改革的实践续篇，也是新征程推进中国式现代化的时代新篇。回顾波澜壮阔的改革历程，习近平总书记指出，新时代全面深化改革取得了重大实践成果、制度成果、理论成果，是我国改革开放历史进程中最壮丽的篇章之一。[①] 深入学习贯彻党的二十届三中全会精神，凝聚全党全国各族人民的力量，确保改革之路行稳致远，已成为时代的强音。2024 年度，学界围绕全面深化改革的这一重要议题，从多维度、多视角展开了广泛讨论和深入研究。其中，思想政治教育作为服务于全面深化改革的重要力量，受到前所未有的关注与重视。一方面，思想政治教育需充分发挥其在推动国家治理体系和治理能力现代化中的独特作用，为全面深化改革提供坚实有力的思想支撑；另一方面，思想政治教育要紧密围绕改革的目标任务，紧跟时代步伐，不断创新教育方法和理念，通过强化思想引领、凝聚社会共识、激发创新活力，以确保改革进程的稳步推进与不断深化。当前，全面深化改革已成为 2024 年思想政治教育研究领域的热点。梳理 2024 年度全面深化改革与思想政治教育研究成果，总结研究特点，展望未来研究态势，对于进一步全面深化改革的理论阐释，推动思想政治教育改革创新，促进思想政治教育高质量发展具有重要意义。

---

① 《深入学习贯彻党的二十届三中全会精神 凝心聚力推动改革行稳致远》，《人民日报》2024 年 10 月 30 日第 1 版。

一、全面深化改革与思想政治教育研究的年度梳理

新时代全面深化改革已取得历史性、革命性、开创性成就，围绕改革这一重要议题，涌现出大量的研究成果。随着改革的不断深入，很多新的研究议题进入思想政治教育领域，为全面深化改革与思想政治教育研究注入了新的内容。2024年度，全面深化改革与思想政治教育研究视阈愈加多元，理论阐释愈发细致，研究深度与广度显著提升，整体呈现蓬勃发展的良好态势。本年度聚焦习近平总书记关于全面深化改革重要论述的研究、全面深化改革的理论阐释及其相关研究，以及思想政治教育的改革创新研究，形成了一系列的研究成果，极大地丰富了全面深化改革的研究体系，为思想政治教育的发展提供了丰富的理论滋养。

（一）习近平总书记关于全面深化改革重要论述的研究

在推动改革从局部探索、破冰突围到全面深化的实践探索中，习近平总书记提出了一系列具有原创性、开创性、时代性的思想观点，形成了习近平关于全面深化改革的重要论述，学者们聚焦习近平总书记关于全面深化改革重要论述的核心要义、理论特质和演绎过程，对这一思想进行了深入的学理阐释。

首先，从核心要义上看。有学者指出习近平总书记关于全面深化改革的新思想、新观点、新论断主要体现在"必须"之中，即必须坚持党的全面领导、必须坚定不移走中国特色社会主义道路、必须坚持以人民为中心、必须勇于开拓创新、必须坚持问题导向、必须进一步解放思想、必须和全面依法治国相辅相成、必须坚持科学方法论、必须进一步扩大开放、必须以钉钉子精神抓好落实。[①] 也有学者从内容意蕴的角度进行解读，指出习近平关于全

---

① 韩振峰：《习近平关于全面深化改革的新思想、新观点、新论断探析》，《思想理论教育导刊》2024年第9期。

面深化改革重要论述里，把握历史主动是其精神禀赋；坚持守正创新是其思想精髓；注重系统集成是其思维方法；贯穿问题导向是其内生动力。① 还有学者从时代关照、理论意蕴、原创贡献三个维度对习近平总书记这一重要论述进行了学理阐释，着重分析了全面深化改革的重大意义、道路方向、目标任务、重大原则和科学方法，强调这一论述不仅体现了理论逻辑与实践逻辑的有机统一，而且创造性地继承发展了马克思主义唯物史观，实现了马克思主义改革理论的创新发展，赋予了马克思主义国家学说新的时代内涵。②

其次，从理论特质上看。有学者指出，习近平关于全面深化改革重要论述的方法论特点可归纳为五个方面：一是强调政治性，坚持党的全面领导统揽全面深化改革；二是指明方向性，坚持以人民为中心锚定全面深化改革；三是突出战略性，坚持以系统观念谋划全面深化改革；四是着眼现实性，坚持以问题导向部署全面深化改革；五是凸显规范性，坚持在法治引领下推动全面深化改革。③ 也有学者从道理、学理、哲理三个维度深入剖析了这一重要论述。指出该论述，在道理上，解答了改革的目的、本质及推进方式，为新时代改革提供了科学指南；在学理上，基于辩证唯物主义、历史唯物主义及社会发展规律的深刻理解，展现了深厚的理论支撑；在哲理上，贯穿人民至上、守正创新等马克思主义立场观点方法，具有深厚的哲学内涵。④ 还有学者指出，习近平总书记关于全面深化改革重要论述具有新时代理论品格，即坚持以人民为中心的改革价值取向、坚持自信自立的改革精神力量、坚持守正创新的改革思想方法、坚持攻坚克难的改革问题导向、坚持整体协同的

---

① 刘宗灵、蒋蕊冰：《习近平关于全面深化改革重要论述的生成演化、内容意涵与时代价值》，《学习论坛》2024 年第 5 期。
② 张家臻、李蕉：《习近平总书记关于全面深化改革重要论述的三维论析》，《新疆社会科学》2024 年第 6 期。
③ 左靓、李玉珂：《习近平关于全面深化改革重要论述的方法论特点》，《理论视野》2024 年第 8 期。
④ 沈传亮：《习近平总书记关于全面深化改革重要论述的道理学理哲理》，《党建》2024 年第 7 期。

改革系统观念、坚持胸怀天下的改革世界眼光。①

最后，从发展过程上看。有学者指出，习近平总书记就深化改革提出的一系列改革新理念、新思想、新战略，在改革认识论、改革方向论、改革价值论、改革目标论、改革动力论、改革布局论和改革方法论等方面全面地、创造性地丰富和发展了邓小平改革思想，是我党全面深化改革、推进中国式现代化建设伟大实践的根本遵循和行动指南。②也有学者认为这一重要论述生根于伟大的实践之中，涵盖了改革的地位论、领导论、价值论、方向论、目标论、原则论、全面论、重点论和方法论等，引领新时代改革开放取得历史性突破。③还有学者指出习近平总书记关于全面深化改革的重要论述具有深厚的历史逻辑、科学的理论逻辑和鲜明的实践逻辑。从历史逻辑上看，形成发展于"两个大局"交织激荡、全面深化改革和推进中国式现代化内在统一的历史进程；从理论逻辑上看，包含着由基本命题、复合命题、外层命题等命题组成的丰富内容，开创了以改革开放推动党和国家各项事业取得历史性成就、发生历史性变革的新局面。从实践逻辑上看，它来自实践、指导实践，迸发出澎湃的实践伟力，是指导进一步全面深化改革、推进中国式现代化的强大思想武器。④

（二）全面深化改革的理论阐释及其相关研究

新时代全面深化改革始终坚持从理论上正本清源，形成了一系列具有突破性、战略性、指导性的重要思想。这些思想不仅是对既有体制机制的深刻反思与革新，更是对中国特色社会主义道路的不断探索与丰富。本年度，对全面深

---

① 郭强：《习近平关于全面深化改革论述的理论品格》，《理论视野》2024年第7期。
② 钟君：《习近平关于全面深化改革论述对邓小平改革思想的丰富和发展》，《中南大学学报（社会科学版）》2024年第30期。
③ 沈传亮：《习近平总书记关于全面深化改革重要论述的形成过程、丰富内涵和实践伟力》，《新视野》2024年第2期。
④ 秦宣、俞佳奇：《习近平关于全面深化改革重要论述的逻辑理路》，《马克思主义理论学科研究》2024年第10期。

化改革的理论阐释及其相关研究，在其广度与深度上均实现了显著提升。

关于全面深化改革的内涵研究。有学者指出，进一步全面深化改革深刻蕴含科学社会主义思想逻辑，它是社会主义社会的发展常态，结合了马克思主义原理与中国改革实践，发展了科学社会主义的理论。这包括以人民为中心的改革取向、以制度为主线的改革目标和以问题为导向的改革着力点，分别体现了人的主体性、制度现代化和矛盾自我转化的思想逻辑。① 也有学者总结出新时代全面深化改革的时代特征，即新时代的改革是全面深化改革；是实现一系列重大理论创新和实践突破的改革；是不断攻坚克难，敢于啃硬骨头，敢于涉险滩的改革；是坚持系统观念，加强顶层设计和整体谋划的改革。② 还有学者指出，在进一步全面深化改革、推进中国式现代化的新征程上要弘扬改革开放精神，在坚定不移推进改革开放中自信自立，掌舵精神航向；在凝聚改革开放共识合力中激浊扬清，筑牢精神支柱；在协同推进改革开放措施中守正创新，展现精神气魄。③

关于全面深化改革的实践策略研究。有学者提出，基于改革全生命周期流程，要构建包括规划设计、执行实施、评价改进在内的理论分析框架，以全流程化方法论提升改革绩效，增强改革的系统性、整体性和协同性，转化制度优势为治理效能。④ 也有学者指出，进一步全面深化改革是一项复杂系统工程，科学加以把握，必须树立大系统观，从理论、价值、对象、原则、参与、目标及保障等体系构成的有机整体及其动态配合视角进行把握。⑤ 还有学者从文明形态视角指出，进一步全面深化改革既是以实践创新的推进来

---

① 包心鉴：《当代中国进一步全面深化改革深刻蕴涵科学社会主义思想逻辑》，《济南大学学报（社会科学版）》2024年第34期。

② 陈理：《新时代全面深化改革的几个鲜明特征》，《中共党史研究》2024年第3期。

③ 单文鹏：《改革开放精神的时代出场、基本内涵与赓续弘扬》，《思想理论教育》2024年第10期。

④ 赖先进：《从层次化走向全流程化：进一步全面深化改革对改革方法论的发展》，《人文杂志》2024年第9期。

⑤ 胡洪彬：《运用大系统观把握进一步全面深化改革——全面和深入理解党的二十届三中全会精神》，《学术界》2024年第9期。

支撑新时代中国的繁荣，又是以文明形式的创建来建设社会主义现代化强国，更是以文明形态的建构来实现中华民族的伟大复兴，体现了文明逻辑的推进。①

关于全面深化改革的阐释学研究。本年度学界从不同视角进行了深入探索。有学者从人学阐释的角度，强调了全面深化改革作为马克思主义性质的改革，其根本在于确认"生产力和生产关系辩证关系"理论对于理解改革的重要意义。在人学视野下，全面深化改革应聚焦于展现人的全面发展，包括提升人的体力与智力潜能、提供自主活动空间、优化劳动组织形式，以及促进国家治理体系与社会发展的协调，使生产关系成为人自主活动的有利条件。②也有学者从阐释方法层面指出，党的二十届三中全会对于全面深化改革的阐释，展现了一种具有方法论意义的话语体系，蕴含深刻的道理、学理与哲理。全会基于改革成就与经验、问题意识、中国式现代化主题，以及辩证唯物主义和历史唯物主义的原则进行叙事，增强了全面深化改革话语的解释力与说服力。③更有学者从史学角度审视全面深化改革，指出其研究已具有学术史意义。在马克思主义框架下，全面深化改革得到了深刻反思与总结。历史唯物主义作为本体论基础，揭示了社会基本矛盾推动改革的必要性；人民主体原理确立了人民至上是改革的逻辑起点和价值基础。辩证唯物主义认识论为新时代改革提供了科学支撑，而唯物辩证法的改革方法论则需深入研究与提炼。④

关于全面深化改革与邓小平改革思想研究。在邓小平同志诞辰 120 周年之际，诸多学者就邓小平关于改革的思想与全面深化改革进行了广泛而深入

---

① 涂良川、张宝翠:《"进一步全面深化改革"推进中国式现代化的文明逻辑》，《南京社会科学》2024 年第 10 期。
② 李双套:《进一步全面深化改革：基于"生产力和生产关系辩证关系"的人学阐释》，《求索》2024 年第 5 期。
③ 陈金龙:《进一步全面深化改革的阐释方法》，《马克思主义理论学科研究》2024 年第 10 期。
④ 吴海江:《新时代全面深化改革之道——从马克思主义本体论、认识论和方法论来看》，《思想理论教育》2024 年第 11 期。

的研究。学者们普遍认为，新时期的改革开放与新时代的全面深化改革之间存在着紧密且一脉相承的逻辑关系。全面深化改革不仅是对新时期改革开放内在核心精神的传承，还在改革主题、总体布局、制度建设、对外开放以及指导思想等多个方面实现了深化与飞跃。有学者指出，要准确把握新时代全面深化改革的"变"与"不变"，为推进中国式现代化提供不竭动力。① 还有学者指出，要阐发和弘扬邓小平推进改革开放的历史主动精神，深入研究邓小平关于改革的重要思想，不仅是对邓小平同志政治智慧的传承，更是为了完成当前艰巨而崇高的政治使命，即推进全面深化改革，实现中国式现代化的持续发展。② 这些研究不仅丰富了邓小平理论的研究内容，也为新时代全面深化改革的实践提供了重要的学术积淀。

关于全面深化改革与中国式现代化研究。党的二十届三中全会强调了两者紧密相连、双轮并驱的战略意义。有学者指出，全面深化改革是中国式现代化的根本动力，保持战略定力对确保改革顺利推进至关重要，是民族复兴大业的关键支撑。③ 也有学者强调，要按照现代化发展战略逐步推进和深化改革开放，在进一步全面深化改革中要把握"七个聚焦"。④ 同时，中国式现代化在改革开放中不断推进，并将通过深化改革开辟更广阔前景。⑤ 还有学者指出，全面深化改革为以中国式现代化实现中华民族伟大复兴提供了强大动力和制度保障，对新时代推进强国建设和民族复兴具有重大现实意义和历史意义。⑥

---

① 王海军、秦立富：《"决定中国式现代化成败的关键一招"——改革开放伟大实践的逻辑演进与全面深化》，《思想理论教育导刊》2024年第8期。

② 刘志明、朱思远：《邓小平关于改革的重要思想及其现实意义》，《中州学刊》2024年第9期。

③ 曹海军：《全面深化改革与中国式现代化的战略定力》，《探索》2024年第5期。

④ 李忠杰：《以进一步全面深化改革开创中国式现代化新局面》，《北京社会科学》2024年第9期。

⑤ 刘勇、王国洪：《进一步全面深化改革推进中国式现代化的时代要求、突出特点和重大意义》，《探索》2024年第5期。

⑥ 田鹏颖：《全面深化改革是中国式现代化的根本动力》，《理论与改革》2024年第5期。

（三）思想政治教育的改革创新研究

关于思政课改革创新研究。有学者指出，把党的二十届三中全会表达的改革精神融入思政课，需对比历届三中全会背景，理解新时代改革特色，同时，从思政课使命、马克思主义指导地位及系统观念创新等角度深入领悟改革精神。① 也有学者强调，新时代思政课改革创新需坚持和加强党的全面领导，确保方向正确，推动内涵式发展，以构建思政课的协同育人大格局，在进一步全面深化改革、推进中国式现代化的伟大实践中实现高质量发展。② 还有学者指出，当前高校思政课改革创新面临育人理念功利化、技术与课程融合不足、多元文化冲突及供需失衡等挑战。高校思政课应坚守内容质量，优化教学方式，加强队伍建设，在守正创新中推动思想政治理论课的改革。③

关于思政课教师改革研究。有学者指出，思政教师素质直接关系到坚守和用好思政课长期发展积累的经验和条件，直接关系到党和国家对思政课改革创新的总体要求有效地转化为具体实践。推动思政课守正创新关键在于高素质的教师队伍，而思政课教师信仰和信心的确立是守初心、促改革的根本。④ 还有学者进一步指出，新时代思政课教师队伍建设的全面深化改革，突出体现了"以多元主体参与的大担当，多层级互动的大格局，因时制宜的大视野"的主要特征。⑤

关于思想政治教育改革研究。有学者指出，思想政治教育创新发展不仅

---

① 侯惠勤：《深入领悟进一步全面深化改革的改革精神——党的二十届三中全会精神融入思想政治理论课的思考》，《马克思主义理论学科研究》2024 年第 10 期。
② 许涛：《坚持和加强党对思政课改革创新的全面领导》，《红旗文稿》2024 年第 16 期。
③ 李紫娟：《新时代高校思想政治理论课改革创新刍议》，《学校党建与思想教育》2024 年第 8 期。
④ 杨晓慧：《新时代高校思政课建设的主要成就、重要经验和创新向度》，《思想理论教育导刊》2024 年第 3 期。
⑤ 李芳、戴汶奇：《新时代高校思政课教师队伍全面深化改革研究》，《贵州师范大学学报（社会科学版）》2024 年第 5 期。

要面向中国式现代化，继续发挥"生命线"作用和凸显在治党治国中的价值，也要更加积极主动地面向世界百年未有之大变局，创新发展思想政治教育面向世界的和合共生力、叙事传播力、话语阐释力和自信力。① 也有学者指出，以国家治理现代化引领思想政治教育创新。国家治理现代化作为思想政治教育的外部环境，会以外部作用的方式引领思想政治教育进行系统调整与更新，从而实现思想政治教育创新发展。以国家治理现代化引领思想政治教育创新发展，主要体现为以国家治理现代化的动态性祛除思想政治教育滞后性、以国家治理现代化的现代性引领思想政治教育超越性、以国家治理现代化的集成性祛除思想政治教育疏离性、以国家治理现代化的实践性强化思想政治教育的理论性。②

二、全面深化改革与思想政治教育研究的主要特点与不足

（一）全面深化改革与思想政治教育研究的主要特点

1. 基础理论研究逐渐向纵深发展

本年度，全面深化改革与思想政治教育研究呈现向纵深发展趋势。学者们不再满足于表层的学理阐释，而是多维度、深层次地剖析改革，极大地拓宽了研究视野和内容。这种转变不仅彰显了学术研究的进步，也反映了时代对理论创新的迫切需求。学者们紧密围绕"全面深化改革"，深入探讨其内在逻辑、动力机制、路径选择及经验成效，并揭示了改革背后复杂的社会、经济、文化动因及其交织关系。这种多层次、多角度的分析方法，展现了改革的复杂性和多元性特征，同时也体现了学者们卓越的理论构建能力。此外，学者们还注重理论与实践结合，通过实证研究和案例分析验证了理论的

---

① 曾令辉、卜路平：《论新时代思想政治教育创新发展的世界向度》，《思想教育研究》2024年第6期。

② 赵继伟：《以国家治理现代化引领思想政治教育创新》，《中南民族大学学报（人文社会科学版）》2024年第44期。

有效性。他们不仅关注宏观层面的政策制定与实施，还深入微观领域，如企业、教育、社会保障等，探讨改革的具体表现与成效。在教育领域，尤其是思想政治教育方面，学者们开始反思传统教育模式，探索将全面深化改革精神融入教学内容，以增强教育实效。2024年首届"全国思想政治教育实证研究"学术论坛在重庆大学的成功举办，标志着思想政治教育实证研究元年的开启，彰显了学界在提高研究质量并强化实践应用价值的坚定决心和信心。

2. 注重改革历史经验的总结与提炼

2024年正值邓小平同志诞辰120周年与思想政治教育学科成立40周年的双重重要时期，学界在全面深化改革与思想政治教育研究中，尤为强调对改革历史经验的总结与提炼，以此推动理论与实践的深度融合和创新发展。一方面，围绕邓小平同志诞辰120周年的系列纪念活动，激发了学界对改革开放伟大历程的深刻反思与总结。邓小平作为改革开放的总设计师，其思想与实践为中国特色社会主义道路的确立与发展奠定了坚实基础。借此契机，学界深入挖掘邓小平改革思想的历史底蕴与实践价值，全面总结改革开放四十余年来中国在各个领域取得的辉煌成就与宝贵经验。这不仅深化了对邓小平改革思想的理解与传承，更为新时代全面深化改革的路径选择、策略优化提供了坚实的历史与理论支撑。另一方面，思想政治教育学科成立40周年的系列活动，也促使学界对学科发展历程进行了全面回顾与总结。40年来，思想政治教育学科在理论与实践的不断探索中取得了显著成就，构建了具有中国特色的学科体系与教学模式。通过总结学科发展过程中的经验教训，学界不仅丰富了学科理论体系，更为新时代思想政治教育学科的创新发展提供了宝贵的实践指导与理论参考。这些经验总结不仅加深了学界对新时代思想政治教育发展的认识，更为学科未来的发展方向与路径提供深刻的启示与有益的指引。

3. 紧扣时代脉搏聚焦重难点研究

本年度，学者们基于对实际需求的敏锐洞察，紧密把握学科前沿动态，紧跟时代步伐，聚焦社会热点，特别是针对党的二十届三中全会精神，进行了深入的理论解读与剖析。这一研究态势鲜明地展现了学界对时代脉搏的精准把握，以及对国家重大决策的积极回应与深刻阐释。在思想政治教育领域，学者们将目光投向了一系列重难点问题，如数字化转型、实证研究及交叉学科融合等，通过细致入微的分析与探讨，贡献了许多具有前瞻视野和实践指导意义的新见解。特别是在数字化发展方面，学者们积极探讨如何利用现代信息技术手段，如大数据、人工智能等，提升思想政治教育的实效性，为新时代思想政治教育注入新的活力与动能。同时，在全面深化改革、推动中国式现代化的背景下，思想政治教育学界更加重视将现代化理念融入教育实践。学者们从历史与现实的双重视角，深刻阐述了思想政治教育现代化作为中国式现代化的关键组成部分的重要意义，及其发展的目标与深远影响。这一研究取向不仅反映了学界对中国式现代化的深刻洞察与精准把握，也彰显了其对思想政治教育现代化进程的深切关注与积极推动。此外，学界还高度重视实践应用，着力提升思想政治教育方法的科学性与精准性。面对教育方法的挑战，学者们提出可操作性改进策略，强调结合国情与时代特征创新方法。本年度，数字思政领域成为前沿探索热点，数字化工具的应用为优化教育策略、提升质量提供了数据支撑与理论依据，增强了研究的精确度，为思想政治教育实践提供了精准指导。

（二）全面深化改革与思想政治教育的研究不足

1. 全面深化改革与思想政治教育耦合研究不足

2024 年，学者们在探讨全面深化改革与思想政治教育的耦合关系时，显露出明显的研究不足。主要体现在理论与实践两个方面。在理论层面，尽管两者之间的紧密联系已得到学界的普遍认可，但对其耦合关系的深入研究相对滞后。全面深化改革涉及多个领域，而思想政治教育是其中关键一环。然而，目前学界对于全面深化改革如何影响思想政治教育，以及思想政治教育又如何反作用于全面深化改革的机制、路径等问题，尚未形成系统、深入的理论阐述。理论研究的不足会限制对两者耦合关系的全面理解和准确把握，因此，加强此领域的理论研究至关重要。在实践层面，全面深化改革与思想政治教育的耦合研究也显薄弱。如何将全面深化改革的理念和方法有效融入思想政治教育实践，如何创新思想政治教育的方式方法以更好地服务于全面深化改革的大局，这些问题亟待学界深入探索。然而，目前学界在此领域的实践应用研究相对匮乏，缺乏系统的、可操作性的方案和策略。因此，学界需进一步加强实践应用研究，促进两者的深度融合与协同发展。

2. 思想政治教育对全面深化改革的功能研究不足

当前学界在探讨思想政治教育对全面深化改革的功能时，存在明显的研究局限。尽管思想政治教育在全面深化改革中发挥着至关重要的作用，但其功能价值尚未得以充分揭示。具体体现为：首先，服务功能研究不足。思想政治教育在全面深化改革中具有服务功能，为改革提供精神动力和智力支持，但当前研究往往忽视了这一功能的重要性，未能充分揭示其在推动改革进程中的关键作用。其次，导向功能研究浅显。思想政治教育具有导向功能，能够确保全面深化改革的社会主义方向，引导人们树立正确的价值观和改革观，但现有研究对这一功能的探讨多停留在理论层面，缺乏对其具体应用和效果的深入分析。最后，治理功能研究缺乏系统性。思想政治教育作为国家治理体系的重要一环，其治理功能对推进国家治理现代化、保障改革顺利进行至关重要，但相关研究尚显浅显，未能深入探究其内在机制及深层次原因，也未能将思想政治教育与全面深化改革的各个方面紧密联系起来进行综合性的分析和研究。

3. 思想政治教育在全面深化改革阶段的目标指向研究不足

尽管思想政治教育作为推动全面深化改革的关键力量，但对其在这一特定阶段的目标指向的深入探讨却相对不足。首先，目标定位显得不够清晰明确。在全面深化改革的大背景下，思想政治教育应明确其在这一阶段的具体目标定位，即如何更好地服务于改革大局，推动经济社会全面发展。然而，当前研究多停留于提高创新意识、增强凝聚力等较为宽泛的描述上，缺乏针对全面深化改革特殊性的深入分析和具体定位，导致实践中的导向性和针对性不强。其次，目标与当前实际需求之间存在一定差距。理论上，思想政治教育承载着推动全面深化改革的重任，但在实践中，其目标指向与全面深化改革的实际需求存在一定的脱节。研究尚未充分探讨如何将目标转化为实践中的具体行动，缺乏针对改革实践问题的有效应对策略，从而限制了其实际效能的发挥。最后，研究视角有待进一步拓展。现有研究多聚焦于思想政治教育自身视角，缺乏与经济学、政治学、社会学等领域的交叉融合。这种单一视角容易限制对思想政治教育在全面深化改革中目标指向的全面理解，也可能阻碍其与其他领域的协同作用，从而影响其整体效能的发挥。

三、全面深化改革与思想政治教育研究的趋势展望

2024年，全面深化改革已取得了令人瞩目的阶段性成果，与此同时，相关理论研究也呈现出日益丰富与深化的态势。作为一项长期的、复杂的且充满挑战的伟大事业，全面深化改革在党和国家事业发展全局中的核心地位，在党的二十届三中全会上再次得到了明确与强化。此次会议不仅强调了进一步全面深化改革的重要性，还提出了具体的战略要求，为未来的改革之路指明了方向。在此背景下，学界将紧密围绕全面深化改革的中心任务，不断深化对其的学理阐释，积极探索以全面深化改革促进思想政治教育高质量发展的新路径，同时，着力构建全面深化改革与思想政治教育之间相互协同、彼此促进的有效机制，以灵活应对并克服在进一步全面深化改革新征程中遇到的各种挑战。

（一）全面深化改革的学理阐释研究将更加深入

从改革的复杂性与系统性上看，全面深化改革涉及经济、政治、文化、

社会、生态文明等多个领域，其复杂性和系统性特征愈发显著。为确保改革的高水平部署和高质量落实，必须高度重视改革的系统性、整体性、协同性，强化顶层设计与总体布局。这一复杂性要求学术界展开更为全面、深入的系统性研究，以揭示改革的内在逻辑与整体效应。从整体上把握改革的进程和趋势，这不仅是学术界研究的必然趋势，也是政策制定者、实践者以及社会各界共同瞩目的焦点。随着改革不断走向深入，"面临的各种矛盾及其关系更为错综复杂"[1]，进一步全面深化改革"必须是全面的系统的改革和改进，是各领域改革和改进的联动和集成"[2]。对全面深化改革进行学理上的深入阐释，是应对改革实践复杂性与系统性的必由之路，对于推动改革持续深化、巩固改革成果具有至关重要的意义。

从理论与实践的互动需求上看，进一步全面深化改革正处于一个国内外环境深刻变化的复杂背景中，改革已步入了攻坚期和深水区，在此背景下，学术界的作用尤为凸显。学者们需要在深入研究改革实践的基础上，不断提炼与总结新的理论见解和方法论，丰富和完善全面深化改革的理论体系，为改革的持续推进提供坚实的理论基石。值得注意的是，学界的研究并非孤立存在的，而是深深植根于改革的实践之中。通过深入剖析实践经验，提炼出具有普遍指导意义的理论成果，这些成果不仅揭示改革的内在规律，更为改革的未来发展指明了方向。同时，这些新的理论观点和方法论又能反过来指导改革实践，推动改革的向纵深发展，实现理论与实践的良性互动。这种理论需求与实践的反馈互动，是全面深化改革得以持续深化的重要保障。促使学界不断深化对改革的学理探讨，推动理论与实践的紧密结合。

从思想政治教育与改革理论的相互关系上看，思想政治教育的学科特性决定了其与党的指导思想之间存在着紧密的关联。思想政治教育不仅承担着

---

[1] 《党的二十届三中全会〈决定〉学习辅导百问》，学习出版社、党建读物出版社 2024 年版，第 17 页。

[2] 贾丽民：《进一步全面深化改革要坚持系统观念》，《光明日报》2024 年 7 月 11 日。

传承党的理论、弘扬党的精神的重任,还肩负着引导人民思想方向的重要使命。随着全面深化改革实践的持续深入,其蕴含的理论内涵日益丰富,对思想政治教育的引领作用也愈发突出。进一步全面深化改革不仅要在经济、政治、文化、社会等多个领域引发深刻变革,更要在思想观念层面实现根本性转变。因此,在思想政治教育研究中,深入阐释和提炼全面深化改革的理论精髓,成为适应时代发展需求的必然选择。全面深化改革对思想政治教育领域提出了新的挑战,同时也为其科学化、制度化和现代化提供了契机与条件。面对新的历史条件和社会需求,思想政治教育工作者需紧跟时代脉搏,科学定位教育目标和任务,深入研究和解决思想政治教育所面临的新课题,充分发挥好其功能价值,形成更多、更系统、更深入的研究成果,为我国的改革事业提供有力的理论支撑和智力支持。

(二)以全面深化改革推动思想政治教育高质量发展研究将日益丰富

全面深化改革不仅是一场广泛而深刻的社会变革,更深刻地影响着人们的思想观念、价值取向及行为模式。在新时代背景下,全面深化改革为思想政治教育的高质量发展注入了新的活力,并将其上升至国家发展战略的重要位置。思想政治教育作为引导人们正确认识与改造世界的强大思想武器,其质量直接关系到国家意识形态的安全、社会的和谐稳定以及人才培养的成效。随着全面深化改革的不断推进,如何利用改革的动力促进思想政治教育的高质量发展,已成为学术界研究的热点,相关研究内容正不断丰富并呈现多元化趋势。这一趋势的形成,源于多方面的深刻背景与现实需求。

首先,从政策导向看,国家对思想政治教育的战略定位愈发清晰,一系列政策文件的出台,不仅明确了加强和改进思想政治教育的具体要求与目标,也为学术界指明了研究方向。这一明确的政策导向,不仅激发了学者们对思想政治教育改革创新的热情,更为其高质量发展提供了坚实的政策保障与理论指引。在此背景下,相关研究开始聚焦于如何在新时代背景下,结合国家政策导向，探索思想政治教育的创新模式与路径，以更好地服务于国家发展战略与人才培养需求。

其次，社会变革的加速成为推动思想政治教育研究深化的重要动力。随着社会的快速发展与技术的不断革新，青年群体的思想观念、价值取向及行为方式发生了显著变化，这对思想政治教育的内容、方法及手段提出了更高要求。因此，学术界开始更加关注如何紧跟时代步伐，创新教育理念，丰富教育内容，优化教育方法，以适应青年群体的新需求与新挑战。这一趋势不仅促进了思想政治教育理论的更新与完善，也为其实践应用提供了更为广阔的探索空间。

最后，理论与实践的深度融合成为推动思想政治教育研究高质量发展的关键。在理论层面，学者们不断挖掘新的教育理念、内容与方法，为思想政治教育的创新发展提供了坚实的理论基础。同时，在实践层面，各地各高校积极开展思想政治教育改革实践，探索出了一系列富有成效的教育模式与案例。这些实践探索不仅验证了理论研究的可行性与有效性，也为进一步的理论研究提供了丰富的素材与启示。理论与实践的相互促进，共同推动了思想政治教育研究向更高层次、更广领域发展。

（三）全面深化改革与思想政治教育相互促进的机制研究将备受瞩目

随着中国特色社会主义步入新时代，全面深化改革与思想政治教育的相互交融与协同推进，已成为推动社会进步与人的全面发展的重要课题。在此背景下，深入探究两者相互促进的有效策略，无疑将成为学术界与实践领域共同瞩目的焦点。一方面，全面深化改革为思想政治教育带来了新动力与新挑战。在改革的洪流中，社会结构、利益关系及价值观念正经历深刻变革，这为思想政治教育提出了新的时代命题与实践要求。因此，未来的研究将聚焦于如何使思想政治教育更加紧密地融入改革实践，有效应对改革进程中的各种复杂局面，为改革的深入实施提供强大的思想引领与精神动力。另一方面，思想政治教育在全面深化改革中也发挥着不可替代的作用。通过强化理想信念、爱国主义及法治教育，思想政治教育能够激发人们的改革热情，提升他们的大局意识与责任担当，进而促使人们更加主动地投身到全面深化改革的伟大征程中。在探索全面深化改革与思想政治教育相互促进的有效策略时，学者们需着重关注以下三个维度：

一是处理好各种关系。在全面深化改革的复杂过程中，平衡解放思想与实事求是、顶层设计与探索实践、整体推进与重点突破等多重关系，是确保改革顺利推进与思想政治教育有效性的关键。学者们应深入剖析这些关系的内在逻辑，为改革的深化与思想政治教育的创新提供有力支撑。二是激发人的首创精神与主动性。人的主动性、创造性与积极性是推动全面深化改革与思想政治教育协同发展的关键要素。学者们需积极探索如何更好地激发人的潜能，鼓励人们积极参与改革实践，为全面深化改革贡献智慧与力量。同时，也应关注如何通过加强人文关怀与心理疏导，满足人们的心理需求，促进人们在改革与思想政治教育的过程中实现个人成长与进步。三是深化对改革精神的认同。未来的研究将更加注重探索如何通过阐释改革开放思想、彰显改革开放意志、塑造改革开放精神、明确改革开放道路，来振奋人心、统一思想、汇聚力量，从而激发全体人民的创造活力与创新精神，这将有助于进一步发挥全面深化改革中的思想政治教育功能，推动改革事业的顺利前行。

第三章　思想政治教育范畴研究

任何一门学科都有自己的基本范畴，这些范畴构成这门学科思考、判断、实践的基础。任何一门学科的成熟、深化和创新发展都离不开范畴研究的因时而进。如果说思想政治教育基础理论研究是建构思想政治教育学自主知识体系的前提和逻辑基础，那么思想政治教育范畴研究是思想政治教育基础理论研究的逻辑起点和重要组成部分。总结思想政治教育范畴研究的年度进展，展望下一步研究着力点，是深化思想政治教育范畴研究的必要之举，也是思想政治教育学走内涵式建设道路、实现高质量发展的内在需要。

一、思想政治教育范畴研究的年度进展

在中国知网上，以"思想政治+范畴"为篇名进行搜索，结果显示，研究高潮出现在2006—2016年间，每年保持在10余篇的规模。近五年有关范畴研究的文献保持在5篇左右。可见，学术界对思想政治教育范畴研究一直在持续。2024年仅有3篇，数量有所下降，反映出研究基本范畴的范围、范畴体系建构原则等范畴研究的元问题的热度在下降。一是因为经过多年研究、探讨，学界对思想政治教育基本范畴的所指、范畴体系的构建原则和基本设想等取得了一定的共识；二是因为学者们对党中央提出的创新范畴、思想政治教育实践中出现的新现象进行了集中研究。二者共同预示着思想政治教育范畴研究即将进入一个新阶段。

本年度学界相关研究成果主要分为如下三大类：一是对思想政治教育范畴研究现状的反思和创新方向的探索；二是对思想政治教育基本范畴的深化

研究；三是对思想政治教育创新范畴的及时研究。

（一）对思想政治教育范畴研究现状的反思和创新方向的探索

对范畴研究的总体探讨可以让我们发现推进思想政治教育创新发展、内涵式建设、高质量发展面临的挑战，新时代思想政治教育范畴研究创新发展的方向和思路。2024年，学者们着重研究的问题和提出的观点概括如下：

1. 有关思想政治教育范畴研究的重要性和创新方向的研究

"思想政治教育专业40年的发展历程，是一个不断深化其基础理论研究的过程。"[①] 纵观思想政治教育范畴研究40年发展历程，可以看到这一研究始终与学科建设进程密切相关。自思想政治教育学科成立以来，学者们都是在"学科—基础理论—范畴"的框架中看待思想政治教育范畴，特别是核心范畴、基本范畴研究的地位和作用。今天，立足新时代，学者们结合时代对思想政治教育的新要求，更是在"学科内涵式建设—加强基础理论研究—推进范畴研究"的逻辑机理中再次强调加强思想政治教育范畴研究的必要性、重要性和紧迫性，意味着学科建设与范畴研究进入一个新阶段、达到了一个新层面。比如，有学者提出，思想政治教育既然是学科，必然遇到基础理论的因素成为研究的课题，如"思想政治教育是什么""思想政治教育学是什么""思想政治教育学科是什么"本身就是基础理论研究的起点课题和永恒课题。思想政治教育学科在行进过程中，始终有"范畴之问""基础之问""基础理论之问"，需要开展基础理论研究。[②] 有学者指出，一方面，40年来，思想政治教育学科知识体系建设取得了重大成就；另一方面学科知识体系还存在进一步提升的空间，核心概念理解不够精准、研究方向不够聚焦、整体性研究不够深入、理论特色有待加强等问题仍是制约学科内涵式发

---

① 黄蓉生、刘云彬：《40年来思想政治教育功能的演进、建构与发展论析》，《思想理论教育导刊》2024年第7期。
② 孙其昂：《思想政治教育基础理论研究反思及再出发》，《思想政治教育研究》2024年第3期。

展的瓶颈，还需要在学科知识的学理化阐释、体系化建构等方面下硬功夫。①总之，今天学界再次强调范畴研究的重要性，是站在学科40年发展的基础上，将范畴研究置于学科内涵式建设、高质量发展视域中再次提出，且普遍认为需要提升思想政治教育范畴研究的学理性、体系性、原创性和时代性。

就如何推进包括范畴研究在内的思想政治教育基础理论研究，学者们发表了各自看法。有学者主张，思想政治教育学原理的构建遵循以马克思主义为指导、以社会为本兼及个体的主体服务逻辑、以思想为要兼及实际的内容选择逻辑、以辩证为魂兼及形式的思维运演逻辑、以结构为主兼及功能的体系发展逻辑、以理论为法兼及写实的学术创新逻辑。新征程上，党的创新理论为思想政治教育学原理创新提供新的思想指南，经济社会发展和教育科技进步为思想政治教育学原理创新注入动力。新征程上的思想政治教育学原理创新需要在原有基础上拓展和培育以唯物史观为基础的实践科学范式、以系统思维为基础的交叉融合范式、以社会文化为基础的客观叙事范式和以综合实证为基础的理性假设范式。②

2. 有关思想政治教育范畴的特点研究

探讨思想政治教育范畴的特点将为范畴研究、范畴体系建构提供方法论自觉。有学者指出，思想政治教育范畴研究是一个兼具稳定性和发展性的开放性的研究论域，需要思想政治教育研究者基于不同历史时期的特点和要求，把握其"变"与"不变"具体、历史、辩证的统一，丰富和发展思想政治教育基础理论。思想政治教育范畴研究的"变"是因为习近平总书记强调："做好高校思想政治工作要因事而化、因时而进、因势而新。"提出可以从如下方面把握思想政治教育学范畴变化：一是视野之"变"。宏观视野与微观视野协同、国内视野与国际视野并存。二是意蕴之"变"。社会需要与个体

---

① 吴潜涛、雷洲：《新时代思想政治教育学科高质量发展的着力点》，《思想教育研究》2024年第10期。

② 宇文利：《新征程上思想政治教育学原理创新的范式》，《思想理论教育导刊》2024年第10期。

需要结合，拓展价值向度。实践标准与学理标准统一，彰显科学向度。工具理性与价值理性融合，深化人文向度。三是结构之"变"。包括时间结构和空间结构两方面的拓展和优化。而新时代思想政治教育学范畴研究之"不变"是因为建构依据"不变"，本质要义"不变"，基本遵循"不变"。①

3. 有关思想政治教育范畴的内容研究

今年，学界对思想政治教育范畴包括什么提出了新观点，体现了鲜明的马克思主义理论学科视角，强调把研究推进到细化阶段。

从党的创新理论和思想政治工作实际出发主张对一些核心概念进行准确辨析。有学者主张，对"思想政治教育""理想信念""中国精神""道德规范"等核心概念进行准确的辨析，细致考察概念的内涵与外延，针对概念交叉、表述不清、指向不明确等问题逐一澄清辨析。②

从马克思主义思想政治教育的核心概念出发来论证哪些范畴属于思想政治教育研究的基本范畴。有学者指出，"现实的人""意识形态"和"共产主义"分别构成马克思主义思想政治教育学开端、过程和目的之核心范畴，它们以自身为理论中介将该理论环节上的思想政治教育范畴组织起来。围绕现实的人，形成了个人与社会、思想与利益、理论与实践等开端范畴；围绕意识形态，形成了知识与价值、内化与外化、内容与方法等过程范畴；围绕共产主义，形成了判断与相信、理想与现实、民族与世界等目的范畴。③

从普遍性与特殊性的关系角度出发，强调一些基本范畴的思想政治教育学科特性。有学者指出，学界对学科范畴的研究还在持续深化，虽然对具体范畴的表述有所不同，但是诸如"思想与行为""教育者与教育对象""内化与外化"等还是得到了广泛的认同。学科范畴的特点不仅在于这些概括本身

---

① 张秀、毕红梅：《新时代思想政治教育学范畴的"变"与"不变"》，《重庆第二师范学院学报》2024年第1期。
② 吴潜涛、雷洲：《新时代思想政治教育学科高质量发展的着力点》，《思想教育研究》2024年第10期。
③ 钟启东：《马克思主义思想政治教育学的基本范畴》，《社会科学辑刊》2024年第6期。

的一般性内涵，更在于它们在思想政治教育活动中的特殊内涵。而这些特殊内涵会给理论研究本身提供相对独特的视角，需要在博采众长的基础上，凝练本学科最为核心、最具学科特点的理论。①

（二）对思想政治教育基本范畴的深化研究

尽管思想政治教育学基本范畴的观点尚未完全统一，但思想和行为、内化和外化、教育者和受教育者、教育和管理、沟通和疏导、个人和社会、言教和身教、疏通和引导、物质鼓励和精神鼓励等九对基本范畴得到学界较为广泛的认可。② 今年涌现的相关理论成果择其要概括如下。

1. 有关思想政治教育的辨析

正如政治之于政治学、伦理之于伦理学、社会之于社会学等，思想政治教育始终是思想政治教育学的最核心、最基本的范畴。对思想政治教育的起源、发展、内涵、目的、本质等的探讨不仅让大家对中国共产党这一政治优势有更清楚的把握，对思想政治教育学这一年轻学科有更准确的认知，更能推动新时代思想政治教育理论创新和实践创新得以实现。本年度学界通过两种方式推进了大家对思想政治教育是什么的清楚认知。

一是向前回溯，在学科史视域中辨析思想政治教育与德育的区别。有学者提出，有必要回归学科史的视域，重访"德育""思想政治教育"概念的出场语境，厘定两者的学科内涵，并在此基础上开展理论辨析，以把握两者的科学区分。在我国，思想政治教育概念之名经由土地革命时期的"政治工作"、抗日战争时期的"革命政治工作""思想教育"到中华人民共和国成立后的"思想政治工作""思想政治教育"不断演变。直到1984年，思想政治教育专业创办，"思想政治教育"的名称正式确立下来。这一学科经过党

---

① 王振：《论思想政治教育学科的理论基础与基础理论》，《马克思主义理论学科研究》2024年第7期。

② 冯刚：《深化高校思想政治教育范畴研究》，《马克思主义理论学科研究》2021年第9期。

和国家的大力支持与学界学者的共同建设，在理论研究与教育实践中不断发展，为社会主义社会的建设凝聚了强大的精神动力。①

二是向前展望，在现代化特别是中国式现代化视域中辨析何谓思想政治教育现代化。有学者指出，所谓思想政治教育现代化，就是为适应现代化的发展需要，推动思想政治教育的理念、内容、媒介等各构成要素调整、转变的过程。在这一过程中，理念现代化引导思想政治教育现代化的发展方向，内容现代化规定思想政治教育现代化的目标任务，媒介现代化是推动思想政治教育现代化的重要引擎，三者致力于思想政治教育现代化的系统性变革，共同构成思想政治教育现代化要素的解释维度。②有学者指出，思想政治教育现代化是以现代化观念为指导，充分运用现代科学技术手段，不断促进思想政治教育内部诸要素的现代化整合，以培养社会主义现代化建设所需要的人才的一种理想图景与现实过程。思想政治教育现代化是回应中国式现代化重大理论与现实问题的应然诉求，是观照人的现代化发展中个体需求的必要手段，是构建思想政治教育自主知识体系的内在要求。③还有学者从现代化上升到现代性的层面探讨何谓思想政治教育的现代性问题，认为思想政治教育的现代性建构在中国式现代化进程中展开。首先，中国式现代化在实践中逐渐形成了不同于以西方资本主义国家为代表的原发现代性的中国式现代化的现代性，并以其为思想政治教育现代性提供出场语境、锚定建构方位。其次，思想政治教育现代性建构是基于当前社会和思想政治教育发展需要的一个具有反思性和批判性的自觉过程，需要在中国式现代化中实现现代性的自我确证、明确现代性建构的构成要件及主要向度。最后，通过思想政治教育现代性建构能够为全面建成社会主义现代化强国、实现第二个百年奋斗目

---

① 姜甜甜、叶方兴：《学科史视域中"德育"与"思想政治教育"的科学区分》，《思想教育研究》2024年第10期。

② 项久雨：《思想政治教育现代化要素的解释之维》，《思想理论教育》2024年第2期。

③ 许瑞芳、张宜萱：《思想政治教育现代化的内涵、动力与路径》，《思想理论教育》2024年第9期。

标，以中国式现代化全面推进中华民族伟大复兴提供坚实的政治保障、深厚的文化滋养和持续的精神力量。①

2. 有关思想的研究

思想和行为属于思想政治教育基本范畴是学者们的共识，学界没有异议。今年有学者对"思想实际"这一概念进行了阐释，提出"思想实际"是思想政治教育学科用以反映工作对象精神状态的基本概念，旨在揭示人们现实的思想状况和精神状态，具有鲜明的思想政治教育学科意蕴。对"思想实际"的分析，可以置于事实、规范、结构、形态、实践等多重向度，呈现出"思想实际"的事实性、结构性、评估性、类型化等特征。②还有学者指出，在以中国式现代化全面推进中华民族伟大复兴的历史进程中，必须高度重视、大力推动人的思想观念现代化。人的思想观念现代化蕴涵着思维方式、思想意识和精神风貌的现代化，其中思维方式现代化是逻辑前提，思想意识现代化是核心要素，精神风貌现代化是外在彰显。③

3. 有关教育者与受教育者的具体化研究

经过40年学科建设发展，学者们普遍意识到思想政治教育学研究需要跳出教育学的视野，或者说需要探讨思想政治教育作为一种特殊的教育实践活动，在具有教育实践一般性质和规律基础上的特殊性和特殊规律。比如有学者就认为，需要重新深化研究思想政治教育关系，不能简单以教育学视角界定的师生关系来探讨思想政治教育过程中教育者与受教育者之间的关系。比如，有学者提出，思想政治教育关系是思想政治教育学的基本范畴之一。所谓思想政治教育关系，是指思想政治教育过程中各要素之间相互作用、相互影响的状态。从广义上讲，思想政治教育关系包含"教育者与受教

---

① 冯刚、曹鹤鸣：《现代化进程中思想政治教育的现代性建构》，《教学与研究》2024年第2期。
② 叶方兴：《"思想实际"的思想政治教育学阐释》，《思想教育研究》2024年第6期。
③ 李潘、林伯海：《中国式现代化与人的思想观念现代化探赜》，《思想理论教育》2024年第3期。

育者""教育者与教育者""受教育者与受教育者"以及思想政治教育系统与社会系统之间的关系等。在这些关系中,"教育者与受教育者"的关系是最核心、最重要的关系,其内容主要包括权力关系、情感关系和意义关系。其中,权力关系是制度性关系,表现为制度规范型权力关系、文化资源型权力关系和人格魅力型权力关系。情感关系是心理性关系,表现为共事型情感关系、参与型情感关系、濡染型情感关系和交融型情感关系。意义关系是价值性关系,表现为功利型意义关系、道德型意义关系和信仰型意义关系。①

4. 有关思想政治教育环境等的细化研究

由上可见,思政学者对思想政治教育基本范畴的研究进入精细化、精雕细琢阶段,不仅意识到思想政治教育主体、内容等基本范畴需要细化、具体化,而且对思想政治教育环境、功能等基本范畴的研究也引入了新思维、得出了新观点。有学者指出,以往的思想政治教育学原理教材对思想政治教育环境的定义认为思想政治教育活动与人的思想政治品德是思想政治教育环境环绕的两个中心项。在马工程教材《思想政治教育学原理》(第二版)中,该学者对思想政治教育环境作出了新的界定:"思想政治教育环境,是指环绕并影响思想政治教育活动开展的一切外部因素的总和。"认为思想政治教育环境包围的中心项只有一个,即思想政治教育活动。而且认为该定义中的"环绕并"三字应该去掉。因为环境因素很多,只有影响思想政治教育活动开展的外部因素才是思想政治教育的环境因素。该学者还根据系统论的观点,将思想政治教育环境作为一个系统,分析了其层次结构模式。②有学者提出在新的时代条件下继续深化思想政治教育功能研究,需要严格遵循系统科学关于"要素—结构—功能"的科学逻辑,从功能生成的根本性维度上整

---

① 李辽宁、吴璐曦:《思想政治教育过程中教育者与受教育者关系的三维向度》,《思想教育研究》2024年第8期。
② 罗洪铁:《关于思想政治教育环境若干问题的理论思考》,《思想理论教育导刊》2024年第9期。

体建构思想政治教育功能体系。①两位学者不约而同地引入了系统论的观点，彰显了系统思维。

5. 有关政治认同的研究

"近些年，学者们一方面深入探讨现有基本范畴成为基本范畴的必然性，另一方面继续探索将一些基本概念纳入重要范畴、一般范畴、基本范畴的内容中，从理论与实践层面践行范畴的发展属性。"②政治认同就被一些学者认为应纳入重要范畴乃至基本范畴。今年有学者再次阐发了政治认同作为思想政治教育重要范畴的合理性、学理性。他们指出，政治认同是指社会成员在社会政治生活中对特定政治体系及其部分相关政治元素或全部政治结构所生发的肯定性态度和趋向性行为。作为思想政治教育的根本价值取向，就理论维度而言，政治认同是理解思想政治教育本质的核心议题；就现实维度而言，政治认同是落实立德树人根本任务的目标牵引；就未来发展维度而言，政治认同是思想政治教育创新发展的价值旨归。③将认同纳入思想政治教育学重要范畴或者基本范畴，既符合思想政治教育的本质和目的，也符合思想政治教育过程中教育者和受教育者发挥主动性的规律，特别是符合当代青年主体意识显著增强的现实。

（三）对思想政治教育创新范畴的持续研究

思想政治教育范畴体系是一个不断发展的开放体系，思想政治教育的创新范畴的首要来源就是党中央的相关最新提法和论述。自党的十八大以来，以习近平同志为核心的党中央就思想政治教育工作的加强改进提出了一系列新思想、新观点、新论述、新要求，标志着我们党对新时代如何做好思想政

---

① 黄蓉生、刘云彬：《40年来思想政治教育功能的演进、建构与发展论析》，《思想理论教育导刊》2024年第7期。

② 冯刚主编：《思想政治教育学科40年发展研究报告》，中国人民大学出版社2024年版，第90页。

③ 包丽颖、任宝龙：《政治认同：思想政治教育的根本价值取向》，《思想教育研究》2024年第7期。

治工作的规律性认识达到了一个新阶段，学界对党中央提出的创新范畴进行了及时研究。这几年大中小学思想政治教育一体化、大思政课、时代新人、教育家精神等成为思政学界研究热点，涌现了丰富的研究成果。思想政治教育是一门实践性、应用性很强的学科，思想政治教育创新范畴的另一个重要来源就是思想政治教育的创新实践。伴随数字技术的快速发展，给包括教育在内的人们生活的各个方面带来巨大改变，数字思政等概念的出现丰富了思想政治教育范畴研究的内容和对象。

1. 有关思想政治教育高质量发展的研究

思想政治教育高质量发展既是思想政治教育工作者对党中央新发展理念的学习落实，也是思想政治教育学进入发展新阶段的必然要求。有关思想政治教育高质量发展日益成为共识。何谓思想政治教育的高质量发展、如何实现高质量发展等基本问题成为讨论热点。今年有学者提出，思想政治教育高质量发展是一个反映思想政治教育"强其核、广其域、增其效"的变化过程及其样态呈现的概念范畴。它表征着思想政治教育"因事而化、因时而进、因势而新"的发展理念、现实样态和动态过程。新时代思想政治教育高质量发展，必须以习近平新时代中国特色社会主义思想为指导，充分阐明马克思主义"解释世界与改变世界"的道理、引导教育对象系统掌握"使现存世界革命化"的哲理并科学运用"为人类求解放"的马克思主义基本原理，及时提高思想政治教育的科学化、规范化、制度化水平，"充分调动一切积极因素，广泛团结一切可以团结的力量"，充分彰显"为党育人、为国育才"的根本要求，引领教育对象自觉成长为堪当民族复兴大任的时代新人。[①]

2. 有关思政引领力的研究

2024年9月9日至10日，习近平总书记在全国教育大会讲话中强调指出，我们要建成的教育强国，是中国特色社会主义教育强国，应当具有强大

---

① 张国启、汪丹丹：《思想政治教育高质量发展的时代意涵与价值理路》，《思想理论教育》2024年第9期。

的思政引领力、人才竞争力、科技支撑力、民生保障力、社会协同力、国际影响力，为以中国式现代化全面推进强国建设、民族复兴伟业提供有力支撑。明确提出"思政引领力"并且将之置于"六力"之首，作为中国特色社会主义教育强国的首要特质，是习近平总书记的重要理论创新，这一概念引起了学界的讨论热潮。有学者指出，全面把握教育强国视野下思政引领力的科学内涵，需要紧密结合新时代思想政治工作的职责使命，把握思政引领力内在蕴含的举旗定向、凝心聚气、铸魂育人、以文化人、塑造形象的多重意涵。[①] 有学者指出，思政引领力是社会主义意识形态引领力。思政引领力同意识形态吸引力是同一问题的不同表述，在本质上是一致的。在学校，思政引领力是指思政对教学、管理和服务等实践的引领，主要包括思想引领力、价值引领力、目标引领力等。[②]

3. 有关数字思政（叙事）的研究

数字技术迅猛发展，深刻改变着我们的生产方式、生活方式、思维方式。在教育数字化转型深入推进的时代背景下，学界就数字思政何为展开了热烈讨论，近几年成果多多。学界普遍认为数字思政是思想政治教育的一种新形态。有学者聚焦新时代数字思政体系，着力探究数字思政体系的本质内涵和特征，从外在要求和内在需要角度，多维考察其生成背景、内在机理、运行要素、主体客体、评估评价等，以形成对数字思政的立体化认识。通过理解和把握数字思政的生成背景、基本内涵和实践运用，进一步明晰数字思政的本质规定性，进而为数字思政的落实落地奠定理论基础，以高校为数字思政的应用场景，找准新时代思想政治教育数字化转型的有效着力点，实现数字思政功能价值的切实开发，助推思想政治教育高质量发展。[③] 有学者指

---

① 李忠军：《不断增强思政引领力 扎实推进教育强国建设》，《思想理论教育导刊》2024年第10期。

② 李辉：《思政引领力：中国特色社会主义教育强国的首要特质》，《思想教育研究》2024年第10期。

③ 冯刚、张力、山述兰等：《新时代数字思政体系构建研究》，中国社会科学出版社2024年版。

出，数字思政作为数字时代思想政治教育的一种新形态，是高等教育服务强国建设的重要组成部分。深度思考并多维度把握数字思政核心技术构件的数据、算法与算力三者发展限囿与理论图景的矛盾关系，是推动数字思政实践转化的前提与加速实现人人皆学、处处能学、时时可学的根本。①

相较于比较思想政治教育学、思想政治教育史等已有分支学科，近几年思想政治教育叙事学、思想政治教育传播学、思想政治教育治理学等新兴分支学科在快速发展。在思想政治教育叙事学领域，今年出现了情感叙事、数字叙事、细节叙事等概念，有关思想政治教育数字叙事成为思想政治教育叙事学的快速增长点。学者们就数字叙事的出场、内涵、形态等发表了各自观点。有学者指出，在深入推进教育数字化转型的宏阔背景下，数字技术已悄然进入叙事领域，成为一股推动思想政治教育叙事内容、叙事情境、叙事传播发生深层次变革和系统性升级的根本力量。数以载事、数以载境、数以载情构筑了思想政治教育数字叙事新形态得以形成的基础。但不可忽视的是，算法偏好衍生的数字茧房销蚀叙事连贯性，资本逻辑衍生的数字异化遮蔽叙事价值性，拟态环境衍生的数字焦虑阻隔叙事认同性，这些问题表征深刻影响着思想政治教育数字叙事育人成效的整体提升。② 有学者指出，数字叙事是数字技术进入叙事领域并重构叙事话语的产物。思想政治教育数字化转型既加速了思想政治教育数字叙事的出场，也推动数字叙事为思想政治教育高质量发展注入新的动能。思想政治教育数字叙事表现为数字赋能的技术叙事、数字认知的思维叙事、数字环境的文化叙事、数字正义的价值叙事。区分思想政治教育数字叙事的四种形态，有助于避免陷入技术主义的窠臼，推动数字叙事在兼容社会价值和人文价值中提升叙事效果。③

---

① 吴满意、唐良虎：《数字思政技术构件：内在意蕴、发展梗阻与纾解理路》，《贵州师范大学学报》2024年第5期。

② 宫长瑞、张乃亮：《思想政治教育数字叙事的生成逻辑、问题表征与路径优化》，《思想理论教育》2024年第3期。

③ 袁文华：《论思想政治教育数字叙事的四种形态》，《思想理论教育》2024年第8期。

二、思想政治教育范畴研究的年度特点

以上研究说明学界对已经取得基本共识的一些思想政治教育基本范畴的研究保持着连续态势，既有回到学科史的回顾梳理性研究，更有立足新时代的展望时代性研究，表明思想政治教育基本范畴研究进入具体阐发、精研阶段。通过梳理本年度思想政治教育范畴研究的年度成果、年度进展，可以发现本年度思想政治教育范畴研究呈现出三个特点。

（一）在加强基础理论研究的共识中推进范畴研究

近两年，诸位思想政治教育领域的知名学者在专著论文、学术会议上都主张要高度重视基础理论研究，唤起大家对这一研究领域的重视，在他们的推动下，思政学者们对加强基础理论研究、范畴研究取得了共识，具有了更加自觉的学科发展责任意识和学术研究的问题意识。思想政治教育学科甫一成立，理论界就重视基础理论的研究和建构，许多学者都投身于这一重要研究领域，取得了丰富的成果，成为思想政治教育原理教材的内容支撑。伴随着中国特色社会主义进入新时代，思想政治教育基础理论研究的再出发面临着新的条件和要求。"思想政治教育基础理论，是学科发展的重要支撑、实践创新的重要指导、队伍建设的重要保障，关涉思想政治教育学科的前途和命运。思想政治教育基础理论研究的时代使命，是推动思想政治教育学科理论体系建设、推动思想政治教育研究范式转型升级、培养思想政治教育学科专门人才。"[①] 而范畴研究是基础理论研究的逻辑起点，范畴体系的建构是基础理论构建的基本路径。

（二）在马克思主义理论学科意识中推进范畴研究

从早期德育学隶属教育学，到思想政治教育学隶属政治学科，再到隶属

[①] 冯刚：《深化新时代思想政治教育基础理论研究》，《思想政治教育研究》2020年第1期。

马克思主义理论学科，说明思想政治教育的学科归属越来越明确。从此，学者们的学科意识日益清晰和凸显，不少学者在肯定早期阶段思想政治教育学通过借鉴教育学的范畴推动了学科自身建设的同时，提出需要跳出教育学的学科视野，承认教育学对思想政治教育学范畴的"孕化"作用的同时反思可能存在的"窄化"问题，分析论证范畴研究过程中坚持宏观视野的重要性和必要性，提出需要在马克思主义理论学科视域中阐发思想政治教育范畴的特殊性、具体所指。不仅有这样的研究思路、路径主张，还出现了具体的探索成果。有学者从马克思主义思想政治教育学的核心概念出发来论证哪些范畴属于思想政治教育的基本范畴，提出"现实的人""意识形态"和"共产主义"分别构成马克思主义思想政治教育学开端、过程和目的之核心范畴，它们以自身为理论中介将该理论环节上的思想政治教育范畴组织起来。理解和表述这三个马克思主义思想政治教育的核心范畴，将重现思想政治教育的形成发展历程，推进历史唯物主义的思想政治教育叙事，反映出学者们的马克思主义理论学科意识明显增强。此外，学者们运用哲学思维、理论思维、系统思维、系统观念深化思想政治教育范畴研究的成果也日益丰富、成熟。比如，有学者在存在论层面探讨了思想政治教育的有形与无形，认为之前的相关讨论主要是在方法论层面展开，从存在论尤其是形态学的角度讨论不多见。提出本体论意义上的"形"是指思想政治教育的形态，内在包含着感官论、实践论意义上的"形"[①]，推动了大家对显性、隐性思想政治教育的深化理解。

（三）在培养学科人才的意识中推进范畴研究

学界延续思想政治教育范畴研究的传统，形成持续研究的良好态势，并产生了一些研究团队。范畴研究既是思想政治教育学科建设的基础，也是思想政治教育学创新发展的动力，具有学科史意义，范畴研究属于基础理论研

---

① 杨威、张会静：《论思想政治教育的有形与无形》，《思想教育研究》2024年第8期。

究的重要组成部分，也是思想政治教育学自主知识体系建构的重要组成部分，具有学术史意义。思想政治教育学科的发展需要学科人才的培养，亦即学科发展依赖后继有人。对青年思想政治教育学者来讲，范畴研究是认识和了解思想政治教育学科、掌握思想政治教育学术研究范式、规范的抓手。开展思想政治教育基本范畴、创新范畴研究是年轻学者、学子学术成长的必由之路，是规划各自学术道路的必经之路。范畴研究需要强化理论思维，范畴研究又会训练理论思维，通过范畴研究能够提出创新性的学术观点。换言之，开展范畴研究对本学科人才学术成长和学术道路规划具有重要价值。近年来，冯刚教授组织中青年学者围绕思政课形象等创新范畴进行了研究，发表了一系列文章，唤起了学界和大众对这一主题的关注，本身也是一次思政课形象乃至思想政治教育形象的有效传播，组织中青年学者探讨思想政治教育学新论域，探讨思想政治教育治理、思想政治教育叙事、思想政治教育文本等分支领域的基本范畴，推动思想政治教育学科往前探索。吴满意教授带领中青年学者围绕数字思政产出了一系列关涉数字技术赋能思想政治教育的基本理论问题的研究成果，推动思想政治教育学科主动回应技术变迁。限于篇幅，其他学术团队在此不再枚举。在这些前辈学者的带领下，中青年学者有了基础理论研究、范畴研究的自觉和学术规范。范畴研究的传统为后来者进入和展开学术研究提供了前期扎实的基础和研究经验的借鉴，这对学科后继有人的发展具有重要意义。

三、思想政治教育范畴研究的总结与展望

经过40年的发展，思想政治教育学科化建设取得了显著成绩，思想政治工作科学化、现代化取得了明显进展，但依然面临着质疑，有未完善的地方，特别是随着新情况、新问题、新挑战的出现，是否能及时回应，与时俱进地发展是考验这门新生学科的重要挑战。范畴是反映学科研究特殊领域本质的基本概念，是实现学科独立、科学发展的内在根据。重视思想政治教育

基础理论研究、范畴研究的共识已经达成，相关研究实践持续进行，研究成果持续产出，在一定意义上代表着学科意识的自觉自信。今天站在思想政治教育内涵式建设、高质量发展以及学科自主知识体系构建的新起点上进一步深化范畴研究具有特别重要的意义，需要在以下几方面下功夫。

（一）加强思想政治教育实践经验的总结提炼

任何一个学科的基本范畴、重要范畴、新范畴都根植于本学科的相关实践活动，是对实践、现象背后规律的抽象提炼和理论表达，对实践中问题的理论总结、反思和回答。这就是说，范畴是理性思维的产物和结晶，是理性思维的载体和工具，但它离不开丰富的实践土壤。众所周知，马克思、恩格斯创立、完善和发展历史唯物主义过程中，"始终站在现实历史的基础上，不是从观念出发来解释实践，而是从物质实践出发来解释各种观念形态"。但需要注意的是，"思想政治教育学科范畴研究不应是一种教育实践的经验总结，而应是在教育的社会空间内对政治实践的学理探索"[①]。所以思想政治教育范畴研究的实践土壤应该包含我们党的政治实践，不仅应该对我们党思想政治教育历史实践做进一步总结提炼，而且要对新时代以来我们党在中国式现代化的空间内政治实践做系统的总结提炼，如此才能提出具有解释力和指导力的范畴，赋予范畴原创性和时代性，这样的范畴才会被人接受，成为思想政治教育学科标识性范畴。时代是思想之母，思想政治教育范畴研究必须立足实践，避免从抽象到抽象的概念演绎、从学科到学科的术语搬弄。

（二）重视范畴研究的宏观视野

学界一直有共识，思想政治教育研究要宏微并进，但宏观研究近年来有所不足。因为长期以来，基于教育学的"孕化作用"和"底色意义"，思想政治教育学呈现明显的微观色调，思想政治教育窄化为具体、微观的教育实践

---

① 虞滢：《思想政治教育学科范畴研究的规范性探微》，《思想教育研究》2016年第10期。

活动。因而，从整体、全局、战略等宏观视野出发建设主流意识形态是思想政治教育重要议题。而且这是破解思想政治教育理论研究与实践发展脱节、理论成果对现实问题解释力钝化的需要。① 党的十八大以来，以习近平同志为核心的党中央高度重视思想政治工作，就新时代思想政治工作提出一系列新观点、新论述、新要求，是我们加强思想政治教育范畴研究的理论基础。以下两大创新性论断和要求的提出必然要求思想政治教育范畴研究要因时而进加强宏观研究：一是 2021 年，中共中央、国务院印发《关于新时代加强和改进思想政治工作的意见》提出把思想政治工作作为治党治国的重要方式，标志着党对思想政治工作的运用进入一个新阶段。② 思想政治教育范畴研究要有"治理"的视域。"党的十八大以来，从国家治理到基层治理，从社会治理到教育治理，治理成为社会关注的热点，在多领域得到深入探索，成为多学科的探讨焦点。思想政治教育学科也需要对治理论题做出必要的回应，在推进国家治理现代化的实践中做出应有的贡献。"③ 这就是说，不能再将思想政治工作仅仅理解为思想政治"教育"，不能将思想政治教育仅仅理解为党对人民特别是青年的主流意识形态的教育实践，而是将之上升到国家治理方式的高度来把握。因此，思想政治教育治理、思想政治教育治理体系、思想政治教育治理能力等相关范畴理应进入研究视野，诸如社会动员、社会心态、舆论引导等范畴应该进入思想政治教育范畴体系中，相关课题应该进入思想政治教育学研究论域。二是 2021 年，习近平总书记在看望全国政协会议的医药卫生界教育界委员时，强调要善用"大思政课"，将思政课与现实结合起来，从善用"大思政课"到构建"大思政"格局，顺应思想政治教育的场域拓展，思想政治教育研究者需要"大视野"来研究思想政治教

---

① 张秀、毕红梅：《新时代思想政治教育学范畴的"变"与"不变"》，《重庆第二师范学院学报》2024 年第 1 期。
② 徐先艳：《思想政治工作作为治党治国重要方式的生成逻辑》，《思想教育研究》2022 年第 3 期。
③ 冯刚主编：《思想政治教育学科 40 年发展研究报告》，中国人民大学出版社 2024 年版，第 406 页。

育基本范畴和新范畴。比如，思想政治教育的主体、内容、功能等基本范畴的内涵需要因时而进的界定说明。

（三）提高范畴研究的学科交叉力度

通过不断吸收其他学科的丰富理论资源，形成具有学科特色的范畴、范畴体系和理论框架，才能推动本学科的成熟发展、创新发展，跟上时代的要求。近年来，思政学界的不少专家在强调交叉研究的重要性，推动本领域展开交叉研究，以开拓出研究新论域，提出学术新观点，推动本学科迈步向前，避免在自言自语中故步自封。思想政治教育学与经济学的交叉研究，产生了思想政治教育供给侧等范畴；与生态学的交叉研究，产生了思想政治教育形态等范畴；与叙事学的交叉研究，产生了思想政治教育叙事等范畴；与文本学的交叉研究，产生了思想政治教育文本等范畴；与治理学的交叉研究，产生了思想政治教育治理等范畴；与传播学的交叉研究，产生了思想政治理论课形象等范畴。让人耳目一新，使得思想政治教育学的现代形态日益具有说服力，为学科走内涵式建设道路，实现高质量发展，提供了新的思维方式和知识体系。其中，加强与治理学的交叉研究能产出适应时代发展趋势的范畴研究成果。2024年上半年，党的二十届三中全会作出进一步全面深化改革，推进中国式现代化的重大决定，提出进一步全面深化改革的总目标是继续完善和发展中国特色社会主义制度，推进国家治理体系和治理能力现代化。2012年，习近平总书记在中央全面深化改革领导小组第十二次会议上指出："要高度重视做好思想政治工作，改革推进到哪一步，思想政治工作就要跟进到哪一步。"① 因此，加强思想政治教育治理研究既是贯彻落实党中央最新精神，也是思想政治教育自身实现现代化的内在需要或者说解决思想政治教育提质增效瓶颈的破解之道。一直以来，思想政治教育重在自上而下的

---

① 《习近平主持召开中央全面深化改革领导小组第十二次会议强调：把握改革大局自觉服从改革大局共同把全面深化改革这篇大文章做好》，《人民日报》2012年5月6日。

社会价值，忽略了自下而上的个体价值，在满足个体社会化需要、全面发展需要方面的功能相较而言还存在薄弱环节和功能发挥不足的问题。思想政治教育本质上是做人的工作，思想政治教育不关心人，人也不会关心思想政治教育。

（四）增强范畴研究的理论思维

思想政治教育的范畴应是思想政治教育现象的理论规定，因此范畴研究离不开理论思维，范畴研究的深化离不开理论思维的成熟、发展。思想政治教育的学科属性是马克思主义理论，马克思主义是思想政治教育学的理论基础。马克思主义的创始人马克思、恩格斯，不仅创立了辩证唯物主义和历史唯物主义理论体系，而且在研究和阐释唯物史观过程中确立了科学的研究方法。这里主要指马克思在《资本论》中提出的"从后思索法"，或者说他在研究《资本论》过程中运用的"从后思索法"。马克思深刻指出："对任何种类劳动的同样看待，以各种实在劳动组成的十分发达的总体为前提，在这些劳动中，任何一种劳动都不再是支配一切的劳动。所以，最一般的抽象总只是产生在最丰富的具体发展的地方，在那里，一种东西为许多东西所共有，为一切所共有。"[①] 马克思的意思是，劳动作为现代经济学的起点范畴，要到资产阶级社会才能得到切实的研究。"'劳动'、'劳动一般'、直截了当的劳动这个范畴的抽象，这个现代经济学的起点，才成为实际真实的东西。所以，这个被现代经济学提到首位的、表现出一种古老而适用于一切社会形式的关系的最简单的抽象，只有作为最现代的社会的范畴，才在这种抽象中表现为实际真实的东西。"[②] 马克思对劳动范畴的研究启发我们认识到，随着新时代思想政治教育实践的丰富发展，对思想政治教育范畴研究迎来了一个新的发展时机。新时代思想政治教育在理论创新和实践创新的良性互动中加强

---

① 《马克思恩格斯全集》第 46 卷上册，人民出版社 1979 年版，第 42 页。
② 《马克思恩格斯全集》第 46 卷上册，人民出版社 1979 年版，第 42 页。

改进、创新发展,需要学界再次重视思想政治教育范畴研究的价值、内容、议题,从而让这一思想政治教育学基本问题域研究在已有的基础上再次出发,取得新突破,进入新阶段。

(五)重视范畴研究中有待厘清的问题

从逻辑思维上构建更具解释力的,能够更普遍、准确地诠释思想政治教育现象的概念是推进思想政治教育自我认知的内在需要。丹皮儿说:"创造出新科学,第一步总是要抓着可给予确切界说的几个概念。"① 目前在基本范畴的范围、定义、相互逻辑关系等范畴体系构建基本问题上还存在尚未讲清楚、不一致的地方。一些观点表述还未统一,容易给青年学生造成困惑。比如,有文章写道:"在阶级社会中,思想政治教育体现为统治阶级为实现政治目的,对其社会成员进行有意识、有目的的教育活动","真正自觉地将这项源自统治阶级的思想传播活动作为一门学科来建则源于中国共产党"。但《马克思主义基本原理》2023年版教材中明确写道,阶级社会特指奴隶社会、封建社会、资本主义社会。② 这就使得青年学生在理解思想政治教育是什么的时候要进行逻辑转弯,才能完成理解。再比如,有学者认为思想政治教育环境分为自然环境和社会环境,并且认为思想政治教育自然环境的成果少,思想政治教育自然环境的特性、功能、运行过程、变化规律等内容没有得到系统的研究。提出思想政治教育自然环境,是指影响思想政治教育活动开展的外部自然因素的总和。但有一个问题需要研究澄清:与社会环境相对的自然环境是否能独立存在?因为马克思看来,纯粹的脱离人的、脱离社会的自然是不可能的。

综上所述,范畴是思想政治教育理论创新的逻辑起点,是思想政治教育实践创新的突破点。加强范畴研究将带来思想政治教育理论创新成果,构建

---

① 丹皮儿:《科学史及其与哲学和宗教的关系》,李珩译,商务印书馆1979年版,第199页。
② 本书编写组:《马克思主义基本原理》(2023年版),高等教育出版社2023年版,第160页。

思想政治教育自主知识体系，体现中国哲学社会科学的中国特色。也会带来实践创新成绩，推动思想政治教育学在解释世界的过程中改变世界，让学校思想政治教育在建成教育强国中发挥思政引领力，让思想政治工作在完成第二个百年奋斗目标中发挥意识形态的强大凝聚力作用。当然，钻研思想政治教育学基础理论、基本范畴不是一件速成的事情，更不是一件轻松的事情，需要耐心和下苦功夫，相信思政学者在范畴研究上久久为功，一定会提高思想政治教育范畴的学理性、体系性和原创性，展现思想政治教育学的学科形象、学术形象。

第四章　思想政治教育政策研究

"政策是革命政党一切实际行动的出发点，并且表现于行动的过程和归宿。"① 思想政治教育政策是党和国家为实现思想政治教育铸魂育人根本目的和立德树人根本任务而制定的价值准则与行为规范，是推进思想政治教育高质量发展的重要政策依据和行动指南。思想政治教育本质上是一种意识形态领域的工作，带有鲜明的意识形态属性。它承载着重要的政治任务，党和国家必然要全程管理和把握思想政治教育工作。早在2004年，《关于进一步加强和改进大学生思想政治教育的意见》明确规定了思想政治教育工作的指导思想、主要任务以及方式方法等，为更好地开展思想政治教育提供了指导原则和根本遵循。可以说，思想政治教育政策是旗帜、是方向，统领思想政治教育的理论和实践，思想政治教育政策研究是思想政治教育研究的重要内容。新时代新征程，如何不断创新政策，通过思想政治教育政策指引相关理论研究和实践工作引起了学术界的关注。

一、思想政治教育政策研究成果

通过文献查阅发现，2021—2023年，关于思想政治教育政策的研究成果较少。就2024年的研究情况来看，学者们主要从政策演进、学科政策以及"大思政课"政策等方面进行分析研究。分析其原因：一是回顾思想政治教育政策的演进过程，把握其演进特征和发展趋向，对推动新时代思想政治教育政策的创新发展，思想政治教育高质量发展具有重要现实意义。二

---

① 《毛泽东选集（第四卷）》，人民出版社1991年版，第1286页。

是 2024 年是思想政治教育专业设立 40 周年。作为一门定位于"生命线"和"中心环节"的关键学科，在"两个大局"加速演进的形势下面临着新任务新挑战，承担着培养堪当民族复兴重任的时代新人的历史使命。学科政策在思想政治教育学科建设中发挥着重要的导向与保障作用。三是为深入贯彻落实习近平总书记关于思政课建设的重要论述、关于"大思政课"建设的重要指示批示和在中国人民大学考察时的重要讲话精神，全面推动思政课改革创新，推动思想政治教育创新发展，教育部等十部门印发了《全面推进"大思政课"建设的工作方案》。"大思政课"是解决当前思想政治教育发展突出问题的有效途径。总体上，2024 年关于思想政治教育政策的研究成果主要集中在以下三个方面。

（一）关于思想政治教育政策演进的研究

经济基础决定上层建筑，思想政治教育作为我国意识形态工作的重要手段和方法，其政策变迁与社会发展紧密相连，从建党初期到中华人民共和国成立再到实行改革开放，党和国家在各个时期都高度重视思想政治工作。经过多年探索，我国的思想政治教育工作体系逐渐全面化、系统化，并取得了显著的育人成效。尤其是党的十八大以来，党和国家不断加强和改进思想政治教育，从政治高度、政策温度、教学效度等方面入手，作出一系列重要部署。党的二十大围绕"推进文化自信自强，铸就社会主义文化新辉煌"作出重大部署，强调在新的起点上继续推动文化繁荣、建设文化强国、建设中华民族现代文明，是我们在新时代新征程新的文化使命，为新时代思想政治教育工作指明了方向。学术界在研究思想政治教育政策的演进时，多从历程、特征或机制出发，总结分析思想政治教育政策的演进历程。比如，有的学者以高校为研究立足点，通过分析高校思想政治教育政策的演进历程和机制，展望未来高校思想政治教育政策的发展趋势。学者认为高校思想政治教育政策发展经历了分散性支持、规范化发展和一体化推进三个阶段。这三个阶段是在延续中递进，应时应势从一个阶段发展到下一个阶段，呈现递进式发展态势，强化保障，注重实效，推进我国高校思想政治教育高质量发展。党的十八大以来，我国高校思想政治教育政策在演进过程中不断渐进转型与完善，《高校思想政治理论建设标准》和《关于深化新时代学校思想政治理论课改革创新的若干意见》的颁布为这一时期政策演进过程的关键节点，高校思想政治教育日趋完善。大中小学思想政治教育一体化建设、基层党组织建设、教师队伍建设、思想政治理论课建设、马克思主义学院建设政策等产生的正向效应，推动着思想政治教育政策持续加强，在落实立德树人根本任务中发挥着重要的作用。党和国家的高度重视以及高等教育高质量发展的战略需求，要求未来高校思想政治教育政策应进一步聚焦落实立德树人的根本任务，践行为党育人、为国育才的初心使命。突出中国特色，推动高等教育高质量发展。新时代高校思想政治教育政策必须立足"三全育人"，立足"一体化建设"，立足"大思政课"，实现大中小学思想政治教育一体化。有的学者以思想政治教育为例研究新时代党的教育政策发展的逻辑向度、价值依循和实践路径。党的教育政策是旨在培养社会主义建设者和接班人，提高全民族的思想道德素质和科学文化素质，促进社会主义现代化建设的教育方针。科学发展党的教育政策，不仅关乎教育政策实践活动的有序开展，也关涉党的意识形态教育工作发展与进步的整体推进。党的教育政策发展要注重把握政策制定的"一时一度一效"，立足于新的历史方位，把握发展的时代性、针对性及实效性，回应思想政治教育领域的新任务新要求。习近平总书记指出，"今天，我们比历史上任何时期都更接近，更有信心和能力实现中华民族伟大复兴的目标"[①]。党的教育政策具有凝心聚力的作用，为实现中华民族伟大复兴凝聚民心。加强社会主义意识形态建设，促进社会主义文化大发展大繁荣，以培养能担当民族复兴大任的时代新人为教育目标。为思

---

① 习近平：《在庆祝中国共产党成立100周年大会上的讲话》，人民出版社2021年版，第17页。

想政治教育提供系统保障，打造"大思政"格局，把立德树人作为根本目标，加快形成高效教育联合体，发挥协同育人作用，真正实现全程育人，全方位育人。同时，坚持理论与实践相统一原则，新时代要深化教育政策的理论研究，精准施策，更好地指导思想政治教育实践活动。在实践活动中，应做到统筹设计，构建全方位党的教育"政策群"。丰富党的教育政策主题，围绕"国家"和"世界"两个场域，提升政策的精准性和全面性，精准施策。完善党的教育政策评估体系，政策评估是政策实践过程中不可或缺的一环。

（二）关于思想政治教育学科政策的研究

"社会大变革的时代，一定是哲学社会科学大发展的时代。当代中国正经历着我国历史上最为广泛而深刻的社会变革，也正在进行着人类历史上最为宏大而独特的实践创新。"[1]随着时代的进步和社会的发展，思想政治教育学科从无到有、从小到大，在40年的不懈探索中不断壮大，目前已进入内涵式发展的新阶段。学科政策在思想政治教育学科建设中发挥着重要的导向与保障作用。所谓思想政治教育学科政策，是指党中央和国家及相关职能部门为加强思想政治教育学科建设和发展，保证学科人才培养质量，针对学科建设中有关体制、师资、经费、课程、教材、专业、科研、实施、规划、评价等问题，制定和实施的战略性、准则性规定的总称。"知史而明鉴，识古而知今。"有的学者以历史眼光分析问题，阐释了思想政治教育学科政策的演进、特征与发展趋势。思想政治教育学科政策40年的演进过程经历了着眼于"立"的初步探索、致力于"谋"的稳固发展、聚焦于"实"的提质优化与立足于"破"的内涵式发展四个阶段。具有政策制定主体良性互动、政策价值取向逐渐保持适度张力、政策内容趋向系统建构、政策执行机制不断健全等演进特征。在思想政治教育学科内涵式发展的新阶段，应推动思想政

---

[1] 习近平：《在哲学社会科学工作座谈会上的讲话》，人民出版社2016年版，第8页。

治教育学科政策创新发展，要从深入开展学科政策调研、完善学科政策评估制度、优化学科政策环境、构建中国特色自主学科政策体系四个维度用力。① 有的学者以 2004 年印发的《关于进一步加强和改进大学生思想政治教育的意见》与进入新时代印发的《关于新时代加强和改进思想政治工作的意见》这两个指导性文件为研究出发点，通过对比解读这两个文件颁布的时代背景、任务要求、实施原则等，深刻揭示了党和国家的政策设计对丰富和推进思想政治教育学科建设所具有的特殊意涵。思想政治教育学科是中国特色的人文学科，这个中国特色更深刻地体现在思想政治教育学科的基本属性和学科建设的核心要素之中，内在地决定了思想政治教育学科的未来发展仍然离不开党和国家的科学的政策设计。② 有的学者阐释了思想政治教育学科政策产生的理论渊源和特征，认为思想政治教育学科政策产生是思想政治教育学科制度建设的核心内容，是实现国家意识形态向社会意识形态传导的关键环节，也是建构中国特色思想政治工作体系的重要路径。同时，指出思想政治教育学科政策具有鲜明的政治导向、问题导向、价值导向、理论导向和实践导向。③ 有的学者从"课程思政"政策角度，研究了思想政治教育学科政策的延展性问题，提出思想政治教育学科政策要增强问题意识，彰显"课程思政"政策对现实问题的观照；加强统筹规划，优化"课程思政"政策制度性供给；引领价值取向，营造"课程思政"的良好政治环境，进而有力推动新时代思想政治教育学科发展。④

---

① 王丛丛、巩凡新:《思想政治教育学科政策演进 40 年：历程、特征与发展趋势》,《学校党建与思想政治教育》2024 年第 9 期。

② 王习胜、王菁:《论思想政治教育政策设计的学科内涵——以中共中央、国务院的两个"意见"为例》,《思想理论教育导刊》2024 年第 9 期。

③ 高扬:《新中国思政课政策生产的历史图景与五重导向》,《中国矿业大学学报（社会科学版）》2024 年第 8 期。

④ 徐曼、郑宏宇:《"课程思政"政策何以成为国家行动？——基于多源流理论的分析》,《河南师范大学学报（哲学社会科学版）》2024 年第 11 期。

（三）关于"大思政课"建设政策的研究

习近平总书记强调，"'大思政课'我们要善用之，一定要跟现实结合起来"①。2024年，学界关于"大思政课"建设政策的研究成果较为丰富。有的学者提出深刻理解"大思政课"的核心要义，有助于明确"大思政课"建设的目标和方向。关于"大思政课"建设政策的意义：从思想政治教育政策的视域看，国家出台的一系列政策文件规定，"大思政课"为的是坚持不懈用习近平新时代中国特色社会主义思想铸魂育人，实现思想政治教育立德树人的根本任务。关于"大思政课"建设政策的目标：中共教育部党组印发的《高校思想政治工作质量提升工程实施纲要》提出，高校思想政治工作要着力培养德智体美劳全面发展的社会主义建设者和接班人，着力培养担当民族复兴大任的时代新人。"大思政课"是一种面向全社会场域的思想政治教育形式，社会场域有多大，"大思政课"的教育场就有多大。关于"大思政课"建设政策的内容：新时代高校思想政治教育政策始终坚持立德树人根本任务，通过制定实施必要的思想政治教育政策，加强对广大青年学生的国家观教育、历史观教育、文化观教育、道德观教育、法治观教育、审美观教育、劳动观教育和心理素质教育，形成一系列时代特色鲜明的思想政治教育内容体系。同时，从近些年丰富多彩的社会环境上看，国家发展的大事都是"大思政课"的宏大叙事。关于"大思政课"建设政策的实施："大思政课"建设政策的实施，包含政策实施主体和客体，从客体上讲，"大思政课"是面向全体青年学生，教育客体的范围十分庞大。从主体上讲，依据社会改造主义的课程理论，社会问题才是课程的核心问题，应吸收不同社会群体参与到思政课的开发中来。青年是祖国的未来、民族的希望。要讲好用好"大思政课"，激活社会"大课堂"、汇聚全社会育人"大能量"，进而激发广大青少年立鸿鹄之志，坚定实现民族伟大复兴的信心和决心，真正做到为党育人、

---

① 《"大思政课"我们要善用之》，《人民日报》2021年3月7日。

为国育才。新时代新征程，如何切实推进"大思政课"，不断增强"大思政课"的时效性，引起了学术界的高度关注。有的学者从思想政治教育政策的视域下，分析了"大思政课之大"的本质特征，深刻阐释新时代推动"大思政课"建设的推进策略。有的学者认为，"大思政课"具有场域之大、资源平台之大、教育内容之大和人才队伍之大的基本特征。利用好思想政治教育的社会大课堂，组织开展好多样化的实践教学，利用好"大思政课"实践教学基地的育人功能，使社会实践所创设的环境真正发挥"环境创造人"的育人实效。要创建大资源平台，必须坚持实效性原则，注重"大思政课"所选择的各种平台或载体能否达成思想政治教育的实效性。着手构建思想政治教育"大师资体系"，形成思想政治教育合力。注意师资队伍的目标协同性，教育主体之间必须协同一致，构建有效的协同机制。把握"大思政课"最好的讲堂是时代，立足时代，创新发展教育内容。同时，要坚持"取其精华，去其糟粕"的原则，确保"大思政课"实现立德树人的教育目的。[①] 有的学者从党的教育政策出发，提出党的教育政策要坚持守正与创新相统一，全力推进思想政治工作高质量发展，进而助力形成"大思政"格局，为中国式现代化建设统一思想、凝聚力量。

二、思想政治教育政策研究特点

总体上，学术界关于思想政治教育政策展开了积极的探索，并取得一定的理论成果。思想政治教育政策引领着思想政治教育的理论与实践。2024年，思想政治教育专家学者紧紧围绕党的二十大精神及历次全会精神、习近平文化思想以及思想政治教育相关政策文件等开展理论思考和研究，体现了高度的理论自觉，但与习近平总书记强调的坚持守正创新要求，存在一定差距。

---

① 孔宪峰：《新时代"大思政课"建设的推动策略》，《思想政治课教学》2024年第1期。

（一）理论自觉不断增强，但还需要进一步强化创新意识

党的十八大以来，学术界围绕着思想政治教育政策相关的理论问题展开了一系列积极的探索，并取得一定的理论成果。可以说，习近平总书记在全国高校思想政治工作会议、全国教育大会、学校思想政治理论课教师座谈会、全国宣传思想文化工作会议等重要会议上的重要讲话，以及党和国家出台的一系列政策文件，为思想政治教育政策的理论研究提供了理论基础和研究动力。2024年，专家学者紧跟党和国家关于思想政治教育工作的一系列决策部署、习近平总书记的一系列重要讲话精神，就思想政治教育政策演进、学科政策和"大思政课"等问题，展开了有益思考和探索。相应地，思想政治教育政策的内容更加丰富，制定更加完善，监督管理更加精准、更加规范、更加有力。但新时代新征程思想政治教育政策面临着一系列的新形势、新挑战、新问题，思想政治教育政策研究还需要进一步强化问题意识、创新意识。以思想政治教育政策演进的研究为例，目前专家学者对政策演进的研究基本处于政策演进过程的表层分析，对政策演进动因分析有待深化。思想政治教育政策为何会不断发展变化？这正是我们要深入思考的问题。马克思主义强调透过现象看本质。看本质、抓本质，就是要避免看问题只看表面，要从本质上、规律上看问题，这是科学决策的关键。比如，有的学者曾研究英国基本价值观教育政策发展的现实动因，认为国家安全与身份认同、多元文化与社会共识、价值引领与青年发展这些因素是推动英国基本价值观教育政策发展的深层动因。[①] 思想政治教育工作具有意识形态属性，价值观教育是思想政治教育的重要组成部分。中国的思想政治教育强调社会主义核心价值观的践行。参考英国基本价值观教育政策发展动因分析过程，我们可以思考我国思想政治教育政策发展动因。正如我国思想政治教育政策强调的国家

---

① 刘晨：《英国基本价值观教育：现实动因、政策演进与实践路径》，《比较教育研究》2022年第7期。

安全观教育、爱国主义教育，这与我国面临的国际环境密切相关。当前，世界之变、时代之变正以前所未有的方式展开。世界正处于百年未有之大变局，国际政治经济的发展面临着诸多不确定因素。而中国在中国共产党的领导下，经受住了来自政治、经济、意识形态、自然界等多方面的风险挑战和考验，党和国家事业取得历史性成就、发生历史性变革，推动我国迈上全面建设社会主义现代化国家新征程。中国的发展为世界不断注入确定性和建设性力量。然而，这增加了美国等西方资本主义国家对我国的"敌意"。这就要求我国的思想政治教育工作应通过政策引导，不断巩固马克思主义在意识形态领域的指导地位，将国家观教育、爱国主义教育融入思想政治教育。

（二）立足国情不断强化，但还需要进一步拓宽国际视野

纵观 2024 年关于思想政治教育政策的研究，能够紧紧围绕新时代新征程面临的新问题新挑战，落实立德树人根本任务，展开理论研究。关于"政策演进趋势""学科政策""大思政课"建设政策等问题的研究，增强了思想政治教育政策理论研究的实效性，也深化了对新时代思想政治教育工作的规律性认识。但关于我国思想政治教育政策与其他国家思想政治教育政策的比较研究缺乏，思想政治教育政策的国际化视野不足。思想政治教育属于中国的话语体系，在概念、内容、方法上与西方国家展开比较研究。政策视域下的国际比较主要包括政策环境比较、政策内容比较、政策过程比较、政策系统比较等方面。以政策环境比较为例，我国的思想政治教育政策是社会主义政治制度背景下坚持中国共产党的全面领导，而西方资本主义国家的思想政治教育政策是资本主义政治制度下的思想政治教育政策。国内外思想政治教育政策环境的不同具体体现在哪些方面？这值得学界关注。2024 年学术界缺乏对这一问题的比较研究，没有深入地阐释其背后的理论性、规律性。比如有的学者对近代以来西方国家思想政治教育政策环境建设作出概略分析，指出西方国家在思想政治教育政策方面继续重视发挥宗教作用、搭建公民教育

平台、借助文化艺术渠道、设计虚伪体验的价值导向。首先，西方国家改良后的宗教适应了资本主义的需求，继续从宗教的渠道发挥着强大的思想政治教育功能，而在我国实行宗教与教育相分离的原则。我国宗教政策的基本原则主要体现在对公民宗教信仰自由的尊重与保护上，同时坚持宗教与教育分离。其次，西方实施以公民教育为主要内容的思想政治教育，重在传授公民基本规范，实际上是从技能方面引导受教育者实现思想政治教育的目标。而我国思想政治教育内容丰富，包括爱国主义教育、社会主义核心价值观教育、法治教育、道德品质教育等多个方面。再次，西方的教育政策高度重视利用文化艺术渠道开展思想政治教育，将价值观融入文化艺术，使受众在接触文化艺术的过程中潜移默化地受到教育。中国也将美育观念深刻融于思想政治教育之中，美育是一种艺术教育。通过此方式，帮助受教育者增强自身的人文素养和文化自信心。最后，美式民主给每个公民提供了具体的价值观体验的机会。可实际上，缺乏集中和协商民主存在很多问题。我国贯彻执行民主集中制，坚持中国共产党对思想政治教育的全面领导，坚持以人民为中心的教育理念，落实立德树人根本任务。

（三）聚焦现实政策研究，但还需要进一步关注网络场域

教育兴则国家兴，教育强则国家强。高等教育发展水平是一个国家发展水平和发展潜力的重要标志。我国高等教育肩负着培养德智体美劳全面发展的社会主义事业建设者和接班人的使命任务，必须坚持正确政治方向。党的十八大以来，国家层面出台的思想政治教育政策覆盖面广、针对性强，我国高校思想政治教育工作体系逐渐完善，同时也面临着科学技术所带来的巨大挑战。近年来，关于网络思想政治教育的研究成果很多，比如，《新时代构建高校网络思想政治教育共同体的三维考量》（杨万贺，《学校党建与思想教育》2024年第19期）、《论思想政治教育网络环境的制度优化》（张瑜，石秋怡，《思想政治教育研究》2024年第9期）、《高校网络思想政治教育吸引力

提升的策略》(尹凡、周远,《学校党建与思想政治教育》2024年第18期)、《数字时代网络思想政治教育的现实之困、发展之维与实践之策》(张楷芹,《思想政治教育研究》2024年第4期)等。有的学者提出,"要提高网络育人能力,扎实做好互联网时代的学校思想政治工作和意识形态工作"[1],有的学者则强调,"网络思想政治教育是思想政治教育的网络形态"[2],认为网络思想政治教育是高校思想政治教育的重要内容和主要方式,对于实现凝聚共识、价值引领发挥着至关重要的作用。当今时代,网络已然成为信息传播的主渠道,科学技术已成为影响思想政治教育政策的重要因素。学术界对于网络思想政治教育、数字思想政治教育的理论研究已经取得了较为丰富的理论成果,但对于网络思想政治教育政策、数字思想政治教育政策方面的研究仍很不足,需要进一步加强。比如,有的学者以近十年的27份政策文本为样本,研究科学技术迅猛发展的时代背景下思想政治教育政策的演进阶段与特征。有的学者运用质性研究工具Nvivo12辅助编码,呈现了扎根理论研究的过程。通过研究发现,网络思想政治教育政策目标从进入网络到占领阵地再到网络育人的演变过程,以及教育场所、教育内容、队伍建设等路径依赖的话语演变规律,展望了未来网络思想政治教育政策的发展趋势。现实问题为政策提供实践基础,理论研究为政策制定提供学理支撑。学术界应加强对思想政治教育新兴场域政策的探索与分析,加快网络思想政治教育政策理论体系、数字思想政治教育政策理论体系的建构,促进网络思想政治教育、数字思想政治教育政策的理论深化和实践深入。

三、思想政治教育政策研究展望

当前,全球化、信息化、数字化迅猛发展的时代背景下,思想政治教育

---

[1] 骆郁廷、李恩:《论网络思想政治教育的作用机理》,《马克思主义与现实》2021年第5期。
[2] 冯刚、史宏月:《新时代高等学校思想政治教育质量评价科学化》,《教育研究》2021年第10期。

政策的研究显得尤为紧迫和重要。思想政治教育事关国家意识形态安全、培育时代新人，其政策的研究与实践至关重要。思想政治教育政策不仅为教育实践提供制度性支撑与规范引导，更是确保社会主流价值观念得以传承弘扬、社会凝聚力不断增强的重要保障。学术界要肩负起为思想政治教育政策领域提供理论基础和思想支撑的使命担当，面对党和国家的战略需求，积极回应时代声音。综合2024年的研究成果和研究特点，尤其是当前思想政治教育政策研究存在的不足，思想政治教育政策的研究需要注重三个问题，具体包括加强理论自觉与创新研究相统一，加强中国实际与国际比较相结合，加强关注文本与拓宽视域相同步。

（一）加强理论自觉与创新研究相统一

习近平总书记在党的二十大报告中指出："继续推进实践基础上的理论创新，首先要把握好新时代中国特色社会主义思想的世界观和方法论，坚持好运用好贯彻其中的世界观和方法论。"① 守正创新是中国特色社会主义新时代的鲜明气象，也是习近平新时代中国特色社会主义思想的显著标识。实践没有止境，理论创新也没有止境。新时代思想政治教育政策的理论创新研究主要可以从以下几个方面入手。在政策原理研究方面，专家学者们对思想政治教育政策的科学性、合理性展开了诸多探索。大部分学者对思想政治教育政策形成与发展的规律进行深入研究，但其科学性和合理性有待加强，例如政策制定时如何更好地契合受教育者思想实际、遵循教育规律等。同时，对于思想政治教育政策变迁的动力机制、政策环境等原理性内容也有相应研究，不过与党和政府对思想政治教育政策的重视程度，以及思想政治教育政策对高校思想政治教育的影响相比，仍存在较大差距，研究的滞后性较为明显，研究深度有待挖掘。在政策内容研究方面，目前学术界主要聚焦于高校

---

① 习近平：《高举中国特色社会主义伟大旗帜 为全面建设社会主义现代化国家而团结奋斗——在中国共产党第二十次全国代表大会上的报告》，人民出版社2022年版，第18—19页。

学生群体展开研究。高校作为思想政治教育的重要阵地，相关政策对高校学生这一对象的针对性研究较多，如高校思想政治教育政策的演进特征与规律、如何增强高校思想政治教育政策对学生思想塑造的有效性等。然而，对于其他群体如党员干部、企业职工、社区居民等的研究相对较少，可以针对不同年龄、不同职业、不同社会背景群体进行深入的政策研究。在政策理念研究方面，学术界对高校思想政治教育政策设计理念有所研究，如有学者认为高校思想政治教育政策设计要重点处理好政策设计与学理建构、问题解决、历史衔接、阶段性特征的关系。同时，强调思想政治教育政策要紧密围绕党中央相关重要会议精神，强化顶层设计和标准要求，突出主渠道和主阵地建设等理念。但从整体而言，理念更新的速度与社会发展变化的速度还不完全匹配，在如何更好地适应新时代新环境，将新理念切实融入政策并有效落地等方面，还需要进一步探索和完善。

（二）加强中国实际与国际比较相结合

思想政治教育政策研究不仅要注重立足中国实际展开研究，也需要注重在正确的国际比较中彰显中国特色的思想政治教育政策的合理性、合法性和巨大优势。经过四十多年的改革开放，我国取得了经济快速发展和社会长期稳定的两大奇迹，为社会主义思想政治教育工作建设提供了坚实的物质基础和社会基础，思想政治教育政策体系也不断完善和发展。当代，随着网络化、信息化、智能化的加速发展，人们可以通过各种渠道掌握信息、了解世界。在全球化背景下，比较研究中外思想政治教育政策，对于我国思想政治教育的改革与发展具有重要的现实意义。学术界可以围绕如下三个方面展开国际比较研究。在政策目标的国际比较方面，中国的思想政治教育政策制定以培养德智体美劳全面发展的社会主义建设者和接班人为根本目标。强调培养学生坚定的理想信念、深厚的爱国主义情怀、高尚的道德品质等。通过思想政治教育，引导学生树立正确的世界观、人生观、价值观，增强对中国特色社会主义的道路自信、理论自信、制度自信、文化自信。而西方国家的政策目标与我国存在着一定差异，如美国注重培养学生的民主价值观、公民责任感和批判性思维能力。强调个人自由、平等和权利，培养学生积极参与社会事务、为国家和社会作出贡献的意识。英国以培养有责任感、有教养的公民为目标。强调学生对国家历史、文化的了解和认同，培养学生的社会责任感、团队合作精神和领导能力。在政策内容的国际比较方面，中国思想政治教育政策内容规定以理想信念教育为核心、以爱国主义教育为重点、以道德教育为基础。同时，随着时代的发展，不断加强对学生的素质教育，促进学生德智体美劳的全面发展，培养担当民族复兴大任的时代新人。而西方国家政策内容规定主要包括爱国主义教育、道德教育和公民教育。在政策保障机制的国际比较方面，我国党和国家高度重视思想政治教育工作，制定了一系列关于思想政治教育的政策法规，为思想政治教育提供了政策依据和法律保障。强调各级党委和政府对思想政治教育工作的组织领导。规定要加强思想政治教育师资队伍建设，提高教师的思想政治素质和业务水平。同时，加大对思想政治教育的经费投入，确保思想政治教育工作的顺利开展。而西方一些国家也通过制定相关政策，鼓励和支持学校开展思想政治教育。鼓励社会各界参与思想政治教育，形成学校、家庭、社会共同育人的良好局面。重视思想政治教育师资培训，提高教师的专业素养和教育教学能力。同时，建立健全思想政治教育评估监督机制，确保思想政治教育质量。我国应在坚持自身特色的基础上，借鉴国外先进经验，不断完善思想政治教育政策，提高思想政治教育的质量和水平，为培养德智体美劳全面发展的社会主义建设者和接班人作出更大的贡献。

（三）加强关注文本与场域拓展相同步

《中共中央关于进一步全面深化改革　推进中国式现代化的决定》指出，

"要形成网上思想道德教育分众化、精准化实施机制"[①],这是党中央对深化网络思想政治教育改革提出的新要求,落实这一要求需要准确把握网络思想政治教育政策创新发展的逻辑与未来趋势。随着互联网的迅速发展和普及,网络已经成为人们获取信息、交流思想、表达意见的重要平台。然而,网络空间也存在着各种不良信息和错误思潮,对人们的思想观念和价值取向产生了负面影响。因此,要不断完善网络思想政治教育政策,从而提升网络思想政治教育的实效性。学术界关于网络思想政治教育政策的研究主要可以包括以下几个方面。在政策目标的研究方面,不能忽视网络空间、数字技术对于落实立德树人根本任务目标的影响,要加强这方面的研究。比如,网络思想政治教育应通过政策引导正确舆论导向,通过网络传播正能量,弘扬社会主义核心价值观。及时回应社会热点问题,引导网民理性思考,增强社会凝聚力。增强网络思想政治教育实效性,创新网络思想政治教育方式方法,提高教育的吸引力和感染力。拓展网络思想政治教育阵地,实现全方位、多层次的教育覆盖。在政策内容的研究方面,政策内容不仅要做到全面、系统、科学,同时,还要做到某一领域的深入。例如,如何加强网络内容建设,加强网络舆情监测和引导;如何强化网络平台管理,建立健全网络信息审核制度;如何推进网络思想政治教育队伍建设等。在政策实施与保障的研究方面,在我国,思想政治教育政策的制定、实施、监控、反馈、完善等任何一个环节,都需要坚持中国共产党的全面领导。例如,要加强组织领导,确保政策有效实施,应加大对网络思想政治教育的投入力度以及形成网络思想政治教育工作的评估体系。网络思想政治教育政策是网络空间治理的重要组成部分,通过加强网络思想政治教育,可以增强网民的素质和自律意识,促进网络空间的治理现代化。

[①] 《中共中央关于进一步全面深化改革 推进中国式现代化的决定》,人民出版社2024年版,第33页。

第五章　思想政治教育功能研究

功能是伴随思想政治教育生成发展始终的本质属性，回答了思想政治教育应运而生并广受重视的原因，是反映思想政治教育作用价值的集中体现。聚焦思想政治教育功能的理论探究和实践探索是思想政治教育研究中的基础性内容，提供了思想政治教育价值呈现和作用发挥的规律性共识，一直以来都是研究的热点话题。2024年既有思政引领力这一思想政治教育功能的话语表达，也有功能的新形态以及内涵的新拓展，总结年度研究进展，明晰年度研究特征，把握未来研究趋势，对于进一步深化思想政治教育功能研究具有重要意义。

一、思想政治教育功能研究的年度进展

总结2024年度思想政治教育功能的相关研究成果，学界从历史维度对思想政治教育功能法治进行了梳理，也围绕思想政治教育功能要素进行了归纳，同时还聚焦思政引领力开展了功能分析，此外从特定主体和多维视角出发对思想政治教育功能进行了深入阐释，形成了较为丰富的研究成果。

（一）思想政治教育功能历史发展研究

从历史维度审视思想政治教育功能的发展过程，是值此思想政治教育学科设立40周年之际，开展思想政治教育功能研究的重要视角。学者们立足对40年思想政治教育功能历史演进的系统梳理，从不同维度对思想政治教育功能进行了分析阐释。

一方面，在研究思想政治教育功能历史发展中总结规律性认识。历史是最好的营养剂，蕴含着宝贵的经验和规律，昭示着未来的发展趋势。系统梳理思想政治教育功能的历史发展，深入发掘贯穿其中、发挥指引作用的规律性认识，是思想政治教育功能研究的重点内容。有学者回顾了40年来思想政治教育功能的研究历程，将思想政治教育功能研究的历史演进分为萌芽起步、快速发展和深入推进三个阶段，从思想政治教育功能概念明确前的有实无名，到聚焦思想政治教育功能的内涵、特点等基本问题的系统探索，再到思想政治教育功能作为专门的研究方向、形成系统的研究范式深入探索，在与现代性研究深度融合中思想政治教育功能研究持续推进。思想政治教育功能研究这一多学科交融以及理论与实践互动深化的历程中，呈现出学科交叉性、理论自觉性和研究现实性等突出特点。在此基础上，思想政治教育功能研究要始终明确以推动学科现代化、实现人的现代性以及推进中国式现代化的发展方向，着力促进思想政治教育功能研究的范式升级，注重强化思想政治教育功能研究纵向贯通与横向融合。①

另一方面，在研究思想政治教育功能历史发展中探索体系化构建。思想政治教育功能随时代和实践的发展持续丰富拓展，在功能意识觉醒和增强下开启了思想政治教育功能的体系化探索构建，为思想政治教育功能的系统把握和整体分析奠定了基础，也为思想政治教育功能研究的有序深化和重点聚焦指明了方向。有学者结合40年思想政治教育专业发展，将思想政治教育功能的历史演进分为前期酝酿、提出创设、归纳分类三个阶段。思想政治教育功能体系是深入研究的重点内容，需要严格遵循系统科学关于"要素—结构—功能"的科学逻辑，从功能生成的根本性维度进行整体构建。面对新征程上的新任务新要求，应进一步从精准定位、优化要素、提升水平、拓展空

---

① 冯刚、陈哲：《思想政治教育功能研究40年发展：演进、特点与展望》，《中共云南省委党校学报》2024年第4期。

间等方面实现思想政治教育功能高质量发展。[①] 学者们立足40年学科发展历史，进一步深化对思想政治教育功能的规律性认识。

（二）思想政治教育功能要素研究

要素构成是思想政治教育功能研究的又一重要内容，学界既重视思想政治教育基本功能的深化拓展，也关注思想政治教育新功能的生成发展，形成的研究成果包括对思想政治教育价值引领、道德塑造和文化传承等功能的研究。

第一，思想政治教育价值引领功能的相关研究。价值引领是思想政治教育的基本功能，学界聚焦这一功能对其内涵开展进一步发掘。有学者将价值观确立作为思想政治教育的根本，思想政治教育在价值引领中促进目标的达成、任务的完成乃至本质的实现。[②] 有学者聚焦精神生活共同富裕这一目标任务，探究了思想政治教育在满足资本逻辑转向人的逻辑、工具理性转向工具理性与价值理性相统一，以及精神贫困转向精神富有等现实诉求中发挥的价值引领功能。[③]

第二，思想政治教育道德塑造功能的相关研究。道德塑造是思想政治教育功能的重要内容，学界围绕道德塑造的内涵及其实现开展了探讨。有学者指出思想政治教育在培养个体良好的思想政治素质和道德素养方面发挥着重要作用，关注思想政治教育通过身体实践来培养教育受众的道德品质，如合理进行身体规训、创设具身教育情境、重视传统仪式的"惯习"价值，进而发挥思想政治教育实践参与中的道德塑造功能。[④]

---

① 黄蓉生、刘云彬：《40年来思想政治教育功能的演进、建构与发展论析》，《思想理论教育导刊》2024年第7期。
② 赵野田、王永红：《价值观确立：思想政治教育的根本》，《学校党建与思想教育》2024年第4期。
③ 李欣：《思想政治教育促进精神生活共同富裕的价值引领功能》，《南京航空航天大学学报（社会科学版）》2024年第2期。
④ 鲁君：《论具身思想政治教育的道德观塑造功能及实现》，《思想教育研究》2024年第1期。

第三，思想政治教育文化传承功能的相关研究。文化传承是随思想政治教育发展逐步突显的功能作用，学界聚焦文化传承的功能体现与现实基础进行了研究。有学者指出文化传承创新是思想政治教育承担的重要使命，并随着思想政治教育理论和实践的发展愈发强化和突显。思想政治教育在文化传承创新中表现为指引功能、整合功能、创新功能、传播功能等方面。聚焦文化传承创新功能的发挥，必须坚持以马克思主义指导思想引领文化传承创新的方向，以全面客观的视角整合文化传承创新的力量，以行之有效的方法推动文化传承创新的实施，以先进快捷的传播方式丰富文化传承创新的载体，推动中华优秀传统文化实现创造性转化和创新性发展。[①] 学者们围绕思想政治教育功能的构成要素及其新形态、新表现，进一步丰富思想政治教育功能的内在蕴涵。

（三）思政引领力的功能分析研究

思政引领力作为推动教育强国建设的磅礴伟力，是彰显思想政治教育功能价值的时代表达。本年度学界既注重从思政引领力的功能内涵审思思想政治教育功能，也围绕思政引领力功能提升的维度探讨如何推动思想政治教育功能发挥。

一方面，思政引领力功能内涵的相关研究。学者们在充分把握思政引领力的思想引领、精神激励和价值支撑等功能作用的基础上，深刻阐释了思政引领力的内涵特质与核心要义等重要问题。2024 年 11 月，"新时代思政引领力提升专题研讨会暨中国教育发展战略学会思想道德建设专业委员会 2024 年年会"在西安召开。会上，北京科技大学思想政治工作研究院院长冯刚教授以《思政引领力与数字思政的发展创新》为题作主旨报告，指出思政引领力是思想政治工作和思想政治教育在时代新人培育、社会文化发展、教育强

---

① 王学俭、宫长瑞：《思想政治教育文化传承创新的基本功能和现实根基》，《学校党建与思想教育》2024 年第 7 期。

国建设以及治党治国实践中功能与作用的系统性表达，是思想政治工作作为治党治国重要方式在教育领域的重要呈现。有学者认为思政引领力作为建设教育强国的中国特色，既是社会主义意识形态引领力，也是思政要素同向同行的合力。[1] 有学者认为立足教育强国建设，深刻阐释了思政引领力内在蕴含的举旗定向、凝心聚气、铸魂育人、以文化人、塑造形象的多重意涵。[2] 学者们基于不同的维度和视角，深刻阐释了思政引领力的丰富内涵。

另一方面，思政引领力功能提升的相关研究。学者们基于对思政引领力的内在蕴含、功能价值、构成要素等问题的把握，着力探讨了思政引领力功能提升的策略路径。有学者认为提升思政引领力，要勇担举旗帜、聚民心、育新人、兴文化、展形象的使命任务，统筹做好理论武装、舆论引导、思想教育、文化建设、文明培育各项工作。[3] 有学者探讨了教育强国建设中思政引领力的构成要素和生成逻辑，提出强大思政引领力的形成，必须促进其构成要素在建构输入上实现创新优化，在整合调适上实现创新优化，在价值输出上实现创新优化。[4] 有学者围绕立德树人根本任务，提出提升高校思政引领力需要丰富内容，强铸魂育人之核；创新载体，拓铸魂育人之器；建强队伍，聚铸魂育人之力；优化评价，固铸魂育人之基。[5] 学者们坚持系统思维，从不同视角探讨了思政引领力功能提升的有效路径。

（四）特定主体的思想政治教育功能阐释研究

从不同主体出发探究蕴含其中的思想政治教育功能，是学者们深化思想

---

[1] 李辉：《思政引领力：中国特色社会主义教育强国的首要特质》，《思想教育研究》2024年第10期。
[2] 李忠军：《不断增强思政引领力扎实推进教育强国建设》，《思想理论教育导刊》2024年第10期。
[3] 蓝晓霞：《教育强国新征程提升思政引领力的宣传担当》，《思想教育研究》2024年第11期。
[4] 胡洪彬：《教育强国建设中思政引领力的生成机理与集成路径》，《思想理论教育》2024年第12期。
[5] 谭铁牛：《紧紧围绕立德树人根本任务多措并举提升高校思政引领力》，《中国高等教育》2024年第18期。

政治教育功能研究的重要着力点。本年度学者们围绕特定文本、文化资源、活动载体等不同主体分析其作用价值，形成了丰富的研究成果，有效拓展了思想政治教育功能研究。

第一，特定文本的思想政治教育功能研究。从不同文本分析蕴含其中的思想政治教育价值，是学者们拓展思想政治教育功能研究的重要维度。有学者围绕习近平总书记的新年贺词，深刻阐释了其思想政治教育功能在精神激励、情怀塑造、价值引领以及形象传播等方面的具体呈现，并从内容提炼、路径优化、方式整合、保障完善等方面探讨了思想政治教育功能发挥的实现策略。[①] 有学者围绕习近平总书记回信，从回信为何蕴含思想政治教育功能、何以呈现思想政治教育功能以及思想政治教育功能如何生成等方面，探讨了习近平总书记回信蕴含的育人功能、激励功能、调节功能和涵养功能。[②] 学者们围绕习近平总书记的新年贺词和回信等特定文本，深刻剖析了其中丰富的思想政治教育元素和强大的思想政治教育功能。

第二，文化资源的思想政治教育功能研究。文化资源作为一种特殊的资源，蕴含着丰富的思想政治教育功能。有学者基于对红色文化资源的个性化功能和社会性功能的综合考量，认为其思想政治教育功能包含政治引导功能、社会认同功能、价值塑造功能、审美熏陶功能四个方面，需要深入挖掘整合并科学利用红色文化资源。[③] 有学者探讨了井冈山时期红色革命歌曲的思想政治教育功能，认为这些红色革命歌曲具有建构与表达革命话语，坚定价值信仰；传承与认同革命文化，增强群众观念；弘扬与坚守革命精神，投身民族复兴等重要功能，需要加强顶层设计和重视多元化融入推动其功能发

---

① 李卓、张妹：《习近平新年贺词的思想政治教育功能及其实现》，《思想政治教育研究》2024年第5期。

② 彭小兰、谢咏娴：《习近平总书记回信的思想政治教育功能探论》，《中学政治教学参考》2024年第39期。

③ 刘晓华、卢好：《红色文化资源的思想政治教育功能及其实现路径》，《思想政治课研究》2024年第3期。

挥。① 学者们从不同视野探讨分析了文化资源的丰富价值和运用方式，拓展了思想政治教育功能研究。

第三，活动载体的思想政治教育功能研究。从不同活动载体出发探赜其蕴含的思想政治教育功能，是学者们深化思想政治教育功能研究的新维度。有学者认为政治仪式作为连接个体与集体、历史与未来、理论与实践的重要桥梁，其思想政治教育功能体现在政治认同、政治传播、历史叙事、情感表达等方面，需要从强化政治引领、促进交流互动、实现动静结合、增强艺术效果等方面，推动其功能的有效发挥。② 有学者聚焦全国重点马克思主义学院微信公众号，深刻分析了其所发挥的思想政治教育保证功能、凝聚功能、激励功能，需要从宣传规划、文章质量、传播运营等方面，增强其功能的连续性、引领力、实效性。③ 发掘阐释政治仪式和全国重点马克思主义学院微信公众号的思想政治功能，为全面把握思想政治教育功能的内在要素提供了新的思考。

（五）多维视角下的思想政治教育功能研究

立足不同视角探究思想政治教育功能，能够更加全面客观地把握功能的时代价值和作用发挥。本年度学者们立足时代背景，从不同学科的视角出发探讨思想政治教育功能，为夯实思想政治教育功能研究提供了新思路，拓宽了新视野。

一方面，时代背景下的思想政治教育功能相关研究。立足时代背景，结合时代特征开展思想政治教育功能研究，是学者们进一步剖析思想政治教育功能的重要维度。有学者立足中国特色社会主义新时代，探讨了中国式现代

---

① 杨晓、向文：《井冈山时期红色革命歌曲的思想政治教育功能及其实现》，《学校党建与思想教育》2024年第14期。
② 徐娟、王晓红：《政治仪式的思想政治教育功能及其实现》，《学校党建与思想教育》2024年第22期。
③ 邓喆、荣雨：《全国重点马克思主义学院微信公众号在国家重大活动中的舆论宣传及其思想政治教育功能》，《思想理论教育》2024年第6期。

化道路所蕴含的毫不动摇坚持党的领导、坚持马克思主义世界观、人生观和价值观塑造，坚定"四个自信"等思想政治教育功能。① 有学者立足人工智能时代探讨了思想政治教育功能研究面临的新机遇与新挑战，在研究主体方面，人工智能为研究主体提供了深化认识思想政治教育功能的客观性和普适性的研究工具和研究方法；在研究内容方面，人工智能使得思想政治教育功能研究的内容更加丰富；在研究环境方面，人工智能赋予了思想政治教育功能研究环境更多能动性；在研究方法方面，人工智能成为驱动思想政治教育功能研究方法变革的主要力量。② 学者们基于时代背景，探讨了思想政治教育功能的具体表征和时代拓展等问题，在一定程度上丰富了思想政治教育功能研究。

另一方面，学科视角下的思想政治教育功能相关研究。从不同学科视角出发审思思想政治教育功能的相关问题，是思想政治教育功能作用愈发凸显的价值表达。有学者以交叉学科视角审思思想政治教育功能，认为社会风险治理中思想政治教育的功能主要是通过发挥自身的价值引导、利益协调、信任培育和政治动员等作用，解决人们的思想认识问题，从而实现正确的价值导向，化解不同阶层的利益矛盾，增强人民群众的社会信任感，提高重大风险事件处置的政治动员能力，有效防范化解社会风险。③ 有学者从形态学视角探讨了思想政治教育的分类标准和功能作用，认为思想政治教育的要素、结构，都服从和服务于一定的功能。无论思想政治教育的要素形态抑或结构形态，都以实现一定的功能为目标。思想政治教育形态如果不以达到或实现

---

① 陈惠珍、阎国华：《中国式现代化道路思想政治教育功能探析》，《中学政治教学参考》2024年第40期。

② 王帅：《人工智能时代思想政治教育功能研究的变化及特点》，《学校党建与思想教育》2024年第17期。

③ 高飞：《论社会风险治理视域下思想政治教育的价值、功能及其实现路径》，《马克思主义理论教学与研究》2024年第3期。

一定的功能为目标，那么就失去了其存在的意义。①学者们基于不同学科视角探讨思想政治教育功能问题，形成了彰显学科属性和特色的研究成果，丰富了思想政治教育功能研究。

二、思想政治教育功能研究的年度特征

基于对本年度思想政治教育功能研究相关成果的梳理总结，在热点话题捕捉、基本观点概括中，可以把握思想政治教育功能研究的年度特征表现在理论性、实践性、历史性、时代性等方面，彰显于对基本问题、现实问题、演进问题和热点问题的回应和解答。

（一）突出理论性，深化功能研究基本问题

理论性仍然是思想政治教育功能研究的突出特点，聚焦思想政治教育功能的基本问题开展系统的理论阐述是思想政治教育功能研究的重点。从理论维度对本年度思想政治教育功能相关研究成果进行梳理后可以发现，学界聚焦本体论、价值论、认识论等方面对思想政治教育功能的基本问题进行了深入探讨。第一，聚焦本体论，进一步深化对思想政治教育功能的丰富内涵的系统认识。在思想政治教育学科40年发展历程中，对思想政治教育功能的研究经历了从自发到自觉、从被动到主动，逐步实现系统化、整体性认知的过程。本年度学者们对这一历程进行了系统梳理，在厘清思想政治教育功能研究现有成果的基础上，认识探究新时代思想政治教育功能的新形态、新内涵，以及总结发掘实践中的新功能，表现在思政引领力的时代功能表达，思想政治教育价值引领、道德塑造、文化传承功能的时代呈现，以及数字时代虚拟空间中思想政治教育功能的表现形态等，进一步丰富了对思想政治教育功能内涵的阐释。第二，聚焦价值论，进一步总结阐释思想政治教育功能的

---

① 杨威、赵媛：《类型与谱系：思想政治教育分类的形态学视角》，《教学与研究》2024年第3期。

价值体现。思想政治教育功能是对思想政治教育在促进事物发展和人的成长中发挥作用的价值表达，与中国特色社会主义建设实践、思想政治教育学科建设实践以及人的现代化发展实践密切相关。本年度学界既有从中国式现代化建设实践出发，剖析其具有的指导引领功能，也有立足思想政治教育学科40年发展历史，阐述思想政治教育功能的演进历程，还有从人的素养发展探究功能的实现过程，进一步拓展对思想政治教育功能的价值把握。第三，聚焦认识论，进一步探究不同视角下思想政治教育功能发挥的运行规律。本年度学界围绕思想政治教育具体实践，以功能的发生和实现探究为主线，探究思想政治教育功能发挥的运行过程，从中总结凝练思想政治教育功能的运行机制，进一步深化了对思想政治教育功能的规律性认识。

（二）坚持实践性，回应功能研究现实问题

思想政治教育功能是理论统一于实践的重要命题，只有在教育实践中才能彰显并发挥作用。本年度思想政治教育功能研究关注实践发展中的现实问题，形成的研究成果展现鲜明的实践性。第一，着力发掘思想政治教育文本中蕴含的功能作用。学习贯彻以习近平总书记重要讲话精神为代表的文本内容是思想政治教育的重要实践，其中思想政治教育的功能作用得到落实。本年度学界聚焦习近平总书记的新年贺词、系列回信等重要文本，深度发掘文本中蕴含的思想引领等多维功能，以及对于个人思想转化的功能实现过程，同时指明了思想政治教育文本的使用要点和目标效果，深化研究思想政治教育功能的文本依托。第二，充分发挥文化资源的思想政治教育功能。一直以来，文化资源是发挥思想政治教育功能的重要载体，建基于中华优秀传统文化、革命文化、社会主义先进文化之上的多样文化形式，成为开展思想政治教育的重要资源。本年度学界聚焦红色革命歌曲等红色文化资源，系统阐述其中蕴含的政治引导、历史认同、价值塑造、审美熏陶等功能，通过限制功能发挥的现存问题及其针对性应对举措的研究，进一步提升思想政治教育功

能发挥的实际效能。第三，坚持用好活动载体以提升思想政治教育功能效果。实践活动是思想政治教育功能落到实处、发挥效果的重要载体，随着时代和实践的发展，思想政治教育活动的内容和形式也越来越丰富多样，活动创新及其实效提升是研究的重要方向。本年度学界聚焦政治仪式、微信公众号等新的活动载体，探究在活动开展中传递思想观念、进行价值引导、发挥思想政治教育的育人功能，深层剖析实现过程以及优化举措，促进活动的规范化开展，推动思想政治教育功能的常态化发挥。

（三）体现历史性，厘清功能研究演进问题

2024年恰逢思想政治教育学科设立40周年，立足学科发展演进视域审思思想政治教育功能问题，是本年度学界深化思想政治教育功能研究的一大特点。第一，以思想政治教育学科发展脉络审视思想政治教育功能的演进变化。基于思想政治教育学科40年发展脉络，学界围绕思想政治教育功能是什么，包括什么以及在不同时期的具体呈现等重要问题开展学理探讨，从有实无名、以实定名、名副其实等维度，分析了思想政治教育功能研究在萌芽起步、快速发展、深入推进等阶段的现实表征。第二，以思想政治教育学科发展脉络全面把握思想政治教育功能研究的突出特点。从学科发展脉络来看，思想政治教育功能研究既在学科的交叉融合中凸显学科性，也随着思想政治教育学科发展内生动力不断增强，在功能体系的多维建构中体现出理论自觉性。同时，思想政治教育功能研究还与党和国家的宏观战略需求密切关联，在立足变化发展实际体现与时俱进的理论品质，以及关照现实体现以人为本的价值关怀中彰显实践性。第三，以思想政治教育学科发展脉络探究功能建构问题。经过40年的发展积淀，将思想政治教育各种功能按照一定逻辑和规则进行整合建构，对于把握思想政治教育功能内在结构和整体作用，进而更好地增强思想政治教育功能具有重要意义。学界围绕思想政治教育功能体系建构的方法论，从宏观、中观、微观的维度，探讨了运用系统科学的

方法论建构思想政治教育功能体系的内在要求。同时，也着眼基本原则遵循，探究了思想政治教育功能建构既需要遵循"要素—结构—功能"原则，也需要遵循"系统—整体—全面"原则。本年度思想政治教育功能研究立足思想政治教育学科 40 年发展脉络，厘清了功能研究的基本问题，展现出鲜明的历史性，进一步推动了思想政治教育功能研究的科学化进程。

（四）彰显时代性，探索功能研究热点问题

思想政治教育功能研究作为深化思想政治教育基础理论的重要方向，是理论统一于实践的关键议题。本年度学界围绕思想政治教育功能研究的相关热点问题，开展了一系列具有针对性的探讨，彰显出鲜明的时代性特征。一方面，思想政治教育功能研究重视与前沿问题相结合，在回应问题中彰显研究的时代性。思想政治教育功能研究与时代发展密切关联，在回应实践中的前沿问题中将研究推向深入。本年度学者既有立足以中国式现代化全面推进中华民族伟大复兴的时代背景，围绕中国式现代化的丰富内涵和重大意义，深度剖析了中国式现代化道路具有的思想政治教育功能，从功能视角深化了对中国式现代化道路的认识，也有基于人工智能时代思想政治教育功能研究面临的新机遇和新挑战，从思想政治教育功能研究主体、内容和方法的变化，探讨了思想政治教育功能研究特点，在回应现实问题中彰显出研究的时代性。另一方面，思想政治教育功能研究重视与热点问题相结合，在热点探讨中彰显研究的时代性。重视回应热点问题是本年度深化思想政治教育功能研究的鲜明特征，特别是围绕思政引领力这一重要议题，学界进行了深入探讨。学者们立足教育强国建设时代背景，在分析把握思政引领力举旗定向、凝聚共识、铸魂育人等功能价值的基础上，深入剖析思政引领力的奠基性、发展性和保障性构成要素，以及思政引领力的生成逻辑，并探讨了思政引领力的集成路径，为不断增强思政引领力，进而扎实推进教育强国建设提供了思路方法，在回应热点问题中彰显出研究的时代性。本年度学者立足时代背

景，既从现实矛盾问题的深度解读和破解思路出发，也从时代热点问题的全面分析和应对策略等角度入手，形成了具有时代特征的研究成果，深化了思想政治教育功能研究。

三、思想政治教育功能研究的未来展望

思想政治教育功能研究是理论和实践辩证统一的过程，需要在理论深化的基础上推动实践效用的发挥。在全面梳理本年度研究成果并有效把握研究特征的基础上，展望思想政治教育功能研究的发展趋势，是推动研究深化拓展的重要前提。多维审思思政引领力、发掘文化功能、把握功能的时代发展、深化功能的评价研究，是未来思想政治教育功能研究的重要着力点和突破口。

（一）思政引领力与思想政治教育功能研究

思想政治教育作为党的优良传统和突出政治优势，是与党的理论紧密联系、对政策要求高度同步的教育实践。"党的理论创新每前进一步，理论武装就要跟进一步。"[①] 深化思想政治教育功能研究必然要紧跟党的创新理论发展，围绕党的理论创新及其指导下的中国特色社会主义建设实践，不断推动思想政治教育功能的守正创新，丰富拓展功能的内涵与外延。习近平总书记在全国教育大会上提出"思政引领力"的概念，是中国特色社会主义教育强国所需具备的关键力量之一，能够"为以中国式现代化全面推进强国建设、民族复兴伟业提供有力支撑"[②]。思政引领力的提出，进一步强调了思想政治教育在中国特色社会主义事业发展中的重要作用，将思想政治教育功能摆在突出位置，也为思想政治教育功能研究提出了新的命题和新的任务。

---

① 《习近平在中共中央政治局第四次集体学习时强调 把学习贯彻新时代中国特色社会主义思想不断引向深入》，《人民日报》2023 年 4 月 1 日。

② 《习近平在全国教育大会上强调 紧紧围绕立德树人根本任务 朝着建成教育强国战略目标扎实迈进》，《人民日报》2024 年 9 月 11 日。

多维审视思政引领力以深化思想政治教育功能研究。从教育强国建设视角来看，建设教育强国是一项复杂的系统工程，思政引领力强调发挥思想政治教育凝聚共识的重要功能，将各方资源力量凝聚于立德树人根本任务上，保障人才培养工作的有序开展。从人才培养本身来看，德智体美劳全面发展是人才培养的根本目标，而在人的各方面素质中，德既是基础，也对其他素质的养成具有精神引领、方向指引的特殊作用，这充分彰显了思想政治教育蕴含的提升人精神境界的重要功能。面对思政引领力所展现的思想政治教育在不同领域的价值作用，思想政治教育功能研究将以思政引领力为切入点，关注中国特色社会主义事业发展、教育强国建设、人才培养工作等各领域，聚焦思想引领、共识凝聚、力量整合等多方面探讨思想政治教育功能的新发展。

（二）思想政治教育文化功能研究

思想政治教育是以教育供给影响人进而实现思想政治素质内化于心、外化于行的育人活动，其中文化是思想政治教育功能发挥的重要依托。文化是人类智慧的结晶，蕴含着对客观世界运行以及人自身发展的规律性认识，是人实践基础上形成的价值创造。因此，文化本身是思想政治教育的重要育人资源，在文化价值观念的引导、文化多元内容的阐发、文化环境氛围的营造中，实现思想政治观念的传导以及人的思想政治素质提升的育人过程。而且当前文化的价值也愈发凸显，"习近平文化思想把道德尺度、价值尺度置于科学尺度、历史尺度的基础之上，对文化发展一般规律和社会主义文化建设特殊规律揭示得越深刻，就越符合人民群众的利益和发展愿望，对文化建设、文化变迁的引领作用就越强大"[①]。坚持以习近平文化思想为指导，深入探究思想政治教育文化功能的新内涵、新形态，是思想政治教育功能研究的

---

① 冯刚、徐先艳：《把握习近平文化思想的真理和道义力量》，《北京大学学报（哲学社会科学版）》2024年第5期。

重要方向。

深化思想政治教育文化功能研究，增强思想政治教育的文化力量。第一，加强习近平文化思想的育人价值阐发。习近平文化思想作为党的创新理论在社会主义先进文化建设中的集中表达，既是思想政治教育的指导思想，也从文化角度指明了以文化人的方向和要求。深入阐发习近平文化思想中蕴含的育人理念，落实践行以文化人、以文育人的方式路径，在思想政治教育中积极推进马克思主义基本原理同中华优秀传统文化相结合，细化并运用于育人实践中。第二，巩固文化主体性以增强思想政治教育的文化力量。文化主体性培养既是思想政治教育的重要目标，也是思想政治教育功能发挥的重要依托。文化主体性是建立在文化自信基础上的文化建设主体意识觉醒和责任担当，在培养人的文化主体性中发掘和增强思想政治教育的引领力和凝聚力。

（三）思想政治教育功能时代发展研究

思想政治教育功能既是思想政治教育基础理论研究中的重要命题，也是随时代变迁而守正创新的发展性议题。思想政治教育因统一思想、凝聚共识等基本功能而被重视，开启了学科化和科学化发展之路。在时代发展中，随着中国特色社会主义建设实践、学科建设实践以及教育教学实践的开展，原有的思想政治教育基本功能与时俱进，呈现出新的表现形态，同时也有思想政治教育新功能的出现，以适应新时代新实践的需要。由此，思想政治教育功能体系在逐步构建并拓展，对于思想政治教育功能的时代发展研究也展现出现实必要性。

着力深化思想政治教育功能时代发展研究。守正创新是我们在实践中形成的规律性认识，"守正才能不迷失方向、不犯颠覆性错误，创新才能把握时代、引领时代"[①]。思想政治教育功能研究更要以此为遵循，既注重思想政

---

① 习近平：《必须坚持守正创新》，《求是》2024年第23期。

治教育基本功能的深入发掘和时代阐发，也关注时代发展中思想政治教育新功能的应运而生。一方面，加强思想政治教育基本功能的时代阐发。切实论证思想政治教育基本功能在当今时代仍然发挥重要作用，总结归纳思想政治教育功能在实践中的时代形态，比如人工智能时代思想政治教育基本功能的有效发挥等现实课题，成为思想政治教育功能研究的重要方向。另一方面，加强思想政治教育新功能的总结和发掘。在新时代新实践中，坚持以党的创新理论为指导，思想政治教育面向新领域、新对象、新任务，呈现出新的功能作用，比如数字素养的培养提升等，也展现出思想政治教育与时俱进的创新性。在此基础上，思想政治教育功能体系的梳理和构建，是思想政治教育功能研究的重点内容。理清思想政治教育功能体系的分类与构成，体现整体性与层次性的统一、理论性与实践性的贯通、稳定性与动态性的结合，引导思想政治教育功能更有序地发挥作用。

（四）思想政治教育功能评价研究

思想政治教育功能强调通过开展思想政治教育活动所能发挥的有效作用或所产生的效能。面向学科的内涵式高质量发展要求，对思想政治教育功能的研究也从本体论、认识论深化到对所含价值的评价上。思想政治教育功能是否真正发挥作用、实效如何、是否过时等问题是需要研究和回应的现实问题，思想政治教育功能评价研究展现出重要价值。把握思想政治教育功能发挥现状，找准现存实际问题，才能采取有效应对举措进而更好发挥思想政治教育功能。

深化开展思想政治教育功能评价研究。"教育评价事关教育发展方向，有什么样的评价指挥棒，就有什么样的办学导向。"[①] 可见，评价具有重要的引导作用，能够指明发展的重点，引导资源的供给和分配。为了开展好思想

---

① 中共中央国务院印发《深化新时代教育评价改革总体方案》，《人民日报》2020年10月14日。

政治教育功能评价，更好地发挥评价的作用，在研究中需要明确思想政治教育功能评价的指标构建、方法运用和模型探索等内容。一是思想政治教育功能评价的指标构建。指标是评价导向作用发挥的依据，指明了思想政治教育功能中关注的重点。思想政治教育功能评价研究在坚持整体推进和重点突破相结合中，探索构建思想政治教育功能评价指标体系。二是思想政治教育功能评价的方法运用。结合思想政治教育功能的特性，评价方法的选择是有待探究的重要问题。以多元的评价方法将抽象与具象协调、过程和结果结合，以客观、全面、准确地反映思想政治教育功能评价的实际，需要进一步研究分析。三是思想政治教育功能评价的模型探索。思想政治教育功能评价作为需要常态化开展的工作，探索构建规范化模型也是研究的重点内容。坚持系统思维，将评价各要素有机组合，以适应思想政治教育功能的特性和评价需要，构建系统开展、运行有序的思想政治教育功能评价模型。

第六章 思想政治教育方法研究

　　思想政治教育方法在教育过程中具有关键作用，方法作为"桥"或"船"，是过河（解决问题、完成任务）的必要条件。思想政治教育方法的理论研究和实践探索伴随着学科的纵深发展逐渐走向成熟。2024年是思想政治教育学科成立40周年，学界在历程回顾和经验总结的过程中，涌现了诸多关于思想政治教育方法的研究成果。以推进思想政治教育守正创新为主题，学者们梳理40年来思想政治教育方法论研究取得的主要成就，分析思想政治教育方法面对的现实挑战与困境，提出思想政治教育方法创新发展的实践策略。本章立足2024年思想政治教育方法的相关研究成果，总结年度特征和发展趋势，探索进一步深化思想政治教育方法的基础理论研究和实践创新的未来方向。

一、思想政治教育方法研究的年度进展

　　2024年，思想政治教育学科成立40周年成为思想政治教育方法研究的特殊背景，系统回顾和总结思想政治教育方法的基础理论和实践创新的发展脉络、历史经验，结合新时代新征程的实际情况，探索适应新问题新形势的新方法，成为本年度思想政治教育方法研究的主要任务。整体上来看，本年度思想政治教育方法相关研究成果的数量与2023年持平，学界对该主题的理论与实践持续关注，不断推陈出新，在方法的基础理论、具体方法的运用、方法创新发展等方面取得阶段性进展。

（一）思想政治教育方法基础理论研究不断丰富延展

首先，分析思想政治教育方法的基础理论。有学者从元理论视角出发，提出元理论为思想政治教育方法体系建构提供了重要的理论支撑。元理论关注理论本身的性质、作用及相互关系，有助于澄清方法论阐释的正当性与有效性问题，为方法体系的建构提供一般指导方针。然而，元理论对思想政治教育方法论的作用范畴有着较为严苛的界定，需要审慎考虑其在具体方法论中的适用性问题。[1] 有学者指出，当前对思想政治教育的基础理论研究的关注不够，现实解题能力亟待提高，整合关联意识稍显不足。因此，应在继承已有经验的基础上，深化方法的"元理论"研究，强化方法的实效性推进研究，注重方法的整体性发展研究，以增强思想政治教育方法在新时代的适应性和针对性。[2] 还有学者总结了 40 年来思想政治教育学研究方法的特点，呈现出研究方法的选择具有明确的目标指向性、研究方法的呈现具有显著的综合性、研究方法的发展趋势日益追求规范性的特点。[3]

其次，反思和展望思想政治教育学研究方法的发展路向。有学者指出在体系研究过程中，方法论和操作工具的结合探讨有助于实现从理论研究到方法研究的共同推进。[4] 还有学者认为人的需要作为思想政治教育的逻辑起点，内在决定了思想政治教育的历史性，并在客观上推动着思想政治教育方法的不断发展。新时代大学生思想政治教育方法体系建构应始终面向党和国家人才培养的新要求，积极适应思想政治教育环境任务的变化，适配新时代大学生思想认知的规律。并提出应加强顶层设计、打破横向壁垒、巩固纵向衔接

---

[1] 谢晓通：《思想政治教育方法论的体系建构———一种面向元理论的思考》，《理论月刊》2024 年第 9 期。

[2] 朱金广、陈圣军：《新时代十年来思想政治教育方法研究的省思与前瞻》，《学校党建与思想教育》2024 年第 6 期。

[3] 徐蓉：《思想政治教育学研究方法的演进与走向》，《马克思主义理论学科研究》2024 年第 10 期。

[4] 孙其昂：《推进思想政治教育基础理论的体系研究》，《社会科学辑刊》2024 年第 3 期。

来构建新时代大学生思想政治教育方法体系。①

最后，探讨思想政治教育学研究方法的科学性与规范性。有学者指出"思辨研究"已经成为最主流的研究范式，导致思想政治教育基础理论研究呈现"形式化"的研究特点。因此，随着时代发展，需要对当前研究范式进行深入剖析与系统反思，通过在重建研究的逻辑起点、丰富理论的阐释维度、提升研究的自主能力三重生长向度上持续发力，推进思想政治教育基础理论研究范式的优化、转型，拓展研究的生长空间。②有学者提出，在新的历史起点，思想政治教育学科面临新的使命担当，亟需强化问题自觉，发展为一种"问题性学术"，提升学术自主、增强学科自信，并通过这种学术方式在本土叙事中不断扩大学术影响力。为此，需要探索思想政治教育学科以问题为中心的学科发展之道，在学科逻辑中强化问题意识，增强学科回应问题的解释力③。

（二）不同领域思想政治教育具体方法研究纵深演进

首先，高校思想政治教育方法的探讨集中在思政课建设领域。2024年，党的创新理论和精神谱系融入思政课建设的方法路径备受关注。有学者从思政课目标、内容、教学方法以及思政课教师队伍建设四个维度具体分析了思政课建设如何与党的创新理论武装同步。④有学者提出了优化红色文化的思想政治教育环境、创新革命精神融入思想政治教育教学方法、革命精神融入育人全过程、加强革命精神教育的榜样载体建设等实践路径。⑤还有学者从

---

① 冯刚、郭修远：《新时代大学生思想政治教育方法体系的建构》，《思想政治教育研究》2024年第40期。
② 姚菁菁：《论思想政治教育基础理论研究的生长向度》，《思想理论教育》2024年第10期。
③ 史宏波、李尉清：《思想政治教育学科的问题自觉与方法论探赜》，《思想理论教育导刊》2024年第6期。
④ 姬乐闻、徐秦法：《思政课建设与党的创新理论武装同步推进的四重维度》，《学校党建与思想教育》2024年第15期。
⑤ 曲嘉：《中国共产党革命精神融入思想政治教育的实践路径》，《思想政治课教学》2024年第10期。

伟大建党精神融入"思想道德与法治"课出发，提出了借助专题讲授法提升思想感染力、运用历史叙事法提升历史穿透力、采用启发互动法提升价值引领力、发挥实践教学法提升精神感召力的具体方法。[1]此外，思政课作为落实立德树人根本任务的关键课程，其建设质量直接关系到学生的思想道德素质和全面发展。有学者从"大思政课"作为方法的视角出发，提出善用"大思政课"，是对生活化课程资源的优化组合、有效利用，旨在用最恰当的方法、策略或工具"跟现实结合"，推动思政课教学方法与学习方法的变革。[2]有学者提出了精准思维在思政课教学中的应用，强调针对学生的实际情况和需求，制定个性化的教学方案，实现因材施教。[3]有学者从思政课培育学生科学精神出发，分析了思政课视域下科学精神的内涵实质、学段特征、时代价值与现实样态，并从教学内容、教学方法和实践教学三个层面构建一体化视域下思政课培育学生科学精神的路径。[4]还有学者对思政课教学理念和教学方式改革提出了思考，强调以满足学生成长期待作为思想价值引导切入点，以讲好理论概念作为重要前提，充分重视师生互动研讨型教学方式，克服"文件语言式"风格，掌握科学备课的基本方法。[5]

其次，重视中国共产党思想政治工作方法的继承与发扬。有学者对邓小平思想政治工作方法经验进行了深入的分析和总结，认为邓小平同志以不同的思想方法引导干部提高思想认识、澄清模糊观念、减轻思想负担，从而转变不愿干、不敢干的思想观念，主要方法包括：讲清大局、澄清是非、撑腰鼓

---

[1] 马志霞、廖贵彩：《伟大建党精神深度融入"思想道德与法治"课教学：目标、素材与方法》，《思想政治教育研究》2024年第40期。

[2] 刘朝晖：《作为方法的"大思政课"：出场逻辑与内在规定》，《思想理论教育》2024年第10期。

[3] 杨叶平：《精准思维提升思政课教学实效》，《思想政治课教学》2024年第7期。

[4] 李静、袁玉芝：《大中小学思政课培育学生科学精神的内涵、偏差与重构路径》，《教育科学研究》2024年第8期。

[5] 路小可：《关于思政课教学理念和教学方式改革创新的若干思考——基于部分院校思政课课堂教学情况调研的分析》，《思想理论教育导刊》2024年第6期。

劲、拿事实来说话、以情动人。①有学者回顾了延安时期的思想政治教育方法，包括预防教育、实践教育、典型教育、感染激励教育、自我教育与朋辈教育等方法，这些方法至今仍有重要的借鉴意义。②还有学者总结了延安整风运动中党的思想工作方法，为推进新时代党的自我革命提供理论参考和经验借鉴。

最后，深化思想政治教育学具体方法的研究。有学者梳理了思想政治教育学口述史研究方法的历史、关系与实践三重维度，即史学规范下的历史之维、马克思主义方法论要求下的关系之维以及思想政治教育学科意义上的实践之维③。有学者借用了修辞方法中的比喻修辞，分析了用比喻说理的方法来塑造思想政治教育形象的内在关联和实践路径。④还有学者回顾了列宁的灌输理论的科学内涵，指出列宁灌输理论分析了灌输的科学方法，提出思政队伍要掌握科学"灌输"方法，推动思想政治教育提质增效⑤。

（三）数字时代思想政治教育方法创新研究蓬勃发展

首先，关于数字时代思想政治教育方法创新发展的研究。数字信息技术的不断发展，对思想政治教育产生深刻影响，思想方法和工作方法也应随之不断调整。本年度《新时代数字思政体系构建研究》一书出版，是系统把握数字思政理论与实践的重要学术著作。该书进一步深化了数字思政的规律研究，探索了思政数字化转型路径，为数字技术与思想政治教育方法创新融合

---

① 张德莹隆：《邓小平抓落实思想政治工作方法与经验启示》，《思想政治工作研究》2024年第8期。
② 吕星卓：《延安时期党员干部思想政治教育方法及其启示》，《学校党建与思想教育》2024年第6期。
③ 侯勇、肖洋：《思想政治教育学口述史研究方法的三维探究》，《学校党建与思想教育》2024年第17期。
④ 冯惠芳、赵平：《比喻说理：塑造思想政治教育形象的重要方法》，《学校党建与思想教育》2024年第14期。
⑤ 刘晓霞、程立涛：《列宁灌输理论之于当前思想政治教育的价值》，《学校党建与思想教育》2024年第12期。

发展提供了理论依据。有学者在分析信息革命时代思想政治教育面临的挑战，引发的思想政治教育方法转变的基础上，提出方法创新发展的路径。指出顺应网络交往特点，激发思想政治教育对象主体性；善用"大思政课"，提高思想政治教育实践比例；推进多媒体融合，增强思想政治教育吸引力与时效性。[1]有学者指出，面对数字化潮流，思想政治教育要顺应数字化潮流、借力数字化技术、善用数字化逻辑，创新思想政治教育方式方法，拓展理论视野和育人空间。[2]有学者提出，数字时代为思想政治教育创新发展提供了应用场景，如通过大数据、强算力等技术，教育者能准确掌握学生的思想行为偏好，实现个性化精准匹配和全场景覆盖。[3]还有学者深入剖析了以数育人的理念与实践，指出以数育人是数字技术与思想政治教育深度融合的产物，是一种崭新的育人方式。[4]

其次，关于数字技术赋能思想政治教育方法创新的研究。有学者分析了数字技术赋能思想政治教育方法创新的基本指向与特质，提出将数字技术的思维、理论与方法运用于思想政治教育方法认识和实践的各环节，将数字技术创造的价值与动能融入方法实施和运用的全过程，实现方法的数字化创新，同时呈现出过程可视化、服务精细化、精准定制化和形态智慧化的鲜明特质。[5]有学者总结分析了数字技术赋能思想政治教育方法创新的类型，包括知识图谱、人机交互、数字叙事等创新方法，并提出要构建以智能条件为基础的数字场域、确立以人本关怀为核心的应用理念、塑造以提质增效为目标的方法样态、完善以数智应用为导向的设施保障来切实推进高校思想政治

---

[1] 冯刚、姜天宠：《信息革命时代思想政治教育方法的演进》，《思想政治教育研究》2024年第6期。
[2] 王天民：《数字化时代思想政治教育的实践遵循》，《思想教育研究》2024年第6期。
[3] 徐小强：《数字时代思想政治教育创新发展探究》，《学校党建与思想教育》2024年第16期。
[4] 吴满意、陈伟：《以数育人：出场语境、基本内涵与实践路径》，《思想理论教育》2024年第9期。
[5] 黄志斌、赵燕飞、魏荣：《数字技术赋能思想政治教育方法创新的指向、特质及进路》，《思想教育研究》2024年第2期。

教育方法的创新应用。①

最后，关于数字技术在思想政治教育过程中的具体运用研究。有学者指出人工智能在与思想政治教育的融入中助力思想政治教育方法的效力提升、守正创新与合力汇聚。②有学者围绕行为数据、思想信息、要素关系、趋势预测四个维度进行探索，构建了思想政治教育大数据分析方法体系。③有学者在定法和用法两个层面分析了大数据创新思想政治教育方法的实践意蕴，强调在大数据与思想政治教育双向互动中持续推动思想政治教育数智化发展。④有学者强调了大数据的育人功能，指出运用大数据思维和大数据方法，推动高校思想政治工作数字化转型。⑤还有学者指出，人工智能技术赋能思想政治理论课教学在满足教育智能化发展的实践需求、实现思政课高质量发展、凸显学生主体地位等方面具有重要的时代价值。对此，思想政治理论课教师可以借助语言处理技术、图像识别技术、语音识别技术实现教学方法创新，推动思想政治理论课教学的提质增效。⑥

二、思想政治教育方法研究的年度特征

整体而言，2024年度学界围绕思想政治教育方法进行了深入探究，彰显了阶段性特征。这些研究成果不仅深化了学界对思想政治教育方法的认识，也为新时代新征程思想政治教育方法的创新发展提供有益参考。

---

① 谭培文、邝文聪：《数字技术赋能高校思想政治教育方法创新应用研究》，《思想政治教育研究》2024年第40期。

② 冯刚：《人工智能与思想政治教育的深度融合》，《山西师大学报（社会科学版）》，2025年第1期。

③ 刘宏达、彭嘉琪：《思想政治教育大数据分析的创新逻辑与方法建构》，《思想理论教育》2024年第4期。

④ 肖小丽、王让新：《大数据赋能思想政治教育创新发展的三重意蕴》，《学校党建与思想教育》2024年第4期。

⑤ 李伟、高春花：《大数据赋能高校思想政治教育创新发展研究》，《学校党建与思想教育》2024年第16期。

⑥ 孙婧、王鹤岩：《人工智能赋能思想政治理论课教学方法创新研究》，《学校党建与思想教育》2024年第19期。

（一）历史视野：以学科成立 40 年为契机深化思政方法的基础理论研究

2024 年学界围绕思想政治教育方法论、方法体系、方法历史发展等问题展开了持续深入的研究。本年度思政方法的基础理论研究有一个重要契机——思想政治教育学科成立 40 周年。学界庆祝学科成立 40 周年，举行了一系列学术活动，不断丰富和创新思想政治教育方法的基础理论研究。

第一，《思想政治教育学科 40 年发展研究报告》系统回顾总结了 40 年来思想政治教育方法研究的发展图谱。思想政治教育学科从设立到创新发展已经走过了 40 年历程。以党的创新理论为遵循，不断适应时代发展特征和中国改革实际，坚持理论与实践的深度融合，思想政治教育方法不断实现创新发展。学界回顾思想政治教育方法的理论研究与实践创新 40 年发展历程，总结基本规律，对于持续推进思想政治教育方法研究的科学发展具有重要意义。《思想政治教育学科 40 年发展研究报告》的第十四章"思想政治教育方法论研究"详细梳理思想政治教育方法论研究的相关学术成果，并重点剖析新时代十余年来思想政治教育方法论的研究进展，深刻把握思想政治教育方法论研究的纵深拓展方向与实践前瞻。一方面，该研究报告的方法论研究一章厘清了思想政治教育方法、思想政治教育方法论以及思想政治教育学科方法等基本概念，同时梳理了不同发展阶段的思想政治教育方法研究成果。它不仅丰富和完善了思想政治教育方法研究的学术资源，而且为思想政治教育方法基础理论勾勒了较为明晰的结构图。另一方面，该研究报告的方法论研究一章不仅有助完善新时代新征程思想政治教育方法体系，而且为推动实现思想政治教育现代化发展提供理论支撑和科学指导。

第二，思想政治教育方法论研究得到进一步细化。学界梳理总结思想政治教育学科 40 年的学术版图过程中，无一例外都将思想政治教育方法论作为重要的基础理论纳入学科理论体系大厦的"四梁八柱"。本年度讨论 40 年来思想政治教育方法论研究取得主要成就时，学界普遍从四个分支详细阐释思想政治教育方法：一是哲学层面的思想政治教育方法论，主要指的是马克思主义方法论在思想政治教育领域的应用和发展；二是方法的前提性理论研究，即思想政治教育方法的确立依据、规则、体系、规律等"元理论"；三是思想政治教育具体方法研究，例如学界形成的多种分类方式，如基本方法、一般方法、特殊方法等；四是思想政治教育研究方法的研究，包括思想政治教育传统研究方法以及吸收借鉴交叉学科的方法，也涉及思想政治教育学科的研究范式问题。以上四个方面的方法论研究为学者们进一步增强思想政治教育基础理论研究，全面系统分析思想政治教育方法的本质内涵与特征实质提供了较为清晰的结构"地图"和索引。

第三，新时代思想政治教育方法论新进展的研究。党的十八大以来，学界始终坚持理论与实践相统一、逻辑与历史相统一，围绕思想政治教育方法开展了持续深入的研究，出版与发表了系列高水平著作和文章。本年度有学者对新时代以来思想政治教育方法研究的重要论域和论题作了系统分析，提出新时代思想政治教育方法研究视域广阔且愈加深入，坚持守正创新、问题导向、系统思维，呈现出观照现实问题、回应时代要求的总体特征。思想政治教育学科自成立以来就始终高度重视方法的科学性与系统性问题，新时代以来，在深刻把握历史发展规律和青年成长成才规律中不断深化思想政治教育方法的创新发展，在积极应对挑战中不断提升方法运用的新境界。

（二）问题导向：更加强调思政方法对于现实问题的解释力与解题能力

2024年的思想政治教育方法研究成果中，"解题"是高频出现的词汇，体现出鲜明的问题导向特征。学界普遍认为，当前思想政治教育方法的研究的实践效应亟待彰显，应该立足人们的思想观念现实和中国式现代化建设的实践，坚持以理论与实践中的发展问题为导向，不断提升方法的解题能力，避免"解题低效"。

一方面，注重与时俱进，体现思想政治教育方法研究的创新思维。随着新时代新征程的社会环境不断变化以及思想政治教育学科的成熟发展，学科基础理论与具体实践不断面临新情况、新问题、新挑战、新机遇。首先，本年度研究坚持做到因事而化、因时而进、因势而新，立足思想政治教育实践场域的新变化，呈现出"打破学科边界，革新思想政治教育研究方法"①的生机与活力。例如，广泛探讨人工智能、大数据等信息技术与思想政治教育方法深度融合与创新发展的路径问题；在全面推进"大思政课"建设、大中小思政课一体化建设的进程中深化拓展教学方法的改革与创新，强调教学方法的综合协同发展问题；重视技术赋能方法提升的研究，提出要总体上形成一整套方法体系，以应对新一轮信息革命和产业变革带来的机遇和挑战。总之，本年度思政方法研究更加多样化、特色化、综合化和现代化，较好地回应了时代发展的要求，适应了越来越复杂多变的社会环境和日常生活。当前，随着人工智能技术的蓬勃发展、全面改革开放的深入进行，影响人们思想观念、政治观念和道德规范的因素空前增多，本年度思想政治教育的方法研究紧跟社会发展需求，不断提升认识问题、解决问题的能力。

另一方面，注重面向现实的人和人的现实需要，体现人文关怀。思想政治教育方法论研究的重要旨归，即着力解决教育过程中的矛盾，提升教育对象的思想道德素质，促进人的自由全面发展。本年度的研究紧跟时代发展的步伐，关注青年成长成才的现实需求，从理论层面阐释了提升思想政治教育方法解题能力的紧迫性与必要性。首先，本年度教育对象的自我教育方法得到新发展，深入持久的精神文明建设为思想政治教育提供了新形式、新内容和新方法，沉浸式体验、博物馆打卡热、非遗文化传承活动、青年志愿者活动、乡村文化建设等活动的开展，既是对教育引导与自我教育相结合思想政治教育方法的继承，也是适应中华民族伟大复兴和人的现代化发展的思想政治教育方法的创新。本年度思想政治教育方法的研究成果彰显了明显的人本特征。纵观2024年相关研究成果，始终坚持以人为本，面向教育对象的

---

① 代玉启：《推进思想政治教育研究的守正创新》，《社会科学辑刊》2024年第6期。

热点、难点和痛点思想问题，多角度、多层次地提出开展正面引导、解疑释惑、心理疏导、谈心谈话、化解矛盾等方式。提倡理论教育法、劳动锻炼法、榜样激励法和行为约束法等具体方法。

（三）守正创新：重视吸收借鉴交叉学科理论方法与跨学科融合发展

2024年习近平《论教育》的出版对于不断开创新时代思想政治教育新局面具有重要指导意义。同时，《论教育》成为本年度思想政治教育方法研究的重要遵循。2024年5月5日，习近平对学校思政课建设作出重要指示，强调："守正创新推动思政课建设内涵式发展，不断提高思政课的针对性和吸引力。"① 习近平关于教育的重要论述和思政课建设的重要指示为深化思想政治教育方法研究提供了科学指导和理论依据。本年度研究成果注重吸收借鉴交叉学科理论方法，体现了思想政治教育方法研究的守正创新、开放多样的特征。

第一，注重从多学科交叉融合的视角对思想政治教育方法进行深度研究。学界在总结回顾40年来思想政治教育学科发展的历史经验时，始终强调学科自身理论体系建构与现实问题的阐释和分析离不开交叉学科资源的供给和滋养。本年度的研究成果坚持以马克思主义理论及党的创新理论为根本指导，突出思想政治工作的方法特色和优势，并且从哲学、历史学、教育学、心理学、社会学等交叉学科吸收借鉴前沿理论和方法。总体上，本年度学界重视思想政治教育方法研究借鉴相关学科成果，认为思想政治教育方法的守正创新需要打破横向壁垒，交叉融通多样教育方法，巩固纵向衔接，增强多层次方法的协调性，从多维度提升思想政治教育的连贯性和衔接性，整体提高方法的针对性和实效性。

第二，提倡思想政治教育学研究方法的开放性发展。随着新兴信息技术的不断涌现和交叉学科理论与方法在思想政治教育中的应用，对思想政治教

---

① 习近平：《论教育》，中央文献出版社2024年版，第238页。

育方法提出新要求。本年度思想政治教育方法研究成果不断呈现出新样貌。例如，研究成果中出现思想政治教育口述史研究方法，这种方法是史学与思想政治教育学研究视域融合，既遵循史学的研究规范，又聚焦思想政治教育工作史、学科史、学术史与心灵成长史等内容。在反思思想政治教育学研究方法的研究成果中，有学者倡导学界勇于在研究方法领域确立开放、创新的视野，敢于在研究方法领域放弃狭隘的边界论而实现必要的突破。

第三，与大数据、人工智能深度融合，构建思想政治教育跨学科融合方法体系。为适应数字时代信息技术在社会各领域的广泛运用，近年来思想政治教育研究高度关注和重视大数据技术、人工智能与思想政治教育的融合。本年度，大数据分析方法、人工智能技术与思想政治教育传统方法的融合取得新进展，从理论上阐释了思想政治教育大数据分析法的内在逻辑和方法构建。学界提出围绕行为数据、思想信息、要素关系、趋势预测四个维度构建思想政治教育大数据分析方法体系，具体可以采用大数据画像法、多模态分析法、关联分析法和趋势预测法等方法。同时，实现思政课高质量发展，可以借助通过自动生成文本、处理图像资源、智能人机互动实现教学方法创新。

三、思想政治教育方法研究的趋势与展望

2024年，思想政治教育方法的研究不断深化和拓展，呈现出多样化、综合化和现代化的趋势。随着新兴技术的迭代升级以及教育对象思想行为的变化，思想政治教育方法的研究必将不断创新。展望未来，思想政治教育方法的研究将继续朝着更加科学化、个性化和智能化的方向发展，为提高教育的实效性和针对性提供更加有力的支持和保障。

（一）加强思想政治教育方法传统优势的研究

纵观2024年思想政治教育方法研究，学界以强烈的问题意识审视方法

的基础理论、体系构建和实践效用，体现了鲜明的问题自觉性。尽管问题是时代的呼声，科学回答时代问题是保持思想政治教育理论生命力和活力的根本，但是，回顾思想政治教育在长期实践中形成的行之有效的方法，加强思想政治教育方法传统优势的研究同样具有重要的理论意义和实践价值。站在学科发展 40 年的节点，回顾并总结过去思想政治工作方法所取得的经验，是更好地适应新变化新挑战、迎接机遇的重要契机。早在 2016 年，习近平在全国高校思想政治工作会议上强调"要运用新媒体新技术使工作活起来，推动思想政治工作传统优势同信息技术高度融合，增强时代感和吸引力"[①]。学界纷纷围绕前沿信息技术与思想政治教育的融合开展一系列的研究，取得诸多成果。不过，对于"我国思想政治工作传统优势是什么？"这一问题，尚未形成清晰认识和达成学界共识。该问题涉及思想政治教育方法领域，内在包含着"思想政治工作的传统方法具有哪些优势？"这个子问题。首先，思想政治教育方法作为实现教育目标的重要桥梁，是生成教育者与教育对象主体间性的必要条件，中国共产党思想政治工作能够在革命、建设和改革的不同时期取得成就，主要就在于形成了一整套科学有效的思想方法和工作方法，确保了思想政治教育功能充分发挥，起到了凝心聚力、化解矛盾、为党和社会主义事业提供强大的思想动力和舆论支持的作用。思想政治教育传统方法的优势客观存在于思想政治教育的实践发展进程中，有待理论的更进一步深化研究。其次，加强对思想政治教育方法传统优势的研究，可以从深化理论研究、总结历史经验、开展比较研究、加强实践探索等方面入手。通过理论研究的深入，进一步明确传统方法在新时代新征程思想政治教育中的地位和作用，为方法的实践创新提供坚实的理论支撑；通过中国共产党思想政治工作方法历史经验的总结，更准确地理解传统方法的发展脉络和演变规律，为当前和未来的思想政治教育方法研究提供历史借鉴；通过加强与其他国家和地区思想政治教育方法的比较研究，更加清楚地认识我国思想政治教

---

① 习近平：《论教育》，中央文献出版社 2024 年版，第 155 页。

育方法体系的内在逻辑和独特之处；通过实践探索，在具体的教育实践过程中，积极探索传统方法的创新性发展，实证检验传统方法的有效性和适应性。最后，思想政治教育方法的传统优势研究不能停留在发现有没有、有哪些的讨论，讨论传统优势是为了能够根据时代的变化和社会发展的需要，不断调整和创新方法。思想政治教育面向的现实社会和现实的人是思政方法研究的根据和基础，实践过程中不断遇到的新问题为新的方法研究提供了新的论域，在把握传统优势的基础上，如何与时俱进保持优势，如何把握方法创新的过程环节、内在矛盾和根本规律，这些问题都有待学界持续研究，提供理论指导。

（二）深化思想政治教育方法体系的系统研究

思想政治教育是实现思想政治教育目标的关键路径，其科学性、系统性与有效性直接关乎教育效果和质量。2024年思想政治教育方法体系的相关研究持续深入，不过现有研究存在系统性不足的问题也凸显出继续加强系统研究的重要价值。首先，应对复杂多变的社会环境，亟需搭建协同高效的思想政治教育方法体系。随着社会利益格局的深刻调整，不同群体的价值诉求日益多样化，人们的精神文化生活需要越来越个性化，对思想政治教育方式方法提出了更高的要求。传统的单一教育方法难以满足教育对象个性化的需求，唯有深化思想政治教育方法体系的系统研究，才能更好地把握教育对象复杂多变的需求，确保思想政治教育取得预期目标和效果。其次，思想政治教育是一门科学，其方法体系的构建与运用需要遵循科学的原则与规律。本年度学科理论研究中的方法体系构建方面的研究亟待进一步丰富和深化。目前探讨思想政治教育方法体系的系统性研究仍然较少，对于全面的、立体的思想政治教育方法体系的结构研究相对缺乏，大多还停留在一般方法、特殊方法和个别方法的层次结构划分，以及思想政治教育方法论的纵向发展结构和横向体系结构的区分。从系统论来讲，方法体系的构建不应当仅仅止步于结构层次的勾勒，还应当注重体系内部各要素之间互动关系的研究，构建立体的、系统的、协同的育人方法体系。最后，思想政治教育方法体系的研究是一项复杂的系统工程，需要多方协同形成合力。可以建立教育行政部门、学校、科研机构、社会团队之间多方协同的研究机制，整合社会资源与力量，共同推进思想政治教育方法体系的构建工作。在未来，期待更多的学者深入开展思想政治教育方法体系的理论研究和实践探索，为方法的创新发展和思政学科自主知识体系的建立提供理论依据与实证支持。通过学科基础理论的深入发展，推动思想政治教育方法体系逐步成熟，为实现立德树人根本目标提供有力的方法支持。

（三）实证研究将成为思想政治教育方法研究的增长点

2024年，首届"全国思想政治教育实证研究"学术论坛在重庆举行。该学术论坛的召开，站在思想政治教育学科发展40周年的时间节点，开启了思想政治教育实证研究的新起点，必将推动思想政治教育学科更好地实现学理与实践的双向互动、理论总结与实证研究的相互促进，助力思想政治教育学科的学理化、科学化发展。一方面，推动思想政治教育实证研究既能充分发挥思想政治教育方法的功能与作用，又有助于解决思想政治教育方法的针对性与有效性不足等问题。在培育时代新人，推动教育强国建设的进程中，思想政治教育方法的创新从未止步，随着学科体系的不断成熟和信息技术的蓬勃发展而显示出旺盛的生命力。不过，思想政治教育实证体系尚未完全建立，阻碍着思政引领力的作用发挥，在精准把握教育对象思想状况、开展教育引导活动、研判发展趋势等方面存在难题。通过思想政治教育实证研究的发展，一定能够推动思想政治教育与计算机科学、教育学、社会学、心理学等学科开展跨学科融合研究，从质性研究方法、实验设计方法、量化分析方法、社会计算方法等当中汲取养分，形成思想政治教育方法创新发展的新气象。另一方面，随着思想政治教育实证研究的深入发展，必将为思想政治教育方法研究提供新的增长点，更好地发挥思想政治教育方法在时代新人培育和教育强国建设中的强大作用。由于思想政治教育实证研究不仅体现鲜明的跨学科交叉研究特色，还充分融合思想政治教育和教育学、心理学、管理学、社会学、政治学、新闻传播学等学科的方法。因此，学界可以围绕数智时代思想政治教育实证研究方法、思想政治教育田野调查方法、思想政治教育案例研究方法、思想政治教育量化数据挖掘方法、思想政治教育效果评价方法等展开持续深入的探究。展望未来，思想政治教育实证研究将根植中国的历史传统和当代实践，探索思想政治教育的实证方法论，搭建系统、科学的思政实证理论体系，从而带动思想政治教育方法更加注重精准性、实效性、系统性。

第七章　思想政治教育话语研究

思想政治教育话语是承载社会主义意识形态发展需要、彰显社会发展与时代特征的符号表意系统，对于达成思想政治教育目标、传播思想政治教育内容具有重要意义。一方面，思想政治教育话语伴随党的创新理论发展和实践探索而不断丰富，另一方面，思想政治教育的实施过程也离不开话语，需要借助话语进行有效的沟通、教育和传播。由此，话语研究一直是思想政治教育研究的重要议题，且伴随信息传播技术与话语样态的丰富发展而不断拓展出新的研究视域和知识边界，为思想政治教育学科发展提供着持续助益。

一、思想政治教育话语研究的年度进展

2024年，思想政治教育话语研究仍然保持着相对稳定的发展态势，在基础理论研究、话语实践研究、话语要素研究等方面形成了一定的成果产出，研究内容既涉及话语内容创新转化、话语权、话语传播困境等常规议题，也包含了对AI技术、场景化传播等最新科技成果与创新的思考，研究视域兼顾理论创新与实践探索，基本形成了立体式、多维度发展的研究进路。

（一）思想政治教育话语基础理论研究持续推进

基础理论研究往往涉及新概念的提出，或对已经形成的理论、概念、原则和议题进行更加深入的理论知识构建或批判性分析，以探索它们在当前时代背景下的新意义、新应用或新解释。基础理论研究的深化是思想政治教育

话语研究走向科学化、系统化的重要前提和保障。

首先是新的研究概念的提出与阐释。有学者提出"思想政治教育隐喻话语"的概念，并对其内涵、生成机理和运用理念进行了深入阐述。研究认为，思想政治教育隐喻话语是在一定社会主导意识形态的支配下，思想政治教育活动中的教育者通过另一个语义领域来让教育对象理解和体验当前承载思想政治教育内容的语义领域，进而缩短双方认知和情感距离、促进双方知识传递和精神交往的符号系统，内在包含源域、目标域以及意义映射三个结构要素，是思想政治教育话语的特殊类型，在具体运用上要秉持"求真""求善""求美"的理念，追求话语的认知价值、道德价值与审美价值。[①] 有学者使用了"数字意识形态话语权"这一新表述，认为在"数字意识形态话语权"这一语境中，话语的意义已经远超沟通的语言原始属性，言说的方式也已经突破沟通的基本表达途径，而是通过技术性权力的控制、筛选和分配形成的话语体系来构筑话语主体潜在的社会影响力，其本质是数字意识形态主导权。[②] 有学者提出，实现中华民族伟大复兴是中华民族近代以来最伟大的梦想，也是新时代思想政治教育话语的核心主题，思想政治教育话语的主题和内容同时代发展具有高度一致性，彰显并服务于党和国家发展的重大战略需要。[③] 上述研究为思想政治教育话语研究拓展出新的研究视域，在知识生产和理论创新方面作出了积极探索。

其次是既有理论知识的补充和完善。针对思想政治教育话语的功能作用，有学者指出，思想政治教育数字化转型的实际效果和接受度，在很大程度上取决于思想政治教育话语能否在技术重塑中被有效传播，这种有效传播既依赖于思想政治教育的话语内容，同时也依赖于多维度的传播媒介、方式

[①] 武航剑：《思想政治教育隐喻话语的内涵阐释、生成机理与运用理念》，《思想教育研究》2024年第10期。

[②] 骆郁廷、轩宣：《论数字意识形态话语权及其提升》，《思想理论教育》2024年第10期。

[③] 孙晓琳：《新时代思想政治教育话语发展的核心要义》，《马克思主义理论学科研究》2024年第1期。

和渠道。思想政治教育话语在算法机制的作用下实现了形式与内容上的数字化转型，极大增加了思想政治教育话语的接受度。①有学者提出，思想政治教育话语作为一套有机统一的表达系统，承担着传递主流思想和价值观念的任务，算法时代思想政治教育话语呈现出从"单一线性"到"网状交织"、从"静态陈述"到"动态建构"、从"知识传递"到"素养培育"、从"权威主导"到"多元协同"的多重转向。②还有学者指出，思想政治教育话语既呈现出理论话语、日常话语、文本话语、实践话语、生活话语等一般形态，又从思想政治教育实践中产生出学校思想政治教育话语、网络思想政治教育话语、青年思想政治教育话语、思想政治理论课话语等具体形态。③上述研究不仅体现了思想政治教育话语研究在学科发展中的重要地位和学术价值，更对既有理论知识进行了补充完善，反映出思想政治教育研究理论与实践共进、创新与时代共振的学科特征。

最后是对核心概念的重新审视与深化理解。如围绕思想政治教育话语权，有学者指出，人工智能在重塑高校思想政治教育话语权建设的技术支撑、拓展其时空场域和提升其实践效能的同时，也带来思想政治教育与技术逻辑错位、教师主体弱化、内容同质化等新挑战，高校应在把准智能时代坐标、打造智慧教学场域、构建智能教研平台、创新人机协同模式上下功夫，推动人工智能与思想政治教育深度融合，提升意识形态领域话语权。④有学者指出，全媒体时代思政课教师的话语权内涵经历着话语阐释权由知识话语向生活话语转移、话语主导权由教学领地向多维空间覆盖、话语引导权由价值规劝向事实澄清过渡的三维嬗变，并面临着话语时空无限敞开、外赋性权

---

① 张百合：《AI 技术赋能新时代思想政治教育：出场语境与实践路径》，《传媒》2024 年第 18 期。
② 彭容容、王跃：《算法时代思想政治教育话语的转向与优化》，《学校党建与思想教育》2024 年第 11 期。
③ 周琪：《思想政治教育四十年话语回溯与展望》，《湖南社会科学》2024 年第 3 期。
④ 耿中华：《人工智能赋能高校思想政治教育话语权建设研究》，《学校党建与思想教育》2024 年第 12 期。

威不断消解、数字青年引发文化反哺和教学话语缺乏现实关切等挑战。由此，思政课教师应与时俱进更新话语表达范式，引领全媒体话语空间；注重实际权威的加持赋能，增强教师话语信服力；立足青年学生实际生活，增强教学话语转译力。① 有学者提出，大学生网络思想政治教育话语权主要表现在舆论导向力、理论说服力、传播影响力和过程控制力等方面，作为一种意识形态话语权，其存在话语主体协同力有待进一步加强、话语载体引导力有待进一步提高、话语内容阐释力有待进一步深化、保障机制支持力有待进一步增强等问题。上述观点的提出进一步增强了话语权研究的理论张力，为理论指导实践提供了更为具体的路径和靶向。

（二）思想政治教育话语应用实践研究持续推进

思想政治教育话语的应用实践是"主体言说和话语形成"的实现过程，是教育主客体基于不同的沟通场景、通过话语这一重要的媒介形式进行交流互动的话语生产、传播和接受行为。思想政治教育话语实践既包含基于教育主客体的理论灌输与学习过程，也包含不同话语形态之间的转化与内容创新。

首先是数智技术赋能思想政治教育话语实践研究。有学者指出，伴随场景化技术的迅速发展，以场景化传播赋能思想政治教育话语实践正成为新时代推动思想政治教育话语实践创新发展的重要途径，在具体运行中尽管面临一些风险，但场景化传播在增强思想政治教育话语内容的共通性、提高思想政治教育话语供给的适配性、促进思想政治教育话语体验的沉浸性方面具有突出的效能。② 有学者认为，数智技术推动新时代思想政治教育话语从现实场域到虚实场域互嵌、从语言文字到视觉图像、从单一主体到一体多元的

---

① 邹太龙、戚冠辉：《全媒体时代思政课教师话语权的内涵嬗变、现实挑战与重构路径》，《民族教育研究》2024 年第 1 期。

② 黄冬霞：《场景化传播赋能思想政治教育话语实践论析》，《思想理论教育》2024 年第 1 期。

范式转型，推进新时代思想政治教育话语创新，要推动技术理性与人文精神双轮驱动，凸显思想政治教育话语的人本价值；强化对算法的规制，丰富思想政治教育话语内容有效供给；超越数字资本的利益趋向，重塑思想政治教育话语权威。① 上述研究体现出数字时代智能传播技术发展对思想政治教育话语实践的颠覆性、重塑性力量，反映了学界对思想政治教育话语实践和发展的动态趋向和追踪把握，是思想政治教育话语实践创新的研究前沿。

其次是思想政治教育话语发展困境及创新提升研究。有学者指出，虽然思想政治教育在大数据、算法、算力等新一代数智技术的加持下实现了话语方式、话语场景和话语内容的延伸拓展，但数智技术的发展同样给思想政治教育话语带来数据殖民消解话语语义、全景监狱弱化话语认同、网络圈层离散话语空间等一系列隐患。② 有学者提出新时代高校思想政治教育话语提升路径：以增强话语主体的理论自觉性、文化自信心、使命自豪感的三重向度为着力点提升话语主体能力；以创新话语内容、提升话语表达力、增强话语传播力的"一体两翼"格局构建锻造话语内容表达力与传播力；以设立话语效果评价标准及反馈平台建立健全话语效果反馈机制。③ 有学者聚焦思想政治教育话语的现代转型和创新，提出面对丰富的话语资源，既要"融通古今中外"，充分挖掘利用深厚的历史文化资源、多样的网络话语资源和丰富的国外话语资源，奠定话语内容创新的基础，又要做好"传统到现代的转化"，融入中华优秀传统文化资源、纳入优秀网络话语表达、嵌入国外思想政治教育话语内容，提升思想政治教育话语的说服力和吸引力。④ 有学者以形象

---

① 闵雪、石书臣：《数智技术赋能新时代思想政治教育话语创新论析》，《思想教育研究》2024年第7期。
② 王辉、刘雨：《数智时代高校思想政治教育话语的传播困境与对策》，《传媒》2024年第18期。
③ 范香立：《新时代高校思想政治教育话语提升路径探究》，《教育理论与实践》2024年第30期。
④ 杨怀川：《新时代思想政治教育话语创新论析》，《思想政治课教学》2024年第7期。

建构、情感生成和身份认同构建起高校思想政治教育话语体系创新的三维向度，提出新时代思想政治教育话语创新应扎根中国大地，以情感向度展示马克思主义的话语真情，以创新话语表达模式增强身份认同，为加强高校意识形态建设、培育担当民族复兴大任的时代新人创造新的话语体系。① 有学者提出，新时代高校思想政治教育话语具有中华优秀传统文化与时代主题相融通、本土话语与国际影响相结合、学理性与人文性相统一等新特点，同时也面临复杂环境带来外部冲击、多元情境产生内在矛盾、网络传播消解话语权威等新挑战，需要不断优化思想引领、提升价值凝聚和创新话语感染力建构路径。②

最后是具体形态的思想政治教育话语研究。比如思想政治理论课话语、高校辅导员话语等。有学者提出，思政课话语亲和力主要体现在话语形态的渗透力、话语内容的引领力、话语风格的生命力、话语语境的感染力等方面。为此，思政课教师要灵活转换话语形态、构筑生活化的话语体系，尊重个体发展、构建对话式话语新范式，提升智能媒介素养、构建符合新时代特征的具有亲和力的思想政治教育话语。③ 有学者提出，话语能力是思想政治教育工作者对话语的能动性统筹能力的综合体现，是影响话语效果的关键性因素。当前高校辅导员思想政治教育话语能力面临议题创设能力、叙事能力、引导能力有待进一步提升的问题，可以从加强学习、拓展实践、优化评估、完善制度等方面着手改进，为辅导员提升思想政治教育话语能力赋能，促进高校辅导员思想政治教育工作实效持续提升。④ 有学者聚焦网络流行语视域下的高校辅导员话语，认为当前高校辅导员话语面临着话语内容僵化、

---

① 闫金红、李繁荣：《形象建构、情感生成与身份认同：高校思想政治教育话语体系创新的三维向度》，《教育评论》2024年第9期。

② 李斯明：《新时代高校思想政治教育话语新特点、新挑战与新路径》，《思想政治教育研究》2024年第5期。

③ 张萌萌：《新时代思政课话语亲和力的提升》，《思想政治课教学》2024年第4期。

④ 黄华莉：《新时代高校辅导员思想政治教育话语能力提升略探》，《学校党建与思想教育》2024年第16期。

话语关系失衡、话语表达滞后、话语语境断裂等多重话语困境，高校辅导员要把握好自身话语与网络流行语的辩证关系，强化话语思维、丰富话语内容、优化话语传播、创新话语表达。①

（三）思想政治教育话语要素研究持续推进

话语主体、话语内容、话语载体、话语环境、话语效果及话语表达等构成了思想政治教育话语研究的基本要素和理论框架，为深入开展研究提供了观察、分析、比较的抓手。同时，思想政治教育话语是一个整体协同、要素联动的系统化结构体系，即便是着眼于单一要素的深入分析，也不可能脱离整体化、系统化的研究视域。

首先是思想政治教育话语主体研究。有学者聚焦思想政治教育话语背后的主体身份，对高校思想政治理论课教师的话语身份场域进行了研究，认为主体、权责和语境等场域要素的厘定为新时代高校思想政治理论课教师话语身份的出场创造了条件，基于高校思想政治理论课教师的主体间性关系，其话语身份主要包含政治话语身份、学术话语身份、讲坛话语身份和生活话语身份，从身份本位、身份认同到身份重塑的场域目标的确立为建构新时代高校思想政治理论课教师话语身份提供了方向遵循。②上述研究将思想政治教育话语研究落地到话语主体的身份认同和角色扮演之中，从思政课教师这一教育主体的多重话语身份入手，为思想政治教育话语主体的作用发挥提供了有益的研究视角。

其次是思想政治教育话语环境研究。有学者指出，在当前全球化、新媒体、大数据的时代境遇下，思想政治教育话语环境发生了深刻、巨大的变迁，从界限明晰、主客体明确、要素简单的微环境、现实环境、国内环境，

---

① 汪越：《网络流行语视域下的高校辅导员话语优化》，《高校辅导员》2024 年第 4 期。
② 李云峰：《新时代高校思想政治理论课教师话语身份的场域理析》，《思想教育研究》2024 年第 7 期。

转向界限模糊、主客体多元、结构复杂的大环境、虚拟环境、国际环境，呈现出话语主体多元复杂、话语内容丰富拓展、话语方式创新发展等动态性、多样性和复杂性特征。① 有学者引入系统论的观点理念和思维方法对网络思想政治教育语境优化进行了深入分析，认为基于网络思想政治教育语境多维分布和整体关联的特点，语境优化具有整体性、过程性、动态性和协同性的理论特质，由此应着力于要素协调与联动发展的整体优化、历时与共时辩证统一的过程优化、理论与实践融合共进的动态优化、话语主客体语境契合的协同优化以发挥语境优化的总体效应。②

最后是思想政治教育话语内容研究。有学者以"00后"大学生爱国主义教育话语为例，聚焦新时代思想政治教育话语传播效度问题，指出加强爱国主义教育需要全面审视话语传播面临的效度"稀释"难题，尤其是"00后"思维新特征催生传播语境演变、新型人机关系重塑传播模式、舆论权力变迁影响传播逻辑等多方面挑战。据此，应从强化政治引领和价值引领、推进内容创新与技术呈现深度融合、建构完善爱国主义教育长效机制等维度出发，不断巩固数字时代爱国主义教育话语权。③ 有学者提出，人工智能时代推荐算法为爱国主义教育话语主体结构优化和能力提升、话语内容精准识别和精准匹配、话语传播载体创新和模式更新等提供了新的发展契机，但在技术"双刃剑"效应的作用下，其赋能大学生爱国主义教育话语创新亦有其限度，应着力从强化智能素养、优化议题设置和构建立体平台等维度牢牢掌握爱国主义教育话语的领导权和管理权。④ 有学者指出，基于"大思政课"理念建构新时代高校爱国主义教育时代话语，是应时代变局、高校使命、"大

---

① 马忠：《思想政治教育话语环境的时代变迁研究》，《思想教育研究》2024年第9期。
② 黄莺莺、刘迟、薛玉梅：《网络思想政治教育语境优化的系统审视》，《学校党建与思想教育》2024年第17期。
③ 徐岩、唐登荟：《"00后"大学生爱国主义教育话语传播的效度难题与优化策略》，《学校党建与思想教育》2024年第22期。
④ 徐岩、米华全：《推荐算法赋能大学生爱国主义教育话语创新的辩证省思》，《思想政治教育研究》2024年第2期。

思政"工作格局变化调整的现实之需，要以焕新的话语理念增强话语建构主动权、以生动的话语内容增强话语吸引力、以多样的话语载体丰富爱国主义时代话语样态、以灵活的话语形式聚合爱国主义教育话语表达效果。① 此外，在话语内容和主题方面，聚焦习近平文化思想、铸牢中华民族共同体意识、马克思主义意识形态、中华民族共同体建设等方面的话语都受到不同程度的关注，反映出思想政治教育话语研究议题和内容的时代性、理论性及广泛性。

二、思想政治教育话语研究的年度特征

2024年学界围绕思想政治教育话语研究展开了持续不断的学术探索，为该领域的知识创新和理论建构提供了一定助益，推动研究不断走向深入。总结、梳理本年度研究的阶段性特征，对进一步把握思想政治教育话语研究的发展趋势和规律特色具有重要的启发意义。

（一）理论建构与实践创新齐头并进

思想政治教育具有鲜明的实践特色，思想政治教育研究承担着发现总结教育规律、指导教育实践的重要功能任务。同时，思想政治教育研究的开展又离不开科学理论的指导。由此，坚持理论研究和经验研究并进就成为思想政治教育研究的鲜明特色，对思想政治教育话语研究亦同样如此。梳理2024年思想政治教育话语研究的成果发现，围绕该主题的研究也基本呈现出理论建构与经验研究同步推进、齐头并进的特征。

一方面，思想政治教育话语研究的理论建构不断深入，推动思想政治教育话语研究自主知识生产和体系建构。学者们基于思想政治教育话语实践的既有经验和模式，对思想政治教育话语的功能、意义、生产方式、传播规律

---

① 郑卫丽、段梦伟：《"大思政课"视域中高校爱国主义教育时代话语建构的四维向度》，《思想政治教育研究》2024年第1期。

等进行具有本土特色的理论建构和阐释。如，对思想政治教育隐喻话语的阐述与分析，对数字意识形态话语权的关注与解读，对思想政治教育话语现代转型的创新与探索，对思想政治理论课话语、辅导员话语、爱国主义教育话语等本土实践的经验总结与凝练，在不断深入中逐渐实现知识积累和理论建构，完善和深化基础理论，为思想政治教育话语研究不断开拓新的方向与领地。

另一方面，研究的实践导向和问题导向依然鲜明。话语是特定时代的知识和实践系统，反映了特定社会语境中人与人之间的沟通行为和社会实践。数字化、智能化的媒介形态重塑了信息流通、社会交往和人际沟通的方式，倒逼思想政治教育改革创新发展，思想政治教育话语研究也不止停留在学术研究层面，还在更大程度上实现与教育实践的现实接轨。一年来，研究者们不仅立足指导实践的现实需要，对思想政治教育话语创新和提升展开持续、深入的研究，更密切关注信息技术发展尤其是人工智能、算法推荐等信息技术带来的潜在风险与挑战，及时、敏锐识别话语传播环境的变化特征，深度剖析话语传播与思想认知形成的内在规律，对防范教育安全风险、提升教育实效发挥了学术研究的重要作用。

（二）研究视野宏微结合，建构起立体多维的研究视角

梳理 2024 年思想政治教育话语研究的成果不难发现，学者们对思想政治教育话语的研究切入既有宏阔深远的大局把握，也不乏微观细致的洞察思考，形成了宏微结合、立体多维的研究视角。

有学者从推动哲学社会科学发展的大局出发思考思想政治教育话语发展及话语体系建设问题，明晰思想政治教育话语发展的具体阶段和时代使命，省思思想政治教育话语创新面临的历史机遇和技术变革，从历时性的"古今之别"、共时性的"中外之别"以及话语本身的学理逻辑等三重维度切入，搭建起开放、宏阔的研究视域；也有学者着眼具体形态的思想政治教育话

语，如高校辅导员话语、思政课教学话语等，从议题创设、价值引导、话语风格、互动技巧等微观角度出发，为提升话语能力、增强教育实效提出具体的策略建议，体现出越来越细化的研究方向。不同研究取向的背后，既有研究旨趣的差异，也有对"话语"概念的不同理解与界定。从宏观角度看，话语是建构社会关系的意义系统，与意识形态、权力分配等有着复杂密切的关系。意识形态通过媒介化的传播机制，转换为一种政治话语体系，实现着意识形态的本质功能，并参与社会身份建构、社会关系制定、知识和信仰体系的建设过程。从微观角度切入，话语的内涵则更多指向人际交流、沟通对话方面的原初含义，具有一般性话语的特征。思想政治教育话语研究中宏微结合的不同进路和取向，使得研究具有了更多学术空间和张力，在层次性和相关性方面更为立体和丰富。

（三）学科交叉的研究进路持续发展

话语研究具有源远流长的跨学科源头，可以一直追溯到古典修辞学里关于公共话语中"如何表达好"的研究。思想政治教育话语研究的跨学科趋势也在近年来不断显现，但总体而言，还处于经验探索和积累阶段，在研究成果的产出方面也较为零星、分散，但这并不妨碍这一研究进路的持续蓄力与发展。

一定程度上，思想政治教育话语研究的学术创新有赖于学者们较强的跨学科知识借鉴与创新能力。在2024年度研究成果中，有学者引入系统论的观点理念和思维方法审视、思考网络思想政治教育的话语环境优化；有学者借鉴社会学、政治学、传播学中"数据殖民""全景监狱""沉默的螺旋"等概念，描述数字智能时代高校思想政治教育话语的传播困境。必须看到，无论是理论框架的借鉴还是知识话语的借用，都基于当前思想政治教育话语实践的现实挑战与时代特征。立足数字智能技术发展日新月异的当下，话语研究早已融合了语言应用、口头互动、人机对话、虚拟场景等多种形式的内容和形式，研究者们要想与时俱进地概括、描述思想政治教育的话语结构、话语样态与传播效果，必须要在总结、借鉴以往成果的基础上借助多学科的分析视角和理论方法来提升研究水平，广泛借鉴包括语言学、修辞学、符号学、叙事学等在内的哲学社会科学领域的研究成果，以实现创新性和突破性的研究进展。

三、思想政治教育话语研究的趋势展望

一段时期以来，话语研究是思想政治教育研究中较为稳定、有着持续成果产出的学术方向。2024年思想政治教育话语研究在持续推进中取得了一定进展，但也逐渐显露理论基础薄弱、研究后劲不足的端倪，亟需寻找新的学术成长点。基于年度思想政治教育话语研究成果的基本特点，预测未来该领域的研究可能具有如下趋势与走向。

（一）数字技术驱动思想政治教育话语研究理论与实践创新

随着网络信息技术的发展，数字智能媒体对人类物质生活和精神生活的"浸润"愈加深入和全面。思想政治教育的场域重心开始发生转移，逐渐由线下转向线上，由现实世界走向网络空间。而话语作为思想政治教育内容的承载中介，也必然发生从形态到内容等深层结构的变化。思想政治教育话语不仅具有显性的信息传递功能，更具有隐性的价值观塑造、情感态度培育等功能，在引导舆论走向、凝聚思想共识、实现价值认同等方面发挥着巨大作用。数字信息技术的发展赋予话语不同的表现形态和样态，同时也为话语功能的作用发挥提供了全新的技术空间和场域，追踪、探究数字技术对思想政治教育话语发展带来的挑战，仍然是未来一段时期思想政治教育话语研究的重要任务。

首先，融合多学科视域增强思想政治教育话语研究的理论创新与建构。习近平总书记曾深刻指出，"理论创新只能从问题开始。从某种意义上说，

理论创新的过程就是发现问题、筛选问题、研究问题、解决问题的过程"[①]。就思想政治教育话语研究而言，数字技术带来的颠覆性变革就是当前乃至今后一段时期面临的最大现实问题。数字信息技术的发展不仅使话语形态从语言文字升级到视听图像、虚拟场景，从单一模态实现了多模态乃至跨模态的共存，更由此引发话语特征、话语结构、话语转化等一系列问题。如何从哲学、文化学、社会学、政治学等学科视域重新审视思想政治教育话语的本质属性、社会功能和权力生产，并逐渐建构起系统、完善的思想政治教育话语研究的本体论、认识论和方法论，是推动研究走向科学化、系统性的必由之路。

其次，追踪、研判数字化、智能化技术赋能思想政治教育话语实践创新。习近平总书记在全国教育大会上指出，要"深入实施国家教育数字化战略"，为新时代高校思想政治教育创新发展提供了根本遵循。在数字化、信息化、智能化的新一轮科技革命中，思想政治教育网络话语、场景话语、图像话语、智能话语等新的话语样态不断生成和涌现，深刻影响和改变了思想政治教育话语生产、传播的战略格局和舆论生态。一方面，人工智能、算法推荐技术为思想政治教育话语创新带来机遇，话语生成的智能化、话语供给的适配性、话语体验的沉浸性、话语传播的即时性等既带来思想政治教育话语实践的创新变革，又有待系统、科学的效果评估。另一方面，受限于资本、流量等的逻辑规制，技术赋能的同时也诱发了一系列技术风险、安全风险和伦理风险，需要研究者们予以及时、科学的研判和廓清。同时，技术赋能背景下话语主客体的互动方式深刻影响并改变了思想政治教育话语权的生成机理和实践策略。由此，研究、揭示、掌握上述实践规律并正确运用于思想政治教育学科话语、教学话语和宣传话语，有助于更好凝聚话语势能，推动思想政治教育内涵式发展。

[①] 习近平：《在哲学社会科学工作座谈会上的讲话》，人民出版社 2016 年版，第 20 页。

（二）"第二个结合"为思想政治教育话语创新开拓新空间

思想政治教育话语是承载社会主义意识形态发展需要、彰显社会发展与时代特征的符号表意系统，也是传播思想政治教育内容、实现思想政治教育目标的重要载体，既折射时代变迁，又引领时代发展。新时代以来，尤其是习近平文化思想提出以来，发挥传统文化的育人功能形成广泛共识，"第二个结合"的理论创新彰显实践伟力，为思想政治教育话语创新开拓出新的学术空间。文化是话语的底色，话语是文化的载体，特定的话语具有引导文化认同、确认文化归属、形塑文化心理等重要作用。中华优秀传统文化是中华民族思想观念、风俗习惯、生活方式、情感样式的集中表达，"第二个结合"为思想政治教育话语创新铸牢了科学的信仰基石，奠定了深厚的文化底蕴。

梳理既有成果不难发现，以往对思想政治教育话语创新的研究往往偏重技术环境、传播规律、受众特征、叙事效果等外部因素，对话语创新的内生性探索相对不足。"第二个结合"激活了中华优秀传统文化这一中华民族的文化基因，为构建具有中国特色的思想政治教育话语体系指明了发展方向，提供了理论遵循。中华优秀传统文化承载着中华民族千百年来的哲学思想、人文精神、价值理念、道德规范等，与社会主义核心价值观具有文化同根、价值共生的契合融通性，在创新思想政治教育话语表达、增强思想政治教育情感认同方面具有得天独厚的语言和文化优势。由此，发挥传统文化的育人功能、以"第二个结合"推动思想政治教育话语创新，或将成为思想政治教育话语研究的新的理论增长点。

无论是思想政治教育学科话语、教学话语还是宣传话语，都要善于从中华优秀传统文化中汲取话语养分。要学会守正创新，以高度的文化自信和学术自觉进行具有中国特色的学术话语生产，构建全面、系统的哲学社会科学自主知识体系；要学会借助传统文化中的典故、名言、事例，来把思政课的道理讲深、讲透、讲活；要学会运用具有天然亲和力的民族语言和本土化解释，来传播和阐释党的创新理论。概言之，要以中华优秀传统文化为根基，不断凸显思想政治教育话语元素的民族性。

（三）思想政治理论课话语创新研究走向深入

本年度以思想政治教育话语研究为主题的国家级科研立项有：国家社科基金一般项目1项，课题名称为"高校思政课教学话语体系创新研究"；国家社科基金青年项目1项，课题名称为"思想政治教育话语建设一体化发展研究"；国家社科基金高校思想政治理论课研究专项4项，课题名称分别为"'中华民族共同体概论'课教学话语体系构建研究""高校思政课教学话语创新案例研究""'两个结合'推动高校思政课话语体系创新的理论和实践研究""数字技术助力高校思政课教学话语创新研究"。对立项课题数量和名称进行分析不难发现，高校思政课教学话语的研究热度和基金支持度增长显著，反映出新时代思政课教学改革和效果提升的现实要求。

思政课是思想政治教育的主渠道，承担着培养让党放心、爱国奉献、担当民族复兴重任的时代新人的光荣使命。2024年5月，习近平总书记对学校思政课建设作出重要指示，强调要"坚持思政课建设与党的创新理论武装同步推进"[①]，为新时代新征程加强思政课建设指明了方向。可以预见，未来一段时间思想政治理论课话语创新研究或将成为思想政治教育话语研究中成果产出的重要方向。

这一趋向的形成也是新时代思想政治理论课改革创新的内在要求。一方面，思政课是用党的创新理论武装青年的重要阵地，理论创新每前进一步，理论武装就要跟进一步。推动党的创新理论融入思政课，构建以习近平新时代中国特色社会主义思想为核心内容的课程教材体系，为新时代思想政治理

---

① 《习近平对学校思政课建设作出重要指示强调 不断开创新时代思政教育新局面 努力培养更多让党放心爱国奉献担当民族复兴重任的时代新人》，《人民日报》2024年5月12日。

论课话语创新提供了根本遵循和理论指导，各门课程都要及时融入新思想、阐释新理论。另一方面，话语创新是思政课教学改革创新的题中应有之义，也是立足新时代、面向"网生代"学生群体不断增强课程吸引力的有效思路和"法宝"，在整合话语资源、选择话语内容、丰富话语形式、创新话语表达、提升话语技巧上，需要形成一批可推广、可复制、可操作的教学研究成果，不断提升思政课的针对性和亲和力。

第八章　思想政治教育环境研究

思想政治教育环境研究是思想政治教育基本理论问题和思想政治教育学界长期关注并持续探究的重要论题。新时代新形势，不仅催生了思想政治教育环境新形态的研究，而且改变了人们认识思想政治教育环境和运用思想政治教育环境的方式。2024年学界对思想政治教育环境研究依然保持了较高的热度和力度，在继续深耕理论之源的同时，也结合了本年度的热点问题进行了热点追踪研究，可谓成果丰富。基于此，梳理2024年度思想政治教育环境研究学术进展，总结把握年度特点，探讨未来发展趋势，为实现新时代思想政治教育环境改革创新提供了坚实基础。

一、思想政治教育环境研究的年度进展

2024年度学界发表了《数字化时代的高校思想政治教育研究》《"人工智能+"思想政治教育研究》等学术专著以及近百篇思想政治教育环境研究的相关论文。与思想政治教育环境相关的研究课题获国家社会科学基金年度项目、教育部人文社会科学项目以及各省市哲学社会科学规划项目批准立项。此外，学界还召开了包括"'中国式现代化与思想政治教育场域创新'主题学术研讨会"在内的十余场全国性的学术研讨会。通过梳理总结，相关研究成果主要分布在三个方面，即思想政治教育环境的基本理论研究、思想政治教育宏观环境的相关研究、思想政治教育微观环境的相关研究等方面。

（一）思想政治教育环境的基本理论研究

思想政治教育环境是思想政治教育基本理论的重要组成部分。本年度学界针对思想政治教育环境的研究，主要聚焦于其理论基础、基本内容以及实践探索等多个维度。

其一，关于思想政治教育环境理论基础的研究。马克思主义基本原理作为思想政治教育的理论基石，为思想政治教育环境研究提供了科学的世界观和方法论框架。有研究者尝试从马克思主义经典理论著作出发，深入发掘并阐释其中所蕴含的丰富思想政治教育环境理论资源。一是从人与环境的互动关系视角阐述思想政治教育环境。有学者深刻洞察恩格斯《自然辩证法》中强调人的本质属性决定了人在与环境交互过程中占据主体地位，进而认为在思想政治教育环境结构中，人是积极有为的实践主体；马克思在《路易·波拿巴的雾月十八日》中揭示了人的实践活动与环境之间的紧密关系，由此将思想政治教育环境分为规范性和资源性两大要素；此外，马克思、恩格斯在《神圣家族》中深刻剖析了外部环境对人的深刻影响，并进一步明确思想政治教育规范性要素存在于基础环境、系统环境、活动环境之中。[①] 二是从环境、教育和实践三者交织的视角论述思想政治教育环境。有学者指出，马克思《关于费尔巴哈的提纲》中深刻阐述了实践与环境的辩证关系，即实践改变环境、环境影响实践。在这一理论框架下，认为思想政治教育实践活动也会受到环境的影响，高度重视环境对思想政治教育的重要意义。[②]

其二，关于思想政治教育环境基本内容的研究。本年度学界对思想政治教育环境基本内容的研究呈现出蓬勃发展的态势，学者们从不同维度、不同层面深入探讨了思想政治教育环境的系统、要素以及类型等方面。一是关于

---

① 蒙怡馨、孙其昂：《基于实践观的思想政治教育环境分析》，《思想教育研究》2024年第2期。

② 李芳、王丹竹：《论新时代思想政治教育教学环境构建的三维向度》，《思想教育研究》2024年第9期。

思想政治教育环境系统的研究。有学者基于系统论和持续深入研究，构建了思想政治教育环境系统的层次结构模式，即一级系统为思想政治教育环境，二级系统为思想政治教育自然环境和思想政治教育社会环境。再将社会环境分为社会物质和社会精神两种环境，自然环境则分为自然介质、自然资源和自然营养，从而形成思想政治教育环境的三级系统。并指出今后研究将聚焦思想政治教育现代社会物质环境（现代计算机、现代媒体、现代通信设备、现代建筑物等）、思想政治教育现代社会精神环境（马克思主义理论、社会主义核心价值观、社会道德规范、社会新风尚等）及思想政治教育自然环境三大方面。① 二是关于思想政治教育环境要素的研究。有学者认为，思想政治教育自然环境构成要素包括自然资源、自然介质以及自然风光三要素，未来需要对其基本理论、思想借鉴和实践应用等方面进行系统化研究。② 三是关于思想政治教育环境类型的研究。有学者认为，思想政治教育环境的基本类型有基础环境和活动环境两大基本类别，其中系统环境是基础环境中的特殊层次，还深入剖析了环境主体要素、规范性要素和资源性要素的互动结构以及在实践过程要认识环境、利用环境、改造环境。③

其三，关于思想政治教育环境实践探索的研究。随着社会环境的不断变化，思想政治教育环境的实践探索成为了学界关注的热点。在这一背景下，学者们将目光投向了多个关键领域的实践探索，力求紧跟社会发展步伐，满足新时代提出的新要求。一是关于思想政治教育网络环境的研究。有学者从空间、交往、技术的维度论述制度优化是思想政治教育虚实空间和谐、活动有序开展、智能社会创新发展的必然要求，但也指出存在机制缺陷、场域隔阂、安全风险等现实问题，因而需要以制度完善虚实环境、规范交往环境、

---

① 罗洪铁：《关于思想政治教育环境若干问题的理论思考》，《思想理论教育导刊》2024年第9期。

② 靳玉军、邱庆：《思想政治教育自然环境研究反思与重构》，《思想教育研究》2024年第1期。

③ 蒙怡馨、孙其昂：《基于实践观的思想政治教育环境分析》，《思想教育研究》2024年第2期。

塑造智能环境。① 二是关于思想政治教育教学环境的研究。有学者指出，新时代思想政治教育教学环境构建遵循理论逻辑、历史逻辑、现实逻辑，旨在持续优化内外环境、增强育人实效、丰富发展环境理论，实践路径包括党的创新理论成果指引、聚合群体之力、数智技术赋能与动态监测和持续调整，以优化教学环境。② 三是关于思想政治教育话语环境的研究。有学者指出，时代发展深刻变迁思想政治教育话语环境，呈现主体多元、内容丰富、方式创新等特点，对传统模式提出了新要求，这不仅迎来了话语创造与文化赋能、话语形式与传播效能、话语交往与思想沟通的优势，同时也引发复调话语与内在张力、话语空间与边界模糊、话语风险与认知对抗等问题，需要从话语权建设出发，树立系统观念、优化知识生产、增强叙事能力、推进技术赋能。③ 还有学者剖析算法时代思想政治教育话语环境面临的困境，认为算法技术通过操控信息流和用户行为来影响话语环境，这容易被不良声音所利用，通过算法漏洞或技术手段来干扰思想政治教育话语的有效传播，因而需要净化思想政治教育话语环境，加强话语内容监管与审核，优化话语传播渠道，构建正面话语引导机制。④ 四是关于思想政治教育政策环境的研究。有学者指出，在国家治理现代化背景下，优化现代思想政治教育学科政策环境不仅要从思想、资源、机制把握微观环境，还要从两点论与重点论统一中把握宏观环境。⑤ 还有学者指出，社会阶层结构变迁形塑宏观思想政治教育政策环境，为其奠定社会结构基础，产生全局影响，进而影响国家治理的宏观

---

① 张瑜、石秋怡：《论思想政治教育网络环境的制度优化》，《思想教育研究》2024年第9期。

② 李芳、王丹竹：《论新时代思想政治教育教学环境构建的三维向度》，《思想教育研究》2024年第9期。

③ 马忠：《思想政治教育话语环境的时代变迁研究》，《思想教育研究》2024年第9期。

④ 彭容容、王跃：《算法时代思想政治教育话语的转向与优化》，《学校党建与思想教育》2024年第11期。

⑤ 王丛丛、巩红新：《思想政治教育学科政策演进40年：历程、特征与发展趋势》，《学校党建与思想教育》2024年第9期。

政策导向，检视其化解矛盾冲突、治党治国效能。①

（二）思想政治教育宏观环境的相关研究

随着数字化、智能化、大空间时代的到来，思想政治教育环境正经历着前所未有的深刻变革。本年度学界将目光聚焦于思想政治教育宏观环境的变化，致力于探索并创新思想政治教育的新模式，旨在提升思想政治教育效果。

其一，基于数字化时代的思想政治教育环境研究。随着数字技术的蓬勃发展，如大数据、人工智能、云计算等的广泛应用，不仅改变了人们的生产生活方式、工作方式和思维方式，也对思想政治教育环境产生了深远的影响。一是立足数字技术与思想政治教育环境的互动关系。有学者认为，数字时代思想政治教育环境呈现出多样性、主体间性、现代性的多话语主体关系，"蝴蝶效应""信息茧房效应""黑箱效应"引发异化与集聚，促进思维与实践耦合，旨在准确把握和运用数字技术的特点和优势，实现思想政治教育环境的深度重塑，推动思想政治教育高质量发展。②二是运用大数据分析思想政治教育环境变量。有学者认为，通过对思想政治教育依赖的基础设施建设和服务保障水平，教育对象在成长过程中不同环境及其变量因素以及教育主体的素养能力、工作方式、管理机制等进行数据分析，以推动硬件建设环境、对象成长环境、教师队伍环境的动态调整。③三是以数字技术赋能思想政治教育生态系统。有学者指出，数字技术为思想政治教育物理空间注入丰富的实体性支撑，凭借数字孪生技术映射出与现实世界紧密相连的虚拟教育空间，这不仅拓展了现实教育空间的功能，还构建线上线下融合、虚拟现

---

① 李辽宁、魏倩倩：《社会阶层结构变迁对思想政治教育的挑战及其应对》，《教学与研究》2024年第7期。

② 刘珂岩、赵晨璇：《数字时代思想政治教育环境异质性探析》，《学校党建与思想教育》2024年第18期。

③ 刘宏达、廖寅玮：《思想政治教育大数据分析的逻辑向度、技术基础与实现形式》，《学校党建与思想教育》2024年第9期。

实互生的全新育人空间，进而营造立体化、多维度的学习实践场域，开辟新型交往空间，重塑教育者与受教育者之间的交往关系。①

其二，基于智能化时代的思想政治教育环境研究。随着人工智能深度融入人们的日常生产生活，思想政治教育面貌也面临深刻转型，智能时代思想政治教育环境发生了深刻变化。一是人工智能为思想政治教育环境注入能动性。有学者指出，人工智能不仅重塑思想政治教育环体的条件性、创设开放性，这一改变是全方位且持续的，通过调整环体条件、促发环体动力、创设环体情境、促进环体变迁，推动思想政治教育环境变迁。②还有学者指出，主体间性理论在分析人际关系时构建的"主体—主体"或"主体—介体—客体"模式为环境研究提供了参考，需要超越个体主义视角、理解技术介体作用、关注主体对环境的动态适应。③二是人工智能为思想政治教育创设空间环境。有学者指出，人工智能为思想政治教育空间生产既提供了硬件设备，也创设了智能环境，需要着力做好强化空间意识、优化空间设计、深化空间交往等方面的工作。④

其三，基于大空间时代的思想政治教育环境研究。大空间时代不仅体现在物理空间的广阔无垠，更体现在数字空间、虚拟空间与现实空间的深度融合与交互作用。本年度正在这一时代背景下探索和研究思想政治教育环境。一是基于元宇宙空间的思想政治教育环境研究。有学者指出，元宇宙技术通过虚实相融创构具身感知的思想政治教育环境，真实展示可视化的环境镜像，还可以根据教学对象的认识需求创构教学环境进而提升教学环境的感染

---

① 宫长瑞、修珺：《思想政治教育数字化生态系统的生成要素、育人功效与优化路径》，《思想政治教育研究》2024 年第 5 期。

② 陈联俊：《论人工智能对思想政治教育系统要素的影响》，《马克思主义理论学科研究》2024 年第 5 期。

③ 王帅：《人工智能时代思想政治教育功能研究的变化及特点》，《学校党建与思想教育》2024 年第 17 期。

④ 张哲、张裕然：《人工智能时代思想政治教育的空间逻辑》，《思想理论教育》2024 年第 2 期。

力，增加教学对象的深度认识。[①] 二是基于社会空间的思想政治教育环境研究。有学者指出，掌握变革社会的力量，需要培养不同社会空间主体生活品质、塑造社会文化力量，凝聚思想政治教育一体化的主体力量。通过对人的生存空间的关注、对人的生存环境和社会文化的塑造使空间成为人格化的力量，并通过社会主义核心价值观在全社会的宣传和践行为思想政治教育一体化建设营造良好的社会文化环境。[②]

（三）思想政治教育微观环境的相关研究

思想政治教育微观环境研究一直是学界讨论的热点，本年度，这一领域的研究热度依旧不减，学者们持续深耕，成果显著。

其一，基于社会领域的高校思想政治教育环境研究。有学者认为，革命场馆不仅是高校思想政治教育的空间载体，也是提升实效性的突破口，采用线上虚拟仿真革命场馆空间，运用虚拟现实、人工智能、全息显示等技术创设的革命场馆虚拟空间提供三维动态的仿真体验，让大学生"亲历"革命历程，构建全时空的实践育人模式。[③] 其二，基于同辈群体的高校思想政治教育环境研究。一是关于大学生思想政治教育环境的研究。有学者认为，数字化转型推动了思想政治教育场景的拓展，尤其是基于数字技术的直播学习场景能够给大学生带来高水平的临场感，促使大学生增加身心投入，从而获得更好的思想政治教育传播效果。[④] 有学者强调，由科技、生活节奏、社会变迁等加速的社会环境变化构成大学生思想政治教育的外部社会环境，而其内部环境则较为稳定，变化并不剧烈，这也就产生了内外部环境变化速度的差

---

① 陈学文：《元宇宙技术如何赋能思想政治教育》，《广西社会科学》2024年第1期。
② 王学俭、徐曼：《空间视域下思想政治教育一体化的概念、内容及建设》，《北京工业大学学报（社会科学版）》2024年第4期。
③ 梅萍、李婵玲：《革命场馆和高校思政协同育人的空间向度》，《学校党建与思想教育》2024年第9期。
④ 黄艳、林巧、李卫东：《直播学习临场感对大学生思想政治教育传播效果的影响研究》，《高校教育管理》2024年第4期。

异、变化节奏的脱节现象，在某种意义上存在"疾驰的静止"现象，应变能力并没有跟上时间以及社会结构、文化等的快速变化。① 还有学者指出，"Z世代"大学生思想政治教育多维度时空交互，扩大思想政治教育环境的融合性，需要将校内校外、线上线下的一切有利因素调动起来，构筑学校、家庭、社会协同育人体系，由此形成了课内课外、校内校外、线上线下多维度时空的思想政治教育环境。② 二是关于青年群体思想政治教育环境的研究。有学者指出，当前青年数字素养存在一定的困境，如环境同质化影响情感多样性、机械化削弱自我体验、开放性影响情感隐匿性等问题，因此需要以思想政治教育数字转型形塑数字环境，构建全员、全时、全景育人模式，建构全员育人格局、打造全程育人体系、创设全景育人生态，营造良好的数字环境氛围。③

二、思想政治教育环境研究的年度特点

2024年思想政治教育环境研究展现出平稳发展态势，其特点主要体现在视域更加开阔、贴合时代热点、回应现实问题。然而，思想政治教育环境研究也面临着一些挑战，包括基础理论研究尚待深化、实践路径探索不够突出、内容体系缺乏系统建构。

（一）思想政治教育环境研究的年度特点

本年度思想政治教育环境研究取得丰硕成果，普遍展现出研究视野宽广、研究对象多元、研究资源丰富等共同特征，呈现出鲜明的时代性、针对性和实效性。

其一，思想政治教育环境研究视域更加开阔。主要体现在以下几个方

---

① 张哲：《社会加速视野下的大学生思想政治教育》，《教学与研究》2024年第5期。
② 高娟：《"Z世代"大学生思想政治教育交互模式探析》，《江苏高教》2024年第4期。
③ 梁钦、沙星雨：《思想政治教育视域下青年数字素养生成研究》，《思想教育研究》2024年第4期。

面：一是基础理论研究领域开阔。如有学者挖掘马克思主义经典著作中关于思想政治教育环境的精华，还有学者从系统论的高度出发全面剖析思想政治教育环境的意涵与结构等。二是实践应用研究视角多元。学者们紧跟时代发展，围绕"新时代""人工智能""数字化""元宇宙"等前沿话题，探索这些新兴领域对思想政治教育环境的影响与重塑。同时，也还有学者从"算法""图像""具身""身体"等学科专业的视角出发，创新性地探讨思想政治教育环境的实践。三是思想政治教育环境的具体内容研究丰富多样。学者们不仅聚焦于人工智能时代背景下、社会加速变迁中的思想政治教育环境，还深入数字化、智能化、信息化等具体工作领域，分析这些变化如何影响思想政治教育环境。四是跨学科的环境分析成为研究亮点。学者们广泛吸纳心理学、社会学、计算机科学、教育学等多个学科的知识与方法，这些研究不仅为思想政治教育环境研究提供了坚实的理论基础，还引入如心理学的具身机制、图像机制等，为创新思想政治教育环境提供新思路。

其二，思想政治教育环境研究紧贴时代脉搏。2024年思想政治教育环境研究取得了显著成果，大量聚焦于数字技术革命浪潮所引发的思想政治教育环境深刻变革，这类研究的突出特点是紧密贴合时代脉搏，深入剖析热点问题，主要体现在两个方面：一方面，思想政治教育环境研究紧跟新时代思想政治教育面临的新挑战、新课题和新要求，从思想政治教育环境系统的层次结构维度出发，提出了要分层次研究思想政治教育环境的理论框架，这不仅为新时代思想政治教育环境研究指明了方向，划定了研究议题，而且从方法论的高度强化了思想政治教育环境研究的深度与重点。另一方面，思想政治教育环境研究高频率融入"新时代""算法时代""数字时代"等具有鲜明时代特色的标签，精准描述和界说了特定历史时期思想政治教育环境的演变与规律，尤其是通过对数字化时代思想政治教育环境的深度剖析，着重探讨科技进步，尤其是人工智能技术如何逐步渗透并影响思想政治教育环境系统的各个层面与要素，这不仅揭示了技术革新对思想政治教育环境的深远影响，还为未来思想政治教育环境研究提供了重要参考。

其三，思想政治教育环境研究回应现实问题。本年度思想政治教育环境研究的突出特点之一在于其深刻的社会现实关怀，主要体现在以下两个方面：一是密切关注并积极回应新时代思想政治教育环境的诸多议题，不仅深入探讨了思想政治教育如何与新时代背景相结合，还专门就思想政治教育的教学环境、话语环境、政策环境等论域进行了系统研究。此外，还对特殊时代背景下的思想政治教育环境进行了探索，全面审视了其研究场域、内容、路径等诸多方面，从而勾勒出特殊时代背景下思想政治教育环境的宏观图景与基本框架。二是紧紧围绕新时代思想政治教育环境变化这一主题，以数字时代为切入点，对重点对象展开了全面而系统的研究，如数字思想政治教育环境正以前所未有的方式重塑人们的思维方式和行为习惯，其在虚拟与现实两个维度上深度融合，改变思想政治教育的全过程；同时，一些研究还捕捉到思想政治教育对象，特别是在高校领域，尤其是"Z 世代"大学生、青年等朋辈群体在数字环境下思想行为的新变化。

（二）思想政治教育环境研究的不足之处

在取得丰硕成果的同时，本年度乃至长期以来的思想政治教育环境研究领域，仍然存在一系列亟待破解的问题。

其一，思想政治教育环境基础理论研究亟待深化。通过梳理不难发现，尽管思想政治教育环境基础理论研究受到较大重视，但仍存在显著的系统性和深度不足的问题。从广度上看，思想政治教育环境基础理论研究尚未构建起完整的理论框架，多数研究仅限于在探讨思想政治教育环境时，对其内涵、内容、类型等进行论述，缺乏系统性的逻辑推理和严密论证；尤其对新兴思想政治教育环境现象关注不足，未及时纳入研究范畴。从深度上看，当前思想政治教育环境研究对于环境科学相关理论与方法的借鉴较为匮乏，对于环境如何影响人的思想发展变化，以及这一变化与思想政治教育活动之间的互动机制缺乏深入剖析。

其二，思想政治教育环境实践路径探索不够突出。目前关于思想政治教育环境研究大多局限于特定的背景框架、单一领域、个案分析、专题探讨之中。在新时代背景下，尽管学者们对思想政治教育环境给予较多关注，且重点探讨了各类具体环境因素对思想政治教育的广泛影响，尤其是负面影响，但这种倾向性的研究也可能导致对思想政治教育环境的正面积极促进作用被忽视。尽管有学者提出构建思想政治教育环境系统，但这些构想大多停留在宏观层面，缺乏深入细致的具体解析，未能深入精准剖析哪些环境因素对思想政治教育产生最为直接或深刻的影响。此外，针对未来思想政治教育环境建设的前瞻性研究仍显得薄弱，缺乏对未来环境变化趋势下思想政治教育应对策略的预见性思考与详细的规划布局。

其三，思想政治教育环境内容体系缺乏系统建构。当前关于思想政治教育环境基本内容的研究成果中，学者们已对思想政治教育环境的相关概念、核心特征、内容结构等方面进行了初步界定。尽管这一方面的系统性研究已经起步，但其研究重心过于集中在自然环境、物质环境及网络环境等具体层面的讨论上，而未能建构一个系统化维度的思想政治教育环境内容体系，并开展系统的理论研究。即使在涉及学科交叉领域中，多数成果也倾向于关注思想政治教育环境中现实问题，而对于思想政治教育环境内容的系统性探究则显得较为薄弱。此外，尽管现代背景下对思想政治教育环境的整体开发和实践运用研究给予一定重视，但这些研究大多只是从思想政治教育环境的类型出发，分别探讨不同环境对思想政治教育主客体的影响，却忽视了对思想政治教育环境的基本内容层面的深入探索，如网络环境、数字环境下思想政治教育环境的内容建构等关键领域仍需探索。

三、思想政治教育环境研究的发展趋势

2024年思想政治教育环境研究领域取得了显著成就，不仅标志着这一研

究在思想政治教育学科 40 年来的阶段性成果，也为其未来的发展路径与趋势提供了重要启示。面对新时代思想政治教育发展的新机遇，紧跟思想政治教育创新发展的时代脉搏，未来在思想政治教育环境的研究上应在以下方面着力。

（一）深化思想政治教育环境的基础理论研究

思想政治教育环境研究作为思想政治教育基础理论研究的重要组成部分，未来思想政治教育环境研究应持续深挖理论根基，强化研究的理论深度。其一，思想政治教育的马克思主义学科属性，决定了它要以马克思主义理论为理论基础。思想政治教育环境研究必须植根于马克思主义环境理论，充分汲取马克思主义环境理论中关于人与环境相互关系、社会实践与环境变迁的内在规律，以及环境对人的思想观念、价值观点、行为方式等方面的经典阐释。只有深入挖掘马克思主义环境理论中所蕴含的世界观和方法论智慧，才能把握思想政治教育环境因素的复杂性与动态性，为新时代思想政治教育环境研究奠定坚实的理论基础和科学的行动指南。当然，这也是对马克思主义环境理论的时代深化与创新发展，推动马克思主义思想政治教育理论与实践的深入发展。其二，思想政治教育学科的综合性特点，决定了我们在坚持以马克思主义理论为指导的同时，还要广泛吸收借鉴哲学、教育学、心理学、社会学、计算机科学等相关学科的理论知识。思想政治教育环境研究应吸收借鉴这些学科中关于环境与教育作用关系的相关论述。基于问题导向的思想政治教育环境探索，更有利于彰显研究的独特价值。同时，思想政治教育环境研究也需要学科自觉，从思想政治教育学科发展的视角审视思想政治教育环境的逻辑框架，体现出思想政治教育学科的理论深度和广度。

（二）重视思想政治教育环境的方法创新研究

尽管当前对思想政治教育环境的实践研究已经取得较为丰富的成果，然而其实践研究的深度与广度仍有广阔的拓展空间。因此,未来的思想政治教育环境研究必须秉持实践导向,着力丰富并优化思想政治教育环境研究方法,致力于提升思想政治教育环境研究的层次性。其一,重视宏观视野与微观视角的有机融合。思想政治教育环境可划分为宏观环境与微观环境两个层面,这一分类的观点在学界已达成共识。然而,现有研究往往偏重于宏观层面的探讨,如社会经济环境、政治文化环境、虚拟环境、媒介环境等,而对于家庭环境、同辈群体环境、人际环境、心理环境等微观层面的研究则相对较少。未来研究应致力于实现宏观环境研究与微观环境研究的互补,以更加全面的视角审视思想政治教育环境。其二,应然理论与实然现状的紧密结合。应然研究不仅涵盖对古今中外思想政治教育环境理论的深入挖掘,特别是马克思主义环境理论的精髓汲取,还涉及对思想政治教育环境基础理论问题的系统梳理,如对思想政治教育环境的研究价值、内涵界定、类型划分、特点分析、影响机制等的研究。那么,实然研究则侧重于考察现代社会背景下,各类环境因素尤其是新兴环境因素对思想政治教育的实际影响,并据此提出建设性的策略。当前研究中,有些成果是应然层面探讨较多而实然层面分析较少,有些成果则是实然层面分析较多而应然层面探讨较少,因此未来研究应寻求应然与实然的平衡,实现理论与实践的深度融合。其三,定性分析与定量研究的协同推进。现有研究在思想政治教育环境性质界定、类型划分等定性分析方面已经积累了丰富经验,但在思想政治教育环境影响的具体范围、程度评估及变化发展趋势等定量研究方面则显得力不从心。未来研究应积极探索定性分析与定量研究的融合之道,以更加精准的数据支撑和深入的理论分析,共同推动思想政治教育环境研究的深入发展。

(三)夯实思想政治教育环境的内容体系研究

针对当前思想政治教育环境研究领域存在的不足,未来研究应聚焦于以下问题的研究。其一,准确厘定思想政治教育环境的内涵与本质。思想政治教育环境的内涵界定与本质探讨是思想政治教育环境研究首要的和最基本的理论问题。当前学界在界定思想政治教育环境的内涵时往往偏重于环境对思想政治教育的影响，而忽视了思想政治教育实践活动本身对环境的积极反作用。因此，在界定思想政治教育环境的内涵与本质时，既应当突出环境对思想政治教育的影响，也要彰显思想政治教育实践活动对环境的能动反作用，进而揭示其本质规定。其二，科学划分与构建思想政治教育环境的类型与层级。思想政治教育环境究竟有哪些类型，这些类型该如何分类，目前学界在这一问题上存在的分歧较大，建议从思想政治教育环境要素的广度、范围、性质、内容及作用机制等多维度入手，进行系统划分，以期形成更为清晰、合理的层级框架。其三，精确提炼思想政治教育环境的时代特点。目前对思想政治教育环境特点的提炼，学界直接借鉴新时代社会环境的特点来描述思想政治教育环境的特点。在总结新时代思想政治教育环境的特点时，可运用系统论的方法提炼其特点，将思想政治教育环境作为社会大环境中的一个子系统。同时，紧扣思想政治教育环境与其他环境的区别而具有的特点，从而更准确地把握思想政治教育环境的内在规律与外在表现。

（四）构建思想政治教育全环境协同育人模式

思想政治教育环境是"大思政"工作推进的重要基础，为实现"大思政"质量与效果的提供了支持条件。未来构建思想政治教育全环境协同育人实践模式，促进思想政治教育高质量发展，应综合考虑以下几个方面：一方面，构建思想政治教育环境全域与局域。随着时代发展，全域视角越发关键，这意味着要打破传统教育环境的狭隘边界，将社会各个层面、各个角落纳入思想政治教育的视野之中。从宏观的国家政策导向、社会文化风尚，到微观的社区邻里氛围、校园班级文化等，全方位营造有利于思想政治教育生根发芽的环境。与此同时，局域环境的深耕细作同样不可忽视，聚焦特定群体、特定场景的个性化需求，如针对职业院校学生的实习实训环境、高校科研团队的学术研究环境等,精准施策,使思想政治教育环境研究落入实处。另一方面,重视思想政治教育环境融合与协同。未来的研究趋势将聚焦于多元环境要素的深度融合,包括线上虚拟环境与线下实体环境的有机结合。线上,借助蓬勃发展的新媒体平台、网络课程资源等拓展教育空间,以丰富多样的数字化形式传播思政内容;线下,依托课堂教学、社会实践基地等强化体验感与互动性。此外,跨学科协同育人环境的营造也是重点方向,促进思政学科与多学科交叉渗透,整合各方资源优势,为解决复杂的思政教育问题提供复合型思路。例如,运用心理学原理优化思政教育氛围的营造,借助管理学方法提升教育环境的组织效能等,最终形成全方位、多层次、宽领域的协同育人格局,切实推动思想政治教育环境建设实现与时俱进、创新发展。

第九章　思想政治教育形象研究

2024年是思想政治教育学科成立40周年，思想政治教育形象问题与生俱有连接过去、现在、未来的特殊性质，受到以教育部高校思想政治理论课教师研究专项重大课题攻关项目"高校思想政治理论课的公众形象塑造研究"课题组为代表的学者们的持续关注与深度探讨，在本年度基本实现了从日常用语到学科范畴的质性转变，尤其是高校思想政治理论课形象逐渐形成规模化的研究态势。梳理并评述2024年思想政治教育形象研究成果，归纳研究热点，分析研究特点，洞悉研究难点，进而提出未来研究进路，对于理论层面开拓完善思想政治教育形象研究论域、构建思想政治教育学科自主知识体系，实践层面增强思政引领力、进一步推进中国式现代化具有重要意义。

一、思想政治教育形象研究的成果述要

本年度，思想政治教育形象研究遵循一个全新的理论命题生长发展的内在规律，形成了若干专题性、整体性研究成果，归因于习近平总书记对学校思政课建设作出重要指示、新时代学校思政课建设推进会的召开，以及认真贯彻落实前述指示和会议精神的教育部高校思想政治理论课教师研究专项重大课题攻关项目"高校思想政治理论课的公众形象塑造研究"课题组的不断深耕和成果产出，本年度总体上看，高校思想政治理论课形象这一关键局部形象研究仍构成思想政治教育形象研究的焦点论域，且主要集中在形象内涵、生成及结构的理论研究和形象塑造、传播及评价的实践研究两个部分。

（一）思想政治教育形象的专题性、整体性研究

梳理思想政治教育形象现有研究成果，学界尚未出版专题性、整体性学术著作，大多观点论述以期（报）刊论文和学术报告为呈现形式。本年度学界在既有研究基础上，从形态学、评价学、方法论等不同视角出发开展了思想政治教育形象的专题性、整体性研究，这在一定程度上反映出思想政治教育形象作为一个独立命题进入从自发阐证到自觉深化的阶段转变。

一是形态学视角下思想政治教育形象研究。形态学是对事物形态进行专门研究的理论与方法，强调形态所指的"不仅仅是一般意义上事物的形式、状态，而是与事物内在质料与本质特征紧密相关的外在规定性，它是事物内在结构及其功能的体现，包含着事物发展的态势"[①]。所谓形象，系指"人们在一定条件下对他人或事物由其内在特点所决定外在表现的总体印象和评价"[②]，是客观呈现与主观建构相互作用的产物，其中的"客观呈现"与"客观形态"显然是互通一致的。质言之，任何事物的形象都与形态相伴而生、相辅相成。思想政治教育形象和思想政治教育形态的关系自不例外。有学者认为，思想政治教育形态是"由思想政治教育内部结构所决定的综观表现，它是思想政治教育活动所呈现出来的整体形式特征与存在发展样态"[③]，进而指出思想政治教育的"有形"有三重意涵，前两种是指物理学意义上的和工具论意义上的，其深层依据在于第三重形态学意义上的，即思想政治教育的内在要素、整体结构和基本功能。基于对思想政治教育形象与思想政治教育形态本质关联的认识把握，有学者指出，思想政治教育形象由思想政治教育的存在状态、表现样态、结果性态组成，且指涉功能作用的结果性态是思想

---

① 杨威、赵媛：《类型与谱系：思想政治教育分类的形态学视角》，《教学与研究》2024年第3期。

② 秦启文、周永康：《形象学导论》，社会科学文献出版社2004年版，第5页。

③ 杨威、张会静：《论思想政治教育的有形与无形》，《思想教育研究》2024年第8期。

政治教育形象的核心要素。①

二是评价学视角下思想政治教育形象研究。思想政治教育形象并非先天存在，而是客观呈现与主观建构的双重作用，此处的主观建构凸显出思想政治教育形象的评价属性，这决定了立足评价学视角是开展思想政治教育形象专题性、整体性研究的题中之义，其必须回答"思想政治教育形象如何成为评价对象""如何评价思想政治教育形象""怎样保证思想政治教育形象评价的有效性"的基本问题。有学者从思想政治教育形象评价的可行性、基本作用、主要范围三个方面对思想政治教育形象的可评价性问题进行了有力确证；论述了评价思想政治教育形象无法通过单一的指标体系进行评判，而是要以分类评价的方式，综合思想政治教育形象的个体性评价、内部性评价、外部性评价，建立起思想政治教育形象评价指标体系；提出了通过强化思想政治教育形象评价的组织动员、推进思想政治教育形象评价的监管工作、加强思想政治教育形象评价的数据管理、坚持思想政治教育形象评价的与时俱进，提升思想政治教育形象评价的实效性。②

三是方法论视角下思想政治教育形象研究。事实上，形态学视角、评价学视角关涉思想政治教育形象存在论问题，这在现有思想政治教育形象研究中并非主流，较多的讨论是在方法论层面展开的。一直以来，思想政治教育形象塑造路径、策略、方法都是思想政治教育形象研究的热点与重点。有学者通过分析思想政治教育形象的生成逻辑，即以思想政治教育自我呈现为先前条件、以思想政治教育中的具身学习为必经路径、以显性教育与内隐教育的相互作用为交互生态，进而立足破局、维稳、引领三个层面，提出塑造成"马克思主义深耕者"形象、"理想信念领航者"形象、"社会认同赋能者"形

---

① 冯刚、陈倩：《塑造高校思想政治理论课公众形象须把握几对关系》，《思想教育研究》2024年第1期。

② 张建晓：《论思想政治教育形象评价的模型构建与过程管理》，《马克思主义理论学科研究》2024年第6期。

象的具体路径。① 多位学者将话语建设作为思想政治教育形象塑造的重要方法和破题切口，如有学者分析了自媒体话语外延意义扩大对思想政治教育形象的影响，主要表现为模糊思想政治教育者界限，挤压思想政治教育者发声空间，强调要善于运用隐喻表达机制，实现思想政治教育情感感染从意象感知到意义理解的升华。② 还有学者进一步聚焦比喻说理，揭示了其在思想政治教育形象塑造中的先天优势，即推动思想政治教育形象具象化、感染性与审美性发展，提出塑造思想政治教育形象的实践路径，包括创新比喻说理的话语解读、注重比喻说理的内容建设、激活比喻说理的主体自觉以及形成比喻说理的审美表达等。③

（二）高校思想政治理论课形象内涵、生成及结构的理论研究

作为落实立德树人根本任务的关键课程，高校思想政治理论课形象是思想政治教育形象体系的重要组成，高校思想政治理论课形象研究则构成思想政治教育形象系统研究的基本论域。2024年，《思想教育研究》《湖南大学学报（社会科学版）》《重庆大学学报（社会科学版）》等CSSCI来源期刊相继开设专栏，刊发了多组主题学术论文。其中，解析高校思想政治理论课形象内涵、生成及结构问题的理论研究占据了相当程度的比重，深刻回答了是何、源何、有何等问题，使得高校思想政治理论课形象研究的逻辑基点不断强化。

一是关于高校思想政治理论课形象内涵的理论研究。本年度，学界在2023年得到较多共识的观点——"社会公众在感知高校思政课的学科建构、理论内涵、实践教学以及功能发挥的过程中所形成的总体印象即社会公众对

---

① 谭紫菱、叶湘虹：《论新时代思想政治教育形象的塑造》，《南方论刊》2024年第9期。
② 白永生、赵佳怡：《自媒体话语的意义重构对思想政治教育的挑战及其应对》，《思想教育研究》2024年第10期。
③ 冯惠芳、赵平：《比喻说理：塑造思想政治教育形象的重要方法》，《学校党建与思想教育》2024年第14期。

高校思政课的存在样态、运行状况及其功能价值的总体判断与评价"①的基础上，进一步廓清了"是何"的问题，形成了一定的内涵界定方案，深化了高校思想政治理论课内涵研究。有学者用"要素"解析内涵，认为高校思政课形象是指"社会公众对高校思政课课程目标、课程内容、课程结构和课程评价等形象要素以及高校思政课课程参与者在社会关系中的实际表现进行综合评价后所形成的总体印象"②。有学者用"过程"解析内涵，提出形象塑造过程和形象感知过程是同一个过程的两个不同方面，将高校思政课形象内涵理解为"人们基于先在思想系统对高校思政课的存在状态、表现样态、结果性态形成的较为稳定的总体印象和综合评价"③。有学者用"结果"解析内涵，把高校思政课形象内涵概括为"社会公众对高校思政课的认知和认同，即社会公众对高校思政课是否是一门科学，是否传授科学知识、传递科学精神、培养科学素养，其建设发展和改革创新是否遵循科学规律等的整体印象"④。

二是关于高校思想政治理论课形象生成的理论研究。本年度，聚焦"源何"这一问题的高校思想政治理论课形象生成研究也得到许多学者关注，他们着重分析了高校思想政治理论课形象的生成条件。有学者坚持辩证唯物主义认识论，认为高校思想政治理论课形象生成条件是马克思主义的科学性、科学的课程体系、社会公众和高校思政课的互动生成，分别指向高校思政课形象的确立根基、本体实在、生成场域和成长空间。⑤较多学者重视人在高校思想政治理论课形象生成中的主观能动性，认识到形象生成与形象塑造

---

① 冯刚、杨小青、张智：《新时代高校思政课公众形象塑造的理论探赜》，《中国远程教育》2023年第6期。
② 武传鹏、邵申林：《高校思政课课程形象评价体系构建研究》，《学校党建与思想教育》2024年第1期。
③ 冯刚、陈倩：《塑造高校思想政治理论课公众形象须把握几对关系》，《思想教育研究》2024年第1期。
④ 高静毅：《高校思政课形象塑造的困境与突破》，《思想政治教育研究》2024年第1期。
⑤ 高静毅：《高校思政课形象塑造的困境与突破》，《思想政治教育研究》2024年第1期。

具有同一性，从内、外两个维度论析了高校思想政治理论课形象的生成（塑造）条件。有学者主张，内部条件是核心条件和根本条件，由课程质量、教师队伍、话语体系、教学模式组成，外部条件涵盖信息管理技术、全媒体传播矩阵、科学的评价监管体系，二者互相联系又相互制约，缺一不可。①

三是关于高校思想政治理论课形象内容的理论研究。以系统论视角观之，高校思想政治理论课形象是一个多维立体的系统，针对"有何"这一问题的内容解析是高校思想政治理论课形象认识论研究的基本构成，并且其科学性也直接影响着高校思想政治理论课形象实践论研究的有效性。有学者持历史视野，通过梳理高校思想政治理论课建设的发展历程，归纳出高校思想政治理论课形象主要包括政治引导形象、理论阐释形象、铸魂育人形象、系统科学形象、开放包容形象五个方面内容。②有学者持对比视角，强调凸显高校思想政治理论课形象之个性，认为高校思政课形象主要包括本质理念形象、课程行为形象、视角知觉形象三个方面内容。③还有学者持客观反映论，以高校思想政治理论课构成要素为基本依据，主张高校思想政治理论课形象分为课程内容形象、课程教师形象、课程话语形象、课程实践形象等。④

（三）高校思想政治理论课形象塑造、传播及评价的实践研究

思想政治教育形象这一理论命题，应新时代思想政治教育高质量发展需要而生，故而不应停留在认识论维度，还要推进到实践论维度，促使思想政治教育实现内涵式发展。2024年，在习近平总书记对学校思政课建设作出重

---

① 冯刚、李亚美：《新时代高校思政课公众形象塑造的基本条件探究》，《湖南大学学报（社会科学版）》2024年第5期。
② 王方、杨小青：《高校思政课公众形象塑造的演进、内容及遵循》，《湖南大学学报（社会科学版）》2024年第1期。
③ 张欣：《新时代高校思想政治理论课公众形象建构的三个着力点》，《思想教育研究》2024年第1期。
④ 冯刚、李亚美：《新时代高校思政课公众形象塑造的基本条件探究》，《湖南大学学报（社会科学版）》2024年第5期。

要指示和新时代学校思政课建设推进会的引领下，高校思想政治理论课形象研究作为思想政治教育形象研究中成果最多、发展最快的热门领域，大多数都以塑造、传播及评价实践为落脚点，既呈现出思想政治教育形象研究分众化、精细化、科学化的发展趋势，也是思想政治教育形象研究对党和国家事业发展、自身高质量发展多重诉求的充分回应。

一是关于高校思想政治理论课形象塑造的实践研究。本年度，学者们从多个视角、不同方面探讨回答了"如何"这一问题，推动高校思想政治理论课形象塑造研究深化，促使观念性力量不断转化为现实性力量，高校思想政治理论课形象塑造实践的效率和效果得以提升。宏观层面，有学者坚持唯物辩证法，以联系、发展、矛盾的观点考察了高校思想政治理论课形象塑造，剖析了系统与要素、受众与公众、应然与实然、直接与间接等几对关系，论述了坚持宏观形塑与微观细刻相结合、形象打造与形象传播相结合、目标导向与问题导向相结合、直接塑造与间接辐射相结合的实践进路。① 中观层面，有学者主张以机制确保各环节运行流畅、执行有力，认为要从实施、反馈、调节三个环节出发，加强高校思想政治理论课形象的塑造与传播机制，建立健全高校思想政治理论课形象监测和分析机制，完善高校思想政治理论课形象的应急处理和修复机制。② 微观层面，有学者从高校思想政治理论课形象生成因素出发，分别针对教师、课程、教材、教学、教法等内生性因素和政策落实、传播媒介、社会环境、主体接收过程等外生性因素，提出了可操作的具体的高校思想政治理论课形象塑造实践策略。③ 还有不少学者进一步聚焦高校思想政治理论课教师形象塑造，如有学者从优秀高校思想政治理论课

---

① 冯刚、陈倩：《塑造高校思想政治理论课公众形象须把握几对关系》，《思想教育研究》2024年第1期。
② 刘晓玲：《新时代高校思想政治理论课公众形象塑造的现实路径探析》，《思想教育研究》2024年第1期。
③ 王莹、白永生：《高校思政课公众形象科学建构的策略研究》，《重庆大学学报（社会科学版）》2024年第5期。

教师特质中提炼出形象塑造三维目标，①有学者阐释了教育家精神对高校思想政治理论课教师形象塑造的引领价值。②

二是关于高校思想政治理论课形象传播的实践研究。随着思想政治教育形象研究的阶段性反思和纵深化发展，加之蓬勃时兴的数智技术革新着人类社会信息传播方式，本年度高校思想政治理论课的形象传播研究逐渐从形象塑造研究中独立出来。以对形象传播和形象塑造二者间关系的认识为依据，高校思想政治理论课形象传播研究可划分为三种类别：其一，将形象传播直接等同于形象塑造，认为形象塑造实质是一种以传播沟通为主要手段的交往互动活动。③有学者指出，高校思政课形象传播是"与传播主体、话语内容、传播方式密切相关的形象塑造过程"，提出要着力构建形象传播共同体，精准识别受众群体，用好共情传播，以提升高校思想政治理论课形象的传播力、影响力、亲和力。④其二，将形象传播视作形象塑造过程中两大基本方面之一，指向与"做得好"呈并列关系的"说得好"。有学者主张"内外兼修"，指出高校思想政治理论课形象塑造必须"积极创新传播理念、内容、题材、形式、方法、手段、机制，增强对外形象宣传与传播的针对性和实效性"⑤。其三，将形象传播理解为形象塑造的"自然延伸"，即形象塑造是形象传播的原初起点。有学者从视域、内容、方法三个角度切入，认为高校思政课形象传播优化策略主要包括高校思想政治理论课形象传播的研究范式、做好高校思想政治理论课形象传播的危机修复、运用媒介整合传播策略创新

---

① 刘莉萍：《教师形象自我建构的价值旨趣及实践路径》，《山西高等学校社会科学学报》2024年第8期。
② 高静毅：《高校思政课形象塑造的困境与突破》，《思想政治教育研究》2024年第1期。
③ 张欣：《新时代高校思想政治理论课公众形象建构的三个着力点》，《思想教育研究》2024年第1期。
④ 袁媛：《新时代高校思想政治理论课公众形象传播的挑战、影响因素与优化策略》，《思想教育研究》2024年第1期。
⑤ 刘晓玲：《新时代高校思想政治理论课公众形象塑造的现实路径探析》，《思想教育研究》2024年第1期。

传播思路。①

三是关于高校思想政治理论课形象评价的实践研究。如前所述，评价属性也是高校思想政治理论课形象的内在属性。换言之，高校思想政治理论课形象本身作为一种特殊评价的同时在形象塑造过程中也会转变为被评价者，以期实现以评促建。有学者紧紧围绕高校思想政治理论课形象评价，区分了思想政治理论课师生、教育党政管理部门、接受过高等教育的社会公众和一般社会公众四类评价主体，厘清了教师、学生、教育党政管理部门三种评价对象，明确了课程目标、课程结构、课程内容、课程评价四项评价内容，以认知度、美誉度、和谐度为评价指标，总结了结果评价与增值评价、综合评价与特色评价、内部评价与外部评价、线上评价与线下评价"四个相结合"的评价方法，回应了评价"五问"，全面构建起高校思想政治理论课形象评价体系。② 有学者在此基础上重视评价反馈与成果转化，即评价不是目的，更重要的是"通过建立及时、准确、全面的评价反馈机制，推进实现精确的工作预测，便于形象塑造方式的调整和优化，使高校思政课公众形象始终处于最佳状态"③。

二、思想政治教育形象研究的年度特征

梳理思想政治教育形象研究发展史和 2024 年相关研究成果可知，本年度思想政治教育形象研究成果数量实现稳步增长，研究热点依然是作为集中展现思想政治教育形象之"窗口"的高校思想政治理论课形象，研究重点从认识论维度逐渐推进到实践论维度，围绕塑造什么样的思想政治教育形象、怎么样塑造思想政治教育形象等问题开展了探讨。总体而言，在既往研究尤其

---

① 冯刚、杨小青：《新时代高校思政课形象传播的理论审思》，《重庆大学学报（社会科学版）》2024 年第 5 期。

② 武传鹏、邵申林：《高校思政课课程形象评价体系构建研究》，《学校党建与思想教育》2024 年第 1 期。

③ 冯刚、李亚美：《新时代高校思政课公众形象塑造的基本条件探究》，《湖南大学学报（社会科学版）》2024 年第 5 期。

是去年研究的基础上，本年度思想政治教育形象研究呈现出以下新特征、新情况和新问题。

（一）在时代发展中思想政治教育形象研究内容的创新发展

思想政治教育形象是客观呈现与主观建构共同作用的产物。其中，思想政治教育客观呈现作为思想政治教育形象的感知对象，以党的创新理论为指导的思想政治教育实践主体进行守正创新，不断因事而化、因时而进、因势而新；思想政治教育形象的感知主体即与思想政治教育客观呈现构成"感知—被感知关系"的社会公众，在社会数智化进程中其感知主观基础和可利用感知条件也在不停发生转变。正因如此，思想政治教育形象研究不仅常论常需而且每论每新。本年度，思想政治教育形象研究在时代发展中不断丰富思想政治教育形象研究内容，持续增强思想政治教育形象研究的现实回应力。

一是融贯新时代新理论，以习近平总书记关于思想政治教育的重要论述为依据设计思想政治教育形象。新时代新征程塑造什么样思想政治教育形象是思想政治教育形象研究必须回答的问题，是思想政治教育形象研究落脚到以自身高质量发展推进中国式现代化的重要问题。本年度思想政治教育形象研究尽管对思想政治教育应然形象的具体设计形成了不同的观点，例如关于高校思想政治理论课形象就有政治引导形象、理论阐释形象、铸魂育人形象、系统科学形象、开放包容形象、立德铸魂形象、培育新人形象、关键课程形象等多种方案，但均以习近平总书记关于思想政治教育的重要论述为基本依据，站在了党和国家事业发展布局的战略高度，从党和国家的最新相关政策要求中，提炼出思想政治教育形象塑造的时代目标。

二是弘扬新时代新精神，以教育家精神引领思政课教师形象塑造。2023年，习近平总书记致信全国优秀教师代表时勉励全国广大教师"以教育家为榜样，大力弘扬教育家精神"。2024年，《中共中央、国务院关于弘扬教育家精神加强新时代高素质专业化教师队伍建设的意见》正式发布。本年度思想政治教育形象研究及时洞悉教育家精神与思想政治理论课教师形象塑造的内在关联，对教育家精神的六个内涵展开了透彻论析，充分考察了教育家精神之于思想政治理论课教师形象的引领价值，并探讨提出了教育家精神融入新时代高校思政课教师形象塑造的具体路径。

三是把握新时代新样态，以数智技术优化思想政治教育形象塑造。以大数据、人工智能、算法、交互技术为代表的数智技术持续迭代更新，正深刻改变着处在一定社会关系中的人的生存方式、交往方式和发展方式。本年度思想政治教育形象研究积极探究了数智技术对作为形象感知对象的思想政治教育客观呈现的革命性影响，智能思政、数字思政、网络思政等思想政治教育形态研究比比皆是，相关主题的学术论文、专题著作、课题项目呈涌现态势。与此同时，本年度思想政治教育形象研究主动回应，全面剖析了数智技术对思想政治教育形象塑造整个过程或者某个环节带来的风险与机遇，并提出了应对策略。此特征的显著表现是思想政治教育话语形象塑造和思想政治教育形象传播成为本年度热门研究内容并得到创新发展，这也反映出思想政治教育形象研究正试图将数智技术这个"最大变量"变成"最大增量"的发展趋向。

（二）在学科融合中思想政治教育形象研究的基本问题廓清

在我国，思想政治教育形象研究发轫于二十世纪八十年代，将思想政治教育形象塑造从思想政治教育自身发展中予以高度重视并着重提出的学术研究是近几年才兴起的。可以说，原初的形象研究未从中国古代尚象传统和国外形象学理论中汲取致思逻辑，大多停留在形象的字面意思，"仅对'形象'做了直观浅显的理解，其所推导的形象塑造目标同自身发展方向近无差别，形象塑造路径也与自身发展路径'不谋而合'"[①]，进而导致了思想政治教育形

---

① 冯刚主编：《思想政治教育研究热点年度发布 2023》，团结出版社 2024 年版，第 133 页。

象研究基本问题的释答悬而未决，整个研究论域迟迟难以独立出来。晚近以来破题的切口是学界积极开展跨学科研究，不断推进思想政治教育形象的基础理论研究。本年度，思想政治教育形象研究坚持交叉学科研究，通过有机融合哲学、解释学、美学、传播学、心理学、神经生理学等学科理论，进一步廓清了思想政治教育形象研究基本问题。

一方面，在科际整合中进一步廓清"是什么"的问题。思想政治教育形象是思想政治教育形象研究的核心概念，其界说释义的合理性、准确性牵系着整个研究方向与思路。本年度思想政治教育形象研究对核心概念界定的底层逻辑，实现了从"回答什么是思想政治教育形象问题为主"到"解释思想政治教育形象是什么问题为主"的转变，前者对应经验总结逻辑，后者指向理论建构逻辑。这里的理论建构是在以马克思主义为根本遵循的基础上，坚持以思想政治教育学原理为主，充分考求其他学科对一般的"形象"概念，以此推衍出特殊的"思想政治教育形象"的概念，助推思想政治教育学自主知识体系建构。具体而言，本年度学界深化了对思想政治教育形象的本质理解和规律认识，如通过参鉴社会认知心理学理论，逐渐关注思想政治教育形象主观建构向度，并对思想政治教育形象概念中的"综合印象和整体评价"作出解读，强调其需要一定时间的重复叠深或者强烈刺激的"刻骨铭心"方能形成，实质上是一种社会认可的公众意志表达。进言之，思想政治教育形象塑造研究不是从思想政治教育实在到思想政治教育实在的思想政治教育自身发展研究，而要以形象视角反身性检视思想政治教育实在，是从思想政治教育实在到思想政治教育形象再到思想政治教育实在的。

另一方面，在学科融合中进一步廓清"为什么"的问题。思想政治教育形象研究通常将此问题拆解为思想政治教育形象"有何作用"的价值研究和"怎么样了"的现状研究，且现状研究往往聚焦思想政治教育客观呈现的问题分析。同前述概念界定突破单向度的描述客观呈现类似，本年度思想政治教育形象研究在回答"为什么要塑造思想政治教育形象"问题时，除了分析思想政治教育客观呈现供需失衡的问题之外，也借助其他学科理论阐述了思想政治教育形象感知主体的主观建构方面的原因，即从另一个视角再次确证了塑造思想政治教育形象的必要性，进而为思想政治教育形象塑造实践的有效开展提供了新的着力点。具体而言，本年度思想政治教育形象研究直面思想政治教育形象偏见——非科学的印象评价，着重分析了思想政治教育客观呈现的不足之处这一根本原因的同时，援引了神经生理学"同时性反差"和"边界反差"理论，论证了思想政治教育形象存在"马赫带效应"，并根据传播学理论发现了客观世界中思想政治教育形态是"折射"成为主观世界中思想政治教育形象的，进而得出形象传播式微也是重要原因之结论，还在哲学层面就康德对规定判断和反思判断的理解，与部分学者对思想政治教育科学形象的质疑声音展开学理论争，有力澄清了思想政治教育形象误解。

（三）在焦点关注中高校思想政治理论课形象塑造研究的路向多元化

在中国知网以"思想政治"并含"形象"为主题进行检索，以主题符合度为筛选标准可以梳理出 2024 年学界发表相关期（报）刊论文共计 22 篇，其中有 13 篇期（报）刊论文主题聚焦在高校思政课形象及其塑造方面。就成果数量而言，本年度思想政治教育形象研究热度实现了稳步上升，高校思想政治理论课形象研究持续获取了焦点关注；就研究路向而言，由于大多数发文作者都来自教育部高校思想政治理论课教师研究专项重大课题攻关项目"高校思想政治理论课的公众形象塑造研究"课题组，本年度高校思政课形象研究成果间关联度较高，具体到高校思政课形象塑造的研究路向呈现出多元化特征。

一是应然创造与实然改造相结合的研究路向。应然形象是人们应当对高校思想政治理论课作出的认知及评价，强调高校思想政治理论课的理想呈现且为社会公众完全掌握，实然形象则是人们对高校思想政治理论课的现实呈现形成的实际印象和判断。归因于形象生成的条件性复杂性，实然形象与应然形象之间不可避免地存在一定程度的脱节甚至背离，二者之间的矛盾融贯于高校思想政治理论课公众形象塑造始终。基于此认识，本年度高校思想政治理论课形象塑造研究，拓补了去年应然形象创造研究多而实然形象改造研究少的研究弱区，将高校思想政治理论课形象塑造理解为"对实然形象的应然建构"，既开展了高校思政课形象应然形象创造研究，科学提炼出高校思政课形象塑造目标，并探讨了可操作的行之有效的实施方案，也坚持问题导向，开展了高校思想政治理论课实然形象改造研究，全面考察了高校思想政治理论课形象及其塑造存在的问题，并提出了有针对性的解决对策。

二是形象"自塑"与形象"他塑"相结合的研究路向。本年度高校思想政治理论课形象塑造研究达成了一个基本共识，即高校思想政治理论课形象塑造主体不仅仅是高校思想政治理论课教师，还包括党和政府、课程受众、社会公众、媒体工作者等其他社会力量。以高校思政课教师为主体的高校思想政治理论课形象塑造实践被定义为"自塑"，其与通常意义上高校思想政治理论课自身建设实践并无显著区别，主要包含课程体系、教师体系、教学体系、教材体系、教研体系的创新发展。以其他社会力量为主体的高校思想政治理论课形象塑造实践被定义为"他塑"，是指发挥其他社会力量对思想政治教育形态投射为思想政治教育形象这一过程的影响作用。可以发现，本年度高校思政课形象塑造研究主张"自塑"和"他塑"相互结合、缺一不可，提出了"自塑"为主、"他塑"为辅的"合塑"方式，即对多元高校思想政治理论课形象塑造主体进行任务分工，实现高校思想政治理论课形象的共建共享。

三是过程优化与要素优化相结合的研究路向。本年度高校思想政治理论课形象塑造研究秉持系统思维，把高校思想政治理论课形象塑造实践视为一项系统工程，对高校思想政治理论课形象塑造过程进行了学理解析，并提出了实施环节（形象的塑造与传播）、反馈环节（形象监测和分析）、调节环节（形象的应急处理和修复机制）等具体环节的优化理路。实践过程是实践要素按照一定方式有机结合、有序运作的动态结果，故而本年度高校思想政治理论课形象塑造研究进一步剖析了高校思想政治理论课形象塑造过程的要素，主要将其分为内部要素和外部要素，强调确保高校思想政治理论课形象塑造研究的全面性和实效性。同时，高校思政课形象塑造过程各个环节的要素也得到了较多关注，如本年度不少学者重点研究了高校思想政治理论课形象传播环节，针对传播主体、传播内容、传播途径等要素提出了优化策略。

三、思想政治教育形象研究的未来展望

本年度学者们对思想政治教育形象研精覃思，基于不同视角奋力促进思想政治教育形象研究发展，尤其是高校思政课形象研究进展卓著。但因为思想政治教育形象研究论域独立发展时间尚短，总体来看现有研究仍处于论题确证的启动阶段，较之于思想政治教育学科其他元理论范畴，专题性学术成果数量较少且有待深化、体系化。为此，学者们在今后一段时间里应着力夯实思想政治教育形象研究根基，树立整合与分化相结合的研究理念，创新思想政治教育形象研究方法，不断开拓完善思想政治教育形象研究论域，在优质形象塑造中提升思政引领力。

（一）夯实根基：强化思想政治教育形象理论基础与基础理论

理论基础是思想政治教育形象理论体系的外部理论资源，也包括思想政治教育形象基础理论在内的基础依托和理论营养，而基础理论顾名思义是指在思想政治教育形象理论体系中起奠基作用的元理论，旨在厘清探赜思想政治教育形象内涵、本质、生成、结构等元问题。质言之，强化理论基础和基础理论是思想政治教育形象研究在起步阶段搭建起"四梁八柱"的前提保证，也是思想政治教育形象研究未来持续深化、永葆活力的坚强后盾。

一方面，强化思想政治教育形象理论基础。没有正确的完备的理论基础就难以成功开辟出科学的独立的思想政治教育形象研究论域。思想政治教育形象研究既要坚持以马克思主义为指导，深刻领会习近平新时代中国特色社会主义思想尤其是习近平文化思想，将思想政治教育形象塑造同新时代中国特色社会主义文化建设与教育强国建设中提升思政引领力有机结合；也要扎根中华优秀传统文化，推进中华优秀传统文化的创造性转化和创新性发展，汲取古代中国思想政治教育形象塑造的智慧营养；还要善于借鉴其他学科的理论观点、分析思路和研究方法，重点参考诸如哲学、文学、心理学、传播学、神经科学等对形象已有一定研究基础的学科，需要注意的是要坚持马克思主义根本立场，坚持以我为主、为我所用的基本原则。此外，思想政治教育形象研究属于思想政治教育基础理论体系，应加强同其他基础理论的联系，以思想政治教育本质、形态、生成、功能理论为重要支撑。

另一方面，强化思想政治教育形象基础理论。思想政治教育形象的基础理论应遵循"本体论阐释—价值论分析—方法论创新"的逻辑思路。其中，思想政治教育形象本体论研究关系思想政治教育形象存在合法性的确证，主要由内涵界说、动态生成、静态结构等问题构成，需要研究共同体持之以恒的探索与争鸣；思想政治教育形象价值论研究以本体论为依托，旨在揭示思想政治教育形象作为价值客体能够与哪些价值主体构成哪种价值关系，未来可立足中国式现代化、人的现代化、思想政治教育现代化三个方面，深度把握思想政治教育形象的价值所在，深刻理解思想政治教育形象塑造的重要性；思想政治教育形象方法论研究也有归属于基础理论的部分，强调对思想政治教育形象塑造过程、环节、要素、矛盾、规律、原则进行学理审思。本年度思想政治教育形象研究更多的是从实践应用层面解析了思想政治教育形象塑造过程及其环节，思想政治教育形象塑造过程的划分依据以及彼此关系有待在未来研究中加以澄清。

（二）整合分化：协同思想政治教育形象系统研究与要素研究

经梳理思想政治教育形象研究发展史，可以发现思想政治教育形象研究起源于思想政治工作者形象研究，勃兴于思想政治理论课形象研究，思想政治教育形象系统研究整体来看滞后于思想政治教育形象要素研究。得益于教育部高校思想政治理论课教师研究专项重大课题攻关项目"高校思想政治理论课的公众形象塑造研究"的全力推进，本年度高校思政课形象研究累积了一系列学术成果，但是思想政治教育形象系统研究成果方面则有待于进一步提升。

思想政治理论课形象和思想政治工作者形象等思想政治教育形象要素研究的蓬勃发展是学界走进思想政治教育形象研究内部世界的必由之路，体现了思想政治教育形象研究积极向纵深化发展的趋势走向，是有待进一步厘析解构的。一方面，研究最多的思想政治理论课形象和思想政治工作者形象还能细分为多个要素，如思想政治理论课形象按照学龄层次有大中小学思想政治理论课形象之分，按照功能期待有政治引导形象、理论阐释形象、铸魂育人形象之分，按照客观构成有教师形象、教材形象、教学形象、教研形象等，这些局部形象及其塑造都值得在今后专题分析和深入阐述。另一方面，思想政治教育形象语境中的思想政治教育除了指灌输主流意识形态的实践形态，还包含学科形态和理论形态，因而思想政治教育实践形象、思想政治教育学科形象、思想政治教育理论形象共同组成了思想政治教育形象，而且思想政治教育实践形象不仅是学校思想政治教育形象（思想政治理论课形象），还涵盖企业思想政治教育形象、农村思想政治教育形象、机关思想政治教育形象、社区思想政治教育形象、网络思想政治教育形象等。对这些局部形象及其塑造进行分析，凸显了形象视角内蕴的以人为本的价值取向，是思想政治教育形象研究的题中应有之义。

需要指出，分化研究不应跳过整合研究而开展，思想政治教育形象系统研究与思想政治教育形象要素研究应当是互补、互促、互构的关系。思想政治教育形象系统研究既要充分借鉴思想政治理论课形象研究和思想政治工作者形象研究的分析思路、理论观点、研究视角、研究方法,也要坚持整体性视角和一般性视角独立开展,加强同思想政治教育其他基础理论研究的互动交流,考量党和国家政策要求、社会公众期待需求以及思想政治教育高质量发展诉求,深化对思想政治教育形象系统的规律性认识,处理好思想政治教育形象系统与思想政治教育形象要素间的关系以及各个思想政治教育形象要素间的关系。

(三)方法创新:推进思想政治教育形象定量研究与定性研究

推进定量研究与定性研究,开展思想政治教育形象实证研究,是当前思想政治教育形象研究突破现实困境、提出有效路径的必然选择。长期以来,思想政治教育形象研究囿于思辨研究的固有习惯,在分析思想政治教育实然形象问题也多采用思辨研究的方法,使得建立在此基础上的思想政治教育形象塑造理论体系有的时候好比空中楼阁,虽然在理论逻辑上完美自洽,但是在实践应用中却没有用武之地。

思想政治教育形象是指人们在感知思想政治教育过程中,基于先在思想系统,对思想政治教育在特定时空中的表现样态、结果性态、存在状态形成的较为稳定的整体印象和综合评价。这决定了要真正洞察思想政治教育形象及其塑造现状,把握思想政治教育形象及其塑造存在的问题,分析思想政治教育形象及其塑造问题的成因,就必须坚持定量研究与定性研究相结合,借助算力、算法和算据,全面开展思想政治教育形象实证研究。定性研究从属于人文主义的自然范式,侧重于和依赖于对事物含义、特征、隐喻、象征的描述和理解;定量研究从属于实证主义的科学范式,侧重于和依赖于对事物的测量和计算。推进思想政治教育形象实证研究,重点在于以实地研究、个案研究等方式开展定性研究,以参与观察、深度访问为主要资料收集手段,也要采用调查研究、二次分析等方式开展定量研究。例如，知名度、美誉度、配合度可以转化为知晓了解思想政治教育、赞许信任思想政治教育、参与支持思想政治教育的社会公众的数量，不过在实际操作中获知全体社会公众的所言所行难以实现，故而可以通过抽样调查法将知名度、美誉度、配合度进一步转化为知晓、了解思想政治教育的人数占调查人数的比例、赞许信任思想政治教育占调查人数的比例、参与支持思想政治教育的人占调查人数的比例。

第十章　思想政治教育制度机制研究

2024年是思想政治教育学科设立40周年，思想政治教育制度机制作为思想政治教育的重要领域，与学科设立和发展相伴而行。本年度思想政治教育制度机制研究呈现出持续深化的基本态势。2024年7月18日，中国共产党第二十届中央委员会第三次全体会议通过的《中共中央关于进一步全面深化改革 推进中国式现代化的决定》中，"制度"出现187次，"机制"出现242次。此外，通过梳理近五年国家社科基金年度项目主题，"机制"词频也始终居于前列。由此可见，"制度机制"的重要性不言而喻。坚实的制度保障是推进思想政治教育各要素系统化、体系化建设的坚实支撑，科学的制度机制设计为思想政治教育从管理向治理的转换提供内在支持。本章旨在梳理本年度学界围绕思想政治教育制度机制研究成果的基础上进一步总结年度研究进展，明晰年度特征，把握未来研究趋势。

一、思想政治教育制度机制研究的年度进展

通过对本年度思想政治教育制度机制相关研究的梳理可以发现，思想政治教育制度机制的深化研究，思想政治教育制度机制的专题研究，数字技术视域下的思想政治教育制度机制研究构成本年度思想政治教育制度机制研究的主要内容。

（一）思想政治教育制度机制的深化研究

2024年是思想政治教育学科设立40周年，思想政治教育制度机制研究

随着学科建设发展及研究领域的不断扩展而持续深化,具体体现在以下三个方面。

一是思想政治教育学科制度机制研究。有学者认为,思想政治教育的学科政策发展必须理性面对新形势新问题,着眼于深入推进学科政策调研、完善学科政策评估制度、优化学科政策环境、构建中国特色学科政策模式,为进一步服务思想政治教育学科创新发展提供政策支撑。[①] 有学者指出,持续推进学科制度建设,在相关政策文件的指导下不断增强制度意识,推动学科体制机制实现从无到有、由零到整的跨越式发展,从而为服务育人大业提供重要保证。[②] 有学者指出,党的百余年思想政治教育实践形成了十分广泛和丰富的思想政治教育实践成果、理论成果、制度成果,为思想政治教育学科的发展提供了中国特色、自主探索的实践基础。[③] 有学者认为,学科自身演化逻辑与学科外部动力机制共同影响着思想政治教育由学科体系向科学体系的发展。[④] 还有学者立足思想政治教育学科发展的宏观与微观问题,围绕思想政治教育学科相关的制度机制进行探讨研究。

二是思想政治教育制度机制的现代性建构研究。有学者基于对思想政治教育现代性建构主要向度的论析,提出完善优化思想政治教育制度设计的意义与策略,认为关联性治理、整体性治理、询证式治理等现代治理方式不仅为思想政治教育从管理到治理的模式转换提供了基本思路和发展方向,也为思想政治教育的制度设计提供理论支撑,能够切实提升思想政治教育制度设计的合目的性与合规律性,把握制度的内容、形成、实际运行之间的匹配程

---

① 王丛丛、巩红新:《思想政治教育学科政策演进40年:历程、特征与发展趋势》,《学校党建与思想教育》2024年第9期。

② 冯刚:《思想政治教育学科40年发展的规律性把握与时代展望》,《马克思主义理论学科研究》2024年第4期。

③ 佘双好、卢育强:《改革开放以来思想政治教育学科发展的特殊性》,《学校党建与思想教育》2024年第5期。

④ 杨威、丁丽:《思想政治教育科学化的形态学意义与结构》,《大学教育科学》2024年第2期。

度，寻求最佳的制度设计和运行路径。① 有学者以思想政治教育结构形态及现代化为研究对象，提出促进思想政治教育系统运行机制的现代化，贯通思想政治教育各要素、各方面、各环节的运行机制建设成为思想政治教育现代化的重要内容。②

三是思想政治教育制度机制的历史考察。有学者认为，制度建设是思想政治教育中的核心问题，自中国共产党成立以来便通过制定宣传思想教育规章政策、成立相关职能部门、构建宣传思想教育领导管理体制和运行机制逐步形成并健全了党内思想政治教育制度。中华人民共和国成立后，中国共产党在全国范围和全体规模上进行思想政治工作制度建设，建立健全思想政治工作领导组织制度、管理体制、运行实施机制以及各行各业思想政治教育相关制度。③ 有学者对新中国成立初期妇女思想政治教育进行历史考察，指出当时（1951年）党中央要求"各级党委必须定出计划，在一两年内逐步充实宣传部的机构与人力"，中国共产党确立了全新的思想教育宣传工作的方针政策、领导管理体制，各级党组织和思想政治教育领导制度的确立，确保了各级职能部门建立经常性的妇女思想教育宣传工作，开创了新中国妇女思想宣传工作新局面，推进了妇女思想宣传工作制度化建设。④

（二）思想政治教育制度机制的专题研究

本年度学者们就思想政治教育制度机制展开专题研究，将研究重点聚焦大中小学思想政治教育一体化、爱国主义教育、高校党建、思想政治教育高质量发展及贯通之中。

---

① 冯刚、曹鹤鸣：《现代化进程中思想政治教育的现代性建构》，《教学与研究》2024年第2期。
② 杨威、张会静：《思想政治教育结构形态及其现代化》，《学校党建与思想教育》2024年第1期。
③ 王树荫：《中国共产党思想政治教育历史研究述评》，《马克思主义研究》2024年第5期。
④ 曾菊：《新中国初期中国共产党开展妇女思想政治教育的历史考察》，《兰州学刊》2024年第7期。

一是大中小学思想政治教育一体化机制研究。有学者从发挥中小学校主体性入手，提出积极推动大中小学思想政治教育一体化的运行机制建设，中小学校应当通过完善领导体制与打造骨干队伍来建构持续担当的发力机制，基于核心需求的提出和交互满足来建设常态化互动机制。[1]有学者立足协同机制，指出推进大中小学思想政治教育一体化建设的重要策略就是完善制度建设，优化协同机制并建立督导机制。[2]有学者认为，机制建设应能有效领会各级党委（党组）指示，及时与教育行政部门、思政教育研究机构沟通，掌握各级各类学校的思想政治教育情况，协调各部门关系，发现并解决主要问题，进一步系统整合和有效统筹学生思想政治教育的资源力量，以"机制对接"实现"育人衔接"。[3]有学者对"一体化"与制度机制的关系进行内涵式分析，认为所谓"一体化"就是要通过科学的制度机制设计将思想政治教育所涉及的各学段、场域、方法、队伍等进行科学统筹，从而形成一个动态、协调、有机的体系，一体化的机制建设需要从协同机制、评价机制、动力机制建设三个方面着力。[4]

二是爱国主义教育制度机制研究。《中华人民共和国爱国主义教育法》（以下简称《爱国主义教育法》）的颁布是新时代爱国主义教育法治保障建设的里程碑，本年度爱国主义教育制度机制研究受到学界广泛关注。有学者指出，当前我国已基本形成以宪法爱国条款为核心，以《爱国主义教育法》为基干，分散于200余部法律和党内法规具体规定之中的爱国主义教育制度规范体系，形成了爱国主义教育的基本范式，需要处理好道德要求与法律规

---

[1] 焦龙保、余清臣：《大中小学思想政治教育一体化的现实运行机制建设——基于中小学校主体性的必要性与提升策略》，《中国教育学刊》2024年第8期。

[2] 冯刚、孙贝、束永睿：《大中小学思想政治教育一体化的教育学解读》，《中国远程教育》2024年第1期。

[3] 李海萍：《大中小学思想政治教育一体化：内涵、意义与实践路径》，《湖南社会科学》2024年第4期。

[4] 曹鹤鸣：《大中小学思想政治教育一体化建设的价值意蕴、核心要义与实践要求》，《学校党建与思想教育》2024年第11期。

范、党内法规与法律规范之间的关系，发挥推进和保障爱国主义教育的制度合力。① 有学者提出应从加强宣传教育、强化贯彻落实、把握重要群体、营造良好氛围等方面着力，持续推动新时代爱国主义教育制度化的生动实践，助力强国建设和中华民族伟大复兴的实现。② 有学者认为，促进爱国主义教育的良性运行，应落脚到体制机制的优化上，以《爱国主义教育法》实施的全员协同育人机制、内容方法整合机制和资源条件协调机制建设为重点。③ 还有学者认为，党和国家功勋荣誉表彰制度对增强爱国主义教育效果有着重要价值，是爱国主义教育制度的典型样态。④

三是思想政治教育制度机制的其他专题研究。本年度思想政治教育制度机制研究在高校党建、思想政治教育高质量发展以及贯通等方面也有所涉及。在高校党建工作机制方面，有学者提出形成"问题发现—结果导向—指标引领—工作开展—工作评价"的闭环机制，强化党团班协同工作机制建设，优化教师支部与学生党支部的互促共进机制，构建学生党建与大学生思想政治教育协同育人机制⑤；还有学者关注健全激励机制建设，指出应当在设立表彰制度、奖励基金、加强关怀和指导、建立竞争机制、定期评估与改进等方面持续着力。⑥ 有学者认为，思想政治教育发展的科学化、规范化、制度化水平主要反映在思想政治教育高质量发展的知识意愿，思想政治教育的

---

① 吴俊、薛天涵：《新时代爱国主义教育法治保障建设的动因、经验与展望》，《教学与研究》2024年第4期。
② 金丹：《新时代爱国主义教育制度化及其实践理路》，《思想理论教育导刊》2024年第6期。
③ 代玉启：《推动〈中华人民共和国爱国主义教育法〉实施的立体化》，《思想理论教育导刊》2024年第1期。
④ 蔡中华：《党和国家功勋荣誉表彰制度推进爱国主义教育：价值意蕴、内容指向与实践理路》，《思想理论教育导刊》2024年第1期。
⑤ 王丽君、代粮：《新时代高校学生党建工作路径探索》，《学校党建与思想教育》，2024年第4期。
⑥ 陈飞、万胜：《新时代强化高校学生党支部政治功能的理论与实践》，《学校党建与思想教育》2024年第3期。

制度化发展等方面，主要强调制度建设在思想政治教育发展中的重要作用。①有学者认为，机制之间要积极互构，建立一体化、结合式思想政治教育互构机制，包括思想政治教育内容机制与方法机制互构互成以及目标机制与评价机制互构互成。②在思想政治教育贯通机制方面，有学者认为，构建思想政治教育贯通的长效机制是思想政治教育动态贯通深入推进的关键，重在建立健全思想政治教育动态贯穿贯通社会实践的分析研判、引导化解和跟踪反馈机制。③有学者从思想政治教育过程要素的角度出发，提出通过粘合形成贯通结构、疏通调控贯通机制方式的重要意义，在不同层面上塑造出若干思想政治教育贯通形态，稳固筑牢思想政治教育精细分工与统筹协作共进、功能发挥与价值实现相互促进的理论支撑和实践基础。④

（三）数字技术视域下的思想政治教育制度机制研究

本年度学者们对思想政治教育制度机制与数字技术之间关系问题展开讨论，从数字技术助力赋能角度和风险防范角度展开研究。

一是数字技术赋能思想政治教育制度机制优化研究。有学者认为，完善数字技术赋能大学生思想政治教育的制度机制具有重要意义，制度与机制是数字技术赋能大学生思想政治教育的根本保障，应当从数字化法规制度体系、工作考核机制以及数据安全监管机制等方面着力。⑤有学者对运行机制进行研究，提出精心打造"生产—传播—反馈"协同的数字化运作机制，建

---

① 张国启、汪丹丹：《思想政治教育高质量发展的时代意涵与价值理路》，《思想教育研究》2024年第9期。
② 彭钰美、徐秦法：《新时代高校思想政治教育高质量发展论析》，《学校党建与思想教育》2024年第1期。
③ 骆郁廷、付玉璋：《论思想政治教育的动态贯通》，《中南民族大学学报（人文社会科学版）》2024年第11期。
④ 徐佳辉、黄蓉生：《思想政治教育贯通的内涵、机理与价值》，《教学与研究》2024年第9期。
⑤ 董辉、马鑫一：《数字技术赋能大学生思想政治教育的价值、困境与实践路径》，《学校党建与思想教育》2024年第6期。

立起在思想政治教育场域中运行数字技术的合理边界与原则规范。①有学者认为，完善思想政治教育方法数字化创新的赋能机制，一是要打造以数据为支撑的赋能机制，二是要构建以技术为核心的赋能机制，三是要形成以个体需求为着力点的赋能机制。②有学者以数字技术与思想政治教育的嵌入机制为切入点，提出解析数字技术生态及其对思想政治教育的嵌入机制的重要性，并强调因果与关联两类机制同样重要，要求将相关链与因果链有机融合以完善思想政治教育数字化转型逻辑链。③

二是思想政治教育数字化转型风险防范机制研究。有学者从监管治理角度出发，提出健全监管治理的风险规约，重点完善数字身份用户的认证机制和信息选择性加密，要在数据安全的前提下建立数字身份的监管机制，完善数字身份信息管理体制机制，落实数字空间各主体的责任和信用监管，不断建立健全新形势下的数字信息法律规制。④有学者基于生成式人工智能的思想政治教育场景构建机理提出健全政策引导机制，深化协同育人机制，建立制度约束机制的实践进路。⑤有学者从智能风险防控机制角度出发，提出要高度重视对于智能思政算法风险的机制应对，发挥好思想政治教育的价值"把关"作用，通过对算法风险的监测预警机制、精确追责机制、伦理保障机制及平台把关机制等多维度作用机制的细化完善，不断提升思想政治教育对于算法技术应用的主导权、话语权。⑥还有学者提出建立具有混杂性特征

---

① 刘伟、刘新琦：《高校思想政治教育数字化发展的现实效能、风险检视与优化路径》，《黑龙江高教研究》2024年第1期。

② 黄志斌、赵燕飞、魏荣：《数字技术赋能思想政治教育方法创新的指向、特质及进路》，《思想教育研究》2024年第2期。

③ 卢岚：《思想政治教育数字化转型的逻辑意蕴与范式革命》，《思想教育研究》2024年第6期。

④ 黄铭心：《思想政治教育数字化转型视域下数字身份的构建》，《思想理论教育》2024年第4期。

⑤ 程琼、刘宏达：《基于生成式人工智能的思想政治教育场景构建及其风险防范》，《国家教育行政学院学报》2024年第8期。

⑥ 高佳哲、程立涛：《思想政治教育视域下智能算法的赋能风险及伦理省思》，《大连理工大学学报（社会科学版）》2024年第5期。

的反馈机制不仅有利于思想政治教育主体对客体状况的科学评价，也有利于破除"信息茧房"的负面影响。①

二、思想政治教育制度机制研究的年度特点

本年度思想政治教育制度机制研究呈现出研究指向上聚焦实践、研究内容上与时俱进、研究视域上不断拓宽的鲜明特点。

（一）研究指向上聚焦实践

本年度思想政治教育制度机制研究聚焦实践的指向性特点尤为显著，学者们坚持问题导向，在思想政治教育制度机制的学理阐释的基础上对思想政治教育制度机制的实际建构予以高度关注，展开深入研究。

第一，以治理现代化为基本视域。思想政治教育学科从管理研究走向治理研究不仅是学科40年发展进程中对思想政治教育规律性认识的进一步深化，同时也是思想政治教育内涵式发展的一个重要着力点。②随着国家治理体系和治理能力现代化命题的提出，"思想政治教育治理"这一概念成为学界研究的重要对象。在治理现代化视域下运用系统性、协同性、整体性思维审视思想政治教育制度优势与机制功能，立足实践，以此为目标进行思想政治教育制度机制研究成为本年度的重要特点。此外，建设"数字思政"智慧评价机制、分众思想政治教育数字治理能力现代化的监管审查机制、基于生成式人工智能的思想政治教育制度生态化等都体现出在治理现代化视域下思想政治教育制度机制研究的实践探索和现实进路。

第二，以问题导向为重要遵循。坚持问题导向是思想政治教育制度机制研究的立足点，需要从实践中发现问题、分析问题、解决问题。一是针对网

---

① 祁峰、林延鸿：《大数据时代思想政治教育实践思维的转向、困阻与创新》，《学校党建与思想教育》2024年第9期。

② 冯刚主编：《思想政治教育学科40年发展研究报告》，中国人民大学出版社2024年版，第9页。

络思想政治教育机制混乱失调的实际情况思考构建高校网络思想政治教育共同体机制路向。二是根据思想政治教育培育具有创新创造能力的文化人才机制尚未健全的现实情况提出完善以文育人评价、反馈、激励机制，创设包容开放、崇尚创新的文化环境，持续激发文化人才的创新活力。三是聚焦建立健全"大中小学联动、校内外协同、融媒体支撑、知信行一体"的工作机制、新时代劳动教育校外实践基地建设协同育人机制、建立健全中华优秀传统文化融入思想政治教育的评价机制、疏通数据赋能思政信息机制等实际问题进行研究。

第三，以动态贯通为致思重点。学界对共时形态下的思想政治教育制度机制的实践研究持续关注，注重框架体系性与运行动态性研究，例如，对爱国主义教育制度体系的梳理、高校育人长效机制的建构、思想政治教育学科政策运行机制的现代化研究等。学界对历史形态下的思想政治教育制度机制实践历程持续关注，注重前后关联性与演变动态性分析，例如，改革开放以来思想政治教育制度成果研究、新中国成立以来思想政治工作领导组织制度、管理体制、运行实施机制以及各行各业思想政治教育相关制度研究、新中国成立初期妇女宣传工作制度化建设研究等。此外，大中小学思想政治教育一体化的现实运行机制建设、大学生思想政治教育组织感染性的生成机理、基于生成式人工智能的思想政治教育场景风险防范机制、思想政治教育信服力的生成机制等专题研究也是本年度学界立足实际、聚焦实践这一研究特点的主要体现。

（二）研究内容上与时俱进

时代的变化、社会的发展、技术的进步不断丰富和拓展着思想政治教育制度机制的研究内容。本年度思想政治教育制度机制研究在研究内容上呈现出与时俱进的重要特点，以思想政治教育制度机制的现代化建构、爱国主义教育制度化与大中小学思想政治教育一体化推进以及思想政治教育制度机制的数字化思考为主要内容。

第一,思想政治教育制度机制的现代化建构。思想政治教育是一门科学,有其自身运行与发展的内在规律。密切关注思想政治教育的现代性是新时代推进思想政治教育制度机制建构的基础。对思想政治教育现代性建构制度设计的价值意蕴、目标向度、内容架构等方面的阐释深刻反映出思想政治教育制度建设在理论创新中的必然趋势。对思想政治教育机制的系统把握有助于加深对思想政治教育系统结构的运行规则认识,拓展思想政治教育系统各要素之间以及与现实环境联系与变化的高阶运动状态认知,系统分析思想政治教育何以贯通的发生机理,将思想政治教育机制研究进一步深化延展。

第二,爱国主义教育制度化与大中小学思想政治教育一体化推进。"爱国主义教育制度化"与"大中小学思想政治教育一体化"是本年度思想政治教育领域具有代表性的热点话题。制度具有全局性、稳定性和长期性,机制为制度落实服务又具有可实施性与可操作性。爱国主义教育制度化与大中小学思想政治教育一体化包含了制度机制建设的内在要求。思想政治教育制度机制研究注重整体性、系统性、协同性、统筹性等治理思维的融入,在健全宣教体系、实践系统和网络体系,优化全员协同育人机制、内容方法整合机制和资源条件协调机制等方面得到彰显,在把握"一体化"核心要点,促进思维方式创新转变、体制机制健全完善、全员全过程全方位地踊跃参与、创新思想政治教育一体化的统筹机制等方面得到体现。

第三,思想政治教育制度机制的数字化思考。以大数据、云计算、物联网、区块链、人工智能为代表的新一代数字技术全面嵌入社会发展和生活的各个领域,也深刻影响着思想政治教育系统、形态及发展。数字化转型是由数字技术驱动的系统性创变,"赋能"与"挑战"是审视两者相互建构关系的模式路径。思想政治教育制度机制的数字化思考涉及数字视域下基于生成式人工智能这项迭代迅速的颠覆性技术与思想政治教育制度机制的融合,思想政治教育场景变革机制的引入,思想政治教育制度生态优化,"全员思政"聚合机制等内容,这些研究内容为深化思想政治教育制度机制数字化提供了新的研究向度。

（三）研究视域上不断拓宽

习近平总书记指出："科学研究范式正在发生深刻变革，学科交叉融合不断发展。"① 研究视域的不断拓宽不仅是当代哲学社会科学发展的基本规律，也是思想政治教育制度机制研究在研究范式上呈现出的基本趋势。

第一，人文学科与思想政治教育制度机制的交叉研究。思想政治教育学科是开放而非封闭的学科，与教育学、历史学、社会学、管理学等多个学科的研究具有较强的贯通性，思想政治教育制度机制研究更是需要从学科交叉出发，对其进行系统性与反身性分析。本年度思想政治教育制度机制研究在修辞学与思想政治教育学的交叉研究下提出思想政治教育隐喻的"意义—意象"的达意与理解机制，有助于使思想观念的传递更加生动、形象，为解决思想观念内容与话语表达形式之间矛盾提供方法支持并不断提升思想政治教育话语表达的效果。思想政治教育制度机制研究在叙事学与思想政治教育学的交叉研究下提出以语言的推论性符号激发教育对象的系统性认知机制，以图像的表象性符号激发教育对象的启发性认知机制，最终达致弥合语图缝隙，构成了思想政治教育语图叙事二元进阶的互文策略。思想政治教育制度机制研究在社会学与思想政治教育学的交叉研究下对强化教育主体力量，形成学校教育主体理论专业性与社会教育主体实践示范性的联合互促效应，通过建构目标相同、内容相通、平台相接、方法相合、资源相济的合作共育机制，实现各主体的有机多维联动。文本学、叙事学、文化学、传播学、评估学等与思想政治教育学的交叉研究不仅反映了思想政治教育学科在研究范式上的创新发展，也体现出思想政治教育学科40年发展历程中学术自觉自信的不断提升。

第二，传统要素与思想政治教育制度机制的融合研究。思想政治教育制

---

① 习近平：《在中国科学院第二十次院士大会、中国工程院第十五次院士大会、中国科协第十次全国代表大会上的讲话》，《人民日报》2021年5月29日。

度机制研究作为一项兼具学理性和实践性、科学性和系统性的研究，以对思想政治教育环境、思想政治教育者、思想政治教育对象、思想政治教育话语等传统要素的融合为主要特点。一是思想政治教育环境与思想政治教育制度机制的融合研究。思想政治教育制度机制建设需要以制度完善营造和谐共生的思想政治教育网络虚实环境、以制度牵引打造规范有序的思想政治教育网络交往环境、以制度创新塑造健康发展的思想政治教育网络智能环境为重要目标与内在要求。二是思想政治教育者、思想政治教育对象与思想政治教育制度机制的融合研究。完善基础学科拔尖人才思想政治教育与专业教育的双向协同机制，建设基础学科拔尖人才考核评价与思想政治教育的融合机制，探索基础学科拔尖人才思想政治教育与就业指导有机融合机制深刻体现出思想政治教育制度机制研究在思想政治教育主客体这一传统要素上的创新。三是思想政治话语与思想政治教育制度机制的融合研究。思想政治教育制度机制研究在设立话语效果评价标准及反馈平台，建立健全思想政治教育话语效果反馈机制上具有重要意义。

三、思想政治教育制度机制研究的趋势展望

在梳理把握本年度研究进展与研究特点的基础上，可以尝试对思想政治教育制度机制研究的趋势进行合理展望。思想政治教育制度机制研究应当从把握思想政治教育制度机制现代化研究的发展面向，拓宽思想政治教育制度机制研究的基本视域，深化思想政治教育制度机制研究的理论与实践融合三个方面久久为功、持续发力。

（一）把握思想政治教育制度机制现代化研究的发展面向

习近平总书记指出："中国式现代化的探索就是一个在继承中发展、在守正中创新的历史过程。"① 40 年来，思想政治教育学科发展始终与社会发展

---

① 《习近平关于中国式现代化论述摘编》，中央文献出版社 2023 年版，第 232 页。

的要求相适应，今后必将在中国式现代化进程中坚持高质量发展，为全面推进强国建设、民族复兴伟业提供坚强思想保证、强大精神力量、有利文化条件以及培养时代新人。① 中国式现代化是全局整体推进、各领域协同发展的系统工程，其中包括了思想政治教育现代化。思想政治教育现代化既需要在中国式现代化教育强国建设、社会文化发展以及治党治国中寻求外驱动力，也需要在学科高质量建设中探索保持稳定的内生动力。梳理近五年国家社科基金年度项目主题，覆盖23个学科以及3个单列学科，"机制"词频一直位居榜首。2024年7月18日中国共产党第二十届中央委员会第三次全体会议通过的《中共中央关于进一步全面深化改革 推进中国式现代化的决定》，"制度"出现187频次，"机制"出现242频次。由此可见，"制度""机制""现代化"体现和蕴含着思想政治教育制度机制研究的未来趋势。

坚实的制度保障是推进思想政治教育各要素系统化、体系化建设的重要支撑，科学的机制设计为思想政治教育从管理模式向治理模式转换的发展提供思路。思想政治教育制度机制建构是思想政治教育制度机制现代化在理论创新和实践探索上的内在要求，具体到思想政治教育制度机制研究层面则应当深刻把握思想政治教育制度机制现代化研究的发展面向。从外驱动力上看，思想政治教育制度机制研究应当站在中国式现代化这一思想政治教育场域的战略高度审视思想政治教育制度机制的理论向度、发展脉络、现实逻辑、优化路径，不断增强中国式现代化进程中思想政治教育制度机制理论研究，助推思想政治教育制度机制体系建构与成果转化，不断形成和推进思想政治教育规律性认识与实践性探索。从内生动力上看，思想政治教育制度机制研究应当根据学科高质量发展的重要要求，在思想政治教育科研、课程、日常等方面展开研究，也要在方法体系、队伍体系、话语体系、政策体系等制度机制的体系研究和体系间协同研究等方面着力，还要重点探索思想政治教育

---

① 冯刚：《思想政治教育学科40年发展的规律性把握与时代展望》，《马克思主义理论学科研究》2024年第4期。

在意识形态建设、国家社会治理、时代新人培育等领域的作用机理与运行机制。

（二）拓宽思想政治教育制度机制研究的基本视域

拓宽思想政治教育制度机制研究的基本视域主要包含三个层面的含义。第一，拓宽思想政治教育制度机制研究的基本视域需要在思想政治教育学科研究范式上不断创新。研究范式创新不仅是学科发展的重要标志，同时也为学科发展提供深层动力。虽然当前思想政治教育制度机制已有研究成果中已经呈现出一定的交叉融合研究特征，成为彰显思想政治教育学科理论品格、实践特色的重要体现，但是仍需要在总结已有思想政治教育制度机制研究成果经验基础上，在与马克思主义理论其他二级学科交叉、与人文社会科学交叉、与人工智能等新兴学科交叉中进一步拓宽其基本视域。具体来看，一是要进一步拓宽思想政治教育制度机制的研究论域。本年度思想政治教育制度机制研究衍生出多个交叉研究主题，体现了前沿性与发展性趋势。思想政治教育制度机制研究实践性强、应用性强的特点需要进一步通过交叉研究不断回应社会热点、治理焦点、技术奇点给思想政治教育制度机制研究带来的相关问题。例如，可以基于快速迭代的大模型技术、云计算技术、区块链技术、大数据技术的关联机理论域，基于国家治理体系、教育强国建设、立德树人工程的影响作用论域进行研究。二是要进一步推动研究方法创新。数字时代给思想政治教育方法论的创新带来了深刻影响，通过全时空大数据分析能够实现从个案研究到整体研究的转变，以及从估量式到确定性的升级，能够为思想政治教育制度机制研究提供更为坚实的数据支撑，也能够为思想政治教育制度机制的研究方法带来创新，从而提升思想政治教育制度机制实证研究科学性与说服力。例如，可以通过机器深度学习的模型研究方法和深度访谈、问卷调查、案例研究等传统方法的结合中提升了解研究对象的效率，也可以通过叠加运用 GAI（生成式人工智能）大模型进行操作以提升研究的针对性与真实性，还可以通过数据驱动智能研究方法，以更充实的数据支撑、动态的现状分析、精准的形势研判，推动思想政治教育制度机制深层次规律性探究。

（三）深化思想政治教育制度机制研究的理论与实践融合

从已有研究成果上看，思想政治教育制度机制理论阐释与实践探索都形成了一定的研究成果，但是关于二者的融合研究则相对较少，存在着积累了大量实践经验但无法进行理论升华以及理论构思与实际情况之间"两张皮"等情况。进言之，本年度关于思想政治教育制度机制研究在本质特征、科学内涵、基本规律等理论阐释等方面有待深化，需要通过与实践结合的方式廓清思想政治教育制度机制的重要概念，把握思想政治教育制度机制的建构规律。思想政治教育制度机制实践研究应当一方面不断提升其学理性；另一方面加强对因果性与关联性验证或者证伪的实证研究。

第一，推动思想政治教育制度机制理论建构与实证研究横向贯通。思想政治教育制度机制研究兼具理论性与实践性，理论性研究侧重于为思想政治教育制度机制建构提供学理支撑，实践性研究则注重思想政治教育制度机制的实际建构与质量评价。推动思想政治教育制度机制理论建构与实证研究横向贯通可以通过案例汇总、实验数据、调查信息等实证方法阐释理论或者验证假说，不断在思想政治教育制度机制实践性建构中进行学理反思以创新研究范式与研究方法。第二，推动思想政治教育制度机制经验总结与规律探索纵向贯通。当前思想政治教育制度机制研究的一系列研究成果思想政治教育实践中积累的大量关于思想政治教育制度机制建设、实施、运行与优化等方面的经验是思想政治教育制度机制研究的富矿。思想政治教育制度机制研究应当将学理性与时代性结合起来，积极总结已有实践经验，注重将这些经验提升为规律性认识，并进行理论升华，最后通过理论研究更好地指导实际工作的开展。

第十一章 思想政治教育治理研究

2024年度，思想政治教育治理研究的主题是将思想政治教育治理放置在国家治理体系现代化的背景下，讨论如何在思想政治教育治理中汲取思想政治工作经验、如何运用新质生产力提升思想政治教育治理效果。从中可以看出，思想政治教育治理研究的系统性有所提升、坚持从交叉学科研究中汲取养分、从信息技术赋能的角度开展、国际视野逐步增加，呈现出视野的多元化、内容的整合化、方法的交叉化的趋势。研究思想政治教育多元共治治理格局、构建思想政治教育智慧治理系统、推进思想政治教育治理现代化的研究，对进一步深化思想政治教育治理研究有重要意义。

一、思想政治教育治理研究的年度进展

2024年度，学界围绕国家治理体系现代化与思想政治教育治理的关系、思想政治教育40年思想政治工作经验的梳理、习近平在中共中央政治局第十一次集体学习时提出的新质生产力，思想政治教育治理研究展现出三条主线。

（一）国家治理体系现代化背景下的思想政治教育治理研究

思想政治教育治理的发展与国家治理体系现代化之间存在密切联系。因此，梳理思想政治教育在国家治理体系现代化背景下的治理过程优化，是思想政治教育治理研究的重点问题之一。

首先，关于思想政治教育治理与国家治理体系之间关系的研究。有研究

强调，思想政治教育治理是国家治理体系的重要组成部分，思想政治教育治理效果是衡量国家治理体系现代化的重要标准。由于强大而有效的国家治理效能依赖政治领导集团构建并不断创新的、具有高度合法性的国家政权意识形态分享机制和制度化的国家权力互动平台，因而意识形态认同是决定现代国家治理能力的关键因素。① 思想政治教育治理服务国家治理体系和治理能力现代化的方式和过程，是在深度嵌入政治、法治、德治、自治的过程中，与诸多关键的党委行政业务工作进行深度融合，并固化形成制度规范。②

其次，关于根据国家治理体系现代化的要求，优化思想政治教育治理过程、建立思想政治教育治理体系的研究。思想政治教育在国家治理体系中占据的重要地位，要求思想政治教育治理要伴随国家治理体系现代化进行自我优化。③ 国家治理体系现代化作为思想政治教育的外部环境，会以外部作用的方式引领思想政治教育进行治理系统的调整与更新，从而实现思想政治教育治理创新发展。④

最后，关于思想政治教育治理体系的特殊性研究。思想政治教育治理出场的背景，是社会精神结构的冲突与紧张、旧有传统价值秩序退场后新的价值秩序未完全登场等精神困境。⑤ 通过强化人们尤其是广大党员和领导干部的风险意识，帮助人们形成和坚持科学的风险治理理念和方法，从而为应对重大风险事件提供精神动力。⑥

---

① 王鸿铭：《国家治理能力：现代国家建设的理论分析范式》，《学海》2024年第3期。
② 代玉启、田雨：《论中国共产党思想政治教育的四大模式》，《河北大学学报（哲学社会科学版）》2024年第6期。
③ 康秀云、罗肖肖：《思想政治教育动力界定及研究进展——基于思想政治教育学科发展四十年》，《湖北社会科学》2024年第9期。
④ 赵继伟：《以国家治理现代化引领思想政治教育创新》，《中南民族大学学报（人文社会科学版）》2024年第5期。
⑤ 李辽宁、魏倩倩：《社会阶层结构变迁对思想政治教育的挑战及其应对》，《教学与研究》2024年第7期。
⑥ 高飞：《论社会风险治理视域下思想政治教育的价值、功能及其实现路径》，《马克思主义理论教学与研究》2024年第3期。

（二）汲取思想政治工作经验创新思想政治教育治理研究

对于思想政治教育治理而言，学界对 40 年来思想政治工作经验的总结、对于思想政治工作面临的最新形势的研究，仍然有重要的借鉴价值。

一方面，关于国内国际政治环境的变化对思想政治教育治理的影响研究。在国际政治环境方面，以美国为首的西方国家继续对中国持敌视态度，以大数据推送等技术手段向中国传播资本主义文化价值观和意识形态，散播威胁中国意识形态安全的不实言论。[①] 面对政治环境的变化，思想政治教育治理要汲取思想政治工作经验，坚持思想政治工作的基本原则和价值取向。思想政治教育治理在吸收现代治理理论的先进理念时，应同思想政治工作一样，继续坚持以马克思主义为指导，以增强主流意识形态话语权为宗旨。[②]

另一方面，关于在思想政治教育治理过程中借鉴思想政治工作方法的研究。我国意识形态领域制度体系内在规定了我国意识形态领域具有坚持中国共产党领导、坚持马克思主义指导、坚持人民至上、践行社会主义核心价值观和传承中华优秀传统文化的优势。要使党领导建立的意识形态制度与思想政治教育治理形成内在合力，将制度优势转化为思想政治教育治理效能的优势。[③] 此外，思想政治教育治理要借鉴思想政治工作对于仪式场景、红色场景、实践场景、文化场景、数字场景的规律理解，灵活运用各类场景开展治理工作。[④]

---

① 杨若辰、杨茹：《大数据视域下我国高校意识形态风险防控与安全建设研究》，《思想政治教育研究》2024 年第 6 期。
② 徐小强、王莹：《治理视域下思想政治教育过程优化的价值与策略》，《思想理论教育》2024 年第 4 期。
③ 张国启：《我国意识形态领域制度优势转化为治理效能的张力及其调适》，《学术界》2024 年第 7 期。
④ 金国峰：《思想政治教育场景论》，光明日报出版社 2024 年版。

（三）运用新质生产力提升思想政治教育治理效果研究

科技创新是新质生产力的重要特征之一。对于思想政治教育治理而言，以大数据、智能算法和人工智能为代表的新质生产力的影响，主要体现为技术的革命性突破为它带来了新的矛盾问题、治理方法和治理理念。

首先，关于新质生产力为思想政治教育治理带来新矛盾的研究。有研究指出，智能算法掌握了传播权力，控制着信息分发，使信息的传播模式逐渐由"人找信息"转变为"信息找人"，从而稀释了主流意识形态话语权，为思想政治教育治理带来困难。① 有研究强调，智能技术替代建筑技术，成为空间生产的核心技术。在智能技术构建的新空间中，人的互动形式发生改变，产生了新的意识形态问题，从而对思想政治教育治理提出新挑战。②

其次，关于新质生产力为思想政治教育治理赋能的研究。同时，通过打造智能舆情监控系统，新技术可以用于监测和评估意识形态风险，并为治理意识形态风险提供建议和对策，从而赋能思想政治教育舆论治理。③

最后，关于新质生产力革新思想政治教育治理思维的研究。有研究认为，大数据治理思维以其全样性、相关性等思维特点成为推动思想政治教育治理变革的驱动力。④ 有学者认为，在思想政治教育治理功能过程中发挥技术的功能，要重视用价值理性主导治理，避免技术主导化倾向、思维惯性阻滞、治理主体责任伦理缺失等问题。⑤

---

① 王海威：《人工智能诱发隐性意识形态话语风险的逻辑机理及化解策略》，《马克思主义研究》2024 年第 4 期。

② 王金良、叶文杰：《空间赛维坦与空间赛托邦：ChatGPT 时代的权力悖论》，《中南大学学报（社会科学版）》2024 年第 2 期。

③ 吴瑛、孙鸣伟：《AIGC 时代涉华国际舆论的演变、风险与敏捷治理——以 ChatGPT 为例》，《福建师范大学学报（哲学社会科学版）》2024 年第 5 期。

④ 帅建强：《大数据嵌入思想政治教育治理的逻辑理路、风险隐忧及其优化路径》，《思想政治教育研究》2024 年第 2 期。

⑤ 李欣、王艳：《新时代思想政治教育治理功能的出场、内涵及其实现》，《武汉科技大学学报（社会科学版）》2024 年第 5 期。

二、思想政治教育治理研究的年度特点

通过对 2024 年度思想政治教育治理相关研究的梳理和分析，可以看出本年度相关研究呈现出了一定的阶段性特点，即思想政治教育治理研究的系统性有所提升、思想政治教育治理研究从交叉学科研究中汲取养分、关于信息技术赋能思想政治教育治理的研究蓬勃发展、思想政治教育治理研究的国际视野逐步增加。

（一）思想政治教育治理研究的系统性增强

2024 年度的思想政治教育治理研究，不仅进一步明确了思想政治教育治理系统的主体、客体、方式、边界等，而且对整合思想政治教育治理的不同要素，使之成为一个系统做出了探索。

一方面，学界对思想政治教育治理的主体、客体、方式、边界等系统的要素进行了研究。在治理方式维度，思想政治教育治理方式应基于国家治理现代化的要求，逐渐从自上而下的方式转变为自上而下、自下而上、横向协同等方式。[1] 在治理边界维度，大数据等新技术的出现，打破并扩张了思想政治教育治理的传统时空边界。[2]

另一方面，学界尝试将思想政治教育治理的不同要素整合为系统。有研究关注整合思想政治教育治理要素的重要性。他们指出，要秉承协同理念，将治理主体、客体、介体等要素有效联合起来，建构起多元主体协同共治的治理共同体。[3] 也有一些研究尝试将治理环节中各种要素整合为系统。例如，

---

[1] 尤文梦：《新时代社会主义意识形态认同的战略布局》，《云南大学学报（社会科学版）》2024 年第 5 期。

[2] 帅建强：《大数据嵌入思想政治教育治理的逻辑理路、风险隐忧及其优化路径》，《思想政治教育研究》2024 年第 2 期。

[3] 宋振超：《时空迭嬗视域下数字意识形态安全风险治理的实践进路》，《中州学刊》2024 年第 5 期。

以"大数据+思想政治教育治理"为核心，为主体、客体、介体和环体等要素赋予精准化特征的同时，将其整合为新的思想政治教育治理体系。① 又例如，把思想政治教育治理体系看作中国特色社会主义制度在意识形态领域的具体化，看作由思想政治教育各要素、各环节、各层次构成的有机系统。②

（二）思想政治教育治理研究从交叉学科研究中汲取养分

2024 年度涌现出一批以交叉学科视域聚焦思想政治教育治理的研究成果。这些研究涉及政治学、社会学、语言学等社会科学与思想政治教育治理的结合和拓扑学、信息科学等自然科学与思想政治教育治理的结合。

一方面，思想政治教育治理与社会科学的结合。有研究基于社会学对情感、情绪的研究，提出了将"心态治理"的方法引入思想政治教育治理，其核心是情绪传播与社会心态治理的有机结合。③ 还有一些研究根据语言与意义的社会建构理论，从语言与世界、人与语言、人与世界三个维度理解、分析表情语言对网络空间治理新态势的影响，并为思想政治教育参与网络空间治理提出了建议。④

另一方面，思想政治教育与拓扑学、信息科学等自然科学的结合，主要体现为可用于思想政治教育治理的人工智能模型和数学模型的涌现。一些研究发现了人工智能与网络舆情治理在多样态预警、引爆点适配、动态化规制、柔性拓延关系方面显现出明显的逻辑契合，从而提出了构建人工智能拓扑性网络治理"一体四元多向"结构。⑤ 另一些研究提出利用机器学习技术

---

① 帅建强：《大数据嵌入思想政治教育治理的逻辑理路、风险隐忧及其优化路径》，《思想政治教育研究》2024 年第 2 期。
② 冯刚主编：《思想政治教育学科 40 年发展研究报告》，中国人民大学出版社 2024 年版。
③ 董秋菊、杨丽：《多模态视域下网络思想政治教育情绪传播及其治理》，《理论导刊》2024 年第 7 期。
④ 姚纲、甘海霞：《表情语言意义的社会建构及其网络治理回应——以信息传播载体的发展为视角》，《湖北社会科学》2024 年第 5 期。
⑤ 王充、卢汇川、张启文：《人工智能赋能网络舆情治理——基于动因及拓扑模式分析》，《东北农业大学学报（社会科学版）》2024 年第 5 期。

防范网络意识形态风险的理论模型,为更新思想政治教育治理工具提供了可行的方案。①

(三)关于信息技术赋能思想政治教育治理的研究蓬勃发展

一方面,以思想政治教育对技术开发、应用过程进行治理,引导技术向善。一些研究从思想政治教育治理技术开发过程中的意识形态风险出发,认为要治理自然语言处理中的意识形态渗透,一方面要在技术模型中内置中文语言并训练相关思维;另一方面在自然语言处理技术领域,应坚持意识形态领域的指导思想,坚持批判资本主义、论证社会主义的科学性。②另一些研究从思想政治教育治理技术应用过程中的意识形态风险出发,强调应当以"大思政"的形式治理人工智能产生的意识形态风险。具体来说,思想政治教育治理要通过"大思政课"推动主体形成主流意识形态批判和鉴别能力,从而使他们能够建立以使用者为本的新型人机协同关系。③

另一方面,运用技术革新思想政治教育治理的理念和过程,在思想政治教育治理中直接地、充分地发挥技术作用。一些研究认为,思想政治教育治理运用技术,要坚持以价值理性为主导。既要充分利用大数据、区块链、人工智能等新兴技术,精确掌握治理对象的各类动态信息,提升思想政治教育的精细化治理水平;又要避免技术主导化倾向、思维惯性阻滞、治理主体责任伦理缺失等问题。④另一些研究构思了思想政治教育治理技术模型,设计了该模型的信息采集层、数据分析层、预警发布层。这类模型可以用于监测

---

① 秦博、徐浩铭:《利用机器学习技术防范网络意识形态风险的理论模型与逻辑进路》,《党政研究》2024年第4期。
② 李佳泓、黄嘉、古炬贤:《论自然语言处理中的意识形态安全问题——以ChatGPT为例》,《情报杂志》2025年第1期。
③ 帅建强、韩源:《浅析生成式人工智能意识形态风险样态、生成诱因及其治理逻辑》,《西南民族大学学报(人文社会科学版)》2024年第3期。
④ 李欣、王艳:《新时代思想政治教育治理功能的出场、内涵及其实现》,《武汉科技大学学报(社会科学版)》2024年第5期。

和评估意识形态风险，为思想政治教育治理提供建议和意见。①

（四）思想政治教育治理研究的国际视野逐步增加

随着中国在全球治理体系中占据越来越重要的地位，学界开始研究作为国家治理体系重要一环的思想政治教育治理在全球治理中应承担的责任。因此，2024年度的思想政治教育治理研究开始关注如何参与全球意识形态治理，生产能够在国际舞台上吸引世界各国的社会主义意识形态。学界论证了思想政治教育参与全球治理的必要性。以美国为首的西方国家推行数字帝国主义，打着跨境数据自由流动的旗帜在意识形态层面对其他国家进行文化渗透，将全球数据领域的价值观念之争推向台前。日趋激烈的国际意识形态斗争，要求思想政治教育治理与中国相关的意识形态风险，在国际舞台维护中国形象。② 中国建立人类命运共同体的愿景，要求思想政治教育治理具备国际视野。在新时代，思想政治教育应更加注重立足世界百年未有之大变局，以更加宽广的国际视野，面向世界积极阐释和回答世界之问。③

三、思想政治教育治理研究的总体趋势

2024年度，思想政治教育治理研究作为思想政治教育新兴的研究分支不断发展，其研究趋势呈现为开拓思想政治教育治理研究的学术视野、深入整合研究内容与创新交叉研究方法等方面。

（一）开拓思想政治教育治理研究的学术视野

治理概念的多维性，催生了思想政治教育治理研究视野的多元化趋势。

---

① 秦博、徐浩铭：《利用机器学习技术防范网络意识形态风险的理论模型与逻辑进路》，《党政研究》2024年第4期。
② 任鹏飞：《美国数据战略及其全球影响》，《当代世界社会主义问题》2024年第3期。
③ 曾令辉、卜路平：《论新时代思想政治教育创新发展的世界向度》，《思想教育研究》2024年第6期。

由于在传统文化、现代理论中均存在思想政治教育治理理论资源，在育人过程、制度建设、话语构建等过程中均存在思想政治教育治理问题，在处理国内意识形态风险和争夺国际意识形态领导权等方面均需要思想政治教育治理助力，伴随着思想政治教育治理研究的深入，思想政治教育治理研究的选题趋于多元。在 2024 年度，关于思想政治教育治理研究的话题极为丰富。

首先，在整理、发掘思想政治教育治理的理论资源时，本年度的研究者基本做到了融贯中西、博古通今。研究者不仅关注了中华优秀传统文化的人文精神、道德规范和价值选择对于思想政治教育治理的启示，而且积极借鉴其他学科的研究成果，使其服务于思想政治教育治理的需要。

其次，思想政治教育治理研究的选题与思想政治教育其他研究分支密切结合。构建新时代新征程的治理叙事、生产合理的话语体系增强治理效能、以精准治理的思维构建话语监督机制等研究，将思想政治教育治理研究与思想政治教育话语研究联系在一起。关于意识形态制度对于思想政治教育治理的作用、将思想政治教育治理经验凝结为治理制度等研究，将思想政治教育治理研究与思想政治教育制度构建研究联系在一起。在育人体系中融入治理思维、运用育人效果治理意识形态问题等研究，将思想政治教育治理研究与思想政治教育育人话题相联系。

最后，思想政治教育治理研究在关照现实问题时，不仅注重通过治理解决国内问题，而且开始探索参与国际治理的可能性。一方面，研究者探索了将思想政治教育治理与解决国内经济、政治、社会、文化、生态问题相结合的可能性，论述了通过思想政治教育治理，为解决国内现实问题提供保障的基本思路。另一方面，研究者基于"世界百年未有之大变局"这一判断，探索思想政治教育参与国际治理的可能性，提出了以协同共治为理念统筹多元力量、在全球意识形态治理中反对帝国主义霸权的思路。

（二）思想政治教育治理研究内容的整合化趋势

思想政治教育治理研究内容的整合化趋势，既是理论的需要，也是实践的需要。从理论层面来看，只有整合化的理论才能构建逻辑严密、结构清晰的知识体系，并为思想政治教育治理研究的深化提供坚实的基础和出发点。从实践层面来看，整合化的理论不仅能为解决已有的现实问题提供完整的流程，而且能为审视和处理新的问题提供框架和方法论。在2024年度，思想政治教育治理研究虽然仍缺少对于思想政治教育治理体系的整体研究，但涌现出了大量关于思想政治教育治理体系要素的研究，为思想政治教育治理研究内容的进一步整合奠定了基础。

一方面，本年度的研究厘定了思想政治教育治理的主体、客体、方式、边界，并对它们有了更为深入的认识。研究者不但延续了将思政队伍、主管部门等看作治理主体的传统观点，而且创造性地将"现代网民"、人工智能等看作新的治理主体，并且对如何协调不同治理主体之间的关系作出了思考。同时，研究者刻画了治理客体主观能动性增强、所处信息环境发生变化、思考问题和感受世界的方式改变等新特点。另外，研究者从功能范围、过程优化、效果评价等角度对思想政治教育治理方式作出了思考。此外，研究者根据思想政治教育治理环境发生的变化指出，思想政治教育的治理边界在空间和时间两个维度都得到了扩展。由此，学界对思想政治教育治理的要素有了更为完整、更为深入的认识，填补了不少过往思想政治教育治理研究内容的空白。

另一方面，应当指出，或许是思想政治教育治理的理论研究启动时间较晚的缘故，以作为整体的思想政治教育治理体系为对象的研究还较为匮乏。少数关于思想政治教育治理体系的研究，往往也只是限定于某个问题、某个空间或某个领域中的思想政治教育治理体系构建。这要求思想政治教育研究者在未来进一步深化对这一问题的认识，进一步整合思想政治教育治理的研究内容。

（三）思想政治教育治理研究方法的交叉化趋势

思想政治教育治理研究方法的交叉化趋势，一定程度上是由治理问题本身的复杂性所决定的。学界已经认识到，思想政治教育治理所要处理的不仅仅是意识形态问题，而且是蕴藏在其中的各种复杂的社会、经济、政治问题。思想政治教育治理要想达成增强主流意识形态话语权、防范潜在意识形态风险的目标，往往需要从话语、法律、政策、管理等多个层面协同发力。因此，治理过程中遭遇的新矛盾、使用的新方法，许多都不在传统思想政治教育研究的视野范围内。这就要求思想政治教育治理研究比其他思想政治教育研究分支更加注重保持对其他学科的开放和包容的态度。在 2024 年度，思想政治教育治理研究一方面延续了与其他社会科学的交融趋势，另一方面开拓了与自然科学的融合趋势。

一方面，在与其他社会科学的交叉研究中，学界对思想政治教育治理面临的问题和可用的方法有了更为深入的认识。通过借鉴政治学对治理理论的研究，研究者优化了思想政治教育治理的过程和评价方式。一些研究在比较视域下考察了中西方对于"现代化""民主化"理解的差异，并指出这种理解差异下中西方对于意识形态治理的不同观点，为思想政治教育治理研究坚持中国视角提供了有益思路。同时，研究者从社会学对情感理论的研究出发，开辟思想政治教育情感治理的视角。思想政治教育治理发挥作用的方式是深入人的精神世界，而情感又是人精神世界的重要组成部分，因而这一研究有利于提升思想政治教育治理的成效。此外，研究者从语言学的多模态话语理论出发，充分理解人类获取信息方式的转变，考虑音频、图像、影像、表情语言等在思想政治教育治理体系中起到的作用。多模态话语理论为思想政治教育在塑造人类新的感受模式的数字空间中发挥治理作用提供了重要的理论工具，使思想政治教育能够自觉地运用多模态话语参与数字空间的治理。

另一方面，与自然科学的交叉研究。这类研究又可以分为两个类型，研究者根据治理目标，对科学技术提出规范性要求；研究者结合自然科学创造思想政治教育新工具。前者的文献伴随着人工智能的发展浩如烟海，从运用价值理性调控工具理性、培养从业者对技术的正确观念等规制技术治理风险的原则，到运用算法精准投送主流意识形态、运用大数据指导思想政治教育治理内容的生产、运用人工智能监测和评估治理风险等释放技术治理潜力，为自然科学的发展提供了一系列的建议和意见。而后者切实地构建了可供思想政治教育治理运用的机器学习等技术模型。它是本年度最新潮、最亮眼但同时也是最不成熟、最匮乏的研究类型，值得未来做进一步的观望。

四、思想政治教育治理研究的未来展望

当前思想政治教育治理研究在共治格局、智慧治理等方面仍然具有较大研究空间，需要未来的研究者继续发力加以深化。

（一）思想政治教育共治格局研究亟待填充

学界对思想政治教育共治格局的研究还需深入。部分学者将思想政治教育治理的主体默认为思想政治教育工作队伍的成员和与思想政治教育治理相关的行政部门。但如前所述，思想政治教育治理面对的是复杂的综合性问题。过往以思想政治教育工作队伍、行政机关为单一治理主体的思路，在面对由政治、经济、文化、社会、生态等因素共同影响下形成的意识形态问题时，显得捉襟见肘、力不从心。一些学者已经意识到这一问题，并对多元主体参与思想政治教育治理做出了探索。他们有的将人工智能技术、"现代网民"看作思想政治教育治理的新主体，有的力图使用新的组织策略、智能技术打通不同治理主体之间的组织或信息隔阂，使思想政治教育治理形成多元共治格局。然而，这些研究尚存在两个较大的缺陷。首先，研究系统性有待加强。现有的研究虽然都在不同程度上提及了思想政治教育治理主体，但尚

没有文献梳理思想政治教育治理究竟包含哪些主体、这些主体分别承担什么样的治理责任。其次，研究学理性有待加强。现有的研究往往只是以论断的方式，断言思想政治教育治理的主体范围发生了扩展，但对于思想政治教育治理主体范围扩展的必要性、必然性以及不同治理主体之间的关系则缺乏必要的论证。

共治格局对于思想政治教育治理成效的重要性与共治格局研究不够深入之间的矛盾，要求研究者加强对这一问题的研究。在未来对多元共治治理格局的系统性研究中，应当包括以下三点内容。首先，划定思想政治教育治理主体的范围，即哪些人或群体应当参与思想政治教育治理；其次，确认这些主体在思想政治教育治理中不同的分工和责任；最后，探索将这些主体纳入共治格局的方式和制度。在研究过程中，加强研究的学理性，应当注意以下两个问题。一方面，在将某些人或群体纳入思想政治教育治理主体时，应论证其可能性和必要性，即由他们参与思想政治教育治理是可能的，且能增强思想政治教育治理的效果；另一方面，在论述思想政治教育多元共治治理格局的运作方式时，要力求方案的明晰性与可行性，为思想政治教育治理实践提供有效的指导。

（二）思想政治教育的智慧治理研究亟需深化

在 2024 年度，学界已经注意到智能技术对于思想政治教育的重要影响，但只将其看作外在于人的工具，而未对思想政治教育的智慧治理给予足够的关注。大多数学者意识到，智能技术的发展为思想政治教育带来了挑战和机遇，并开始研究思想政治教育治理规范技术、技术赋能思想政治教育治理，希望将技术转化为思想政治教育治理的发展动力。这些研究为智能时代下思想政治教育治理的转型提供了有益思路，但必须指出的是，现有的研究几乎都有同一个前提，即技术和思想政治教育是两个独立运行的系统，而研究者要运用其中某个系统来干预另一个系统。也就是说，当前的研究范式仍然局限于主客二元对立的思维,把技术看作外在于思想政治教育治理的工具,而没有将二者统一在同一个系统中,充分释放智能技术的治理潜能。

因此,学界未来的研究应该关注系统性构建思想政治教育的智慧治理,这要求研究者做两个关键的思路转换。一方面,在研究中摒弃技术工具论和主客二元对立的思维,将技术看作思想政治教育治理者的外化、看作他们本质力量的延伸,并以他们的实践为中心统一思想政治教育治理和智能技术,形成思想政治教育的智慧治理研究。另一方面,在研究中坚持思想政治教育智慧治理的系统性,将思想政治教育的智慧治理视为一个整体加以研究,而非将技术或技术衍生的次生问题独立为一个片段、一个要素加以研究。

(三)着力推进思想政治教育治理现代化研究

2024 年度,在推进思想政治教育治理现代化的研究方面,学界已经有了充分的理论准备,但尚缺乏系统的、具体的研究。在国家治理体系现代化的总目标下,思想政治教育治理作为国家治理体系的一部分,也应当向治理现代化的方向不断迈进。如前文所述,关于思想政治教育治理体系的内容研究得到了充分深化。与此同时,有许多文献涉及国家治理体系现代化与思想政治教育治理之间的关系。其中,既有思想政治教育治理对国家治理体系现代化的作用、国家治理体系现代化对思想政治教育治理现代化的影响等部分和整体之间的关系研究;也有思想政治教育治理体系与生态治理体系、思想政治教育治理体系与基层治理体系等部分和部分之间的关系研究。但是,还存在一个问题,即关于思想政治教育治理现代化的直接研究有待进一步的系统化。

在未来,学界可以参考关于国家治理体系现代化的研究,整合思想政治教育治理研究内容,系统地研究如何推进思想政治教育治理现代化。一方面,要在进一步厘清思想政治教育治理在国家治理体系中的定位后,以国家治理体系现代化理论为依据，研究思想政治教育治理现代化的基本原则。另一方面，要充分认识到思想政治教育治理相对于其他治理形式的特殊性，认识到其现代化过程中面临的具体问题、采用的具体方法存在的特殊性。要以思想政治教育治理面临的典型问题为切入点，探究思想政治教育治理现代化的独特路径。

第十二章　大学生精神生活与内生动力相关问题研究

如何把握思想政治教育的内生动力，是推动思想政治教育创新发展需要回答的重点问题。2017年，冯刚教授在专著《探索思想政治教育发展的内生动力》中就提出思想政治教育的内生动力不是抽象的理论建构，要从中国改革开放的伟大实践中、从青年学生成长发展需求中、从思想政治教育内在规律中寻找发展的内生动力。① 近年来，关于思想政治教育内生动力的问题，学界从多视角、多维度开展研究，而从大学生精神生活中寻找思想政治教育内生动力，推动青年学生高质量发展，是思想政治教育内生动力研究的重要转向。习近平总书记指出："物质富足、精神富有是社会主义现代化的根本要求。"② 大学生是社会主义现代化建设的生力军，丰富充实的精神生活与积极主动的精神动力是大学生成长成才的重要表征和内在特质，也是以青年高质量发展推进中国式现代化的时代要求与精神支撑。梳理2024年度大学生精神生活与内生动力相关问题的研究成果，分析其研究特点和不足，展望其研究趋势，对进一步深化大学生成长发展的规律把握，激发大学生成长发展的内生动力，促进新时代大学生高质量发展具有重要意义。

---

① 冯刚：《探索思想政治教育发展的内生动力》，人民出版社2017年版，第1—3页。
② 习近平：《高举中国特色社会主义伟大旗帜　为全面建设社会主义现代化国家而团结奋斗——在中国共产党第二十次全国代表大会上的报告》，《人民日报》2022年10月26日。

一、大学生精神生活与内生动力相关问题的研究现状

学者们立足大学生所处的历史方位和时代特征，探讨了大学生精神生活的理论内涵、内容结构，关注了大学生精神生活质量与品质、红色文化与大学生精神生活、党的精神谱系对大学生精神世界的塑造引领，大学生成长发展内生动力与思想政治教育内生动力等重要议题，初步形成了大学生精神生活与内生动力相关问题研究的理论框架。

（一）大学生精神生活相关问题的研究现状

学者们从不同维度、不同视角对大学生精神生活的理论内涵进行了研究，突出理想信念塑造分析了大学生精神生活的内容结构，从红色文化和党的精神谱系与大学生精神生活和精神世界影响建构等方面进行了理论和实践研究探索。

1. 大学生精神生活的理论内涵研究

2024年，学者们对于大学生精神生活的理论内涵的研究主要集中在以下方面：一是"层次说"，认为大学生精神生活共同富裕在个体、社会、国家层面呈现着不同的样态与要求。韩宝华和张馨予指出，在个体层面，大学生精神生活共同富裕体现为高水平的文化素养、坚定的理想信念、高度文化自觉和文化自信；在社会层面，体现为文化事业和文化产业的繁荣、精神文化产品和服务供给的多样；在国家层面，体现为精神生活对"五位一体"总体布局与全新人类文明形态的紧密结合。① 二是"实践说"，主张大学生精神生活是人实现自我的实践过程和实践活动。姚冬梅和王雯萱认为大学生精神生活是一定社会历史条件下现实的人面向自身

---

① 韩宝华、张馨予：《数字资本逻辑下大学生精神生活共同富裕的困境与出路》，《理论观察》2024年第8期。

精神世界主动追求生命价值的实践活动。① 戴双月和宫晓虹认为大学生的精神生活是物质生活的升华，是大学生精神生活状态和精神生活方式的体现。②

2. 大学生精神生活的内容结构研究

学者们认为，理想信念、价值观等构成大学生精神生活的主要内容。严炜韬认为大学生精神生活是包含理想、信念、学习、志趣、社交以及各种文化娱乐的精神生产和精神享受活动。③ 梅萍和程彩乐认为当代大学生良好精神生活的建构离不开崇高的理想信念、良好的道德素养、正确的审美观念和健康的社会交往等要素。④ 李秋艳认为大学生精神文化生活包括社会责任感、主流意识形态认同和认知。⑤ 吴凤琼认为新时代大学生精神文化生活包括理想信念、人生观价值观、精神文化生活和网络生活。⑥ 温雪秋、林珊和区晋诚认为大学生精神生活包括理想信念、思想观念、政治素养和审美情趣。⑦ 杨丽艳和牛迦南认为大学生精神生活包括物质保障、精神生活和价值生活。⑧

3. 大学生精神生活的研究视角

学者们从大学生所处的历史方位、时代特征、行为特征等视角研究了

---

① 姚冬梅、王雯萱：《新时代大学生构建美好精神生活的四个着力点》，《齐齐哈尔大学学报（哲学社会科学版）》2024年第6期。

② 戴双月、宫晓虹：《消费主义视域下大学生精神生活的消解与重塑》，《潍坊工程职业学院学报》2024年第37期。

③ 严炜韬：《红色文化促进大学生精神生活共同富裕的路径》，《新传奇》2024年第20期。

④ 梅萍、程彩乐：《网络泛娱乐化对大学生精神生活的危害及应对策略》，《北华大学学报（社会科学版）》2024年第25期。

⑤ 李秋艳：《网络文化消费主义影响下大学生精神生活的现实审视与纠治路径》，《航海教育研究》2024年第41卷第3期。

⑥ 吴凤琼：《新时代大学生精神文化生活高质量发展的引领路径》，《河北北方学院学报（社会科学版）》2024年第40卷第4期。

⑦ 温雪秋、林珊、区晋诚：《短视频"泛娱乐化"现象对大学生精神生活的影响与重构》，《深圳信息职业技术学院学报》2024年第22卷第3期。

⑧ 杨丽艳、牛迦南：《习近平共同富裕观下的大学生精神生活研究》，《北京城市学院学报》2024年第1期。

大学生精神生活相关问题。一是新时代的历史方位视角。吴凤琼以新时代为研究背景，探讨了新时代大学生精神文化生活高质量发展的意义和路径。① 钱配配和杨爱杰提出了新时代大学生精神生活高质量发展的样态要求与实践路径。② 二是大学生所处的时代特征视角。梅萍和程彩乐认为网络泛娱乐化现象正不断侵蚀着大学生的精神生活，导致大学生理想信念淡化、道德知行不一、审美价值观走偏、人际交往质量降低等问题，深入剖析了其根源，提出了应对策略。③ 温雪秋等认为受短视频"泛娱乐化"现象的影响，大学生呈现出理想信念矮化、思想观念虚化、政治素养弱化、审美情趣庸俗化等现象，提出应加强对大学生的引导，提升大学生精神生活质量。④ 三是大学生的行为特征视角。戴双月和宫晓虹认为要扬弃虚假消费、符号消费和攀比消费等不理智的消费行为，引导大学生增强理想信念的精神力量、树立科学理性的价值追求和形成健康合理的精神交往，推动大学生精神生活向有序、高质量方向发展。⑤ 周明鹏分别从数字技术、消费文化、消费主体三重维度具体阐释了新时代大学生精神生活的本真复归和高质量发展的逻辑理路。⑥ 冯璐和赵平认为文化消费主义对大学生的精神生活造成的消极影响主要表现为理想信念世俗化、审美情趣庸俗化以及社会交往功利化。⑦

---

① 吴凤琼：《新时代大学生精神文化生活高质量发展的引领路径》，《河北北方学院学报（社会科学版）》2024年第40卷第4期。

② 钱配配、杨爱杰：《新时代大学生精神生活高质量发展的样态要求与实践路径》，《高校辅导员》2024年第1期。

③ 梅萍、程彩乐：《网络泛娱乐化对大学生精神生活的危害及应对策略》，《北华大学学报（社会科学版）》2024年第25卷第1期。

④ 温雪秋、林珊、区晋诚：《短视频"泛娱乐化"现象对大学生精神生活的影响与重构》，《深圳信息职业技术学院学报》2024年第22卷第3期。

⑤ 戴双月、宫晓虹：《消费主义视域下大学生精神生活的消解与重塑》，《潍坊工程职业学院学报》2024年第37卷第1期。

⑥ 周明鹏：《数字消费主义视域下大学生精神生活图景研究》，《重庆邮电大学学报（社会科学版）》2024年3月5日网络首发。

⑦ 冯璐、赵平：《文化消费主义视域下大学生精神生活的理性审思》，《高校辅导员》2024年第1期。

4. 大学生精神生活研究的主要议题

学者们主要围绕以下议题展开研究：一是大学生精神生活的质量与品质。韩宝华和张馨予认为重视大学生群体的精神生活质量是精神生活共同富裕实现之路的必然要求，对推进中国式现代化和实现中华民族伟大复兴具有重要的时代价值，并提出了在数字资本逻辑下实现全体大学生精神生活共同富裕的思路。[①] 姚冬梅和王雯萱认为要从提高道德水准、坚定理想信念、培养积极心态和丰富文化生活四个方面，着力构建有德行、有追求、有品质、有境界的美好精神生活。[②] 二是红色文化与大学生精神生活的关系。文林波和张雄艳指出重视用红色文化塑造大学生精神信仰。[③] 潘何琴提出用地方红色文化涵养大学生的价值观、培养大学生的创新精神和强化大学生文化自信的地域认同。[④] 李维雨提出以红色文化教育增强大学生的爱国情感及民族自豪感。[⑤] 严炜韬认为红色文化对于满足大学生的精神文化需求、强化其思想引领、增强精神力量具有重要作用，提出以红色文化促进大学生精神生活共同富裕的路径。[⑥] 三是中国共产党人精神谱系对大学生精神世界塑造引领。高佩等提出用党的精神谱系强化大学生对党的认同。[⑦] 汪长明指出要将科学家精神融入思想政治教育，帮助大学生培养科学思维、扣好"人生首扣"、砥砺"青春之我"、筑牢道德底线、做到知行

[①] 韩宝华、张馨予：《数字资本逻辑下大学生精神生活共同富裕的困境与出路》，《理论观察》2024年第8期。

[②] 姚冬梅、王雯萱：《新时代大学生构建美好精神生活的四个着力点》，《齐齐哈尔大学学报（哲学社会科学版）》2024年第6期。

[③] 文林波、张雄艳：《以红色文化教育提升大学生思想政治教育实效性研究》，《湘潭大学学报（哲学社会科学版）》2024年第48卷第2期。

[④] 潘何琴：《地方红色文化融入大学生文化自信教育的价值与路径》，《科学导报》2024年12月3日。

[⑤] 李维雨：《红色文化融入高校爱国主义教育》，《中国军转民》2024年第18期。

[⑥] 严炜韬：《红色文化促进大学生精神生活共同富裕的路径》，《新传奇》2024年第20期。

[⑦] 高佩、魏变竹、张有武：《共产党人精神谱系与大学生思政教育的融合》，《山西财经大学学报》2024年第46卷第S2期。

相济。① 王睿提出培育新时代大学生奋斗精神要加强理论教育以激活奋斗基因,激发内生动力以厚植奋斗情怀,抓好网络阵地以营造奋斗氛围,强化实践锻炼以谱写奋斗华章。② 丁越和贾晓旭认为长征精神具有重要的育人功能,是指引当代大学生追求理想、勇担责任、走好新时代长征路的精神支柱,要将长征精神融入思政课堂、社会实践、网络思政和校园文化建设等方面,充分发挥其对大学生的价值引领作用。③ 牛亚飞和李亚员认为新时代培育大学生的工匠精神,是落实立德树人根本任务的重要表现,也是巩固提升新时代社会劳动风尚,为中国式现代化建设培养新时代职业人才的现实需要。④ 李承秋和韩丽颖认为以劳动精神涵养大学生品格有利于大学生增强自觉担当历史使命的志气、自觉彰显民族气节的骨气以及主动追求人生价值的底气,应通过思想引领、实践淬炼和文化浸润来培育大学生劳动精神。⑤

(二)大学生成长发展内生动力相关研究

学者们从学习动力、就业动力、参加体育和劳动动力等方面对大学生成长发展内生动力进行了研究,探讨了大学生成长发展的思想政治教育内生动力生发机制、转化机制和凝聚机制等,提出了激发大学生成长发展的思想政治教育动力机制对策建议。

1. 大学生学习动力研究

关于大学生学习动力的研究,主要在以下方面:一是大学生学习内驱力

---

① 汪长明:《科学家精神融入大学生思想政治教育的价值意蕴与实践进路》,《上海交通大学学报(哲学社会科学版)》2024年第32卷第9期。
② 王睿:《培育新时代大学生奋斗精神的时代内涵与路径选择》,《学校党建与思想教育》2024年第15期。
③ 丁越、贾晓旭:《新时代大学生长征精神培育路径探究》,《学校党建与思想教育》2024年第14期。
④ 牛亚飞、李亚员:《新时代培育大学生工匠精神略探》,《学校党建与思想教育》2024年第2期。
⑤ 李承秋、韩丽颖:《新时代大学生劳动精神培育探究》,《社会科学战线》2024年第1期。

影响因素及提升对策研究。王蕊聚焦大学生学习内驱力,从时代背景、学习主体、教育方式和教育载体方面探讨了影响大学生学习内驱力的因素和激发大学生学习内驱力的路径。认为学历红利衰减趋势造成部分大学生学习意义感的结构性缺失和不良学习习惯的养成,要以崇高的理想信念、科学的考核机制、创新的教学方法分别引领、激发、催生和涵养大学生专业学习驱动力。① 刘婷玉聚焦高校延期毕业学生,认为学习内驱力是促进学生主动学习和持续发展的关键因素,学习意义感和学习自主能力是影响学习内驱力的决定性因素,外在因素是影响学习内驱力强弱的重要因素。因此,要引导延期毕业学生创造内部自主环境并提供良好的外部激励环境来提升其学习内驱力,促进其全面发展。② 二是情感教育与学生学习动力研究。韩晓基于情感教育,探讨了大学生学习内驱力激发与唤醒的具体策略,提出教师可以有意识地给学生三种情绪感受,即学习起始时应给予学生充分的愉悦感以引发学习欲望,学习过程中可给予学生适度的挫折感以助推学习欲望,学习结束时应给予学生切实的获得感以延续学习欲望。③ 三是第二课堂与大学生学习动力研究。高蕊和高湉湉认为第二课堂活动与大学生学习内驱力具有直接关系,可以培养大学生学习兴趣,养成自主学习习惯,积累实践经验,促进社交互动,提供成长见证,激发大学生学习内驱力。④

2. 大学生就业动力研究

关于大学生就业动力研究,一是探讨了大学生就业内驱力提升路径。何玉凤探析了新时代大学生就业内驱力的意义,分析了当代大学生就业内驱力

---

① 王蕊:《学历红利衰减与普通高校大学生专业学习内驱力激发》,《扬州大学学报(高教研究版)》2024年第28卷第1期。

② 刘婷玉:《高校延期毕业学生的学习内驱力提升策略研究》,《黑龙江教育(理论与实践)》2024年9月11日网络首发。

③ 韩晓:《基于情感教育的大学生学习内驱力激发与唤醒策略探析》,《菏泽学院学报》2024年第46卷第3期。

④ 高蕊、高湉湉:《第二课堂活动对大学生学习内驱力培养的影响研究》,《语言与文化研究》2024年第32卷第2期。

不足的原因，着重提出了提升大学生就业内驱力的现实路径，即结合学科特点来培养专业认同，厚植家国情怀来摆正就业心态，做好职业规划来提高就业能力，加强社会实践来提升自我价值，利用谈心谈话来赋能学生就业。①二是关注了数字乡村建设与大学生返乡就业创业支持问题。任慧成以数字乡村为背景，探讨了大学生返乡就业创业的机遇、挑战与建议。认为大学生乡村就业创业仍面临着诸多挑战，如乡村就业创业环境不完善、资金与资源相对短缺、政策支持与制度保障不足、大学生自身技能与经验不足，提出应加强政策支持、提升数字素养和强化乡村基础设施建设来支持大学生返乡就业创业。②三是研究了大学生就业创业胜任力培养问题。王雨和吴云基于希望理论，探讨了大学生创新创业胜任力培育问题，认为希望理论中的目标、路径和动力3个核心要素对大学生创新创业胜任力的培育具有显著影响，提出明确的目标设定、有效的路径规划和持久的动力支持，能够显著提升大学生的创新创业胜任力，并提出了相应的培育策略和建议。③

3. 大学生参加活动的动力研究

2024年，学者对大学生参与体育活动和劳动活动的动力问题研究成果比较集中。一是大学生参加体育活动的动力研究。隋天赫和费加明认为大学生参与体育活动的内在驱动力源于心理、生理和情感等多方面的深层需求。大学生对自我实现有着强烈渴望，通过体育活动可以不断挑战自我、超越自我，实现个人能力的提升和个人价值的展现，这种深层的满足感是大学生持续参与体育活动的强大动力。④薛伟佳认为大学生体育行为受到体育意识与价值观、体育环境以及个体动力机制的共同影响，构建有效的体育行为动

---

① 何玉凤：《新时代大学生就业内驱力提升路径探析》，《大学》2024年第1期。
② 任慧成：《数字乡村视阈下大学生返乡就业创业的机遇、挑战与建议》，《农业工程技术》2024年第44卷第8期。
③ 王雨、吴云：《基于希望理论的大学生创新创业胜任力培育研究》，《创新创业理论研究与实践》2024年第7卷第22期。
④ 隋天赫、费加明：《立德树人视阈下大学生体育道德价值意蕴、内在动力及实践路径》，《黑龙江工业学院学报（综合版）》2024年第24卷第2期。

力机制，需要从增强体育意识、改善体育环境和优化体育政策等多个维度入手，促进大学生积极参与体育活动，提高其身体健康水平。[①] 二是大学生参与劳动活动的动力研究。李承秋和韩丽颖的研究指出，以劳动精神涵养大学生精神品格，有利于大学生增强自觉担当历史使命的志气、自觉彰显民族气节的骨气以及主动追求人生价值的底气。应以思想引领满足大学生对劳动世界的深度需求，以实践淬炼激发大学生自觉劳动的内在动力，以文化浸润厚植大学生自强不息的劳动情怀。[②] 周佳佳认为，当今大学生面临劳动共情能力差、劳动观的功利化现象严重、体力劳动意识淡薄、脑力劳动能力缺乏等诸多问题，要在劳模精神的指引之下，对标劳动模范群体品格特质，学到、悟到、实践到。[③] 申子辰和陈娱认为培育农林高校大学生的劳动精神，既是时代发展的现实需求，也是落实高校立德树人根本任务的现实需求，更是落实培育新时代好青年、促进高校思想政治教育发展的关键。新时代背景下，要以培育崇尚劳动的认知、热爱劳动的情感、辛勤劳动的吃苦意志、诚实劳动的良好习惯为主线，进一步强化对农林高校大学生的精神熏陶，以美好生活的向往激发农林高校大学生热爱劳动，以科学的劳动精神引导农林高校大学生劳动观念形成，以良好的社会环境滋养农林高校大学生劳动情感，以丰富的"三农"实践活动锻造农林高校大学生劳动品格，更好发挥思想政治教育的育人功能。[④]

4. 大学生成长发展动力研究

有学者提出，自我教育是激发大学生成长成才内生动力的重要手段，通过自我学习、自我批评、自我修养、自我践行及集体自我教育等方式，促进

[①] 薛伟佳：《健康中国背景下大学生体育行为动机机制构建》，《当代体育科技》2024年第14卷第17期。

[②] 李承秋、韩丽颖：《新时代大学生劳动精神培育探究》，《社会科学战线》2024年第1期。

[③] 周佳佳：《基于劳模精神指引下的新时代大学生劳动观培育路径研究》，《湖北开放职业学院学报》2024年第37卷第20期。

[④] 申子辰、陈娱：《农林高校培育大学生劳动精神的主要内容及实践进路》，《农村·农业·农民》2024年第21期。

大学生深化自我认识、明确主体需要、优化自我效能、校正行为倾向，激发其成长成才的内生动力。[1] 学者们也提出，学校的认可和家庭的正向影响为学生发展提供了良好的外部环境，学生个体的心理资本及职业认同感为学生发展提供了良好的内部环境，大学生成长成才存在"内外交互"的影响因素。[2] 2024年，促进大学生成长成才的思想政治教育动力机制的研究方面产出了重要成果。一是关于思想政治教育内生动力的概念研究。康秀云和罗肖肖认为思想政治教育动力是在思想政治教育内外部实践活动中生成的，实现思想政治教育内涵式、高质量发展的力量。[3] 朱宏强提出思想政治教育内生动力是思想政治教育内部各要素之间相互作用而生发转化凝聚的促进其自身内涵式发展的内在推动力量。[4] 二是关于思想政治教育内生动力机制的研究。朱宏强认为，思想政治教育内生动力机制包括生发机制、转化机制和凝聚机制。具体来看，思想政治教育内生动力的生发机制包括思想政治教育矛盾关系生发，思想政治教育主客体需求生发和思想政治教育评价要求生发。思想政治教育内生动力的转化机制包括内部矛盾关系向发展动力转化，主客体内在需求向行为动机转化和质量评价要求向改革动力转化。思想政治教育内生动力的凝聚机制包括个体动力向集体动力凝聚，单一动力向整体动力凝聚和多向动力向共向动力凝聚。[5] 三是关于激发思想政治教育内生动力的研究。朱宏强认为，激发思想政治教育内生动力，要从激发思想政治教育主客体的主动创造性，发挥思想政治教育矛盾的可持续推动作用，推动思想政治教育评价环节常态化制度化，强化思想政治教育内生动力的凝聚融合这四

---

[1] 马云霞、邱良宵：《自我教育对大学生成长成才内生动力的作用研究》，《韶关学院学报》2024年第45卷第5期。

[2] 田明刚、谢天庆、黄庆东等：《公安院校大学生成长动力影响因素和作用机制研究》，《中国人民警察大学学报》2024年第40卷第7期。

[3] 康秀云、罗肖肖：《思想政治教育动力界定及研究进展——基于思想政治教育学科发展四十年》，《湖北社会科学》2024年第9期。

[4] 朱宏强：《思想政治教育内生动力理论研究》，光明日报出版社2024年版，第41页。

[5] 朱宏强：《思想政治教育内生动力理论研究》，光明日报出版社2024年版，第146-168页。

方面着手。① 王燕认为，新时代要加快形成思想政治教育高质量发展的生产力，以知识体系与时俱进和学科体系协同发展进一步推动思想政治教育动力资源要素的守正创新，以推动多重资源为思想政治教育高质量发展注入澎湃动能。②

二、大学生精神生活与内生动力相关问题的研究特点与不足

2024年，学者们对大学生精神生活和内生动力相关问题的研究呈现出多学科交叉融合、注重实证研究方法选取、把握群体性特征的同时关注个体性差异、立足时代特征与关照现实问题结合、以系统思维把握大学生精神生活与内生动力机制等鲜明特点，但也存在以习近平文化思想指导大学生精神文化生活研究、大学生精神生活的时空边界研究、大学生精神生活与成长发展内生动力机制、数字化背景下大学生精神生活特点规律研究等方面的关注和成果产出比较薄弱问题。

（一）大学生精神生活与内生动力相关问题研究的特点

学者们立足时代特征，关照现实问题，在研究视角上注重多学科交叉融合，在研究方法上注重实证研究，在研究内容上关注大学生群体性特征和个体性差异，推动大学生精神生活与内生动力相关问题的研究持续深化。

1. 多学科交叉融合研究趋势凸显

2024年，学者对大学生精神生活与内生动力相关问题的研究中，呈现出明显的多学科交叉融合态势。教育学、心理学、社会学以及政治学等学科知识被广泛运用到对大学生精神生活及内生动力相关问题的剖析当中。例如，

---

① 朱宏强：《思想政治教育内生动力理论研究》，光明日报出版社2024年版，第180-212页。
② 王燕：《系统观念视域下思想政治教育高质量发展的动力优化》，《上海理工大学学报（社会科学版）》2024年第46卷第2期。

田甜从心理学角度去探究场域变迁视角下农村籍女大学生精神焦虑的逻辑与困境。①荣婷和左川冀借助传播学的幻想主题分析法来研究青年"内卷"流行语背后的自我认同。②通过不同学科视角的交织，使得研究能够更全面、深入地挖掘这些主题背后的复杂机制，打破了单一学科研究的局限性，为从根源上理解大学生的思想、行为以及动力来源等方面提供了更丰富多元的理论支撑，也有助于拓展解决实际问题的思路与方法路径。

2. 更加注重实证研究方法的选取

相关研究注重通过实证的方式把握大学生精神生活状态、内生动力机制，除了问卷调查方法，深度访谈、案例分析、田野观察等研究方法也广泛应用到相关问题的研究中。部分研究还结合大数据分析，对大学生在网络环境中的相关表现，如网络言论所反映出的精神诉求、参与线上思政教育活动的动力情况等进行量化分析。例如，游志纯和赵玥颖运用网络观察法，选择微博、微信、抖音、知乎、豆瓣、小红书等青年常用的社交网络平台作为网络民族志的田野观察点，并运用半结构式访谈法，选取12位了解和使用MBTI的青年进行半结构式的深度访谈，从而对青年"MBTI热"现象进行分析与审思。③实证方法的选取和应用，使得相关研究更具可操作性和说服力，对于精准地反映大学生群体精神生活的实际状况，有针对性地提出解决对策提供了重要支撑。

3. 把握群体性特征的同时关注个体性差异

学者们重视把握大学生群体的整体性特征，如在历史背景、时代特征、行为特征、校园文化氛围等影响下大学生共性特征在思想政治教育内生动力方面呈现，以及展现出的变化趋势等。与此同时，相关研究还关注到不同学

---

① 田甜：《场域变迁视角下农村籍女大学生精神焦虑的逻辑与困境》，《中国青年研究》2024年第9期。

② 荣婷、左川冀：《偏差与归一：青年自我身份认同的话语修辞——基于"内卷"网络流行语的幻想主题分析》，《现代传播（中国传媒大学学报）》2024年第46卷第6期。

③ 游志纯、赵玥颖：《i人，e人？：青年"MBTI热"现象的分析与审思》，《中国青年研究》2024年第7期。

科专业、不同年级的大学生在精神生活丰富程度、内生动力强弱等方面存在的差异。比如分析不同区域、不同高校、不同教育背景、不同性别的大学生的精神追求、自我驱动的内在动机的区别，提出超越性个性化的引导策略。已有研究既从宏观和整体性层面把握大学生群体的精神生活规律和动力机制，又关注大学生成长发展中的个体性特征和特殊需求，充分体现了围绕学生、关照学生、服务学生的思想政治教育方法要求。

4. 立足时代特征与关照现实问题紧密结合

相关研究立足新时代新发展对大学生成长发展提出的新期待和思想政治教育新要求，围绕培养担当民族复兴大任时代新人的历史使命对大学生精神生活世界建构的新要求，聚焦人机协同、跨界融合、共创分享的智能时代对大学生精神生活世界的深刻影响，研究大学生面对内外部环境变化对精神生活带来的冲击，以及如何激发大学生适应复杂环境变化的内生动力。研究还关注到国际国内形势深刻复杂变化、社会思想文化和意识形态领域复杂情况对大学生精神世界带来的影响，着眼现实问题，回答时代之问，深入探讨增强大学生成长发展内生动力的方法路径，使大学生能在时代浪潮中保持积极健康的精神状态，具备强劲的自我发展动力。

5. 注重以系统思维把握大学生精神生活内生动力的作用机理

学者们充分运用系统思维，不仅着眼于大学生个体的心理因素、认知因素等动力源，还充分考量外部环境因素，如校园文化氛围、社会舆论导向、家庭教养方式等对大学生产生的影响，并且将内外因视为一个相互作用、动态变化的整体系统。研究关注到这些因素在不同阶段、不同情境下相互影响、相互作用，进而推动或阻碍大学生内生动力以及思想政治教育内生动力的发展变化。这些研究比较深入地阐释了大学生精神生活内生动力机制及其运行机理，为进一步深化大学生精神生活的理论和实践研究提供了重要的理论参考。

（二）大学生精神生活与内生动力相关问题研究存在的不足

基于对 2024 年学术界对于大学生精神生活与内生动力相关问题的研究的现状分析，发现对于以习近平文化思想指导大学生精神文化建构、大学生精神生活的时空边界、大学生精神生活与大学生成长发展的内生动力机制、数字化时代大学生精神生活的样态和规律的相关研究成果还比较薄弱。

1. 以习近平文化思想指导大学生精神文化建构的相关研究较少

习近平文化思想是新时代中国特色社会主义文化建设的科学指南和根本遵循。党的十八大以来，习近平总书记从党和国家事业千秋伟业的战略高度反复强调重视青年成长发展，关注大学生成长发展中的精神世界建构和对更高质量精神文化生活的期待，提出要深刻把握教育规律、大学生成长发展规律和思想政治工作规律，坚持以青年学生成长发展为中心，补足青年学生成长发展的精神之钙，以青年高质量发展为中国式现代化提供强大力量支撑。当代大学生身处经济科技快速发展和社会格局深刻调整的变革期，日趋活跃的社会思想观念和价值取向深刻影响着大学生精神世界的建构，特别是以互联网、人工智能等为代表的信息技术，既深刻改变信息生产传播方式和大学生学习生活方式，也深刻重塑大学生在网络空间中的交往形态、话语生态，已有研究虽然也重视习近平文化思想对丰富大学生精神文化生活发挥的指导作用和引领价值，但以习近平文化思想指导大学生精神文化生活的研究成果还比较薄弱，未来的研究需要更加关注以习近平文化思想指导大学生精神文化建构的基础理论和实施路径研究，用习近平文化思想蕴含的一系列重大创新观点和战略部署教育凝聚青年，引领大学生广泛培育和践行社会主义核心价值观，"坚守中华文化立场、传承中华文化基因，坚持和完善中国人看待世界、看待社会、看待人的独特价值体系、文化内涵和精神品质"①，培育大学生的文化主体性。

2. 对于大学生精神生活的时空边界的研究较少

学者们对于大学生精神生活的理论内涵、时代特征、内容结构等方面的研究产出了系列成果，为我们理解大学生精神生活提供了初步理论框架。但是，学者们对于大学生精神生活时空边界的界定比较少，即大学生精神生活在时间和空间上的具体范围和限制是什么？什么时空下的精神生活才是大学生的精神生活？传统物理空间下的大学生精神生活与网络空间中的大学生精神生活有什么联系？其发展趋势和规律是什么？等等，关于这些问题的理论阐释对于我们科学把握大学生精神生活内涵和内生动力机制、理解大学生的精神需求、提升大学生精神生活品质、实施有效教育引导策略具有重要意义。因此，未来的研究有必要更多地关注大学生精神生活的时空方位和限度，关注大学生精神生活在不同时空情境下的景观呈现和现实图景，探讨大学生精神生活传统空间与网络空间的接榫机制，引导大学生形成健康、积极的精神生活态度和行为。

3. 对于大学生精神生活与大学生成长发展的内生动力机制的研究较少

内生动力是大学生精神生活和成长发展的关键因素。大学生精神生活的困境可能阻碍其内生动力的激发，而内生动力的缺乏又可能导致其精神生活品质的下降，大学生精神生活本身是大学生成长发展的内在驱动源？还是大学生成长发展内生动力源自精神生活？又或是精神生活如何通过内生动力机制驱动大学生成长发展？等等，厘清大学生精神生活与内生动力机制的关系问题对于提升大学生的精神生活品质、促进大学生全面发展具有重要意义。但 2024 年学者们对相关问题的研究关注比较少，相关成果的产出也比较少。围绕大学生精神生活和精神动力的激发，促进大学生成长发展的内生动力机

---

① 中共中央宣传部：《习近平文化思想学习纲要》，学习出版社、人民出版社 2024 年版，第 47 页。

制研究，需要在理论上和实践上不断深化。

4. 对于数字化时代大学生精神生活的样态、规律研究较少

数字化时代大学生消费行为、价值观念、审美认知等发生深刻变化，都对大学生精神生活产生重要影响。"马克思主义思想指导面临多样化社会思潮的挑战，社会主义核心价值观面临市场逐利性的挑战，传统教育引导方式面临网络新媒体的挑战，培养社会主义事业建设者和接班人面临敌对势力渗透争夺的挑战。"[①] 同时，在算法推荐视域下，"圈层效应""饭圈文化"等使大学生精神消费符号化和精神交往片面化现象进一步放大，成为大学生成长发展中必须应对的困境。但学者们对于数字化时代大学生精神生活建构、提升大学生精神境界所面临的这些影响、挑战和困境研究把握比较少，对于这些影响、挑战和困境对大学生精神生活世界的影响机制和作用机制的研究也比较少。未来，应进一步深入研究数字化时代大学生精神生活演变的具体规律、特点和机制，提炼当代大学生精神生活变化发展的基本特点与规律，可以借鉴跨学科的方法，结合社会学、心理学、教育学等多个领域的理论，对数字化时代大学生精神生活的演变规律进行系统性研究，也需要借助大数据、大模型对数字化环境中提升大学生的精神生活品质、促进大学生精神生活富裕机制路径进行深化研究。

三、大学生精神生活与内生动力相关问题的研究展望

基于对 2024 年度大学生精神生活与内生动力相关问题研究成果的回顾和对研究成果特点、不足的分析研判，未来大学生精神生活与内生动力的相关研究应重点以习近平文化思想为指导，着力在大学生精神生活和内生动力基础理论建构研究、大学生精神生活与内生动力关系研究、网络空间大学生精神生活与内生动力研究、基于大学生精神生活与内生动力的思想政治教育方法创新研究等方面发力。

---

① 习近平：《论教育》，中央文献出版社 2024 年版，第 137 页。

（一）以习近平文化思想为指导加强大学生精神生活与内生动力的基础理论建构研究

习近平文化思想深刻揭示了新时代文化建设发展的本质与规律，有力回答了新时代文化建设发展所面临的重大时代课题，是一个内涵丰富、逻辑严密的科学理论体系。在新时代背景下，应以习近平文化思想为指引，着力建构大学生精神生活与内生动力相关研究的基础理论。一是遵循习近平文化思想的指引，强化大学生精神生活与内生动力基础理论的构建，从而提升相关研究的科学性、理论性与专业性。这要求我们深入挖掘习近平文化思想中的精髓要义，将其融入基础理论的研究中，为后续的深入探讨奠定坚实基础。二是紧密结合习近平文化思想产生的时代背景，深化对大学生精神生活与内生动力的时代特征、具体内涵及外延边界的研究。运用系统思维和发展眼光，全方位、动态地剖析大学生精神生活与内生动力的内在逻辑与运行机理，更好地引导大学生成长成才，使其适应时代发展的需求。三是充分运用习近平文化思想丰富大学生的精神生活，激发大学生发展的内生动力。通过加强马克思主义理论教育、中华优秀传统文化教育以及社会主义核心价值观教育，引导大学生树立正确的世界观、人生观和价值观，使大学生在多元文化思潮的冲击下，能够坚守主流价值，塑造积极向上的精神风貌，增强文化自信。同时，深入挖掘激发大学生内生动力的因素与机制，引导大学生将个人发展与国家、社会需求紧密结合，助力培养有理想、有本领、有担当的时代新人，推动思想政治教育内涵式发展，为实现中华民族伟大复兴的中国梦提供强大的人才支撑、智力保障与精神力量。

（二）深化大学生精神生活与内生动力关系研究

党的二十届三中全会强调改革要聚焦提升人民群众生活品质。要深化大学生精神生活与内生动力关系研究，助推大学生高品质的精神生活。大学生高品质的精神生活内在包含自觉自主可持续的内生发展动力,以强大的动力支持推动大学生健康成长成才,丰富精神世界,实现精神富裕。一是精准锚定概念范畴探究二者关系。对于大学生精神生活及内生动力,需从马克思主义理论学科视域下,厘清其各自的概念内涵与外延边界。在新时代赋予大学生的独特成长背景之下,厘清明晰二者的概念定义与范畴论域,使研究方向更为明确、研究路径更为清晰。二是强化现状特征调研把握时代脉搏。通过深入调研大学生精神生活的当下状况,诸如精神需求的满足程度、参与各类文化活动的实际情形等,精准洞察其内生动力的现有水平,涵盖学习动力的强弱、职业规划动力的明晰程度等多个维度,并着重分析不同性别、年级以及专业学生之间存在的差异特征,从而全方位掌握大学生精神生活与内生动力的实际情况。三是深化系统要素和作用机制研究。深入探索大学生精神生活的完善与个人成长成才内生动力之间的内在机制,包括影响机制中的正负向因素、作用机制的具体路径、反馈机制的闭环回路、心理机制的微观作用以及社会机制的宏观影响等,使大学生在精神生活的滋养下激发强大内生动力,凭借内生动力的驱动不断提升精神生活品质。

(三)加强大学生网络空间精神生活与内生动力研究

根据中国互联网络信息中心发布的第 54 次《中国互联网络发展状况统计报告》显示,截至 2024 年 6 月,我国网民规模近 11 亿人(10.9967 亿人),[①]网络空间已成为大学生生活交往的"第二空间"。因此,要关注大学生学习与生活的网络空间转向,加强大学生网络空间精神生活与内生动力研究。首先,在研究内容层面,聚焦新兴技术影响。研究人工智能陪伴、虚拟数字人社交对大学生精神生活的重塑,探索其满足情感需求、拓展社交边界的机制。剖析算法推荐、大数据画像如何影响大学生信息获取与认知,挖掘背后

---

① 中国互联网络信息中心:第 54 次《中国互联网络发展状况统计报告》发布,https://www.cnnic.cn/n4/2024/0828/c208-11063.html。

的大学生精神需求与动力激发点。研究虚拟工作、学习场景下，智能化工具对大学生内生动力的促进或抑制作用。其次，在研究方法上，创新融合多种技术。利用眼动追踪、脑电监测等技术，精准捕捉大学生在虚拟场景中的精神反应。结合大数据分析、机器学习，构建动态模型，预测大学生网络行为与精神状态变化。最后，坚持系统思维和全局思维，重视研究成果的转化应用。加强研究应用，强化网络平台开发设计，打造更具精神滋养的产品，助力高校开展智能化教学，激发学生学习发展动力，营造健康网络精神环境，推动网络空间与现实精神生活的深度融合与协同发展。

（四）聚焦大学生精神生活与内生动力的思想政治教育方法创新研究

大学生精神生活具有时代性和现实性特征，应关注时代发展变化，关注大学生精神生活动态发展状况，与时俱进丰富和创新大学生精神生活与内生动力相关问题的研究方法，以契合新时代大学生的发展需求。一是把握新时代人才培养的内涵意蕴、战略环境与方法要求。着眼时代新人内涵的丰富与发展，从中国式现代化的环境生态、教育科技人才三位一体协同的开放创新生态、全媒体融合的良好网络生态三个维度深刻把握培育时代新人的战略环境，[①] 不断丰富大学生精神世界，提升大学生成长发展内生动力。培育青年成为堪当民族复兴大任的时代新人。二是重视契合大学生精神生活需求的思想政治教育话语体系建构。善于运用隐喻表达机制，加强自媒体语言规范建设，加强自媒体话语生态治理，实现思想政治教育情感感染从意象感知到意义理解的升华、自媒体话语意义建构由"无序"到"有序"的转向、思想政治教育话语由"被动"向"主动"的转变。[②] 三是推动人工智能与思想政治教育融合。从理念思维、方法手段、平台场景等层面，着力推进人工智能与

[①] 白永生、莫舒惠：《培育时代新人的内涵意蕴、战略环境与方法要求》，《学校党建与思想教育》2024年第7期。

[②] 白永生、赵佳怡：《自媒体话语的意义重构对思想政治教育的挑战及其应对》，《思想教育研究》2024年第10期。

思想政治教育的深度融合，助力思想政治教育方法的效力提升、守正创新与合力汇聚，着力创建人机协同的智能化教学场景，助力优化创新日常生活教育场景。①深化情境体验式教育，让大学生沉浸式感受不同场景，激发其内在情感共鸣与动力。推进社群互动学习法，利用社交媒体平台构建思想政治教育社群，组织大学生围绕社会热点、学术前沿等话题展开讨论与合作学习，丰富大学生精神生活建构，提升大学生成才发展的内生动力。

---

① 冯刚：《人工智能与思想政治教育的深度融合》，《山西师范大学学报（社会科学版）》2024年第11期。

第十三章　思想政治教育质量评价研究

习近平总书记在2024年全国教育大会上强调,"加快建设高质量教育体系……构建好有利于教育高质量发展的体制机制",[①] 对教育强国建设提出了要求。高质量是当前教育发展的重要标准,成为教育强国建设的价值追求。而评价是推动教育发展的重要杠杆,在评价标准制定、权重分配中发挥导向作用,能够促进教育高质量发展。在教育强国建设的时代背景下,思想政治教育质量评价成为近年来学界关注研究的重要课题。2024年度,围绕思想政治教育质量评价,学界形成了许多新的研究成果,呈现出新的研究特征,在此基础上有效把握研究的未来发展趋势,对于深化思想政治教育质量评价研究、推动思想政治教育高质量发展具有重要作用。

一、思想政治教育质量评价研究的年度进展

2024年度学界关于思想政治教育质量评价的研究成果较为丰富,在原有研究基础上,聚焦思想政治教育质量评价的基本问题、数字化发展、思政课教学评价、特定对象评价以及多维视角评价等方面,提出了新观点,实现了新发展。

(一)思想政治教育质量评价基础理论问题研究

基础理论问题仍然是学界开展思想政治教育质量评价研究中关注的重

[①]《习近平在全国教育大会上强调 紧紧围绕立德树人根本任务 朝着建成教育强国战略目标扎实迈进》,《人民日报》2024年9月11日。

点，围绕基础理论问题和现实发展问题，学者们坚持理论与实践结合，在进一步回应思想政治教育质量评价的基本问题中深化认识、拓展研究。

一方面，思想政治教育质量评价基础理论问题的相关研究。学者们围绕思想政治教育质量评价的评价内容、评价方法、评价策略等基础理论问题，结合新时代新实践进行了再探讨。有学者基于对思想政治教育质量评价发展历程的梳理把握，包括积淀萌芽期、探索发展期、深化推进期和系统建设期，聚焦评价主体、评价对象、评价内容、评价目的和功能、评价方法、评价情境等要素进行了逐一分析，并以守正创新为原则展望了思想政治教育质量评价的发展趋势。[①] 有学者在揭示高校思想政治教育质量体现在立德树人、教职工队伍建设、高校改革发展质量等方面的基础上，着力分析了高校思想政治教育的要素评价、过程评价、实效评价，提出规范评价标准、拓展评价主体、优化评价方法等思想政治教育质量评价优化策略。[②] 学者们对基础理论问题的探究进一步拓展了思想政治教育质量评价研究的深度。

另一方面，思想政治教育质量评价现实发展问题的相关研究。学者们关注思想政治教育质量评价实践中出现的现实问题，以理论的思维、系统的观念、实证的精神进行了深入探究分析。有学者聚焦新时代高校思想政治教育评价研究现状，从评价原则、评价机制和评价指标体系进行了系统梳理和整体分析，并有针对性地提出了高校思想政治教育评价的发展方向。[③] 有学者聚焦思想政治教育本科人才培养的质量评价，基于对发展脉络的梳理，分析评价指标和地方的实际情况结合度不够、国家出台的相关政策在执行过程中出现"走样"、针对评价要求地方层面存在落实不到位等现实困境，提出加

[①] 冯刚主编：《思想政治教育学科40年发展研究报告》，中国人民大学出版社2024年版，第386—405页。

[②] 骆郁廷、靳文静：《深化高校思想政治教育质量评价的思考》，《思想理论教育》2024年第1期。

[③] 彭斌、毛依凡：《新时代高校思想政治教育评价研究现状与前景展望》，《学校党建与思想教育》2024年第10期。

强制度建设、推动多元主体参与、注重新技术融入等优化举措。①

总体而言，学者们聚焦思想政治教育质量评价的基本问题开展了深入探讨，既围绕基础理论问题着力探究，进一步拓展了思想政治教育质量评价研究的深度，也在学理研究中坚持源于实践、高于实践，拓展了思想政治教育质量评价现实问题的理论审思。

（二）数字化赋能思想政治教育质量评价研究

数字化是教育发展的重要趋势，数字技术为教育改革发展提供了有力支撑，思想政治教育质量评价在数字化赋能中实现新的发展，学界围绕其中的现实挑战、运作机理和优化路径等内容开展了探讨。

第一，数字化赋能思想政治教育质量评价改革的现实挑战研究。学者们坚持问题导向，在现实挑战的剖析和应对中推动数字化有效赋能思想政治教育质量评价。有学者聚焦高职院校思政课教学质量评价，剖析了当前数字化转型中存在的技术与应用门槛、评价体系路径依赖、评价认知不足等现实困境，揭示了评价技术应用伦理、评价片面简化、评价信息茧房等风险挑战，提出转变评价理念构建数字化评价平台、创新评价方式方法、优化评价数据应用、提升师生数字素养、完善监管和保障等优化路径。② 学者们在困境分析和风险应对中提升数字化对思想政治教育质量评价的赋能作用。

第二，数字化赋能思想政治教育质量评价的运作机理研究。如何赋能是学界研究关注的又一重要问题，学者们深入探究了数字化赋能思想政治教育质量评价的运行过程及其机理。有学者着眼教育数字化战略行动，把握思政课评价"重规矩、重改革、重反馈"的发展预期转向，揭示了数字化赋能思政课评价的逻辑理路，坚持以机制保障凝聚管理势能是数字化赋能思政课评

---

① 魏世友：《新时代思想政治教育本科专业人才培养质量评价：发展脉络、现实困境及优化路径》，《青海师范大学学报（社会科学版）》2024年第3期。

② 薛瑞英、陈磊：《高职院校思政课教学质量评价数字化改革的困境、风险与路径》，《教育科学论坛》2024年第24期。

价的起点，以技术驱动增强内生动能是数字化赋能思政课评价的基础，以生态打造提升治理效能是数字化赋能思政课评价的指向。①学者们对运行机理的揭示深化了数字化赋能思想政治教育质量评价的规律性认识。

第三，数字化赋能思想政治教育质量评价的策略路径研究。策略路径是落实和优化数字化赋能思想政治教育质量评价的重要依托，学者们从不同角度提出了切实有效的策略路径。有学者从数字技术融入教学载体、管理载体、科研载体和生活载体等维度，构建新的教育体系结构、教育范式、教育内容和教育治理，探讨数字技术赋能高校思政课载体创新的实践进路。②有学者提出教育数字化背景下，应基于精准思维的方法论，发挥高校思政课"关键课程"作用，坚守"人"的发展逻辑，搭建精准教学生态系统，完善精准教学保障机制，提升思政课教师数字素养，有效破解高校思政课教学面临的困境，持续推动高校思政课建设内涵式发展。③

总体而言，数字化为思想政治教育质量评价带来了变革创新，学者们在困境分析和风险应对中提升数字化对思想政治教育质量评价的赋能作用，对运行机理的揭示深化了数字化赋能思想政治教育质量评价的规律性认识，在策略路径的探究中将数字化赋能思想政治教育质量评价落到实处。

（三）思政课教学质量评价研究

思政课教学质量评价研究作为夯实思政课学理基础、提升课程实效性的重要维度，近些年来一直都是学界关注探讨的热点问题。本年度学界基于不同的视域开展思政课教学质量评价研究，形成了较为丰富的研究成果。

第一，思政课教学质量形成性评价的相关研究。形成性评价关注评价对

---

① 李娜、庄得宝：《势能、动能、效能：数字化赋能思政课评价的逻辑理路》，《思想政治教育研究》2024年第5期。
② 赫曦滢、关婷婷：《数字技术赋能高校思政课载体创新的思考》，《学校党建与思想教育》2024年第22期。
③ 林明惠：《数字时代高校思政课精准教学：机遇、挑战与路径》，《中国大学教学》2024年第9期。

象的动态发展，在过程分析中有助于把握评价对象的发展变化历程和真实水平。针对思政课教学质量开展形成性评价，有助于及时发现教学过程中的矛盾问题，在教学质量的过程性把握中有效找准质量提升的现实着力点，进而切实增强思政课教学实效性。有学者聚焦思政课中出现的学习内卷化现象，审思其对教学成效和落实立德树人根本任务的现实影响，认为形成性评价理论关注过程，具有动态、互动、多元的理论优势，能够有效破解思政课考核评价失效和价值塑造缺失等问题，需要通过加强过程中的价值塑造，改善过程中的多元互动，搭建过程中的差异赛道，以确保形成性评价的有效发挥。①

第二，思政课教学质量综合性评价的相关研究。思政课教学质量的综合性评价作为一种多维度、全方位的评价方法，强调运用系统理论和方法对思政课教学质量进行全面客观的综合考量。推进思政课教学质量综合性评价不仅是适应思政课质量评价革新发展的时代要求，也是新形势下有效把握思政课教学质量的现实需要。有学者基于评价体系建构视角，认为思政课教学质量综合评价体系的建构需要遵循教育教学规律和人才成长规律，坚持主体多元化、方法多样化、效果长远化等原则，建立多元主体参与的立体化评价体系，开展全过程评价并做好评价结果的运用转化。②

第三，思政课教学质量表现性评价的相关研究。表现性评价强调通过客观测验以外的行动、表演、展示、操作等更真实的表现，来考量评价对象知识与技能的掌握程度以及现实问题的解决能力。开展思政课教学质量表现性评价有助于克服测试性评价弊端，能够在真实场景中对思政课教学质量的过程和结果进行整体把握。特别是数字技术的发展革新，为表现性评价的有效开展提供了多维技术支持，使思政课教学质量表现性评价愈发受到关注。有

---

① 李蕉、郭壮：《重视形成性评价：思政课学习内卷化的归因与化解》，《中国大学教学》2024年第4期。

② 安红霞：《高校思政课教学质量综合评价体系构建研究》，《学校党建与思想教育》2024年第2期。

学者认为思政课教学评价需要关注学生知道什么和能做什么,充分运用表现性评价来把握学生在真实情境中运用知识分析与解决问题的能力,以及完成任务的过程性表现。①

总体而言,思政课教学质量评价研究作为本年度思想政治教育质量评价研究持续深化的重要维度,学者们聚焦思政课教学质量的形成性评价、综合性评价和表现性评价进行了探究,进一步丰富拓展了思想政治教育质量评价理论。

(四)思想政治教育特定对象质量评价研究

基于思想政治教育特定对象开展评价研究是学界深化思想政治教育评价理论的重要维度,也是不同对象评价研究持续拓展的时代表征。本年度学界着眼思想政治教育学科发展中的重点问题,基于特定对象开展思想政治教育质量评价研究,形成了一系列相关研究成果。

一方面,思想政治教育形象评价的相关研究。形象作为某一事物相关现象的印象集合,由存在状态、表现样态和结果性态组成。重视思想政治教育形象问题,从不同角度开展形象评价研究是进一步释放形象效应,进而提升思想政治教育实效性的重要途径。有学者认为思想政治教育形象具备可评价性,通过以个体性评价、内部性评价、外部性评价为主要内容的综合评价体系,可以有效评判思想政治教育形象。提升思想政治教育形象评价的有效性,需要强化组织动员、推进监管工作、加强数据管理、坚持与时俱进。②有学者聚焦高校思政课课程形象评价体系构建问题,认为评价高校思政课课程形象需要回答谁来评、评价谁、评价什么、为什么评价和怎么评价的"五问",有效区分四类评价主体,厘清三种评价对象,明确四项评价内容,细

---

① 戴建华:《四维一体的思政课一体化教学路径探析》,《思想政治课教学》2024年第11期。
② 张建晓:《论思想政治教育形象评价的模型构建与过程管理》,《马克思主义理论学科研究》2024年第6期。

化评价指标，总结"四个相结合"的评价方法。①

另一方面，思政课教师评价的相关研究。办好思政课"关键在教师，关键在发挥教师的积极性、主动性、创造性"。②开展思政课教师评价的相关研究是切实发挥评价的导向和诊断功能，进而增强思政课教师胜任能力的有效方式。有学者基于对当前高校思政课教师评价存在的评价主体的界分不够明晰、评价内容的设计不够周详、评价结果的运用机制尚待完善等问题，提出通过建立正向激励的评价理念、丰富评价指标要素内容、构建多主体参与的评价体系、优化评价结果的运用等策略，以促进教师能力提升和课程建设质量提高。③有学者聚焦高校思政课教师数据驱动决策力评价这一现实问题，认为传统测评方法缺乏客观性与可重复性，通过运用 LDA-BP 神经网络技术构建指标体系与评价模型，提出从素养提升、文化培育、管理革新、政府支持等方面增强高校思政课教师数据驱动决策力。④

总的来说，广泛研究思想政治教育特定对象质量评价问题既是评价理论不断发展成熟和实践运用经验积累的重要标志，也是特定对象重视质量问题的现实表征。学者们围绕思想政治教育特定对象开展评价研究，回应了具体现实问题，形成了各具特色的研究成果。

（五）多维视角下思想政治教育质量评价研究

立足不同思维视角开展思想政治教育质量评价研究，能够更加全面辩证地把握研究问题。本年度学界围绕大中小学思政课一体化和"大思政课"建设等视角探究质量评价问题，在深化拓展相关问题研究中形成了丰富的

---

① 武传鹏、邵申林：《高校思政课课程形象评价体系构建研究》，《学校党建与思想教育》2024年第1期。
② 习近平：《思政课是落实立德树人根本任务的关键课程》，人民出版社2020年版，第10页。
③ 王妮：《高校思政课教师评价的发展特点及改进策略》，《学校党建与思想教育》2024年第9期。
④ 齐磊磊、李晨曦：《基于LDA-BP神经网络的高校思政课教师数据驱动决策力评价研究》，《黑龙江高教研究》2024年第3期。

研究成果。

一方面，大中小学一体化视角下思政课质量评价的相关研究。大中小学思政课一体化建设作为增强思政育人实效性的必由之路，旨在遵循教育教学规律和学生成长规律的基础上形成系统衔接、协调发展的一体化育人体系。开展大中小学思政课一体化质量评价研究能够更好地把握一体化建设现状和现存问题，进而有效推动一体化建设。有学者认为考核评价一体化是大中小学思政课一体化建设的关键一环，需要深刻理解和把握思政课考核评价一体化的内涵实质与价值意蕴、构成要素与内在机理，进一步明晰考核评价一体化应坚持的原则和要求，推动大中小学思政课考核评价一体化落地见效。①有学者以"SCRVS"模型为视角探讨大中小学思政课一体化管理体制，认为建立健全动态优化的"一体化建设"管理体制，需要多元化价值评价体系，不仅关注学生知识掌握和行为表现情况，还重视学生情感态度、价值观形成等方面的评价，鼓励多主体参与评价，及时向学生反馈评价结果，将评价结果应用于教学改进和学生发展指导中。②有研究者基于"大中小学一体化"视角，认为思政课与课程思政同向同行需要经过科学评价标准和手段衡量开展情况和效果，要求评价体系体现互动互融、评价行动互通互补以及评价结果的互动互融。③

另一方面，"大思政课"建设质量评价的相关研究。"大思政课"旨在把思政小课堂与社会大课堂有机结合，以更好落实思政课立德树人根本任务，为新时代思政课守正创新提供了重要指引。针对"大思政课"建设质量评价问题开展学理探讨，既是学界深化评价理论的重要方向，也是推进"大思政课"建设的内在选择。有学者认为促进"大思政课"建设需要重视理念

---

① 李忠军：《大中小学思政课考核评价一体化理论探究》，《中国高等教育》2024年第7期。
② 亓光：《全面深化大中小学思政课一体化管理体制改革——以"SCRVS"模型为视角》，《学校党建与思想教育》2024年第19期。
③ 廖军和：《思政课与课程思政同向同行的逻辑、问题与实施路径——基于"大中小学一体化"视角》，《教育科学研究》2024年第9期。

转型，从注重单一评价转向注重综合评价，针对"大思政课"课程的理论知识传递、价值目标达成、实践能力提升等内容进行综合评估，在学校评价和社会评价、长期评价和短期评价、态度评价和行为评价、过程评价和结果评价等方面综合平衡。[①] 有研究者聚焦中国共产党人精神谱系融入"大思政课"这一问题，认为实现有效融入需要完善精神谱系融合"大思政课"的质量评价机制，坚持以动态过程性评价为侧重点、以队伍质量评价为支撑点、以结果质量评价为落脚点。[②]

总的来说，围绕大中小学思政课一体化和"大思政课"建设等视角探究质量评价问题，既是对相关热点问题的进一步深化，也呈现出评价理论在多领域实践运用的现实图景以及破解实际问题的功能价值，形成的丰富成果进一步拓展深化了思想政治教育质量评价研究。

二、思想政治教育质量评价研究的年度特征

把握特征重在厘清研究的亮点和发展点，基于对本年度思想政治教育质量评价相关研究成果的梳理，可以发现学者们关注要点、破解难点、结合热点、发掘增长点，在理论与实践问题的深刻剖析中实现思想政治教育质量评价研究的新发展。

（一）关注要点，深耕评价核心问题

问题意识是研究的基本思维，对核心问题的深入探讨是学者们开展思想政治教育质量评价研究持续关注的要点，表现在从本质内涵、经验规律、功能价值等方面深化对思想政治教育质量评价的规律性认识。

第一，深化思想政治教育质量评价本质内涵研究。回答思想政治教育质

---

① 王家明：《"大思政课"建设的基本内涵、理念提升和机制建立》，《江苏高教》2024年第2期。
② 苏玉波、董育余：《中国共产党人精神谱系融入"大思政课"的价值逻辑》，《思想政治教育研究》2024年第1期。

量评价是什么，把握其内在蕴涵、本质特征是研究的基础和关键。本年度学者们对思想政治教育质量评价的概念进一步明确和界定，指代评价主体依据一定的标准，对思想政治教育质量进行检测和衡量的过程，并从思想政治教育运行的角度深入把握质量评价作为重要环节具有的内涵，聚焦具体的评价要素以揭示质量评价的共性特点，进一步丰富了思想政治教育质量评价的本体论。

第二，深化思想政治教育质量评价经验规律研究。新实践为认识的深化和更新提供条件，基于对不同视角下、不同场域中思想政治教育质量评价新实践的剖析，质量评价的规律性认识不断深化。本年度学者们立足中国特色社会主义新时代，基于数字时代背景，聚焦形象评价、教师评价等主体类型，研究了思想政治教育质量评价的新实践，在分析各评价要素的互动关系中阐释了思想政治教育质量评价的运行过程，总结了质量评价的有效经验和内在规律，将对思想政治教育质量评价的认识进一步引向深入。

第三，深化思想政治教育质量评价功能价值研究。价值把握是持续研究动力的来源，在时代发展中思想政治教育质量评价的功能价值也在不断拓展，受到学界持续关注和把握。本年度学者们立足中国式现代化建设、教育强国建设等时代背景，思想政治教育学科 40 年等学科背景，数字时代、智能时代等发展背景，探究思想政治教育质量评价在新实践中发挥的导向、调节、规范和激励等功能，把握其对中国特色社会主义建设和人才培养发挥的特殊价值，进一步推动思想政治教育质量评价价值论的守正创新。

（二）破解难点，探究评价实践运用

思想政治教育质量评价是理论指导下的实践性命题，学者们聚焦研究的难点问题，着力探讨思想政治教育质量评价的新实践、新运用，拓展了研究的认识深度和实践视野。

第一，着力探讨思想政治教育质量评价的有限性。质量评价在思想政治

教育整体运行中发挥重要作用，与此同时思想政治教育质量评价也有其使用的限度，以及现实使用中的实际问题。本年度学者们关注思想政治教育质量评价在实践运用中的现实困境、风险挑战，分析了思想政治教育质量评价能够破解的问题和取得的效果，在进一步明确思想政治教育质量评价的内涵与外延中把握其有限性。

第二，着力探讨思想政治教育质量评价的有效性。思想政治教育质量评价的实效提升一直以来是学界关注探讨的核心话题，评价要素的改进、评价环节的优化是研究中不断突破的难点。本年度学者们进一步梳理了思想政治教育质量评价主体、客体、指标、方法等各要素，总结探究了思想政治教育质量评价运行机制，探索构建了思想政治教育质量评价模型，在整体完善和重点优化结合中切实提升思想政治教育质量评价的有效性。

第三，着力探讨思想政治教育质量评价的创新性。思想政治教育质量评价是随时代发展与科技进步、学科发展与教学推进而不断创新的实践，创新性开展思想政治教育质量评价是广受关注的难点问题。本年度学者们从思想政治教育学科40年、数字时代、中国式现代化建设等新的时代背景出发，从形象评价、教师评价等新的评价对象出发，研究探讨思想政治教育新的质量评价实践，既有对已有思想政治教育质量评价理论、规律和经验的运用，也有结合新实践、新情况推动思想政治教育质量评价形式与方法创新，在坚持守正与创新有机结合中，不断突破思想政治教育质量评价的难点问题，取得思想政治教育质量评价实践运用的新成效。

（三）结合热点，把握评价时代价值

思想政治教育质量评价是学者们持续关注和探究的重要问题，特别是随着《深化新时代教育评价改革总体方案》的颁布，围绕具体问题探究其评价主体、评价原则、评价内容、评价方法等研究显著增多，学者们在回应现实问题中以宽广的视野不断拓展思想政治教育质量评价研究。本年度思想政治教育质量评价研究在进一步丰富拓展原有研究基础上，聚焦热点问题开展独具时代特质的分析研究，从不同维度阐释了质量评价的时代价值。

一方面，思想政治教育质量评价研究坚持以时代性为重要原则，注重研究持续与时俱进。坚持时代性旨在结合时代发展背景探究思想政治教育质量评价问题，是思想政治教育质量评价研究与时俱进的重要体现。本年度学者们立足数字时代，深刻把握数字技术的革新发展对思想政治教育质量评价带来的多维变革，从而透视数字技术在评价理念和评价方法上对思想政治教育质量评价的赋能作用。同时，研究成果也彰显辩证性，学者们从技术门槛、路径依赖、认知局限等维度深刻阐释思想政治教育质量评价数字化改革的现实困境，从技术伦理、信息茧房、过程变革等层面多维剖析思想政治教育评价数字化改革的风险挑战。此外，研究成果也重视问题的有效破解，学者们基于不同的视角，围绕思路理念、方式方法、支持保障等方面系统探究思想政治教育评价数字化改革的策略路径，切实回应了数字时代思想政治教育质量评价一系列重要问题。

另一方面，思想政治教育质量评价研究重视回应热点问题，在热点探讨中深化认识。思想政治教育质量评价研究与热点问题结合，既是拓展思想政治教育质量评价理论的重要维度，也是以评价审思和回应相关热点问题的价值彰显。本年度学者们围绕大中小学思政课一体化和"大思政课"建设等热点问题开展质量评价研究，系统全面剖析了质量评价在推进大中小学思政课一体化和"大思政课"建设中的价值意蕴，明晰了有效推动质量评价常态化、科学化开展的现实必要性。同时，研究成果也重视推进质量评价的实践开展，结合大中小学思政课一体化和"大思政课"建设的内在特性和本质要求，既探究质量评价的原则方法，也分析质量评价的主要内容和基本环节，为不同主体质量评价的实践开展提供了思路和方法，进一步丰富了思想政治教育质量评价研究。

（四）发掘增长点，拓展评价研究维度

思想政治教育质量评价不仅仅局限于某一特定领域或环节，而是能够广泛应用于思想政治教育的全过程和各方面，这种全面性使得评价能够更加全面立体地反映思想政治教育的现实问题和实际状况。随着思想政治教育基础理论特别是评价理论的逐渐夯实，针对思想政治教育中的新要素开展评价研究成为学界深化思想政治教育质量评价研究的重要维度。本年度学者们基于不同维度积极发掘理论与实践的增长点，进一步拓展了思想政治教育质量评价研究。

一方面，思想政治教育质量评价研究围绕学科建设发展中的理论问题，在学理分析中拓展评价研究维度。本年度学者们聚焦思想政治教育形象和载体等重要问题开展评价研究，系统阐释了质量评价重要性以及相关问题可行性，从目标导向和体系架构厘定机制、指标内容动态调整机制、关键技术创新机制等方面分析探讨了质量评价的机制建构问题。同时，研究成果也着眼质量评价的指标体系建构问题，分析了从个体性评价、内部性评价、外部性评价等维度建构评价指标的合理性和必要性，深化了思想政治教育质量评价指标体系和机制建构的相关研究。

另一方面，思想政治教育质量评价研究着力回应时代发展中的实践问题，在现实探索中拓展评价研究维度。思想政治教育质量评价强调对主体现实情况的科学把握和有效衡量，彰显出鲜明的实践性。本年度学者们聚焦思想政治教育专业人才培养和"数字马院"建设等实践问题开展评价研究，分析了质量评价在把握实际状况中的监测诊断作用以及在破解相关问题中的导向和激励作用，探讨了以评价效能的有效发挥进而推进思想政治教育专业人才培养和"数字马院"建设的策略路径，在回应具体问题中形成了具有实践特性的研究成果，有效拓展了思想政治教育质量评价理论。

三、思想政治教育质量评价研究的未来展望

思想政治教育质量评价作为随时代和实践发展持续深入的重要议题。基于对研究成果的系统梳理和研究特征的有效把握，可以更加明晰未来思想政治教育质量评价的研究动向。立足现有研究基础，深化思想政治教育质量评价研究仍然需要突出问题意识与实践导向，在拓展元评价理论、推动数字技术有效融入、深化多维评价、探索构建常模等方面着力。

（一）思想政治教育质量评价元理论研究

质量评价作为思想政治教育过程中承上启下的关键环节，是把握思想政治教育现实状况、发现实际问题、找准发展着力点的重要依据，近年来一直成为思想政治教育热点研究的重要议题。从研究成果来看，将思想政治教育质量评价作为一项思想政治教育重要实践活动，围绕要素构成、现状把握、经验总结、策略优化等方面形成的研究成果较多，聚焦本质要义、核心功能、运行过程等回答思想政治教育质量评价元理论问题的本体论、价值论、认识论研究还有待深入。而对于元理论问题的回答是基础和根本，只有基于对思想政治教育质量评价本质的深切剖析，才能准确认识思想政治教育质量评价的多维现象表征，清晰把握实践开展思想政治教育质量评价的有效着力点。

着力深化元理论研究是思想政治教育质量评价研究的重要方向。本体论、价值论、认识论是揭示事物本质的根本性视角，是深化思想政治教育质量评价元理论的关键内容。第一，深化思想政治教育质量评价本体论研究。基于对质量评价一般性概念的认识，结合思想政治教育质量评价的多样性表现，梳理把握质量评价在思想政治教育场域中的本质意涵和基本特征，揭示思想政治教育质量评价的根本属性和原则要求等规律性认识。第二，深化思想政治教育质量评价价值论研究。立足中国式现代化建设、人的现代化发

展、思想政治教育学科建设和实践发展等多维视角，加强对思想政治教育质量评价功能的发掘，丰富发展思想政治教育质量评价的作用体系，系统把握思想政治教育质量评价应对解决的核心问题。第三，深化思想政治教育质量评价认识论研究。持续追踪思想政治教育质量评价实践，不断总结思想政治教育质量评价的有效经验，准确把握当前质量评价的现实状况，把握各阶段质量评价的重点转变，找准思想政治教育质量评价的未来发展方向和有效着力点，以规律性趋势为引导做好思想政治教育质量评价工作。

（二）数字技术融入思想政治教育质量评价研究

思想政治教育质量评价的研究离不开对时代背景的考察，关注新思潮、新技术、新理论对思想政治教育质量评价的理念、方法、要素、过程等方面的影响，探究思想政治教育质量评价的新变化、新发展、新趋势是研究的重要方向。当前，数字技术深刻改变了人们的生产、生活和学习方式，涵盖人类活动的方方面面，数字时代已然成为当今世界运行发展的现实背景。党的二十届三中全会把"加快适应信息技术迅猛发展新形势"作为推进中国式现代化建设的重要要求[①]，也展现出党和国家高度重视数字技术的发展革新及其对各项事业的推动作用，是不容忽视的重要内容。

深入探究数字技术融入思想政治教育质量评价产生的新变化、新发展、新趋势。当前对数字技术与思想政治教育质量评价的研究更多关注技术赋能、方法优化等方面，在此基础上深入探讨数字技术融入思想政治教育质量评价，应着力将关注点从物质向意识转移、从经验向规律拓展。一方面，推动数字技术融入思想政治教育质量评价研究从物质向意识转移。关注数字技术对思想政治教育质量评价的影响不能仅停留在评价技术、评价方法的赋能上，更要聚焦数字技术对于思想政治教育质量评价主客体的切实影响，准确

---

① 《中共中央关于进一步全面深化改革 推进中国式现代化的决定》，《人民日报》2024年7月22日。

把握评价需求的变化、评价理念的更新，以指导思想政治教育质量评价的有效开展。另一方面，推动数字技术融入思想政治教育质量评价研究从经验向规律拓展。当前数字技术支持下思想政治教育质量评价实践的创新性开展不断涌现，积累了很多优秀案例和有效经验，如何从被动向主动、从偶然创新向常态开展转变是思想政治教育质量评价研究的重点。深入把握数字技术融入思想政治教育质量评价的运行过程，在机制优化和模型构建中深化规律性认识，推动思想政治教育质量评价的常态化开展。

（三）思想政治教育多维质量评价研究

思想政治教育质量评价是一项系统性、整体性工作，具有评价对象多样性、评价目标多元性、评价情景动态性、评价结果丰富性等特质，根据不同情况选择运用相应的评价方法是确保思想政治教育质量评价有效性的重要前提。2020年，中共中央、国务院印发《深化新时代教育评价改革总体方案》提出，"改进结果评价，强化过程评价，探索增值评价，健全综合评价"[①]，为推动思想政治教育质量评价的整体革新和多维发展指明了方向、提出了要求。

随着思想政治教育质量评价实践经验的积累丰富，围绕评价守正创新面临的新任务和新要求，思想政治教育多维评价的创新性开展仍然是未来深化评价理论和推动评价方法运用科学化的重要途径。一是以指标体系的精细化改进结果评价。结果评价旨在全面评估思想政治教育预设目标的实现情况，侧重"静态效果的评价"[②]。立足思想政治教育结果评价，充分把握精化细化评价指标体系的现实发展趋势及其具备的价值意义，基于评价目标和要求，探索制定多维度、全方面的立体化指标体系，是推动思想政治教育结果评价发展革新的重要方向。二是在把握数字技术的功能效用中强化过程评价。过

---

① 《深化新时代教育评价改革总体方案》，人民出版社2020年版，第2—3页。
② 冯刚：《高校思想政治教育工作质量评价研究》，人民出版社2020年版，第56页。

程评价是着眼事物发展过程进行的动态衡量，有助于准确把握评价对象的发展变化历程和真实水平。立足数字时代，数字技术为长期追踪、全面监测、实时反馈思想政治教育运行过程提供了技术支持。基于数字技术的功能作用和应用场景，探索思想政治教育过程评价的新机遇、新挑战、新路径是需要持续深入研究的热点问题。三是以发展眼光探索增值评价。思想政治教育增值评价重在比较教育前后对象的变化增量，以反映教育的实际效果，相较而言学界对于思想政治教育增值评价的研究有待丰富。聚焦思想政治教育增值评价，围绕其理论基础、内涵特质、价值意蕴、运行环节、作用限度等问题进行探讨，仍然是深化思想政治教育增值评价研究的重要维度。四是以系统思维健全综合评价。对于思想政治教育综合评价，如何坚持以系统思维突出评价主体的多样性、评价方法的多元性、评价环节的协同性、评价信息的全面性和评价活动的调控性，是有待深化的重要内容。

（四）思想政治教育质量评价常模研究

思想政治教育质量评价常模是指在思想政治教育质量评价中，用于比较和衡量思想政治教育质量的标准量数，能够更好反映思想政治教育的实际效果。通过探索构建思想政治教育质量评价常模，可以为思想政治教育质量评价提供统一的标准，使得评价结果更具现实性和可解释性。同时，探索构建思想政治教育质量评价常模也有助于把握思想政治教育中存在的矛盾问题，从而推动相关主体在找准现实着力点的基础上采取有效措施加以改进，以提升思想政治教育质量。此外，基于思想政治教育质量评价常模得出的评价结果，也可以为职能部门和管理者提供决策支持，帮助其更好把握思想政治教育的现实状况，进而制定更加科学合理的政策规则。

思想政治教育质量评价是对思想政治教育现状水平的综合考量，对其实际成效的把握需要依托思想政治教育质量评价常模进行解释。立足思想政治教育质量评价理论深化和实践成熟的新阶段，推动思想政治教育质量评价常模研究具有现实必要性，是未来深化拓展思想政治教育质量评价研究的方向趋势。一方面，在回应破解现实问题中推动思想政治教育质量评价常模研究。思想政治教育质量评价常模聚焦现实场域，以可供比较的标准量数立体化赋予评价结果现实性意义，进而在把准矛盾点和着力点的基础上，推动思想政治教育革新发展。因此，推动思想政治教育质量评价常模研究，也需要聚焦着力解决的现实问题，既立足整体视域探索构建全面表征思想政治教育质量水平的常模，也聚焦不同主体、层次、方面，探索构建回应具体问题的思想政治教育质量评价常模。另一方面，在跨学科交叉融合中推动思想政治教育质量评价常模研究。常模的探索构建既要遵循思想政治教育的内在规律，也需要吸收教育学、社会学等学科的相关理论和方法，借鉴其常模构建的基本思路和有益经验，为思想政治教育质量评价常模构建完善提供新的启发和视角，进而在与其他学科的交叉融合中，推动思想政治教育质量评价常模研究的深入发展。

第十四章　思想政治教育文化育人研究

2024年思想政治教育文化育人研究持续深化。以习近平文化思想为指导，如何通过文化的力量来培养学生的综合素质和核心能力，如何通过以文化人、以文育人提升思想政治教育质量，如何进一步挖掘思想政治教育的文化蕴涵，成为本年度思想政治教育文化育人研究的主要指向。从2024年学界关于"文化育人"的理论探索和实践探索，特别是高校思想政治教育工作中文化育人机制、各类学校教学的文化实践属性、思想政治教育文化模式、大学文化的生成逻辑与育人机理等方面的研究成果中可以看出，本年度思想政治教育文化育人取得阶段性研究进展。坚持理论与实践相结合，进一步总结思想政治教育文化育人研究的年度特征和发展趋势，对进一步深化思想政治教育文化育人的基础理论研究和实践创新具有重要意义。

一、思想政治教育文化育人研究的年度进展

2024年，思想政治教育文化育人研究具有特定的历史背景，即贯彻和落实习近平文化思想。进一步研究习近平在文化传承发展座谈会上讲话精神的学理内涵，成为本年度思想政治教育理论研究和实践创新的重要任务。以习近平文化思想为指导，聚焦思想政治教育文化育人的基本理论问题，坚持思想政治教育文化育人的实践导向，是2024年度思想政治教育文化育人研究取得的阶段性进展。

（一）思想政治教育文化育人的本体论研究持续推进

首先，关于思想政治教育文化育人理论谱系的生成与发展研究。有学者认为，思想政治教育不只是一种政治现象，更是一种文化现象，其是以文化人、以文育人的重要载体和表现形式，是培育和确立文化主体性的关键，在文化的发展、文明的演进过程中发挥着重要作用。质言之，思想政治教育学科发展与文化发展相耦合，必须要充分汲取文化力量以推动学科发展。[①] 有学者探讨了思想政治教育理论谱系的生成基础、历史定位和续绎发展，强调党的思想政治教育理论谱系体现在文化层面就是要正确认识历史规律，坚持古为今用、推陈出新。[②] 有学者对思想政治教育文化育人的理论基础进行了探讨，认为其理论基础是具有科学性的习近平文化思想。这一思想遵循历史逻辑，坚持辩证思维、实践导向和有机体理论，从而揭示了文化发展的一般规律和社会主义文化建设的特殊规律，为思想政治教育文化育人的开展奠定了理论基础。[③] 这些研究表明，思想政治教育文化育人理论谱系的生成与发展和党的理论创新与实践经验总结密不可分。

其次，阐释教育强国建设的文化实践属性。有学者认为，从文化主义视域出发，教育强国建设是一个以优秀传统教育思想为根基的教育创新性发展和创造性转化历程。从文化基因来看，中华优秀传统文化中以厚德载物、修身齐家、文明以止、经世致用为代表的教育思想，在每一次文明的兴衰更替中都展现出更为强劲的生命力。[④] 有学者认为，为教育担负新的文化使命塑造内生动力，需要更好发挥教育在推动创新创造方面的作用，以理论创新引

[①] 冯刚：《思想政治教育学科40年发展的规律性把握与时代展望》，《马克思主义理论学科研究》2024年第4期。

[②] 张澍军、杨昇昌：《思想政治教育理论谱系的生成基础、历史定位和赓续发展——纪念思想政治教育专业（学科）建制40周年》，《东北师大学报（哲学社会科学版）》2024年第6期。

[③] 冯刚、徐先艳：《把握习近平文化思想的真理和道义力量》，《北京大学学报（哲学社会科学版）》2024年第5期。

[④] 徐辉、滑子颖：《教育强国建设的历史逻辑与文化基因》，《教育研究》2024年第5期。

领文化创新，以科学进步推动文明进步。[1] 教育强国建设的文化实践属性要求教师和学生共同参与到文化的理解和再造过程中，这不仅包括对教育内容的深入挖掘，还包括对师生互动中产生的文化理解的重视。通过这种文化实践方式，教育强国建设本身就成为了一种优秀文化的生产和交流过程，可以有效推进教育、科技和人才培养的协同创新。

最后，探索思想政治教育与文化的深层次关系。文化是揭示思想政治教育发生与发展规律的一个重要视角。有学者指出，教学不仅是一种文化活动，也是一种文化实践过程，其不仅关乎知识的传授，更关乎文化的生成和发展。[2] 有学者指出，中国的思想政治教育不会脱离它深厚的文化根基。中华文明5000多年形成的不同思想文化成果是理解、诠释和深化思想政治教育基础理论的重要资源。新时代思想政治教育与中华优秀传统文化的交叉研究应该遵照学科理论与实践的新论域和新需求，深耕从中华优秀传统文化的视角出发，对学科具体范畴和具体问题的思考。[3] 这些研究反映了在新时代背景下，研究者对思想政治教育原理与方法中文化蕴涵的重视，对于发挥思想政治教育的文化力量具有现实意义。

（二）思想政治教育文化育人的价值论研究持续推进

首先，探索学校知识文化的育人价值。本年度学界关注到了基础教育阶段各门课程知识教育中的育人价值，尤其是在语文课程、历史课程中挖掘革命文化的育人资源。有学者研究指出，革命文化类课文在提升学生的文化素养和道德水平中具有重要作用。通过挖掘这些课文的深层次教育价值，教师可以将其转化为培养学生核心素养的有效工具。以五年级下册第四单元的教

---

[1] 沈壮海、李健民：《在建设教育强国进程中自觉担负新的文化使命》，《中国高等教育》2024年第11期。

[2] 谌舒山：《从疏离到复归：教学与文化关系考辩》，《湖南社会科学》2024年第6期。

[3] 王振：《论思想政治教育学科的理论基础与基础理论》，《马克思主义理论学科研究》2024年第7期。

学为例,通过学习《青山处处埋忠骨》《军神》《清贫》等课文,学生可以学习到如何通过人物的语言、动作、神态描写来体会人物的内心世界。[①] 这种教学方法不仅提升了学生的阅读理解能力,同时也完成了爱国情感培育和正确价值引导。本年度以语文知识文化的育人价值进行的相关研究,充分反映出在课程思政建设中,文化育人、以文化人是一个重要的方式和方法。它不仅丰富了学生的文化视野,还能更好地促进教书和育人的结合。

其次,分析高校图书馆的文化育人功能。本年度学界聚焦图书馆的育人价值,积极探索高校图书馆如何利用其文化资源来进行育人活动。有研究指出,图书馆不仅是知识的宝库,也是学生文化素养提升的重要场所。高校图书馆可以通过物质、行为、制度和精神四个维度来实施文化育人,例如通过组织各类文化活动、优化阅读环境、提供丰富的阅读资源和开展主题教育活动,为学生学习、研究和个人成长提供重要支持。同时,图书馆的文化育人功能也应与时俱进,适应数字化时代的需求。[②] 本年度的相关研究充分表明,高校图书馆的文化育人功能对于培养学生的文化素养和综合素质具有不可或缺的作用。通过不断提升服务质量和服务范围,图书馆可以成为学生精神成长的沃土,是文化育人、以文化人的重要文化载体。

最后,把握新时代精神文化的育人价值。本年度学界比较关注家教家风文化、教育家精神这两个精神文化现象,并积极探讨这些精神文化现象中蕴涵的育人价值。有学者深入探讨了家教家风文化的时代价值,特别是在实现中国式现代化的伟大历史进程中家庭家教家风建设的战略性意义。[③] 有学者从"两个结合"的角度探讨了教育家精神的时代意蕴,为新时代教师群体提

---

① 陈阿莉:《小学语文革命文化类课文的育人价值挖掘》,《中国教育学刊》2024年第8期。
② 龚蛟腾、张康:《新时代高校图书馆文化育人:价值意蕴、理论内涵、实践体系和关键路径》,《大学图书馆学报》2024年第5期。
③ 刘复兴、李清煜、张剑:《习近平总书记关于家庭家教家风建设重要论述的理论体系与时代价值》,《教育研究》2024年第10期。

供了奋斗的标准和追求的目标，为实现教育强国提供了精神引擎。[①]这些研究表明，本年度文化育人研究高度关注中国式现代化建设中重要精神文化现象的育人价值。

（三）思想政治教育文化育人的实践论研究持续推进

首先，推进新时代高校文化育人实践研究。本年度学界坚持问题意识与实践导向，积极探索如何通过文化活动和教育实践来进行有效的文化育人。有学者探索了行业特色院校大学文化的育人路径。[②]有学者研究探讨了如何利用文化资源来进行有效的育人活动。新时代高校文化育人不仅要注重文化的传承和创新，还要注重文化的实际应用，这要求高校在开展文化活动时，要紧密结合时代发展的需要，同时也要注重学生的实际需求和个性发展。例如，通过组织创新竞赛、文化节、主题沙龙等活动，激发学生的创造活力和创新思维。[③]文化育人不仅完成了知识文化的传递，更通过文化滋养完成了价值引导，结合当前学界相关研究，新时代高校文化育人活动应当以提升学生的文化素养和创新能力为目标，通过不断创新实践活动的形式和内容，实现文化育人。

其次，深化红色档案资源的育人应用研究。在当前的研究领域中，红色档案资源作为一种独特的教育资源，其在高校思想政治教育中受到了广泛关注。有学者探讨了红色档案资源在高校思想政治教育中的叙事价值、育人价值和资政价值，同时也指出了如时空距离感、系统整理开发力度不足以及教学转化和创新应用的局限性，强调了加强顶层设计与统筹规划、深化档案资

---

① 刘海燕：《"两个结合"视域下践行教育家精神的时代意蕴》，《四川师范大学学报（社会科学版）》2024年第6期。
② 于成文、尹兆华：《新时代钢铁行业背景高校文化育人工作探究——以北京科技大学为例》，《思想教育研究》2024年第3期。
③ 王婷婷、向艳：《新时代高校校园文化育人的逻辑机理及路径优化》，《江苏高教》2024年第1期。

料征集整理、创新教学模式与育人路径的重要性。① 有学者从文化记忆传承的视角出发，探讨了在档案资源开发中释放其思政育人价值的机理和路径。② 本年度学界围绕红色档案资源的应用研究不仅揭示了其在高校思政教育中的多重价值，也为进一步优化利用提供了具体建议。

二、思想政治教育文化育人研究的年度特征

2024年学界围绕思想政治教育文化育人展开了丰富的研究。坚持理论与实践相统一、历史与逻辑相统一，不难发现本年度相关研究呈现出了一些阶段性特征。把握这些阶段性特征，对进一步把握思想政治教育文化育人的研究前景和发展趋势具有重要意义。

（一）与时俱进：以党的创新理论为指导持续深化文化育人的基础理论研究

在2024年的思想政治教育文化育人研究中，一个重要特征表现为以党的创新理论为指导，坚持与时俱进，不断丰富和创新文化育人的基础理论。这一年度特征不仅体现了相关研究对中国共产党思想政治教育方法的继承与发展，而且反映了新时代提升思想政治教育文化力量的现实要求。

1. 习近平文化思想成为思想政治教育文化育人研究的根本理论遵循

习近平文化思想作为新时代中国特色社会主义思想的重要组成部分，深刻影响着我国的文化发展和思想政治教育的实践，成为思想政治教育文化育人基础理论创新的根本理论遵循，同时也成为思想政治教育文化育人研究的重点关注对象。

首先，习近平文化思想强调文化的战略地位和功能，特别是在凝聚民族精神、培养社会主义建设者和接班人方面的独特作用。在这一理念的指导

---

① 蔡蕊：《红色档案资源在高校思政教育中的应用研究》，《山西档案》2024年第11期。
② 孟繁欣：《文化记忆传承视域下档案资源开发释放思政育人价值的机理和路径探讨》，《档案管理》2024年第5期。

下，2024年思想政治教育文化育人研究取得了显著进展，表现为对时代新人培育、青年工作创新、基层思想政治工作发展中文化力量的运用和文化蕴涵的研究。学界围绕习近平文化思想的精神实质、丰富内涵和实践要求进行了深入的探讨，推进习近平文化思想在思想政治教育中的具体化、实践化，为育人目标和育人方式的改进提供更多的理论指导。

其次，习近平文化思想的丰富内涵为文化育人的内容提供了创新思路。在当前快速变革的国际和国内环境中，思想政治教育文化育人的内容积极反映新的时代特征，回应新的现实问题，聚焦时代新人的文化素养，在青年工作中巩固文化主体性，进一步回应青年成长发展的文化需求和思想困惑，为青年在多元文化环境中明确价值导向、进行价值澄清。以习近平文化思想为遵循，思想政治教育通过在文化育人过程中发挥科学文化的引领力，深入讲解和讲授党的创新理论，帮助学生建立起与时俱进的世界观、人生观和价值观；通过喜闻乐见、融入日常的文化方式提升文化育人效果，成为本年度学界高度关注的内容。

最后，习近平文化思想的实践要求为思想政治教育文化育人的实施提供了方法论的指导。在实际的教育过程中，如何将习近平文化思想融入文化育人的各个环节，如何创新教育方式，如何更好地利用现有的文化资源，都是研究的重点。思想政治教育文化育人涉及多学科论域，比如运用文化的方式滋养人涉及哲学和人类学方法；运用文化的视角理解教育主体和教育对象涉及教育学和文化学；运用文化的思维理解思想政治教育的发生与发展涉及马克思主义唯物史观和政治学，这就要求文化育人研究必须积极借鉴各相关学科的方法。本年度学界以习近平文化思想为指导，积极推进思想政治教育文化育人方法论创新，包括增加现实案例的引入、采用互动式教学方法、利用融媒体工具、数字技术、大数据模型等。这些创新有助于深化思想政治教育文化育人基础理论中的方法论研究，开拓相关研究的视野、提升相关研究的质量。同时，就应用价值而言，相关研究也有利于提高学生的学习兴趣和参与度，使其在更具体、更具吸引力的教学环境中深入理解和吸收党的创新理论。

总体而言，2024年的思想政治教育文化育人研究以习近平文化思想为根本理论遵循，不断深化理论研究，拓展实践路径，促进理论深化与实践创新的有机结合，进一步推动了思想政治教育文化育人基础理论研究的科学化、系统化、现代化进程。

2.《习近平文化思想学习纲要》为深化文化育人学理研究提供了重要依据

2024年，《习近平文化思想学习纲要》的出版是我国思想政治教育领域的一件大事。它不仅对推动文化育人的实践创新具有重要意义，而且在理论上也提供了丰富的学术资源和深刻的思想武器，成为本年度思想政治教育文化育人基础理论研究的重要依据。

首先，该学习纲要的出版为系统深化思想政治教育文化育人的理论研究提供了科学指导和理论依据，对于深刻理解文化育人的基本原理和方法论，认识以文化人、以文育人的重要性，把握思想政治教育文化育人的内在机理等具有重要的理论指导意义，使得思想政治教育的文化内涵不断深化与丰富。同时，它为新时代坚定文化自信、巩固文化主体性提供了理论支撑，促进了思想政治教育与文化建设的深度融合，推动了文化育人方式和路径的创新发展。

其次，《习近平文化思想学习纲要》的出版有助于教育工作者深入理解和把握文化育人的科学方法和实施路径。它不仅为课程和教材编写、教学方法改革等活动提供了理论指导，而且有助于在实际操作中更好地实现文化育人的目标。例如，通过将文化元素融入教育教学过程，可以更加生动、有效地提升学生的文化素养等核心素养，同时也有助于培养学生的创新精神和实践能力。此外，该学习纲要的出版还为思想政治教育学科提供了丰富的文化资源。它不仅丰富了文化育人的学术储备，而且为相关学术研究、教育实践提供了理论指导和研究路径，有助于推动文化育人的理论创新与实践发展。

总体而言,《习近平文化思想学习纲要》的出版对于深化文化育人的理论研究、指导思想政治教育文化育人实践具有重要的意义。它不仅为理解和实施文化育人提供了理论指导,而且为该领域的学术研究提供了丰富的理论资源。因此,这一重要著作的出版成为本年度思想政治教育文化育人基础理论研究的重要学理依据。

3."两个结合"赋予思想政治教育文化育人更为深刻的学理内涵

2024年,学界高度关注"两个结合"在思想政治教育领域的重要价值。它不仅强调了文化理论与文化实践的结合,还突出了传统与现代、本土与全球的对话。在这样的指导思想下,文化育人的研究不再局限于传统的教育模式,而是在传统文化的基础上,进一步吸纳现代思想政治教育的要求,探索更具时代感、更具持续性的文化育人路径。

首先,以"两个结合"为指导理解文化育人的时代性与创新性。文化不仅是一个民族的根和魂,也是思想政治教育的重要内容和手段。在新时代,"两个结合"指导下的思想政治教育更注重将优秀传统文化与现代社会发展的新要求相结合,使文化育人的内容和形式都能符合时代的发展需求,增强其吸引力和有效性。其次,以"两个结合"为指导理解文化育人的实践性与融合性。文化育人不是向学生灌输抽象的理论,而是需要通过具体的文化活动、文化产品等形式,使学生在具体的实践中感悟文化、接受教育。同时,这种实践不仅限于校园内部,还应融入社会的各个领域,使文化育人的空间得到拓展。再次,以"两个结合"为指导突出在文化育人中受教育者的主体性与参与性。在这一理念下,学生不再是被动的知识接受者,而是积极的文化体验者和创造者。他们在文化的学习与体验中,能够主动参与到文化的创新和传播中去,从而实现自我教育和成长。最后,以"两个结合"为指导拓展文化育人的全球视野。在全球化背景下,文化交流与对话的重要性日益凸显。通过"两个结合"的实践,不仅可以增强文化自信,还能促进文化的对外交流与合作,提升我国的文化软实力。

总体而言，2024 年在思想政治教育学科视域下，文化育人的研究特征表现为对"两个结合"理念的深入探索与实践，不断丰富文化育人的理论与实践内涵，推动思想政治教育的创新发展。通过对传统文化的传承与创新，以及对现代社会要求的回应，文化育人能够更好地服务于培养具有历史自觉、文化自信和国际视野的时代新人这一目标。

（二）协同创新：系统思维指导下多领域文化育人实践创新研究多点推进

在 2024 年的思想政治教育文化育人的实践创新研究中，一个重要特征表现为多领域创新研究协同推进，纵向上表现为大中小学思想政治教育文化育人研究的协同推进，横向上表现为学校思想政治教育文化育人、社区思想政治工作文化育人、企业思想政治工作文化育人研究的协同推进。

1. 关注学校文化育人研究的系统推进

2024 年，思想政治教育文化育人研究不仅关注文化育人的广泛性和渗透性，还强调了不同教育阶段学生的特殊性和差异性，因此对各学院校园文化建设也进行了系统化的研究。

首先，本年度研究强调了校园文化建设的全方位覆盖，认为不同的学段都是思想政治教育文化育人的重要阵地。从小学到大学，每个学段的校园文化建设都应该有其独特的侧重点和实施策略。例如，对于小学生而言，校园文化建设的重点在于通过有趣的游戏和集体活动培养学生的基本社交能力和社会责任感；对于中学生，则更侧重于培养其批判性思维和独立性；而对于大学生来说，则更加注重其创新能力、批判性思维的深度发展，以及社会实践能力的培养。

其次，本年度研究强调了校园文化建设的实践性和创新性。例如，通过校企合作、社会服务等形式，将校园文化的精髓和教育目标与社会实际需求相结合，增强学生的社会适应能力和创新精神。在操作层面，本年度研究建议学校建立跨学科的文化建设团队，整合不同专业的教学资源和智力资源，共同推进校园文化建设。同时，要充分利用现代信息技术，建设校园数字档案馆、搭建在线学习平台等数字空间，为学生提供更加丰富多元的文化体验。

最后，本年度研究强调完善校园文化建设的评估机制。校方通过科学的评价标准和反馈机制，对校园文化建设的效果进行定期评估和总结，不断优化和调整建设策略，确保文化育人的实际效果与教育目标的一致性。

2024年的校园文化建设的评估研究强调了全学段覆盖、内容与形式的适配性、供给侧与需求侧改革等内容。这些研究成果的深化，不仅有助于优化当前的校园文化建设工作，也为未来的相关研究提供了丰富的参考和借鉴。

2. 深化新时代社区文化育人研究

在2024年的思想政治教育学科研究中，对社区文化的育人价值研究持续深化，特别是在如何通过社区文化活动来有效地传递和弘扬社会主义核心价值观，以及如何利用社区文化活动来提升居民的思想道德水平方面。

首先，2024年的研究更加注重社区文化活动的多样性与参与性。在形式上，强调活动的覆盖面要广，不仅仅局限于老年人的兴趣和需求，也要兼顾到青少年。例如，可以组织包括书法、绘画、音乐、舞蹈等在内的多样化文化活动。这些活动既能满足不同年龄层的参与需求，又能宣传和普及党的理论和政策。其次，研究强调社区文化活动应具有强烈的教育意图与目的性。精心设计的活动，如社区义务劳动、志愿服务等，不仅能让居民在参与中获得知识和技能，还能培养其社会责任感和集体荣誉感，从而达到以文化人的教育目的。再次，研究注重社区文化活动与居民日常生活的结合。通过创建具有教育意义的社区环境，如利用宣传栏、黑板报等，将党的理论、路线、方针、政策与居民的日常生活密切结合起来，使居民在日常的学习与交流中自然而然地提高自己的政治意识和道德素养。最后，研究提出要增强社区文化活动的互动性和体验性。例如，可以通过角色扮演、模拟法庭、社区议会等形式，让居民在参与和体验的过程中，深刻理解社会主义核心价值观的内涵，增强其对社会主义先进文化的认同感和归属感。

2024年，思想政治教育学科在社区文化育人研究中更加重视活动的广泛性、目的性、日常性、互动性和体验性，以及通过活动来提升居民的精神文化生活水平。这些研究成果的取得，对新时代背景下的社区建设和文化建设具有重要的指导意义，有助于通过文化活动来塑造更加向上的社会风尚，实现文化育人的目标。

3. 探索企业文化育人创新研究

2024年，企业文化育人成为了一个重要话题。随着企业管理理念的更新以及对人才培养需求的变化，企业内部的思想政治工作和文化建设被赋予了更多的关注和期待。

首先，2024年的企业文化建设研究明显加强了对中国传统文化资源的挖掘与利用。中国传统文化中的人文精神和道德理念是塑造现代企业文化的宝贵资源，强调"和为贵""仁爱"等思想对于增强团队凝聚力、促进员工间和谐合作具有积极的价值。通过对这些元素的现代诠释和应用，企业可以在传承中创新、创造出独特的企业精神和经营理念。其次，本年度研究强调企业文化与党的领导和社会主义核心价值观的结合。在坚持党的领导这一原则下，将社会主义核心价值观融入企业文化中，成为了提升企业软实力、构建和谐社会的重要途径。这种融合不仅体现在企业的使命、愿景和核心价值观的建立上，还体现在具体的经营决策和管理实践中，从而确保企业发展的方向和社会发展方向的高度统一。再次，2024年的研究还特别关注了企业文化在推动管理创新和提升管理水平方面的作用。通过将企业文化的构建与现代管理理念相结合，如可持续发展、创新管理等，企业可以在持续改进的过程中不断提高自身的核心竞争力。例如，一些企业通过建立学习型组织、鼓励员工创新思维模式等方式，有效地激发了员工的创造潜能和工作动力。最后，2024年的研究也强调了企业文化建设在促进企业思想政治工作创新中的作用。通过将企业文化的建设与员工的思想政治教育相结合，可以在提升员工的业务能力的同时，加强他们的政治意识和社会责任感。这种"两手抓"的策略有助于构建更加和谐、积极向上的工作氛围，同时也为企业的可持续发展奠定坚实的基础。

总体而言，2024年的企业文化育人研究在传统文化的现代转化、企业文化与党的领导和核心价值观的结合、企业思想政治工作文化方式创新等方面取得了显著进展，成为本年度文化育人研究的一个重要阶段性特征。

（三）实践导向：促进中国式现代化与文化育人现代化研究交相呼应

1. 文化育人与人的现代化研究

2024年，学界基于对人的现代化的理解，聚焦文化育人的现代化问题，推进文化育人的现代化研究。首先，加强创新文化融入。面对全球化带来的多元文化交流，如何在坚持社会主义核心价值观的前提下，充分吸收世界优秀文化成果，进行创新性转化和创新性发展，促进人的现代化，是本年度文化育人聚焦的一个现实问题。学界认为需要在坚持正确价值导向的同时，不断提升文化育人内容的时代感和吸引力，使之能够更好地适应青年学生的需求和心理。其次，注重文化育人的实践性和体验性。文化育人不仅要在理论上教授学生，更要让学生在实践中体验和感悟，才能更好地实现人的现代化。通过社会实践、志愿服务、文化活动等多样化的实践活动，使学生能够亲身体验文化的力量，从而更深刻地理解和掌握文化的价值。最后，强化文化育人的系统性和连续性。建立健全覆盖从小到大、从学前到高等教育、从理论到实践的文化育人体系，形成有机联系、具有整体性的教育链条，有利于系统性促进实现人的现代化。

综上所述，2024年思想政治教育文化育人研究重点关注了传统文化的传承与创新、创新文化的融入、文化育人的实践性与体验性，以及文化育人的系统性和连续性。通过这些维度的深入探索和实践，可以更好地实现文化育人的现代化目标，为培养新时代的优秀人才提供强有力的支持。

2. 文化育人与文化的现代化研究

2024年度，以习近平文化思想为指导，学界聚焦中华文明的现代力量，积极深化文化育人与文化的现代化研究。首先，文化育人的现代化不仅仅是内容的更新换代，更是教育方式和手段的创新。在这一过程中，如何融合传统与现代、本土与全球的文化元素，成为了研究的一个重要议题。学界探讨了如何利用现代信息技术，例如互联网、大数据、人工智能等，来创新文化育人的内容和形式，以增强其吸引力和影响力。其次，文化育人的现代化研究也关注到了跨文化交流的重要性。在日益全球化的今天，理解不同文化的特性和差异，并在此基础上进行文化创造和创新，是提升个体的文化素养和跨文化沟通能力的关键。因此，如何在保持本土文化特色的同时，实现跨文化的教育和交流，也是该年度研究的一个特色。最后，文化育人的现代化还包括了对传统文化传承与创新的探讨。传统文化是一个国家的文化基因。在现代化进程中的传承与创新传统文化，对于保持民族文化的连续性和活力至关重要。因此，如何在传承传统文化的基础上对其进行创造性的转化和创新性的发展，成为了研究的一个重点领域。

综上所述，2024年的文化育人与文化的现代化研究体现出了一种融合本土与全球、传统与创新的发展态势。这些研究的推进，不仅有助于丰富和发展思想政治教育学科的理论研究，也对教育实践具有重要的指导意义。

3. 文化育人与教育现代化研究

信息技术的飞速发展和全球化的深入发展为教育的现代化提供了空前的机遇与挑战。在这一背景下，如何将文化育人的理念与教育现代化的要求相结合，以培养学生的创新精神和实践能力，成为了2024年思想政治教育文化研究的一个重要特征。2024年的研究显示，文化育人与教育现代化的结合正在以前所未有的速度进行着。首先，在技术应用方面，大数据、云计算、人工智能等现代信息技术被更广泛地应用于文化育人的实践中。这些技术的应用不仅提高了文化育人的精准度和效率，而且还为传统的文化内容赋予了新的表现形式和传播途径，使得文化育人的过程更加个性化、智能化和多样化。其次，在教育内容的创新上，跨学科的知识整合与融合成为文化育人的显著特点。通过将文化知识与科技、艺术、体育等多个领域的知识进行结合，不仅丰富了教育内容，而且还培养了学生的跨领域解决问题的能力。再次，在教育方式的革新上，线上与线下相结合的混合式教学模式得到了广泛的推广。这种模式不仅扩大了文化育人的空间和时间范围，而且还提供了更为灵活和个性化的学习选择，使得学生能够根据自己的需要和兴趣选择学习的内容和节奏。最后，在教育评价的变革上，形成性评价和学生个性化发展的评价标准正逐渐成为主流。这种评价方式更加注重学生的发展过程和个性化需求，而非简单的结果导向。

综上所述，2024年的思想政治教育文化育人研究显示，教育现代化已从理论走向了实践的层面，文化育人的理念正在与现代化的教育实践深度融合，从而不断推进着教育的进步与创新。

三、思想政治教育文化育人研究的趋势展望

基于2024年思想政治教育文化育人的研究进展与阶段性特征，不难发现文化育人不仅仅是对知识的传授，更是对个体的全面塑造，包括但不限于价值观的培育、思维能力的提升、情感态度的塑造等。因此，思想政治教育文化育人研究也必将在多样文化的交流和文化主体性的巩固中实现创新发展。

（一）思想政治教育文化育人研究前景

学界对巩固文化主体性的认识越发深刻，也越发重视思想政治教育的文化蕴涵，因而新时代思想政治教育文化育人无论是实践创新还是学理研究，发展前景都是十分广阔的。以习近平文化思想为指导，充分发挥中华文明现代力量，为思想政治教育文化育人的实践创新与学理探讨提供了广阔的舞台。

首先，从社会需求的角度来看，随着文化多元化的深入发展，各种思想文化交流、交融、交锋的频度和深度都在加剧。在这样的背景下，培养有正确文化观的社会主义建设者和接班人就显得尤为重要。这要求思想政治教育不仅要传授知识，还要通过文化育人的方式，塑造学生的世界观和价值观，使他们能够在多元文化中增进文化自觉、坚守文化自信，正确处理多元文化的冲突与融合，不断巩固文化主体性。

其次，政策层面的支持为思想政治教育文化育人的发展提供了有力保障。党和国家高度重视文化建设，并不断出台相关政策来强化和完善思想政治教育文化育人的体系和机制。从中发〔1994〕9号文件中强调"重视校园文化建设"，到中发〔2004〕16号文件中强调"大力建设校园文化，大力发展文化事业和文化产业，为学生提供更多更好的文化产品和文化服务"，再到中发〔2016〕31号文件中强调"形成教书育人、科研育人、实践育人、管理育人、服务育人、文化育人、组织育人长效机制"，党和国家对文化育人的重视持续增强。相关配套文件的落实为思想政治教育文化育人实践的开展提供了有力的政策保障。

再次，网络技术的发展为思想政治教育文化育人提供了新的文化平台。从一定意义上讲，网络文化已经成为与传统物质文化、精神文化、制度文化和行为文化并列的一种文化形态，在思想政治教育文化育人中扮演重要角色。此外，信息技术的飞速发展，尤其是大数据、人工智能等技术的应用，为思想政治教育文化育人提供技术支持和网络文化环境支持，使思想政治教育文化育人的个性化、精准化提供了可能。通过对学生的大数据分析，教育者可以更准确地把握学生文化生活的动态和需求，进而设计出更贴合学生实际情况的教育方案和文化活动。

最后，国际文化交流与合作的加深也为思想政治教育文化育人提供了更为广阔的视野和舞台。随着我国积极参与全球治理，推动构建人类命运共同体，思想政治教育文化育人也需要适应这一发展趋势，加强与国际社会的文化交流与合作，借鉴和吸收国外优秀文化资源，同时向世界展现中国特色社会主义文化的魅力。这些需要都为思想政治教育文化育人的学理研究和实践创新开拓了空间。

（二）深化新时代大学校园文化创新的政策发展研究

政策的制定与执行对于思想政治教育文化育人的发展有着至关重要的影响，它不仅关系到教育内容的合理性和适用性，还影响到教育效果的实现和目标的达成。研究需要在中发〔1994〕9号文件、中发〔2004〕16号文件、中发〔2016〕31号文件及相关配套文件的基础上，进一步从政策创新的角度研究新时代大学校园文化创建的政策支持。首先，政策研究需要紧跟时代发展的步伐，体现新时代思想政治教育文化育人的要求和特征。这意味着政策的制定需要深入了解思想政治教育文化育人的现状和挑战，以及文化育人的实际需求，进一步提升大学校园文化建设质量，提高学生对校园文化的满意度和获得感，以便更好地发挥校园文化的育人功能。例如，可以借鉴"两个结合"的理念，将马克思主义基本原理同中国具体实际相结合、同中华优秀传统文化相结合，将这一理念融入政策研究中，指导思想政治教育文化育人的实践创新。其次，政策研究需要协作创新，形成合力。大学校园文化建设政策的制定和执行需要多部门配合，尤其是新时代背景下需由教育部门、人事部门、财政部门、文化部门、共青团组织等多个部门和机构协同推进。因此，未来大学校园文化政策创新研究需要进一步关注协同创新，系统分析新时代大学校园文化建设的客观实际、时代特征、协同机制、供给侧改革、需求侧引导、保障机制等内容，以求提升思想政治教育文化育人的协同效应。最后，政策的评估与修订也是不可或缺研究内容。建立科学的大学生校园文化建设政策评估体系，定期对思想政治教育文化育人的政策进行效果评估，有利于确保政策的实施达到预期的目标。根据评估结果，对政策进行必要的修订和优化，使其更好地服务于思想政治教育文化育人的目标。因此，坚持理论与实践、历史与逻辑相统一，研究大学校园文化建设的评估与修订机制，也可能是未来研究的一个重要内容。

（三）数字技术发展对文化育人的挑战研究

基于对已有资料的深入分析，我们可以从多个维度探讨数字技术发展给文化育人带来的挑战。首先，技术的快速迭代为文化育人提供了新的手段和平台，但同时也在信息安全和数据隐私两个层面带来了挑战。例如，在5G时代背景下，大数据收集与处理海量数据成为可能，但这也引发了人们对数据安全与隐私保护的担忧。思想政治教育在使用这些技术进行文化育人的过程中，必须建立起严格的数据保护机制，以确保教育数据和学生个人隐私的安全，否则可能会引发信息泄露、数据篡改等一系列风险。因此，加强数字技术时代网络文化育人的信任危机研究可能是未来该领域的研究选题。其次，技术的进步也对传统的文化育人模式提出了挑战。新媒体的广泛应用改变了信息的传播方式和人们的信息消费习惯，这就要求在进行文化育人的过程中，教育者必须了解和掌握这些新兴的技术工具，以便更有效地进行教育和指导。同时，新媒体平台的多样化和用户的分散性也对文化育人的内容提出了更高要求，即内容不仅要有教育意义，还要求形式多样、吸引力强，才能吸引学生的兴趣。因此，运用数字技术创新文化育人模式研究也可能是未来的一个研究选题。最后，数字技术的进步还带来了价值观念的多元化，这对坚持和弘扬社会主义核心价值观构成了一种挑战。网络环境中，各种价值观念和生活方式的碰撞与冲突更加频繁。在内容设计和价值引导上，文化育人活动如何确保学生在多元文化的影响中能够坚持正确的价值导向也可能成为未来的一个研究选题。综上所述，数字技术的发展为文化育人带来了丰富的手段和平台，但也带来了诸多挑战。为了充分发挥技术对文化育人的积极作用，我们需要在数据安全、教育模式、价值引导以及评估机制等方面进行创新研究。只有这样，才能在技术快速发展的背景下，有效地实现文化育人的目标。

（四）加强文化育人的实践案例研究

基于2024年度的思想政治教育文化育人实践研究，不难看出关于文化育人的实践案例研究略显不足。无论是教育学科、心理学科、政治学科等，都十分重视案例研究。未来思想政治教育文化育人研究也需要案例研究。首先，文化育人实践中的理念创新案例研究。思想政治教育中文化元素往往以内化的形式存在，通过理论学习和思想内化来进行。然而，随着时代的发展，单一的理念灌输已不足以满足新时代学生的需求。因此，实践创新要求我们重新审视文化育人的内涵，将其从理论学习层面向实践操作层面转化。这就需要进一步研究和分析文化育人理念在具体教学案例中的现实展呈。其次，文化育人内容与方式的创新案例研究。内容上，应结合新的时代背景和学生实际，挖掘和丰富文化资源，将中华优秀传统文化、革命文化、社会主义先进文化等有机融入思想政治教育的全过程，探求内容上创新案例的内在机理；方式上，创新传统的文化活动形式，采用更加灵活多样的手段，如情景模拟、角色扮演、社会实践等，研究这些新案例中学生参与感强、体验性好、获得感高的内在原因。最后，文化育人实践平台案例研究。这些平台不仅包括传统的第二课堂、社会实践等，还应包括创新创业平台、文化体验馆等。通过这些平台，学生有了更多的文化体验和实践机会，从而可以在参与中学习到中华文化的精髓，提高自身的综合能力。未来这些实践平台的建设经验以及育人案例也可能成为该领域研究的重要内容。总之，新时代背景下加强文化育人的实践创新案例研究是思想政治教育文化育人研究的一个重要趋势。通过理念创新、内容与方式的创新、平台建设以及评估与反馈等案例分析，可以不断提高文化育人的实际效果，为文化育人理论创新提供实践检验场域，同时也为文化育人的理论创新提供更多的实践经验。

除了以上几个重点研究趋势以外，随着全球化的深入发展和多元文化的交融，思想政治教育文化育人不断被赋予新的内涵，未来研究还可能聚焦在以下几个方面。首先，跨学科交融。思想政治教育与文化学、社会学、心理学等多学科的交叉融合，为文化育人的实践提供了跨学科的理论支持和研究视角，同时也为文化育人基础理论深化提供了丰富的学理支撑。其次，文化资源的深度挖掘。通过关注如何整合传统文化、红色文化、网络文化等不同类型的文化资源，创新教育方式，使学生在参与和体验中塑造正确的价值观。再次，关注文化实践活动的多样化。针对不同教育对象，设计和创新各种形式的文化活动，如文化体验营、红色教育基地研学、网络平台互动等，增强文化育人的吸引力和有效性。最后，推进文化育人评价研究。通过建立一套科学的文化育人评价体系，对文化育人的效果进行系统的评估和反馈，以确保文化育人的实践能够不断优化和发展。

第十五章　数字思政研究

2024年度，数字思政研究持续深化，学术界从不同维度聚焦数字思政的内涵和外延并进行了深入研究。2024年9月，习近平总书记在全国教育大会上强调："深入实施国家教育数字化战略，扩大优质教育资源受益面，提升终身学习公共服务水平。"① 这不仅为教育数字化战略实施指明了方向，也为推进数字思政实践提供了行动指南。分析把握年度研究进展、研究特点和研究趋势，是进一步深化数字思政研究的关键着力点，也是深入贯彻落实国家教育数字化战略的应有之义。

一、数字思政研究的年度进展

2024年，围绕数字思政的研究热度呈现上升趋势，其根本原因在于国家纵深推进教育数字化战略和思想政治教育数字化转型重要性的日益凸显；主要原因是学术界致力于数字思政的持续研究，使其理论框架逐步完善；最为标志性的研究成果是由冯刚、张力、山述兰等专家主编的学术专著《新时代数字思政体系构建研究》在中国社会科学出版社公开出版。自此之后，数字思政的关注热度、成果数量、体系完善程度等实现了较大的攀升。

2024年，数字思政、数字技术与思想政治教育融合等相关研究进一步展开，学术会议接续召开，一系列研究成果频频公开发表。2024年5月，由中国教育发展战略学会思想道德建设专业委员会和西华大学共同主办的"数字

---

① 《习近平在全国教育大会上强调 紧紧围绕立德树人根本任务 朝着建成教育强国战略目标扎实迈进》，《人民日报》2024年9月11日。

技术与思想政治教育方法创新"学术论坛在成都举行，80余位专家学者聚焦"数字变革对思想政治教育工作的影响研究"等相关议题碰撞思想火花。2024年12月，西华大学召开"新时代党的创新理论与青年思想政治工作"学术会议，来自中山大学、海南大学、西南交通大学、电子科技大学、西华大学等高校的中青年学者，分享了关于青年思想政治工作的数字化探索、思政课信息化建设等高校实践案例，推动数字思政研究更进一步。总体视之，本年度数字思政的研究主要聚焦数字思政的基础理论研究、数字技术与思想政治教育融合研究、数字思政的现实问题研究以及多维视角下数字思政的研究，形成了系列重要研究成果。

（一）数字思政基础理论研究持续深化

第一，关于数字思政基本内涵的研究。有学者聚焦数字思政的基本概念展开研究，并从概念建构、实践依据和具体内容三个方面，阐释了网络思政、虚拟思政、数字思政、数据思政、智能思政与智慧思政之间的区别与联系。[①] 有学者提出，数字思政的内涵特征主要包含三个方面：思想政治教育的育人内容数字化、育人方式数字化以及教育客体行为轨迹数字化。[②] 有学者认为，数字思政作用机制的本质在于，在数字公共领域实现思想交互，且要遵循相关规律，呈现出数字价值交锋活动的矛盾同一性。[③] 有学者聚焦数字思政的叙事机理，认为从本体论视角出发，网络意识形态下的故事世界催生了数字思政；从认识论视角出发，文本叙事的互文机能是数字思政意识形态生产的基础；从方法论视角出发，跨媒介数字叙事所呈现出的交互性空间思维以及所带来的审美体验，是数字思政的互联互动和敏捷智能赋予崭新动

---

① 颜佳华、李睿昊：《网络思政、虚拟思政、数字思政、数据思政、智能思政与智慧思政概念及其关系辨析》，《湘潭大学学报（哲学社会科学版）》2024年第3期。
② 石元鹏、万远英：《数字思政的内涵特征、建设优势及实践路径》，《学校党建与思想教育》2024年第6期。
③ 温旭：《"数字思政"的作用机制及其实现路径》，《思想理论教育》2024年第3期。

能的关键因素。① 有学者聚焦数字思政整体体系建构，全面系统阐释了数字思政的体系由内在机理、运行机制、内在要素、主体客体、保障体系、评价机制等多方面共同构成。②

第二，关于数字思政的主客体理论研究。有学者聚焦数字思政主体能力结构，提出以习近平总书记"3·18"重要讲话为根本遵循，发挥好思政课教师在数字思政建设中的主导作用，紧紧围绕提升和强化数字素养这一中心任务，从提高网络运用水平、树立人机协同教学理念、探索数字化教学方法、开展沉浸式教学实践等方面出发，实现数字思政主体能力的重塑。③ 有学者聚焦数字思政的客体，认为数字技术迭代革新、数字产品普及应用和数字文化多元交融等多重因素的影响下推动数字思政客体的出场，并提出要在把握数字思政客体的时代特质及形成原因的基础上，以规范数字交往行为、优化数字内容呈现、净化数字生态环境等方面为着力点，有效引导数字思政客体健康成长和全面发展。④

第三，关于数字思政空间研究。有学者认为，所谓数字思政是指依托数字技术的选择、改造和营造，在数字思政的整体设计、总体架构与实践运行中展开实践活动所依托的位置、秩序或场域。数字思政空间的产生源于数字社会和数字生产、源于人们主观创设、是运用数字技术创新思想政治教育空间的结果。数字思政空间的基本属性从静态层面看，具有知识性、意识形态性和育人性等一般属性；从动态层面看，具有集成性、虚拟性、开放性、交互性、自助性、泛在性等特殊属性。数字思政空间实现了多元主体共在共治共享，推动了经济、政治、文化等多种资源整合，优化了情景化、全景化、

---

① 万志昂、万冰岩：《论数字思政的叙事机理》，《教育理论与实践》2024年第18期。
② 冯刚、张力、山述兰等：《新时代数字思政体系构建研究》，中国社会科学出版社2024年版。
③ 蒋红、周虹江：《数字思政与思政课教师能力结构再塑》，《学校党建与思想教育》2024年第5期。
④ 汪斌：《数字青年的生存境遇及引导策略》，《学校党建与思想教育》2024年第6期。

即景化的教育内容呈现，拓展了思想政治教育的时空等。①有学者认为，数字思政空间的基本内容包括了基础的数字化硬件、核心的虚拟化情境、互动性叙事、根本的主流价值以及保障化的精准评价。数字思政空间具有化静为动的叙事动态性、化繁为简的知识还原性和化零为整的价值贯通性等基本特征。推动数字思政空间建设，一是要优化硬件，夯实生成根基；二是要创新叙事，对接意义链条；三是要选创情境，广谱知识点位；四是深嵌主流价值，丰富精神意蕴。②

（二）数字思政重要分支研究持续深化

以云计算、大数据和人工智能等为代表的数字技术不仅对人类生产生活产生了深刻影响，也推动思想政治教育高质量发展。数字思政是数字技术与思想政治教育深度融合的产物。关于数字技术与思想政治教育融合的研究是数字思政研究的一个重要分支，本年度学者们主要从三个方面展开：从整个数字技术出发，探讨其如何赋能思想政治教育；具体技术（如AI、大数据、人工智能等数字技术）与思想政治教育的深度融合；创新思维视角，关注不同研究对象，研究数字技术如何赋能思想政治教育。

第一，从整体层面出发研究数字技术赋能思想政治教育。有学者聚焦数字技术赋能思想政治教育方法创新应用，提出基于数字技术的精准分析、智能处理和人机对话的功能，能够催生新的思想政治教育方法，即知识图谱法、人机交互法和数字叙事等方法。找准高校思想政治教育方法的创新应用场景，需要以智能条件为基础的数字场域、以人本关怀为核心的应用理念、以数智应用为导向的设施保障等为前提条件。③有学者认为，高校要通

---

① 唐良虎、吴满意：《数字思政空间的基本内涵与价值意蕴探析》，《云南大学学报（社会科学版）》2024年第4期。
② 高盛楠、代金平：《数字思政空间：基本内涵、运行机理与建设路径》，《探索》2024年第4期。
③ 谭培文、邝文聪：《数字技术赋能高校思想政治教育方法创新应用研究》，《思想政治教育研究》2024年第2期。

过搭建实时互动的数字思政平台、构建高效的大数据决策机制、创设多元化的数字思政应用场景、建立信息共享的大学生思政工作保障机制等方式，应对数字技术驱动过程面临的现实挑战，从而推动大学思想政治工作的高质量发展。① 有学者聚焦数字技术赋能思想政治教育的内在逻辑，认为数字技术赋能思想政治教育是回应时代需求的必然之举，具体表现为四个层面：从时间层面看，是时代发展对思想政治教育提出的客观要求；从空间层面看，是全面推进"大思政课"建设的必然之举；从主体层面看，是满足思想政治教育主体的多元需要；从客体层面看，为思想政治教育的创新发展提供有力支撑。②

第二，从个体层面出发研究数字技术赋能思想政治教育。一是 AI 技术赋能思想政治教育的研究。有学者从 AI 技术的"人机关系"新范式出发，提出 AI 技术在赋能思想政治教育的过程中，开创了思想政治教育数字化转型的新局面、加速了思政课主体间性的转向以及增加了思想政治教育话语的接受度。③ 有学者基于大数据的预测、整合存储信息、透析语言信息等功能，立足于高校思想政治教育应用大数据的现实困境，提出大数据在赋能思想政治教育的过程中，思想政治教育者要通过增强大数据意识、提升大数据素养以及强化大数据思维，从而推动思想政治教育的理念创新、形态转型和模式升级。④ 有学者基于 ChatGPT 提炼信息、预测趋势和生成学习样本的功能，认为以 ChatGPT 为代表的生成式人工智能技术为思想政治教育时空场域拓展以及与人、社会强力互动提供技术支撑。具体表现为三个方面：从空间环境

---

① 吴恒仲、张桂华：《数字技术驱动大学生思想政治工作创新探究》，《学校党建与思想教育》2024 年第 10 期。

② 王爱祥、古静：《数字赋能思想政治教育的内在逻辑与实践遵循》，《学校党建与思想教育》2024 年第 9 期。

③ 张百合：《AI 技术赋能新时代思想政治教育：出场语境与实践路径》，《传媒》2024 年第 18 期。

④ 李伟、高春花：《大数据赋能高校思想政治教育创新发展研究》，《学校党建与思想教育》2024 年第 16 期。

看，为思想政治教育提供虚拟场景；从主客体关系看，增强了思想政治教育主客体之间交流的舒适感；从方法方式看，促进思想政治教育过程跨越"多对一"的批量互动模式。[1]

第三，立足不同视角研究数字技术赋能思想政治教育。有学者聚焦听障大学生，提出数字技术消解了听障大学生因生理条件缺陷导致思想政治教育过程中认知偏差或信息失真的问题、弥合了其表达能力障碍的局限性、化解了其因能力受限而带来的自我否定情绪等。[2] 有学者基于思想政治教育视角，从铸牢民族地区高校大学生中华民族共同体意识工作出发，认为数字技术精准识别、精准供给、精准设定的优势有助于促进民族地区高校大学生个性化发展、增强民族地区高校大学生的情感以及提升其创造能力。同时在数字技术赋能民族地区高校大学生铸牢中华民族共同体意识的过程中还存在制度薄弱、平台短缺、主体素养不足等现实困境。对此，民族地区高校要以铸牢中华民族共同体意识为主线，结合民族地区思想政治教育的实际情况，在制度层面，完善民族地区数字技术赋能高校思想政治教育的制度体系；在技术层面，构建民族地区高校思想政治教育数字化平台；在需求层面，提升民族地区思想政治教育主体数字素养。[3] 有学者围绕数字技术赋能中华优秀传统文化融入思想政治教育的载体创新，提出从技术载体出发，丰富数字资源、推动数字共享以及实现精准适调；从环境载体出发，加强数字化条件建设、搭建数字化场景和健全体制机制。[4]

---

[1] 董翼：《ChatGPT 融入思想政治教育的作用机理、潜在风险及研究展望》，《学校党建与思想教育》2024 年第 11 期。

[2] 俞晓婷：《数字技术赋能听障大学生思想政治教育的有为与可为：从技术融合到价值融入》，《中国特殊教育》2024 年第 9 期。

[3] 董辉、马鑫一：《数字技术赋能民族地区高校大学生铸牢中华民族共同体意识探析——基于思想政治教育视角》，《贵州民族研究》2024 年第 3 期。

[4] 王增福：《中华优秀传统文化融入思想政治教育的实践路径》，《教学与研究》2024 年第 6 期。

（三）数字思政的现实问题持续受到关注

习近平总书记强调："一切有价值、有意义的文艺创作和学术研究，都应该反映现实、观照现实，都应该有利于解决现实问题、回答现实课题。"① 关注并回应现实问题是开展学术研究的出发点和落脚点，是学术研究不断深入的重要源泉，是深化认识、找准突破口的必然选择。分析和探讨现实问题是学者们研究不可回避的重要话题。本年度学者们围绕具体现实问题，聚焦数字思政中的育人体系、数据主义、人工智能素养培训以及技术构件的发展梗阻等方面展开学理研究，形成一系列丰富的研究成果。

第一，关于数字思政实践问题研究。有学者聚焦数字思政实践路径，从思想政治教育领域出发，认为推进数字思政建设要提升思想政治教育主体的数字素养，增强其数字伦理意识；要搭建数字平台和创设数字教学场景，提升思想政治教育效果；要建立完善的评价机制，达到"以评促教"的效果。② 有学者从数字公共领域出发，认为数字思政要在数字空间中有效甄别内容输出，在主客体转换中强化主体力量和客体的批评能力，在价值交互中检验是否符合社会主义核心价值观。③

第二，关于数字思政具体问题研究。首先，数字思政中的育人体系研究。有学者认为，数字思政的育人体系是指通过数字技术与思想政治教育的目标、内容、场景等方面的深度融合，从而实现思想政治教育全方面、系统地转型升级和改造，最终发展成为区别于思想政治教育其他体系的数字思政育人体系。具体表现为两个方面：从系统思维看，数字思政育人体系是一个全方位的系统工程；从空间维度看，数字思政体系不仅包括现实场域的教育活动，还包含虚拟空间的教育实际情况。技术性、整合性、互动性是数字育

---

① 习近平：《一个国家、一个民族不能没有灵魂》，《求是》2019年第8期。
② 石元鹏、万远英：《数字思政的内涵特征、建设优势及实践路径》，《学校党建与思想教育》2024年第6期。
③ 温旭：《"数字思政"的作用机制及其实现路径》，《思想理论教育》2024年第3期。

人体系的基本特征。同时，数据资源的有效运用程度、智慧平台建设的完善情况和智能系统的建设共同影响着数字思政育人体系。① 其次，数字思政中数据主义的研究。有学者提出，数据主义是数字思政中的一种量化导向的育人评价模式、数据优先的育人思维方式以及算法驱动的决策方式。在数字思政的运行过程中，会出现数据失真以及运行效能内耗、数据应用失范和驱动失序以及数据主义引发的叠加效应。因此，该学者提出要通过秉持科学适度的数据应用观念、坚守数据理性与经验感性的辩证统一和提升思想政治教育主体的数据素质的纠治方式，防止数据主义对数字思政产生的负面影响。② 最后，数字思政中的人工智能素养培训研究。有学者基于系统哲学的视角，从认识论出发，分析了人工智能素养培训分众化的特点；从价值论出发，阐明了人工智能素养培训的工具导向问题；从方法论出发，厘清了人工智能素养培训的精准性目标。③

第三，数字思政中技术问题研究。有学者认为，数据、算法、算力三大关键性技术构成了数字思政的关键性技术构件，其中足量的全样本数据是数字思政的分析基础和训练资源；适切的算法是维系数字思政有效运转和有序运行的核心要素；超强的算力是数字思政快速反应和精准决算的技术支撑。同时，数字思政技术构件发展也面临现实梗阻，主要包括难以汇集的全样本大数据、主导性技术逻辑的选择难题以及超强算法亟待突破的限囿是数字思政目前亟待解决和突破的重要问题。提出解决这些问题的核心要义主要包括三个方面：一是从"建""转""连"三个层面入手，加快数字思政的生态化系统的构建；二是设计凸显学生的核心地位，贯穿社会主义核心价值观的算

---

① 谢东俊：《新时代数字思政育人体系的基本内涵、运行特色与影响因素》，《思想政治教育研究》2024年第3期。

② 胡华：《数字思政中数据主义的呈现样态、叠加效应和纠治进路》，《黑龙江高教研究》2024年第6期。

③ 黄闪闪：《从系统哲学看数字思政中的人工智能素养培训》，《系统科学学报》2025年第1期。

法底层架构;三是强化协同联动,推动数字思政技术创新的体制机制。①

二、数字思政研究的年度特点

数字思政是当前非常热门的研究话题,是一个持续发展的命题,同时也是一项系统性、长期性的工程,其对于推动思想政治教育切实提升教育实效、实现高质量发展有着至关重要的作用。梳理 2024 年度数字思政研究成果,不难发现本年度相关研究呈现出了与时俱进、持续深耕和问题导向等阶段性特征。把握这些阶段性特征,对进一步把握数字思政的研究前景和发展趋势具有重要意义。

(一)与时俱进:以党的创新理论为引领,确保数字思政理论研究的时代性和前沿性

数字思政是学界持续关注的重要命题,也是党和国家关于教育数字化战略的重要组成部分。随着数字技术快速更新迭代以及党和国家对教育数字化转型的高度重视,数字思政的相关研究不断走向精深,研究成果愈发精炼、研究认识持续深化。当前数字思政的研究立足于教育数字化转型的国家战略布局,以党的创新理论为引领,以习近平新时代中国特色社会主义思想为根本遵循,以不断深入的规律性认识探寻数字思政研究体系的生长点和突破口,推动数字思政研究体系不断丰富和完善,确保了数字思政理论研究的时代性和前沿性。

第一,以习近平同志为核心的党中央对思想政治教育首要地位和引领作用的高度重视为数字思政研究提供根本遵循。数字思政研究离不开理论的支撑与指导,党的十八大以来,以习近平同志为核心的党中央对思想政治教育首要地位和引领作用的高度重视为数字思政建构提供了理论基础和科学指

---

① 吴满意、唐良虎:《数字思政技术构件:内在意蕴、发展梗阻与纾解理路》,《贵州师范大学学报(社会科学版)》2024 年第 5 期。

南。2024年，习近平总书记在多个场合就新时代马克思主义理论研究和建设工程、学校思政课建设、教育强国建设等作出一系列重要论述和指示，深刻影响着数字思政的理论研究和实践进展，成为本年度数字思政研究创新的根本遵循，同时也成为本年度数字思政研究的重点理论依据。2024年12月，西华大学召开"新时代党的创新理论与青年思想政治工作"全国学术会议，来自不同高校的中青年学者对学校思政课数字化建设分享了关于数字思政的高校实践案例与理论研究。

第二，习近平文化思想为数字思政研究提供重要理论依据。2024年，《习近平文化思想学习纲要》的出版是我国思想政治教育领域的一件大事，它不仅对推动数字思政的实践创新具有重要意义，而且在理论上也提供了丰富的学术资源和深刻的思想武器，成为本年度数字思政研究的重要依据。一方面，习近平文化思想强调社会主义意识形态的建设。2024年度数字思政研究中关于社会主义意识形态建设的研究取得了显著进展，表现为数字思政的叙事机理、数字思政空间的价值属性必须符合社会主义意识形态。另一方面，习近平文化思想强调社会主义核心价值观的培育和践行。2024年数字思政研究中涉及数字思政主客体在价值交互中检验是否符合社会主义核心价值观，数字思政设计的底层逻辑必须贯穿社会主义核心价值观等问题。总体而言，2024年的数字思政研究以习近平文化思想为重要依据，不断深化理论研究，拓展实践路径，促进理论深化与实践创新的有机结合，进一步推动了数字思政研究的科学化、系统化、现代化进程。

第三，习近平总书记关于数字中国建设的相关重要论述赋予数字思政研究深刻的学理内涵。一方面，习近平总书记关于数字中国建设的相关重要论述以技术赋能为核心，强调数字技术在新发展方式上的"赋能"效应，数字技术是推动思想政治教育数字化转型和超越内源性发展的动力所在。习近平总书记关于数字中国建设的相关重要论述充分体现了习近平总书记对教育变革与数字技术耦合关系上的敏锐把握，反映了习近平总书记立足教育强国建设的全局，依靠数字技术打开发展新引擎来助力思想政治教育主客体的数字素养提升的超强洞察能力。另一方面，伦理规范观是习近平总书记关于数字中国建设的相关重要论述的核心要义之一。习近平总书记高度重视数字技术安全，将法律法规、制度体系和伦理道德看作数字技术向善的伦理指引的保障，这是习近平总书记站在历史和未来的高度，针对数字技术可能带来的风险和挑战而进行的前瞻思考、前瞻研究和前瞻布局。

（二）守正创新：以兼顾研究的广度与深度为原则，推进数字思政研究体系的完善性

数字思政研究因为数字技术的通用性、高效性、发展性、包容性，不断涌现出新的研究内容、研究对象，逐渐形成新的研究分支，以广阔的研究视野不断拓展数字思政的研究体系。基于此，数字思政的内容能够不断积累丰富，在数字技术与思想政治教育的持续交叉融合中数字思政理论与实践得以进一步扩展，在研究内容上呈现出丰富性。

第一，注重向内探寻，研究注重把握自身理论、内部各要素以及发展过程可能面临的新问题。向内探寻是数字思政研究不可忽视的重要命题，以辩证的眼光审视自身的发展变化，坚持问题导向，着眼于发现和解决实际问题和前瞻性问题，进而在深化认识和自我完善中发展数字思政研究。一是概念界定更加明确。本年度学者对数字思政与思想政治教育领域衍生的其他概念的具体内涵进行了阐述，并对其进行了关系辨析，对数字思政研究领域的学术交流和知识生产起到了积极的作用。二是更加着眼于内部要素。"数字思政空间""数字思政技术构件"等新的要素概念的提出，加之聚焦数字思政的主体素养、客体样态、叙事内容等各种思想政治教育要素的新发展，深化对数字思政的基础理论的规律性认识，同时向内着眼数字思政的现实问题，关注数字思政中技术异化、数据不可解释性、技术价值消解等问题，在寻找解决路径中丰富数字思政的研究。

第二，注重向外延伸，探究思想政治教育与数字技术结合以及不同视角下的新可能。向外延伸是数字思政研究的重要路径，运用快速更新的数字技术、结合不同领域、不同理论的研究视角，在深度结合中拓展数字思政的研究视野。本年度学者们向外拓展的数字思政研究表现在，找准不断发展的数字技术的优势，结合吸收不同领域不同理论的研究视角，如中华优秀传统文化、中华民族共同体意识等，通过新思维、新理念、新角度审思数字技术、思想政治教育以及其他理论结合的各种可能性，提出稳定运行的有效路径，从而实现在原有认识基础上的守正创新，数字思政的研究内容和研究成果得以进一步丰富。

第三，呈现由表及里的显著特征，在已有研究基础上进一步深入。本年度学者不仅仅停留在整体层面对数字思政展开研究，而更多的是尝试从数字思政的核心问题作出进一步的探讨，以此形成对数字思政本质性和规律性的认识。无论是对数字思政空间探索，还是对数字思政的概念辨析，抑或是对数字思政中的各种要素和具体问题的深入探讨，都体现了研究者们力求立足数字思政原有基础理论，实现在思想认识上对其有更深层次的发掘，以及研究成果更加精细化的产出，进而将数字思政研究不断向深入发展。

（三）问题导向：以注重理论与实践的互动为导向，反映数字思政研究解决问题的及时性

习近平总书记强调："问题是事物矛盾的表现形式，我们强调增强问题意识、坚持问题导向，就是承认矛盾的普遍性、客观性，就是要善于把认识和化解矛盾作为打开工作局面的突破口。"① 随着数字思政研究的不断深入，一系列基础性理论、专门性范畴、原生性话语、关键性议题等逐渐建构完善，但同样数字思政在实践过程中的理论与实践问题也不断涌现。回顾2024

---

① 《习近平在中共中央政治局第二十次集体学习时强调　坚持运用辩证唯物主义世界观方法论　提高解决我国改革发展基本问题本领》，《人民日报》2015年1月25日。

年度研究成果，学者们始终坚持以问题为导向，既回应在数字思政研究过程中产生的理论问题，又着力破解数字思政实践过程中引发的具体问题，同时还注重关注数字思政未来发展可能遇到的实践难题，进而在一系列错综复杂的关系理清和共同突破中，寻找数字思政长效发展的有效策略。

第一，围绕理论问题进行有针对性的阐释。理论问题是数字思政研究回应的首要问题，涉及数字思政的基本内涵、内在规律、内在机制等多个方面。2024年，学界以数字思政的理论问题为导向，系统阐释了数字思政相关概念的具体意涵、历史演进与发展，分析了数字思政在发展过程中的建设优势、作用机制、叙事机理，深入研究数字思政时代意蕴和实现路径，同时也围绕数字思政的各个内在要素，聚焦数字思政空间的价值意蕴、运行机理、建设路径，剖析数字思政中大数据、人工智能、算法等数字技术在与思想政治教育深入融合过程中的耦合关系、技术原理、潜在风险等问题进行了有针对性的理论探究，为有效开展数字思政实践提供了多维参考。

第二，围绕具体问题进行有针对性的探讨。具体问题是数字思政研究需要回应的核心问题，涉及数字思政以及其各个要素在发展过程中遇到的实际状况、现实困境、应对策略等多个层面。本年度学者聚焦数字思政在发展过程遇到的认知困境、技术困境、实践困境，分析数字思政中面临的主体缺位、客体思想极化、环体错综复杂、载体效能不足等现实问题，从不同方面提出了数字思政目前发展存在的一系列问题，有效推动了数字思政的发展完善。

第三，围绕前瞻性问题进行有针对性的建议。前瞻性问题是数字思政长效发展的关键问题。涉及数字思政研究的每个环节，目前学术界对于数字思政的前瞻性问题研究已经初具雏形，具体表现为两个方面：一是聚焦数字技术对思想政治教育领域可能带来的影响。在本年度的研究中，学者们提出了数字技术推动思想政治教育方法的可能性、思想政治教育研究范式创新的可能性、与其他理论和学科融合的可能性。二是聚焦数字思政长效发展的关键问题。学者们针对目前数字思政发展中存在的技术性问题、认知性问题和实践性问题等一系列问题，提出了前瞻性的对策和建议，有效推动了数字思政的发展完善。

三、数字思政研究的趋势展望

数字思政是推动思想政治教育高质量发展，实现思想政治教育数字化转型的重要手段，是思想政治教育数字化转型是否成功的"试金石"。目前，围绕数字思政的研究数量不断增多、学术共同体规模不断扩大、多学科融合不断深入，数字思政在思想政治教育学科发展中的地位和作用进一步发展基本达成共识。在新时代新征程上持续推进教育数字化转型、建设教育强国战略背景下，未来对数字思政的关注和研究将进一步推进和深入。

（一）数字思政研究前景

习近平总书记强调："要根据时代变化和实践发展，不断深化认识，不断总结经验，不断实现理论创新和实践创新良性互动。"[①] 新时代数字思政无论是理论创新还是实践创新，研究前景都十分广阔。我们对数字思政的认识越发深刻，思想政治教育的数字化转型越发成功，以习近平新时代中国特色社会主义思想为指导，推动数字技术向善，为数字思政的实践创新和学理探讨提供了广阔的舞台。

第一，理论研究和实践研究的共同推进是今后数字思政研究的总体趋势。理论研究和实践研究的共同推进需要建立在二者良性互动基础之上同向同行和同频共振。一方面，继续深化数字思政的基础理论研究是推进其进一步发展的内在要求和必然趋势。具体来说，深化基础理论要从思想政治教育基本原理、马克思恩格斯科学技术思想、习近平总书记关于思想政治教育

---

① 《习近平在中共中央政治局第二十次集体学习时强调 坚持运用辩证唯物主义世界观方法论 提高解决我国改革发展基本问题本领》，《人民日报》2015年1月25日。

和数字技术的相关重要论述以及其他相关技术理论等角度探寻数字思政的理论根基，但不是简单地将这些理论叠加重合研究，需从学理层面展开深入研究，推演其中的内在联系，从而为数字思政研究提供深厚的理论滋养。另一方面，数字思政的基础理论研究要充分结合当前实际情况，树立问题意识，坚持问题导向，从宏观和微观等不同角度出发，总结与升华具有普遍意义的理论认识。展望未来，从理论和实践方面共同推进，探讨在推进教育数字化转型和教育强国建设的背景下，如何将数字思政的实践探索转化为理论成果，如何更好地挖掘数字思政的潜在功能、如何发现数字思政在运行过程中的细节问题、如何更好评判数字思政的育人效果等问题都将成为数字思政后续研究持续关注的重要内容。

第二，兼顾研究广度与深度是今后数字思政研究必须继续坚持的一项重要原则。研究深度是对某一理论或实践问题进行细致、全面、透彻程度的探索；研究广度是指在开展一项研究时，所涉及的范围、领域以及涵盖的相关因素等方面的程度。二者的有机结合和协同推进对于构建系统完备的数字思政体系具有重要意义，也是今后数字思政研究的大势所趋。展望未来，数字思政要继续强化研究深度与广度的有机统一。在提升研究广度方面，其一，要加强跨学科融合。本年度的研究主要集中在马克思主义理论学科，其他学科的人员从事本领域研究相对还不够丰富。因此，一方面要继续引入多学科理论与方法，如计算机科学、传播学、心理学、教育学等学科的相关理论方法，探索符合数字时代特点思想政治教育研究范式。另一方面要开展跨学科合作研究，持续扩大学术共同体的规模。通过不同学科背景人员的合作，能够从多个视角对数字思政进行全面深入的研究。其二，要全面考量相关因素。具体来说，一是要持续关注数字环境变化，综合考虑数字环境的自身特点和影响，包括数字平台类型（如社交媒体平台、在线学习平台、移动应用等）、数字技术未来发展方向（如以 Sora 为代表最新一代生成式人工智能等）、数字信息传播规律（如信息扩散速度和规律、传播范围、受众反馈机制等）。二是要纳入受众群体差异。这需要立足于不同学术的表现和需求，充分考虑学生的年龄、专业、学习习惯、数字素养等差异，以及思想政治教育工作者的教育风格、数字技能等因素。其三，拓展研究的时空范围。一方面，要从历史视野出发，通过纵向对比，更好地把握数字思政的发展趋势和特点。另一方面，要从国际视野出发，通过横向对比，拓宽研究视野，汲取其他国家在利用数字技术开展相关工作方面的先进经验。在强化研究深度方面，一是要进一步明确数字思政要解决的核心问题，避免边界模糊。如，如何界定"数字思政的效果"与"基于虚拟现实技术的思政教育对大学生群体情感态度价值观培养的具体效果"的区别与联系。二是要增加不同合适研究方法的选择。如通过问卷调查法、访谈法等实证方法研究数字思政的实践效果。三是要继续进行前瞻性思考。在已有研究的基础上，对数字思政未来发展趋势、可能出现的问题提出有价值的预测和设想。简言之，一方面，要在聚焦而深入的具象研究中揭示数字思政的独特价值与一般规律；另一方面，要在整体而全面的系统研究中挖掘数字思政的内涵与外延。

（二）深化国家战略背景下数字思政的发展研究

2024 年 11 月 29 日，习近平总书记对新时代马克思主义理论研究和建设工程作出了重要指示。数字思政研究作为马克思主义理论研究的重要组成部分和前沿问题，需持续关注"数字思政研究"与"以中国式现代化全面推进强国建设、民族复兴伟业"的关系，深刻把握教育数字化转型战略和建设教育强国的宏观背景，以党的创新理论为引领，探索数字思政研究前沿问题与之相契合。2022 年，党的二十大报告提出了"教育数字化转型"的重大命题。2023 年 5 月，习近平总书记在中共中央政治局第五次集体学习时强调："教育数字化是我国开辟教育发展新赛道和塑造教育发展新优势的重要突破口。"①2024年8月，党的二十届三中全会强调，"教育、科技、人才是中国式现代化的基础性、战略性支撑"，要"统筹推进教育科技人才体制机制一体改革"。② 这些宏大背景都是数字思政研究必须严格依据的遵循点。如：在数字思政的育人体系与实现党的二十届三中全会报告所提出的"统筹推进教育科技人才体制机制一体改革"重要要求之间，前者如何实现重大价值并支撑赋能后者战略要求，这些都是学者们值得关注和研究的主题。

除此之外，我国与数字技术有关的规章制度也逐步完善。《中华人民共和国政府信息公开条例》《互联网信息服务算法推荐管理规定》《生成式人工智能服务管理暂行办法》等规章制度初步构建起数字技术规范使用的制度体系，但数字技术在嵌入思想政治教育的过程中，许多细节仍需做出明确的界定，许多问题仍需给予相关的制度回应。比如，如何界定不同数字技术的运用边界，如何明确数字思政平台的安全责任等都是值得关注的问题。

展望前景，在时代浪潮和国家战略的因应逻辑中，数字思政的宏观研究、中观研究、微观研究必将进一步深化，数字思政的科学性、严谨性、前沿性、实效性必将在守正创新中得到进一步提升。

（三）数字技术发展对数字思政的机遇研究

数智时代的到来，每一个领域或学科都在探寻与数智技术发展相结合的可能性和可行性。数字思政研究更应该重点关注。2024年世界科技与发展论坛主题会议在京举办，会议上发布了2024人工智能（AI）十大前沿技术趋势展望。未来研究除了立足数字思政发展的现实问题，更要在不断发展的数字技术中把握契机。

首先，技术的快速发展为提升数字思政精准育人提供了新的手段。小数

---

① 《习近平在中共中央政治局第五次集体学习时强调 加快建设教育强国 为中华民族伟大复兴提供有力支撑》，《人民日报》2023年5月30日。

② 《中共中央关于进一步全面深化改革 推进中国式现代化的决定》，人民出版社2024年版，第13页。

据精准度和关联性的特点，减轻了人工智能对算法对数据量的依赖，降低了不确定性。因此，如何运用小数据的技术特征提升数字思政的精准育人效果可能是未来该领域的研究选题。

其次，技术的更新迭代为解决数字思政实践过程中的伦理问题提供了可能。AI使用边界和伦理监督模型框架的建立，确保了AI技术在融入思想政治教育过程中遵循既定的原则，从而减少AI在制度没有确定的情况下被过度使用所带来的风险。因此，运用数字技术解决数字思政产生的伦理问题也会继续成为未来的研究选题。

最后，技术的进步为数字思政的假设检验研究提供了可能。大模型、生成式技术等手段，能够有效提高数字思政理论研究和实践探索中提取假说、试验设计、数据分析等阶段的效率和准确性。具身智能技术能够通过多模型投票等学习方法，结合机器人结构与环境特性选择合理的模型控制算法。这种智能升级方式能够更好地满足数字思政客体的多样化需求。因此"虚拟辅导员""虚拟助教"可能成为未来数字思政的一个分支研究。

综上所述，这些新兴数字技术将在未来与思想政治教育深度融合的过程中擦出新的火花，同样也必将成为学术界持续关注和研究的生长点。

（四）立足田野调查，加强数字思政实践案例的研究

回顾2024年度关于数字思政的实践路径研究，不难发现关于数字思政实践探索的实践案例明显不足。就目前的研究成果看，数字思政基础理论研究已经有了良好的基础，并且也关注到了一些分散、细节的问题。但是在本年度数字思政研究成果中，还缺乏对高校数字思政探索案例收集、归纳、整合、总结，并将其上升为理论阐释；缺乏对数字思政评价效果的研究；缺乏对主客体运用数字思政情况的调查研究等。

思想政治教育是一门实践性很强的学科，数字思政的实践推动其基本概念、工作范式、理论研究的创新发展。当前，数字思政的实践发展正为我

们拓展出一片广阔的"田野"。近年来,各高校和教育主管部门围绕数字思政实践展开了积极探索,数字思政的应用范围越来越广泛,典型案例持续涌现。

一是关于虚拟思政课的探索。清华大学"思想道德与法治"虚拟仿真实验课上,同学们仿佛置身于贵州大山深处,与虚拟的南仁东先生席地而坐、共同仰望苍穹,聆听"天眼"建造的非凡历程。西南财经大学课堂上,同学们头戴 VR 头盔变身为"红军战士",进入"飞夺泸定桥"的虚拟战场,在枪林弹雨中冲锋陷阵。

二是关于数字化精准育人的探索。浙江理工大学构建"数字画像"平台,使用者超 2 万人,系统集学生、教师、教育管理工作者"四位一体",日均累计访问次数达 4 万余次,最高达 7 万～8 万次,形成了具有大数据育人特色的一体化教育管理工作体系。华东师范大学设计并投入应用大模型对话机器人探索 AI 精准赋能"问题诊断、困难纾解、深度学习"。其中,"AI 心灵对谈"虚拟咨询师可提供个性化、本土化、定制化的 AI 智能咨询,"AI 小员"数字辅导员可作为辅导员的业务助手和虚拟导师帮助搜索信息、互动答疑等。

三是数字平台育人的探索。关于西华大学依托"西华易班"数字平台开展基于真实校园场景与师生大样本的数字思政探索,以党建工作智慧化为目标,建设"e 心向党"党建工作品牌;以阵地载体为目标,建设"微信端"学生数字门户;以学生事务信息化为目标,建设"一站式"线上服务大厅;以信息发布精准化为目标,建立统筹协调的校园信息发布平台;以思政工作科学化为目标,建设学生大数据分析平台;以思政课程建构化为目标,建设"青梨派"教学实践阵地;以提升思想引导力为目标,丰富易班网络文化供给。

未来数字思政研究也不可或缺的需要案例研究加持。首先,数字思政评价效果的创新案例研究。应结合学校和学生的实践情况,采取问卷调查、实地调研、访谈等方式,通过信度分析、效度分析、指标聚合分析等方法,评估数字思政的实践效果。其次,数字思政平台育人案例研究。目前,以易班为代表的数字思政平台在育人方面已经取得重大成效。这些平台不仅包括传统的学生事务、教学科研、生活服务等基本内容,也涵盖了学生精准画像、虚拟课堂等创新应用。放眼未来,这些数字思政平台的实践经验和育人案例也将为"大思政"格局和"大中小学思想政治教育一体化建设"背景下进一步深入研究数字思政提供参考,以期实现数字思政的高质量发展。

数字思政作为思想政治教育学科的前沿研究领域,立足数字时代背景、教育数字化转型和建设教育战略强国的国家战略考量,必将涌现出更为丰硕和精深的研究成果。基于本年度对数字思政研究的梳理,对于其深度与广度有待提升、理论与实践互动有待增强等现实问题,学术界将从及时性、完善性、前沿性提升的三重维度出发,在理论与实践的良性互动、研究广度与深度的有机结合、时代要求与国家诉求中持续加强对数字思政的研究。尤其是正视小数据、大模型、具身智能等新兴技术给数字思政带来的机遇与挑战,深度剖析其背后的技术逻辑与思想政治教育的耦合关系,让数字思政真正成为思想政治教育"善用"数字技术的产物。相信未来必将产出更多高质量的发展成果,丰富数字思政的研究体系,在推进教育数字化转型战略与教育强国建设的过程中发挥重要作用。

第十六章　思想政治理论课建设研究

2024 年，思政课建设依然是学界关注的热点问题，相关研究数量持续攀升，研究内容不断丰富，涌现出许多具有新视角的成果，展现了思政课建设进入内涵式发展阶段后的新样态，体现了一线思政课教师和专家学者对思政课改革创新的新思考，以及社会公众对思政课建设发展和改革创新的新期待。

一、思政课建设研究聚焦

本年度，学者们围绕习近平总书记关于思想政治教育的重要论述，深入探讨了思政课建设的基本理念、方法路径、重点内容等问题，既有思想政治教育学科持续关注的经典问题，也有思政课建设发展过程中出现的新情况新问题，体现着我国思政课建设的学理探索和现实需求。

（一）思政课基本内涵的深化拓展研究

本年度，学者们对思政课的概念内涵进行了深入探讨，具体体现在以下几个方面：第一，思政课概念内涵的进一步明确与拓展。学者们进一步审视了思想政治理论课的内涵，试图通过梳理其历史演进与实践发展，明确其在新时代中国特色社会主义背景下的定位和作用。[①] 从思政课核心功能的视角展开研究，认为思政课从传统的政治教育功能拓展到更广泛的德育、文化育

---

① 王易：《中华优秀传统文化与思想政治教育融合发展的历史与经验》，《教学与研究》2024 年第 6 期。

人和心理育人功能，凸显其在全面育人体系中的关键地位。[①] 从课程目标多元化的视角展开研究，认为思政课不仅强调对学生政治认同的培养，还关注学生的价值观塑造、文化认同以及科学精神的培育。[②] 从战略定位的视角展开研究，认为思政课是立心立魂、强基固本、立德树人的关键课程。[③] 第二，思政课学科属性的再确认。思政课是一门兼具理论性、实践性和应用性的综合性学科。学者们从哲学、教育学、心理学等多学科视角切入，对思政课进行深入的学理性探讨。如思政课与马克思主义理论的关系，思政课作为马克思主义理论的重要实践阵地，其概念研究强调了与党的创新理论的紧密衔接。思政课与教育学的交融，学者们关注如何将思想政治教育的基本理念与教育学的现代方法论相结合，以实现课程内容与教学方式的优化。回归学科属性，思政课要强调用学术讲政治，政治上的坚定源于理论上的清醒，坚定正确的政治方向源于坚定的马克思主义信仰，政治是非的判断能力源于深刻的理论洞察能力，强大的政治定力源于马克思主义赋能的政治立场。[④] 第三，新时代背景下的思政课内涵重塑。在中国式现代化和党的创新理论的引领下，思政课概念被赋予了新的时代特征。基于文化自信与理论自觉视角，强调思政课作为传播中国特色社会主义文化与理论的重要载体，其概念应体现高度的文化自信和理论自觉。基于立德树人任务的强化，进一步明确了思政课在落实"立德树人"根本任务中的核心作用，注重从社会发展需求和学生成长规律出发重新定位课程目标。[⑤] 基于思政课资源开发与共享的视角，强调要善用"大思政课"。[⑥] 第四，思政课概念研究与党的思想政治工作实践

[①] 冯刚、陈哲：《思想政治教育功能研究40年发展：演进、特点与展望》，《中共云南省委党校学报》2024年第4期。
[②] 冯刚、周巍：《论中华民族现代文明建构的守正与创新》，《道德与文明》2024年第4期。
[③] 骆郁廷、余焰琳：《论思想政治理论课的战略定位》，《马克思主义与现实》2024年第5期。
[④] 骆郁廷、刘鸿畅：《用学术讲政治是讲好思政课的关键》，《思想理论教育导刊》2024年第6期。
[⑤] 王易：《守正创新推动思政课建设内涵式发展》，《思想教育研究》2024年第5期。
[⑥] 牛小侠、黄卫东：《高校善用"大思政课"培根铸魂的内涵、原则和关系探究》，《思想理论教育导刊》2024年第3期。

之间的互动。本年度研究成果特别强调思政课概念的学理性与其实践操作性的结合。如政策文件与课程实践的对接加强，学界注重分析新时代教育政策对思政课概念的影响，如对"课程思政"内涵的诠释与实践意义的挖掘。注重思政课课程内容与学生需求的匹配，通过探讨学生在价值观形成、政治认同、文化自信等方面的现实需求，重新审视思政课的教育功能和概念定位。

（二）思政课改革创新的方法路径研究

本年度，学者们在研究中继续关注高校思政课的改革创新，主要从以下几个方面进行探索：第一，优化与更新教学内容。学者们认为，思政课内容建设要紧跟时代需求，融入党的创新理论，将习近平新时代中国特色社会主义思想和党的二十大精神融入课程内容，确保理论教学的时代性与权威性。[①] 聚焦社会热点，结合国家战略和社会发展中的热点问题，如数字经济、人工智能[②]、绿色发展等，增加课程内容的现实关怀。弘扬中华优秀传统文化，强化课程中的文化自信教育，融入中华传统文化、革命文化和社会主义先进文化的内容。[③] 学者们认为，思政课内容整合要推进课程专题化建设，如开设"共同富裕""人类命运共同体"等专题课程，强化学生对特定领域的理论认识。第二，创新多元教学方法。一是课堂教学形式的改革。推广案例教学法，通过贴近学生生活和社会实际的典型案例，增强课程的吸引力和说服力。探索问题导向教学，鼓励学生围绕课程内容提出问题，通过讨论与探究式学习加深对理论的理解。[④] 探究情景模拟教学，在模拟实践中引导学生体

---

① 沈壮海、司文超：《思政课建设的核心理念及其实践引领》，《中国高等教育》2024年第6期。
② 冯刚：《人工智能与思想政治教育的深度融合》，《山西师大学报（社会科学版）》2025年第1期。
③ 冯刚、徐先艳：《把握习近平文化思想的真理和道义力量》，《北京大学学报（哲学社会科学版）》2024年第5期。
④ 冯刚、郭修远：《新时代大学生思想政治教育方法体系的建构》，《思想政治教育研究》2024年第1期。

验不同角色的思维方式，提升理论的实用性与趣味性。二是线上线下融合。开发使用智慧课堂，充分利用信息技术和数字化资源[①]，推动思政课由单一课堂教学向智慧教育转型[②]。推动线上资源共享，开发精品在线课程、虚拟仿真实验项目以及教育类短视频，使思政课教学形态更加灵活多样。[③]第三，改革思政课评价体系。学者们认为，要探索多元化评价标准。构建综合评价机制，将学生对理论知识的掌握、参与讨论的深度和社会实践的表现结合起来，进行综合评估。要探索动态化评价，通过阶段性学习反馈、课后小组讨论成果等方式，实时评估学生的学习效果，避免单一依赖期末考试成绩。要强调实践导向评价，鼓励学生结合思政课学习成果撰写实践报告、策划公益活动，提升其对理论的实际运用能力。第四，创新与开发思政课教学资源。一是开发特色课程。依托地方文化资源、红色文化资源和区域经济特点，开发特色化思政课教学内容。举办具有地方特色的实践教学活动，如红色文化教育基地参观等。二是加强数字化资源建设。加强智慧教育平台建设，为师生提供全面的课程资源、在线测评工具和互动功能，形成"互联网+思政课"的教育新模式。第五，持续推进思政课师资队伍的专业化建设。一是思政课教师专业能力提升。通过专项培训、集中备课和交流研讨等方式提升思政课教师的教学能力和理论水平。鼓励教师积极参与马克思主义理论研究，强化其学术研究能力和课程开发能力。二是实践经验与理论研究相结合。鼓励教师通过挂职锻炼、基层调研等方式积累实践经验，将理论与实际紧密结合。第六，强化思政课实践教学。一是拓展社会实践活动。组织学生参与基层调研、公益活动等形式的实践活动，将课堂理论与社会实际相结合。开展形式多样的主题教育活动，如志愿服务、党史学习教育等，增强学生的社会

---

① 冯刚、李锦韬：《信息技术赋能思政工作质量提升的逻辑理路》，《学校党建与思想教育》2024年第21期。

② 王易、朱惠羽：《数字技术赋能高校思想政治理论课教学论析》，《马克思主义理论学科研究》2024年第3期。

③ 彭庆红：《善用数字技术建好"大思政课"》，《中国高等教育》2024年第9期。

责任感。二是促进校企合作和社区联动。探索与企事业单位的合作机制，将思政教育嵌入企业文化建设和职业发展规划中。加强学校与社区的联动，推动思政课进社区、进农村，拓展思政教育的影响力。

（三）大中小学思政课一体化建设研究

大中小学思政课一体化建设近年来成为学界研究的重要议题，2024年学界通过学术和实践的双重视角，对一体化建设的理论内涵、实践路径及挑战进行了深入论证。

第一，一体化建设的理论内涵与价值意义更加明晰。一是一体化建设的科学内涵。学者们在研究中明确提出，大中小学思政课一体化建设是指从小学到大学，根据学生成长规律和思政教育目标，统筹设计课程内容、教学目标、方法手段和评价标准，形成一以贯之的育人体系。强调一体化建设需要在"纵向衔接"中体现不同学段的教育连续性，在"横向融合"中加强课程的系统性和整体性。① 二是价值意义得以多维体现。如促进立德树人根本任务的落实通过一体化建设，确保从小学到大学的思政课形成贯穿性的德育链条，全面推动学生思想品德和价值观的健康发展。强化育人的系统性与协同性，避免各学段思政课内容重复或断裂，提升教育体系的整体性。应对多元文化冲击的挑战，在社会思潮多元化背景下，通过一体化教育增强学生对中国特色社会主义核心价值观的认同。

第二，一体化建设的实践路径与重点更加清楚。一是课程内容的衔接与分层设计。学者们在研究中探索了如何在不同学段的课程内容中实现"螺旋式上升"：小学阶段注重道德启蒙和爱国主义教育；初中阶段深化社会主义核心价值观的认知；高中阶段加强对社会发展、国家建设和个人责任的理解；大学阶段聚焦马克思主义理论的系统性和学理性学习。强调分层递进的课程设计，确保内容从浅入深、循序渐进，避免简单重复或内容断层。二是教学

---

① 王易：《深入推进大中小学思想政治教育一体化建设》，《红旗文稿》2024年第10期。

方法的创新与优化。大中小学教学方法的一体化对接：小学阶段以情境体验和趣味性教育为主；中学阶段强化案例分析与合作学习；大学阶段注重理论研讨与实践结合。通过信息化手段推动大中小学教学方法的协同创新，如共建共享线上资源库、开发适用于不同学段的虚拟仿真教学系统等。三是师资队伍的协同建设。推动大中小学思政课教师跨学段交流与培训，提升教师对不同学段学生需求的理解和适应能力。建立大中小学思政教师共同体，加强教研资源的共享和经验交流。① 四是实践育人的体系化探索。学者们强调将实践教育贯穿大中小学思政课的全过程：小学阶段鼓励学生参加志愿服务和社会公益活动；中学阶段引导学生参与社会调研和社区服务；大学阶段推动学生深入社会实践，承担更高层次的社会责任。

第三，一体化建设的现实困境与对策研究更加深入。首先，关于大中小学思政课一体化建设的现实困境。一是课程内容的割裂。不同学段之间课程设计相互独立，缺乏系统性的衔接，导致教学内容重复或断层。二是师资资源不均衡。部分地区、学校在师资力量、教育资源上存在较大差异，制约了一体化建设的推进。② 三是评价机制不完善。大中小学在思政课教学效果的评价标准上缺乏统一规范，难以形成科学的评价体系。其次，关于大中小学思政课一体化建设的路径对策研究。一是要完善顶层设计。通过国家政策和教育部门的制度设计，推动大中小学思政课一体化建设纳入教育改革整体规划，明确各学段的目标和任务。二是要加强区域协作。特别是在教育资源较为匮乏的地区，通过区域内的校际合作，形成大中小学一体化推进的联动机制。三是要建立动态评价体系。构建以学生发展为中心、以课程目标为导向的评价体系，实现对不同学段教学效果的有效评估。

第四，成果转化与典型案例的应用研究逐渐增多。部分研究聚焦优秀实

---

① 冯刚、梅科：《大中小学思政教育一体化环境建设的理论审思》，《西南石油大学学报（社会科学版）》2024年第3期。

② 刘谦、唐伊豆：《社会化视角下大中小学思想政治教育一体化的理论审思与实施策略》，《思想战线》2024年第4期。

践案例的总结与推广。有的地区尝试构建"红色文化+"思政课一体化教学模式，将红色文化资源贯穿于大中小学的课程体系中。通过案例研究验证了教学资源共享、教师队伍共建、实践活动协同等措施对一体化建设的积极作用，为其他地区提供参考。此外，研究的国际视野与比较分析进一步显现。部分研究借鉴国际教育一体化的成功经验，例如北欧国家"终身教育理念"在思政教育领域的应用，对我国一体化建设提出启示。对比分析不同国家的政治教育体系，深入探讨中国特色大中小学思政课一体化建设的优势和独特性。整体上看，本年度大中小学思政课一体化建设研究重点围绕理论深化、路径优化、实践创新以及现实问题破解展开。通过系统设计与实践探索，一体化建设有望形成更加科学、系统、高效的思想政治教育体系，为新时代立德树人提供坚实保障。

二、思政课建设研究特点

2024年学界对思政课的研究呈现出鲜明的特点，具体体现在课程建设研究的深入化与体系化、课程教学研究的精细化与案例化、课程形象研究的科学化与系统化等领域中。

（一）课程建设研究的深入化与体系化

第一，强调在思政课建设中注重党的创新理论融入。本研究高度关注习近平新时代中国特色社会主义思想全面融入思政课的实践与路径，特别是在课程体系建设中如何将理论的整体性、系统性和逻辑性贯穿始终。[1]一是全面阐释党的二十大精神的教学策略。学界重点围绕党的二十大提出的一系列重大理论创新，例如中国式现代化、本质要求、战略布局等，探索其融入思政课的教学逻辑与方法。针对"全过程人民民主""高质量发展""共同富

---

[1] 冯刚、王莹：《习近平文化思想的价值、特质与内在逻辑》，《重庆大学学报（社会科学版）》2024年第1期。

裕"等具体内容，研究分析如何将这些理论转化为学生易于理解和认同的教学内容。①二是深挖马克思主义中国化时代化的理论内核。聚焦习近平新时代中国特色社会主义思想的"三进"（进教材、进课堂、进头脑），研究如何通过理论创新的逻辑脉络讲清楚思想的理论贡献与实践意义。特别强调从马克思主义中国化的百年历程中，梳理党的理论创新的历史必然性和实践规律，以增强课程内容的厚重感与历史纵深感。三是加强对青年学生的思想引领与价值塑造。学界关注如何通过党的创新理论融入思政课，解答青年学生关心的时代课题。例如，如何以党的创新理论回应"强国一代"对未来发展的关切，增强其使命感和责任感。

第二，强调思政课建设的马克思主义理论支撑。马克思主义理论作为思政课建设的核心支撑，贯穿课程的内容设计、教学实施和目标达成，是确保思政课方向正确性和理论科学性的根本保障。2024年，学界在思政课研究中更加注重马克思主义理论的支撑作用，从理论深化、课程建设、教学实践等多个方面展开探索。学界深入挖掘马克思主义经典理论中的核心思想，如唯物史观、剩余价值理论和人的全面发展理论，将其转化为贴近学生实际的教学内容。针对新时代的新特点，研究探索如何以马克思主义理论阐释中国经济社会发展的实践成果，如高质量发展与共同富裕的关系。在研究中进一步深化了对马克思主义基本原理、马克思主义中国化时代化成果的学理阐释，着力回答"如何让理论入脑入心"这一核心问题。在课程内容设计上，研究更加注重用马克思主义理论解释重大社会问题。例如，通过唯物史观阐释中国式现代化的历史逻辑，通过生产力与生产关系的辩证关系讲解共同富裕的实现路径。关注如何通过教学方法创新让马克思主义理论更具吸引力。如通过案例教学将马克思主义理论融入学生熟悉的社会生活场景，如数字经济发展的规律性分析。探讨利用现代教育技术手段，通过数据可视化、虚拟仿

---

① 彭庆红、唐淑楠：《坚持思政课建设与党的创新理论武装同步推进》，《思想教育研究》2024年第5期。

等方式，帮助学生更直观地理解马克思主义的核心理论及其现实应用。

第三，强调以学科交叉拓展思政课建设视角。在 2024 年的研究中，学界注重将马克思主义理论与社会学、心理学、教育学等领域相结合，从跨学科视角进行理论创新与实践研究。这种综合研究路径不仅深化了思政课的学理性与科学性，也增强了其社会适应性与时代感，为课程建设提供了全新的理论支撑和方法论指导。首先，跨学科融合促进马克思主义理论的解释力与适应性。有研究从社会学视角，重新审视马克思主义中的社会结构、阶级关系和社会运行规律，并探讨其在现代社会条件下的适用性，可强化马克思主义的社会功能阐释；①有研究从心理学视角，将马克思主义关于人的全面发展理论与心理学中关于个体心理需求、行为动机等研究结合，探索理论教育对个体心理塑造的作用；有研究通过教育学视角，优化马克思主义理论教育的教学设计、课程模式和评价体系，探索符合新时代要求的教育路径，并结合教育技术学，研究信息化手段（如智慧教室、虚拟现实技术）在思政课教学中的应用，提高理论教学的直观性与参与度。②跨学科研究在教学中有利于进一步推进马克思主义理论的教育价值与实践价值统一，使思政课更好地服务于培养"德智体美劳"全面发展的社会主义建设者和接班人。此外，本年度研究也更加强调思政课建设的系统性和整体性，这一特点集中体现在大中小思政课一体化建设以及区域与校际协作机制的深化。通过系统规划教育内容、协同整合多方资源，研究努力推动思政课在不同学段、区域与学校间形成连贯、协同、高效的教育生态，为新时代思想政治教育注入新活力。

（二）课程教学研究的精细化与案例化

近年来，学界围绕思政课教学实践展开了广泛而深入的研究，2024 年

---

① 刘谦、唐伊豆：《社会化视角下大中小学思想政治教育一体化的理论审思与实施策略》，《思想战线》2024 年第 4 期。

② 冯刚、孙贝、束永睿：《大中小学思想政治教育一体化的教育学解读》，《中国远程教育》2024 年第 1 期。

的研究在精细化与案例化方面呈现出显著特点。这一趋势回应了思政课教学的现实需求和学科发展的理论关切，也为提升教学实效提供了重要支撑。教学实践研究精细化具体体现为：第一，教学内容研究的精细化与模块化。本年度研究更加注重对教学内容的结构化梳理，将抽象的理论知识分解为具体的教学模块。如针对马克思主义基本原理、中国特色社会主义理论体系等主题，将内容细分为若干具体的教学单元，以提升课程设计的层次性和逻辑性，通过对核心概念、理论依据、案例支撑的深入分析，为教师提供了更具操作性的课程实施指南。第二，教学目标的精准化与多维化。学者们在研究中聚焦于如何在教学中实现知识传授、价值引领和能力培养的有机统一。例如，通过精准定位不同教学环节的目标，强调知识目标（理论掌握）、情感目标（价值认同）和能力目标（批判思维）的同步实现。针对大中小学不同学段的教学目标，研究提出了差异化的教学方案，明确各学段应侧重培养的核心素养和价值观。第三，教学方法的精细化改进。学者们在研究中聚焦多种教学方法的创新与融合，如何有效运用互动式、体验式、情境式教学方法；如何结合数字化工具优化课堂教学效果。在教学方法上更加注重针对性和细节优化，例如研究如何通过提问设计激发学生的批判性思维，如何利用情境创设增强理论的生活化表达等。

教学实践研究案例化具体体现在：第一，具体教学场景的案例剖析增多。2024年的研究中，涌现了大量基于实际课堂的案例分析，例如针对"大国自信"主题的教学设计，展示了从导入案例、课堂互动到评价反馈的完整流程。关注教师在课堂中的具体实践问题，如何处理学生质疑、如何在复杂课堂情境中平衡知识深度与学生接受度等，具有很强的借鉴价值。第二，教学模式的案例化呈现。本年度研究呈现了各种教学模式的实践案例，例如"问题导向教学法"如何在一节思政课中应用；"情境教学法"如何通过设置历史模拟情境，引导学生思考中国道路的选择，既展示了方法的操作路径，也揭示了可能遇到的挑战及解决方案。 第三，优秀教学经验的总结与推广。

本年度研究对全国范围内的思政课教学典型案例进行了梳理和推广。例如，通过收集教育部"一师一优课"获奖案例，归纳优秀教师在教学设计、课堂组织和学生引导方面的实践经验。一些研究还尝试将案例转化为可供全国教师共享的数字化教学资源库，实现教学经验的系统化推广。精细化与案例化使得研究成果更贴近教学实践，为一线教师解决实际问题提供了有力支持。

（三）课程形象研究的科学化与系统化

随着新时代社会思想文化多样化发展，大学生对思政课的接受度与认同度成为学界与教育界关注的焦点。打造科学、鲜活、生动的思政课形象有助于提升其吸引力和感染力，使其在价值引领和思想塑造中发挥更大作用。课程形象是学生对思政课的直观感受和认知评价，影响着课程的教学效果。塑造良好的课程形象有助于克服传统思政课刻板、单调的印象，使其成为学生愿意学习、主动接受的课程。本年度，学界在思政课形象研究中进一步采用科学规范的研究方法，从多维视角切入，构建完善的理论框架等，为思政课课程形象建构提供坚实基础。

第一，思政课形象研究方法的规范与多元。2024年，学界在思政课形象研究中逐步采用科学规范的研究方法。一是定量研究与定性研究结合，通过大规模问卷调查、数据分析，研究学生对思政课形象的认知现状；结合访谈和案例分析，深入挖掘其背后的原因和对策。二是技术辅助研究，运用数据挖掘、语义分析等现代技术，研究学生在网络空间对思政课形象的讨论，探索课程形象与学生需求的动态变化。第二，思政课形象研究内容的系统整合。学界在研究中更加注重从整体性视角把握思政课形象，围绕以下三大关键领域开展系统研究。一是课程内容。分析内容设计的生动性、逻辑性和贴近性对课程形象的影响，探讨如何通过内容优化增强课程吸引力。二是课程条件。思政课公众形象的塑造应准确把握其基本条件，从理论内涵、价值意蕴、内在逻辑上对基本条件进行学理释义，并在此基础上，梳理其内部条件和外部条件的构成要素。在内部条件中，高水平的课程质量是塑造高校思政课内容形象的条件，高素质的教师队伍是塑造教师形象的条件，科学的话语体系是塑造话语形象的条件，丰富的教学模式是塑造实践形象的条件；在外部条件中，先进的信息管理技术是形象维护的前提条件，权威的全媒体传播矩阵是形象传播的关键条件，科学的评价监管体系是形象管理的重要条件。三是课程形式。研究教学手段的现代化、多样化（如案例教学、互动式教学、信息化手段应用）对形象塑造的作用，注重课程对学生思想价值观引领、综合素养提升的作用，探讨课程形象与教育成效之间的关系。第三，思政课形象研究体现多领域协同。如心理学与教育学结合，从学生的心理需求和学习规律出发，分析课程形象如何满足学生的情感认同、认知认同和价值认同需求。从传播学视角研究主流媒体与新媒体对思政课形象的传播与塑造作用，分析如何通过传播策略优化形象认知。从社会学与文化学融合的视角，探讨思政课形象在不同社会文化背景下的变化特点，研究如何通过文化融入塑造区域化、差异化的课程形象。第四，思政课形象研究成果的实践导向鲜明。学界注重通过研究成果的转化指导实践，基于研究提出形象优化的具体路径，如加强教师教学技能培训、创新课程内容设计、改进课堂互动形式等。一些研究成果直接应用于实践，例如开展"优秀思政课"案例推广、组织"思政课教师风采展示"等活动，以实际行动提升课程形象。总而言之，本年度随着教育部高校思想政治理论课教师研究专项重大课题攻关项目"高校思政课的公众形象塑造研究"的推进，学界形成了一批具有影响力的论文成果，围绕新时代高校思政课公众形象塑造的理论探赜[1]，大数据赋能思政课教师队伍形象建构的多维进路[2]，新时代高校思政课公众形象塑造的基本

---

[1] 冯刚、杨小青、张智：《新时代高校思政课公众形象塑造的理论探赜》，《中国远程教育》2023年第6期。

[2] 聂小雄：《大数据赋能思政课教师队伍形象建构的多维进路》，《重庆大学学报（社会科学版）》2024年12月网络首发。

条件①，高校思政课公众形象科学建构的策略②，新时代高校思政课形象传播③，以教育家精神塑造新时代思政课教师形象④，高校思政课形象塑造的困境与突破⑤，高校思政课公众形象塑造的演进、内容及遵循⑥，思政课形象的生成逻辑、要素内涵与提升路径⑦，高校思政课课程形象评价体系构建⑧，思政课教师形象的多维审思与塑造⑨，展开了系统而深入的研究，使得本年度学界对思政课建设的研究视角更加多元，思政课建设更加立体。

整体上看，2024年，学界对思政课的研究特点鲜明，理论研究深化、实践研究精细、评价体系科学、技术应用创新并存。整体研究呈现出理论与实践相结合、定性与定量相辅相成、国内与国际视野交融的趋势。这些研究为新时代思政课的高质量发展提供了坚实的学理支撑与实践指导。

三、思政课建设研究趋势

着眼思政课建设的高质量发展，学者们要在充分把握本年度思政课建设研究现状的基础上，立足新时代立德树人根本任务要求和思政课内涵式发展现实需求，从以下几个方面加强思政课建设理论研究。

---

① 冯刚、李亚美：《新时代高校思政课公众形象塑造的基本条件探究》，《湖南大学学报（社会科学版）》2024年第5期。
② 王莹、白永生：《高校思政课公众形象科学建构的策略研究》，《重庆大学学报（社会科学版）》2024年第5期。
③ 冯刚、杨小青：《新时代高校思政课形象传播的理论审思》，《重庆大学学报（社会科学版）》2024年第5期。
④ 高静毅：《以教育家精神塑造新时代思政课教师形象论析》，《云南大学学报（社会科学版）》2024年第3期。
⑤ 高静毅：《高校思政课形象塑造的困境与突破》，《思想政治教育研究》2024年第1期。
⑥ 王方、杨小青：《高校思政课公众形象塑造的演进、内容及遵循》，《湖南大学学报（社会科学版）》2024年第1期。
⑦ 王天玲、钱丹：《思政课形象的生成逻辑、要素内涵与提升路径》，《沈阳工程学院学报（社会科学版）》2024年第1期。
⑧ 武传鹏、邵申林：《高校思政课课程形象评价体系构建研究》，《学校党建与思想教育》2024年第1期。
⑨ 高静毅：《思政课教师形象的多维审思与塑造》，《思想政治课教学》2023年第7期。

（一）进一步深化思政课建设深层次规律研究

思政课建设有自己的规律可循，深入分析当前建设中的内在逻辑和未来优化路径，能够为高质量推动思政课建设提供科学依据。从我国思政课建设已有经验来看，一是思政课建设要坚持以"立德树人"为本的核心逻辑。坚持目标导向，从培养学生正确的世界观、人生观、价值观出发，强调教学内容与教育目标的一致性。教学内容设置由理论到实践、由历史到当代、由宏观到微观，呈现出系统性和逻辑性，体现了思想政治教育的递进规律。[①] 二是思政课建设要坚持教学内容的科学性与时代性统一。科学性即课程设计严格依据马克思主义理论，内容涵盖哲学、政治经济学、科学社会主义等核心领域，形成体系化的知识框架。时代性即课程动态调整以回应新时代背景下的社会需求，例如"习近平新时代中国特色社会主义思想概论"的开设，体现了课程内容随时代发展的更新规律。三是思政课建设要坚持教学方法的互动性与参与性增强。推动传统单向度教学逐步向启发式、讨论式、案例教学转变，通过参与性学习提高学生的内化效果，形成了"教"与"学"相长的教学规律。四是思政课建设要坚持大中小学思政课一体化的内在衔接规律。遵循阶段性规律，即小学阶段注重情感培养，中学阶段强化价值认同，高校阶段突出理论深化，形成由浅入深、循序渐进的一体化教学规律。遵循整体性规律，即一体化建设注重各阶段思政课内容的逻辑衔接与递进，使学生的思想成长与认知能力发展相匹配。五是思政课建设要坚持教师队伍建设的专业化与师德教育相统一。思政课教师专业能力提升和道德品格塑造并重，通过系统培训和实践积累，遵循"师德为先、业务为本"的成长规律。总之，思政课建设规律既体现在教学内容的设计逻辑、教学方法的创新机制上，也表现在教育阶段的衔接性、师资队伍建设的专业化以及技术赋能的科学应用

[①] 冯刚：《思想政治教育学科 40 年发展的规律性把握与时代展望》，《马克思主义理论学科研究》2024 年第 4 期。

中。未来，需要以学生成长和认知规律为核心，进一步完善内容设计、教学创新、大中小学一体化建设等关键环节的内在逻辑，推动思政课实现从理论指导到实践创新的全面突破，最终为新时代"立德树人"目标的实现提供坚实保障。

（二）进一步推进思政课一体化建设实践研究

进一步推进思政课一体化建设的实践研究是当前思想政治教育改革深化的关键任务，也是未来思政课改革创新和教育教学研究要进一步关注的问题。通过深化思政课一体化建设的实践研究，不仅能够验证理论构想的科学性，还能直接提升思政课的实际教学效果，为教育决策和理论创新提供可靠依据。首先，进一步推进思政课一体化建设的实践研究是满足青少年学生思想成长系统性需求的应为之事。学生从小学到大学，其认知水平、情感需求、社会责任感逐步增强，但价值观塑造和思想培养是一个贯穿全阶段的渐进过程。思政课建设在实践层面要能够聚焦不同学段学生思想发展的阶段性特点，理论研究必须首先为大中小学思政课内容设计和方法实施提供科学依据，确保课程体系在目标上连贯、在内容上适配、在方法上有效。其次，进一步推进思政课一体化建设的实践研究是推动思想政治教育的全覆盖，增强学段间协同性的关键。可以探索不同教育阶段的协同育人机制，将价值观教育贯穿于基础教育、高等教育和社会教育之中，从而构建全方位、全过程的育人体系。一体化实践研究能够为大中小学课程内容、教学方式和教育评价的整体优化提供具体路径，助力实现思想政治教育的最大化效能。最后，进一步推进思政课一体化建设的实践研究有利于应对思政课建设中存在的实际问题。一是课程内容衔接不足的问题。当前不同学段思政课课程内容存在重复、脱节或缺乏系统性的问题，学生在学习过程中难以形成连贯的理论理解和价值认同。实践研究可以通过大样本教学实践验证课程衔接的优化方案，如小学注重情感激发，中学强调价值内化，高校强化理论升华，进而探索科学合理的内容衔接规律。二是教师队伍协同能力不足的问题。不同学段思政课教师在教学理念、方法选择上各自为政，未能形成跨阶段的一体化教学合力。实践研究能够设计和试行联合教师培训计划，增强教师对跨学段教育规律的把握，并通过实践反馈明确教师能力协同的具体方向。三是实践方法和技术赋能的探索深度不足的问题。当前大多数关于思政课改革的研究停留在理论分析层面，教学方法的创新、技术的实际应用路径尚未成熟。通过实践研究，可验证信息技术赋能思政课的最佳模式，例如基于人工智能的数据分析如何改进课程内容个性化设计，虚拟现实如何增强思想情感体验等，从而推动智慧课堂建设。综而论之，推进思政课一体化建设的实践研究，既是解决当前教育实际问题的迫切需求，也是推动理论发展和教育改革的战略选择，应加强对大中小学思政课一体化建设的实践研究，探索有效的衔接机制和实施路径，形成系统化的教育体系。

（三）进一步加强思政课话语体系的构建研究

加强思政课话语体系的研究，是新时代推进思想政治教育创新、提升思政课育人实效的必然要求。首先，进一步加强思政课话语体系的构建研究，是强化思政课理论传播与价值引领功能的需要。思政课承担着传播马克思主义理论、弘扬社会主义核心价值观的使命，其话语体系是实现这些目标的重要载体。科学有效的话语体系能够将理论话语转化为易于接受的教育语言，帮助学生正确理解中国道路、中国精神、中国制度的内涵，从而增强学生的理论认同和思想认同。其次，进一步加强思政课话语体系的构建研究，是适应新时代学生认知特点和多元文化环境的需求。随着时代发展，学生获取信息的方式更加多元，互联网语言和流行文化对学生的思维方式和话语偏好产生了深刻影响。一个贴近学生认知习惯、符合时代特征的话语体系能够提高思政课的亲和力和针对性，增强学生对课堂内容的兴趣和共鸣，避免传统话语的生硬与疏离感。再次，进一步加强思政课话语体系的构建研究，是国际传播与文化自信建设的需要。面对全球化进程和复杂的国际舆论环境，思政课需要在国际话语权建设中发挥作用。构建具有中国特色、体现中国智慧并为国际社会所接受的话语体系，是讲好中国故事、传播中国价值观的关键路径。最后，进一步加强思政课话语体系的构建研究，是提升思政课改革发展和教育教学质量的关键。当前学界对思政课话语体系的研究多集中于理论阐述，缺乏将话语转化为教学语言的系统研究。教学中常见的"理论化"与"抽象化"倾向导致学生难以对课堂内容产生认同感和深刻理解，削弱了思政课的实效性。此外，当前话语体系研究仍主要聚焦于传统课堂教学语境，未能充分考虑新媒体环境下学生接受信息的方式。尤其对短视频平台、社交媒体和数字化教学工具在话语传播中的作用研究不足，导致思政课在新兴传播场景中的影响力不够。加之现有研究更多聚焦于国内教学场景，缺乏面向国际受众的跨文化传播话语体系研究，致使国际化视角的缺失，思政课话语体系在讲好中国故事、回应国际关切方面的表现有待提升。未来研究要重点探索理论话语向教学话语的有效转化机制，系统梳理马克思主义理论话语、中国特色社会主义话语与教育语言之间的逻辑关系，提炼能够被学生接受的核心话语表达。要重点加强学生主体视角下的话语体系研究，构建基于学生认知特点的分层次、分对象的话语体系，提升话语精准性。要重点拓展新媒体环境下的话语体系构建研究，探索数字化技术与思政课话语体系的融合路径。

（四）进一步深化数字技术赋能思政课建设研究

随着数字技术的快速发展，教育形态发生了深刻变化。数字技术在思政课建设中的应用，既是新时代思想政治教育与信息化发展趋势相适应的必然选择，也是提升思政课实效性的重要途径。然而，现有研究仍存在不足，需要进一步深化相关探索和实践。一是数字技术与思政课程内容的融合深度不足。当前多数研究停留在技术手段的介绍与功能分析上，未能深入探讨数字技术与思政课程内容的契合点。例如，技术如何在具体教学内容中发挥作用，尚缺乏系统化研究。技术在内容转化中的适配性问题未被充分重视，如VR技术适用于哪些教学主题、如何避免过度娱乐化和形式化等问题。二是数字技术应用缺乏针对性与体系化。当前研究中涉及技术的应用往往以单点创新为主，缺乏整体规划。例如，如何系统性地构建以技术赋能为核心的思政课程体系未有深入研究。此外，数字技术在不同教育阶段（大中小学）应用的差异性和适配性问题也未被充分探讨，导致在部分学段中应用效果有限。三是数字技术与学生主体性发展的结合不足。部分研究仅关注技术本身的操作便捷性和呈现效果，忽视了学生主体性发展的需求。学生对技术手段的接受度和使用效果研究不足，缺少从用户视角出发的反馈机制。例如，如何通过技术手段激发学生的批判性思维、增强思想共鸣，尚缺乏系统研究。

未来研究要重点探索数字技术与思政课课程内容的深度融合路径。通过系统梳理思政课内容体系，明确哪些教学内容适合引入数字技术，并制定相应的技术应用标准，在此基础上，探讨不同技术手段（AR、VR、大数据）对不同课程模块（理论教学、案例分析、情境体验）的优化路径。以实现技术应用从工具性创新向课程内容创新的转变，使技术成为知识传播和思想引导的内生力量。要重点探索数字技术支持下的系统化教学模型构建。设计数字化环境下的思政教学模型，如混合式教学模式、情境化教学模式等，探索适用于不同学段和学生群体的技术赋能策略，例如小学阶段注重形象化，中学阶段注重互动性，高校阶段注重学术性，以构建适应不同教育阶段、不同教学目标的全流程数字化思政课程体系。要重点研究技术赋能思想引领与价值认同的机制。探讨技术手段如何提升学生的思想共鸣与价值认同，如通过沉浸式场景激发情感认同，通过社交媒体开展舆论引导等；研究技术如何在潜移默化中帮助学生内化核心价值观，例如借助数据分析推动学生行为习惯与价值观的统一，以强化数字技术对学生思想深度影响的机制研究，提升教育效果的深刻性与持久性。要重点完善数字技术支持下的教育评价体系。探索基于学习数据的评价体系，研究学生在技术赋能课程中的认知、情感与行为变化规律。引入多维度评价方法，如通过语义分析和行为分析衡量学生对思政课程核心理念的内化程度，尝试构建科学全面的评价体系，以评促教、以评促学，为数字化教学优化提供有力支持。总而言之，数字技术赋能思政课建设，为提升思想政治教育质量提供了全新的可能性。然而，当前在内容融合、系统性建设、学生需求满足以及国际化应用等方面尚存不足，亟需进一步深化应用研究。未来的研究应以推动课程内容优化、教学模式创新和国际传播提升为目标，通过技术赋能实现思政课教育的精准化、智能化与国际化，为新时代"立德树人"根本任务提供强大支撑。

第十七章　新质生产力与思想政治教育相关问题研究

2023年7月以来，习近平总书记在四川、黑龙江、浙江、广西等地考察调研时提出了"新质生产力"[①]的概念。随后，他在中共中央政治局第十一次集体学习讲话、在十四届全国人大二次会议参加江苏代表团审议时等多个重要场合对新质生产力作了深刻阐释。学界从多个学科角度，就新质生产力的基础内涵、价值意蕴、实践指向、理论创新、指标体系、学科话语等论题迅速开展了大量研究，进行了多维度的学术对话和会议交流。直观上看，新质生产力与思想政治教育的关联度并不大，这也导致二者的相关研究尚处于初始阶段。但事实上，作为新一轮科技革命和产业变革加速演进的新样态，新质生产力以其鲜明的高科技创新、高质量发展、高产业效能、高品质生活等特征，深刻重塑着思想政治教育的基本样态和实践形态，新质生产力在改变社会物质样态的同时，也会塑造新的思想、教育样态，更为重要的是，新质生产力的要素变革，尤其是"高素质劳动者"的诉求，极大仰赖于教育、高等教育、思想政治教育的形塑。思想政治教育的高质量发展也会进一步提升新质生产力培育的过程。因此，新质生产力与思想政治教育存在深度耦合，亟待开展有理论指导意义、有实践操作价值的研究。

---

① 习近平：《发展新质生产力是推动高质量发展的内在要求和重要着力点》，《求是》2024年第11期。

一、新质生产力与思想政治教育研究年度梳理

一是新质生产力与高等教育的关系研究。新质生产力，特点是创新，关键在质优，本质是先进生产力。习近平总书记在主持二十届中共中央政治局第十一次集体学习时强调："要按照发展新质生产力要求，畅通教育、科技、人才的良性循环，完善人才培养、引进、使用、合理流动的工作机制。要根据科技发展新趋势，优化高等学校学科设置、人才培养模式，为发展新质生产力、推动高质量发展培养急需人才。"[①]这充分说明了高等教育对于发展新质生产力的基础性、支撑性作用，为新质生产力与高等教育的密切关系作出了深刻阐释。教育、科技、人才是全面建设社会主义现代化国家的基础性、战略性支撑。高等学校是人才培养、聚集的高地，科技创新、转化的主阵地，高等教育具有引领新质生产力发展的重大使命。学界围绕二者之间的关系展开了科学研究。有学者认为，高等教育作为科技创新的主力军和人才培养的主阵地，"其数智化转型既是新质生产力的客观要求，又能够引领和推动新质生产力的发展，两者之间可以形成双向互动的良性关系"[②]。高等教育数智化转型，通过提升科技创新能力、优化产业结构、提高人才培养质量赋能新质生产力形成和发展；高等教育从科技创新引领、产教深度融合、人才培养提质等方面为新质生产力注入活力。有学者从数字新质生产力与教育平台关系的角度认为，"数字新质生产力以技术为基础，围绕数字化教育平台进行智能化的服务"[③]。教育平台智能化运作，有助于提升教育服务的效率与质量；教育资源开放性与共享性，推动教育数据的挖掘与利用。张军从宏观

[①]《习近平在中共中央政治局第十一次集体学习时强调 加快发展新质生产力 扎实推进高质量发展》，《人民日报》2024年2月2日。

[②] 邢占军、王晶心：《高等教育数智化转型赋能新质生产力的内在机理与实现路径》，《南京社会科学》2024年第12期。

[③] 董宏建、路林湘：《数字新质生产力驱动教育平台智能化重构的治理逻辑》，《河南师范大学学报（哲学社会科学版）》2024年第6期。

视角认为，推动新质生产力加快发展，必须"贡献新时代高等教育力量"①，推动新质生产力加快发展是新时代高等教育的重要使命，它是实现教育现代化的内在需要、建设世界重要人才中心和创新高地的重要目标、建设中国特色世界一流大学的必然要求；推动新质生产力加快发展对新时代高等教育的任务要求，它要求高等教育全面提高人才自主培养质量，要求高等教育加快推动原创性、颠覆性科技创新，要求高等教育促进科技创新成果落地应用；为此，要全面加强党对高校的领导，瞄准世界科技前沿和国家重大战略需求开展科研攻关，根据科技发展趋势和战略任务布局优化人才培养模式。

二是新质生产力赋能思想政治教育研究。新质生产力与教育关系密切，思想政治教育因其特殊的意识形态引领属性，与新质生产力的发展同样具有重大关联。学界已有学者开始探讨新质生产力赋能思想政治教育的论题。从内在逻辑关联来看，有学者认为，"新质生产力与思想政治教育的双向赋能"②展现出明确的价值意蕴，能够凝聚合力促进高质量发展和社会主义现代化建设，深度调适优化人及其交往关系，有效克服数字异化等可能风险，更好实现教育、科技、人才发展一体推进。有学者认为，新质生产力不仅是一种经济现象，更是一种文化现象，不仅赋能经济建设，而且赋能教育创新。"数字技术引起的思维方式变革与数字范式、算法推理等技术武装促进了思想政治教育系统结构优化与理论体系的延展。这无疑激活了知识、技术、管理、数据等优质生产要素的活力，并引导思想政治教育各类要素协同互补、彼此赋能，进而形成整体优化的发展格局。"③新质生产力赋能思想政治教育模式创新，即通过新要素、新模式的注入驱动思想政治教育实效性增长的新动能。思想政治教育的技术武装，营造了复杂的人机主体关系连接，改变了

---

① 张军：《为推动新质生产力加快发展贡献新时代高等教育力量》，《红旗文稿》2024年第5期。

② 高洁：《新质生产力与思想政治教育双向赋能：生成逻辑、价值意蕴与实践进路》，《理论导刊》2024年第12期。

③ 卢岚：《新质生产力赋能思想政治教育数字化发展的逻辑进路》，《学校党建与思想教育》2024年第13期。

教育活动的时空场域，丰富了教育内容的数字资源，彰显出价值理念的数字化特质。有学者认为，"作为当前信息技术创新聚集的新质生产力，人工智能中蕴含的新技术、新内容、新形式为思想政治教育高质量发展提供了前置条件、关键环节、成效保障"①。但是，思想政治教育的发展绝不能陷入人工智能所带来的"技术乌托邦"。从现实挑战角度来看，有学者认为作为新质态的生产力，新质生产力的发展样态决定和影响着思想政治教育发展的基本样态，具体表现为新质生产力驱动思想政治教育要素转换，从"脑力化"到"脑机化"；重塑思想政治教育文本延伸，从"UGC"到"AIGC"；驱动思想政治教育场景跃迁，从"线性增长"到"体系涌现"。现代教育正进入"数字化时代"，"现代教育必然是数据驱动的，而非纯粹经验主义的实践"②，面对数字化生存中的现实与虚拟关系的错位倒置、主体使命的隐退等现象，思想政治教育就要发挥它的引领性价值。作为"一种历史的和社会的设计"③，新质生产力视域下，"智能'负'载的技术风险也给高校思想政治教育创新带来新的挑战"④，如"虚拟仿真"等技术发展在拓展教育资源的同时，也使大学生注意力被"仿真场景"所引导和隐性操纵；"流量裹挟"背景下，大学生产生习惯性质疑；数字技术在解构权威和祛魅理性的同时，也因其"神秘算法"的控制性支配而引发叙事场景的"返魅"风险；"代码符号"伦理责任悬置，进而引发高校思想政治教育智能空间规范的"脱序"。美国技术伦理代表人物斯皮内洛指出："技术的步伐常常比伦理学的步伐要急促得多，而这一点对我们大家都构成威胁。"⑤从价值意蕴视角上看，新质生产力

---

① 吕洪良、沈阳：《人工智能：推动思想政治教育高质量发展的新质生产力》，《思想政治教育研究》2024年第5期。
② 吴蓉瑾：《"云课堂"增强教育模式：数据驱动下的精准教学》，《人民教育》2022年第7期。
③ 马尔库塞，刘继译：《单向度的人》，上海译文出版社1989年版，第210页。
④ 梁海娜、岳爱武：《新质生产力赋能高校思想政治教育创新：内在逻辑、现实挑战与实现策略》，《南京邮电大学学报（社会科学版）》2024年第9期。
⑤ 理查德·A.斯皮内洛，刘刚译：《世纪道德——信息技术的伦理方面》，中文序言，中央编译出版社1999年版，第22页。

赋能高校思想政治教育高质量发展，有助于推动数智化变革，提升育人实效；有助于打造智慧育人生态，改善育人模式；有助于强化教学过程管理，提高教学质量。①从实现路径上看，有学者认为，新质生产力为思想政治教育创新提供了"跨界破壁"的技术可能。为此，应借助新质生产力强大技术功能，提高思想政治教育"解码—符码"能力，从要素破界，以"AI嵌入"提升智能空间思想凝聚力；流量扩界，以"情感计算"提升流量文本价值认同；场景跨界，以"数字化"重塑高校思想政治教育叙事；规范穿界，以"规制互嵌"护航高校思想政治教育技术转型的方式赋能高校思想政治教育创新发展。从实现路径上看，金权和廉超认为，要强化顶层设计，构建新质生产力赋能高校思想政治教育的长效机制；推动要素融合，扩大新质生产力赋能高校思想政治教育的应用效能；强化监控力度，提升新质生产力赋能高校思想政治教育的治理水平。

三是新质生产力理论与高校思政课建设。有学者认为，理解把握新质生产力，需要思政课讲清其内涵和特征、创新其教学方式、拓展其教学实践，坚持以"新"作为切口、以"质"作为锚点，赋能新质生产力人才培养。徐晶和刘浩悦认为，要"探索课程思政服务新质生产力发展新路"②，强化育人导向，补足精神之钙，每位教师都要结合自身专业特点进行教学创新，加强创新训练，培养学生自力更生、创新争先的精神，激发学生尊重科学、科研报国的热情，补足学生的"精神之钙"，为发展新质生产力积蓄新动能；创新课程元素，延伸思政课堂，课程思政建设需要遵循科技创新精神，将适应经济社会发展需要作为教育教学目标，助力科技创新发展，将制造强国、科技强国、质量强国、航天强国、网络强国、交通强国、海洋强国等现代化事业作为思政素材传递给学生；搭建融合平台，培养创新人才，应该以多学科

---

① 金权、廉超：《新质生产力赋能高校思想政治教育高质量发展的价值意蕴与实现路径》，《上海理工大学学报（社会科学版）》2024年9月27日。

② 徐晶、刘浩悦：《探索课程思政服务新质生产力发展新路》，《光明日报》2024年6月11日。

交叉的广阔视野，探索搭建多学科交叉融合的"大平台"，统筹推进学科建设、科学研究、人才培养，精准把握融合与共享，在学科交叉融合中发挥课程思政的价值引领作用。有学者认为，理解把握新质生产力，需要开展"大思政课"教学实践。① 新质生产力作为一个涵盖技术创新、产业升级、人才培养等多方面内容的综合性概念，其实践性极强。因此，思政课教师在教授这一理论时，不能仅仅停留在书本知识的传授上，而应当引导学生深入实践，通过实际操作和亲身体验来加深对"新质生产力"这一概念的理解。组织学生参观创新型企业，让学生亲身感受企业创新创造氛围和生产研发过程；鼓励学生参与校企联合创新创业项目和新型职业技能竞赛，让学生在实践中深入了解新质生产力的内涵和特征；积极与企业、科研机构等合作，为学生提供更多的实训实习岗位和平台，让学生在实践中深入了解新质生产力的应用和发展，增强学生对新质生产力的认识和理解。

四是新质生产力理论有机融入高校思想政治教育。有学者认为，为更有效地将新质生产力理念融入思想政治课程，高校教师应积极探索多种教学策略，以提升教学效果。有学者认为，新质生产力融入思政课，既是时代发展对思政课的必然要求，又是不断推动思政课改革创新的迫切需要，在具体实施过程中，必须严格遵循科学性、时代性、实践性和针对性的原则，综合采取创新教学内容、改革教学方法、加强实践教学环节、提升教师队伍素质等融合举措，唯有如此，才能不断增强思政课的思想性、理论性和亲和力、针对性，为培养造就出更多具备批判性思维和创新性精神的高素质人才奠定基础。② 有学者认为，新质生产力理论体系是习近平新时代中国特色社会主义思想的重要组成部分，要做好以下几点：融入我国社会主要矛盾变化，讲好新质生产力的时代意蕴；融入人民至上的发展思想，讲清新质生产力的人民

---

① 阮红芳：《以思政课建设赋能新质生产力高素质人才培养》，《新华日报》2024 年 4 月 26 日。
② 徐俊：《新质生产力理念融入思政课：意义、原则与路径》，《思想政治课研究》2024 年第 3 期。

立场；融入推动高质量发展，讲透新质生产力符合新发展理念；融入"三位一体"（教育科技人才）战略，讲明新质生产力的核心在于以科技创新推动产业创新；融入社会主义生态文明，讲清新质生产力本身就是绿色生产力。[①] 有学者立足高中课程融入新质生产力理论的视角认为，新质生产力虽是新近提出的理论标识性概念，但它建立在我国发展生产力的长期探索与认识基础上，具有深厚的理论与现实基础，在高中思想政治课程体系中，新质生产力的内涵、特征、意义、要求等知识均有所体现，同教材许多内容密切相关，要处理好新质生产力知识内容呈现的逻辑关系，考虑高中生行为认知发展的内在规律，将新质生产力相关知识恰当融入思政课内容体系，深入影响学生的思想观念与行为实践，要在案例教学、比较教学、榜样教学、思辨教学、实践教学中融入相关素材，创新方式方法，提升教学实效。[②]

此外，还有学者提出了"思想政治教育新质生产力"[③]的概念，认为它作为新质生产力图景中的重要构成，本质上是科技创新驱动下以教育要素、教育关系和教育系统的跃迁为基本内涵，以高质量发展为基本旨归，具有智能化与生态化特征的先进生产力。它是新技术、新模式、新业态、新产业与思想政治教育融合创新的必然产物。思想政治教育新质生产力的发展，可以从新质人才供给、新质技术攻关、新质产业发展以及新质生产关系形成等层面探求一体化推进路径。

二、新质生产力与思想政治教育研究特点

从时间和体量上看，论题呈现出新质生产力与高等教育的研究较多，而与思想政治教育的相关研究较少的特点。新质生产力与思想政治教育研究正

[①] 李名梁：《在高校思政课教学中讲好新质生产力故事》，《今晚报》2024年4月11日。

[②] 李超民、周雯：《新质生产力在高中思政课中的教学呈现与教学策略研究》，《天津师范大学学报（基础教育版）》2024年第4期。

[③] 赵建超、温晓青：《思想政治教育新质生产力：生成基础、运行机理与发展路径》，《理论导刊》2024年第8期。

处于初始阶段。2023年7月以来，习近平总书记站在高质量发展战略全局高度，发表一系列关于发展新质生产力的重要论述，较为系统地回答了"为什么发展新质生产力""发展什么样的新质生产力""如何发展新质生产力"等系列问题，这些重要论述在理论上实现了对马克思主义生产力理论的重大创新，开辟了马克思主义政治经济学中国化时代化的新境界，在实践上为新时代新征程发展新质生产力、推进高质量发展，从而推进强国建设、民族复兴提供了科学指引和实践指南。今年年初，习近平总书记在二十届中央政治局第十一次集体学习时更为明确地指出：新质生产力已经在实践中形成。新质生产力加快形成和已经形成的论断是对我国生产力发展形势和阶段的客观判断。经过一年多的时间积淀，新质生产力与高等教育的相关成果体量不断增加。截至2025年1月5日，以篇名"新质生产力"为检索词在中国知网进行检索，共检索出15371篇文献；以篇名"新质生产力"和"教育"为检索词在中国知网进行检索，共检索出472篇文献；以篇名"新质生产力"，以"高等教育"为主题在中国知网进行检索，共检索出146篇文献；以篇名"新质生产力"，以"思想政治教育"为主题在中国知网进行检索，共检索出37篇文献。目前，尚未发现有新质生产力与思想政治教育的专著发表。从以上数据可以看出，学术界就新质生产力的专门研究成果丰硕，且起步较早，习近平总书记提出这一概念开始，学界就开始了深入研究；新质生产力与教育、高等教育的相关研究成果较为丰硕，研究视角也较为宏观；新质生产力与思想政治教育的专门研究，成果则较少，且高质量、权威性的研究十分缺乏。

从研究形式和平台上看，新质生产力与思想政治教育研究呈现内在形式多样的特点。目前，新质生产力与思想政治教育研究，不但有正式的学术文章发表，而且还有形式多样的教学研讨、学术研讨会议活动举行，呈现学术研究、课堂教学、会议研讨等形式共同发展的特点。例如：2024年3月18日，在习近平总书记"3·18"重要讲话发表五周年之际，教育部基础教育司在清华附小双清校区举行了京津冀中小学思政课建设交流研讨活动，在本次研讨活动中，同步开展了清华大学大中小学思政课一体化建设共同体的集体备课与研讨，集体备课会与会教师围绕"新质生产力理论融入思政课教学"进行了全面而深入的备课研讨，清华大学马克思主义学院李江静老师首先介绍了新质生产力的理论内涵及其融入思政课教学的价值与意义，来自小学、初中、高中和大学的教师林芳宇、叶海波、王雪楠和匡晓璐四位老师分别围绕新质生产力理论如何融入各学段思政课教学进行了说课汇报和研讨交流。2024年7月13日，"新质生产力论融入思政课课程"备课研讨会在呼伦贝尔学院举行，会议由中华女子学院、内蒙古工业大学、长春中医药大学、浙江海洋大学、成都航空职业技术学院、东北财经大学、防灾科技学院等单位主办，内蒙古工业大学承办，呼伦贝尔学院协办。此次研讨会是全面推进"大思政课"建设工作，建设大课堂、搭建大平台、建好大师资，建设全国思政课教研系统的生动实践，与会专家学者充分发挥专业优势，共谋发展，共话改革，为推动习近平总书记关于新质生产力的重要指示要求落地生根、开花结果建言献策，为新质生产力融入思政课课程贡献智慧和力量。4月20日，党的理论创新成果"新质生产力"融入大中小学思政课教学研讨活动在贵阳一中展开，此次活动由贵州省大中小思政课一体化建设共同体单位，以及贵阳市教科所、毕节市教科所、贵阳市普通高中政治学科带头人工作站主办，贵州省思政工作教研坊、贵州大学马克思主义学院，贵州师范大学马克思主义学院和历政学院、贵州工程技术学院协办，贵阳市第一中学承办，旨在深入贯彻落实习近平新时代中国特色社会主义思想，高质量推进新时代学校思政课发展，推动大中小学思政课一体化建设，推进党的理论创新成果第一时间进入思政课堂。4月29日在北京举办的2024世界数字健康论坛对话环节中，重庆大学校长王树新围绕以发展新质生产力为重要着力点，积极构建新时代人才培养体系，推进健康医疗事业高质量发展的主题展开互动交流。此外，全国多所高校马院"新质生产力融入思想政治理论课教学"集体备课会也在如火如荼地进行中。

从研究内容和视角上看，现有成果在新质生产力与思想政治教育的结合点上，新质生产力视角下高职院校的思政课实践教学策略研究占有一定比重。这表明，目前的研究注重从事角度探索新质生产力与思想政治教育的实际应用价值，而高职院校是新质生产力"产学研"中的重要力量，高职思政课成为守好学生走向社会生产一线的"最后一公里"，许多院校围绕培养"家国情怀、创新精神、实践能力、社会责任、艰苦奋斗"为核心素养目标，从教学内容、教学方式、教学资源、教学评价四个方面进行教学体系的创新构建。在当前的时代发展背景下，一大批高职院校立足于思政课实践教学，带领学生深刻探讨个人发展与国家发展之间的联系，增强其社会责任感和历史使命感，以此为国家的高质量发展贡献力量。学界和业界的许多学者、工作者，积极探索高职院校思政课实践教学与新质生产力的融合路径，例如：提出通过校企合作来实现融合，将课程内容与企业需求相对接，确保教学内容与新质生产力的特征保持一致，在技术前沿、创新驱动和绿色发展等方面的生产力实践与思政课高度协调配合。在实践教学内容上，一些高校教师深入挖掘和利用红色资源，将其与新质生产力的要素如科技创新、绿色环保、智能制造等相结合，让学生在体验、实践的过程中实现思想道德素质与科学文化知识的"双向奔赴"，例如：一些学者和院校通过设计红色主题的艺术作品或开发红色旅游项目，提升专业技能与创新能力；一些教师利用现代信息技术手段，创新红色教育的表现形式，提高教育的互动性和沉浸感，使新质生产力最大限度与思想政治教育结合起来。

三、新质生产力与思想政治教育研究展望

新质生产力的培育和发展是同思想政治教育高质量发展高关联的，二者在人民属性价值取向、国家发展的目标方向、科技互构的内在耦合上具有一致性，互为支撑、互相促进。一方面，新质生产力以科技创新促使高等教育

向信息化、数字化和智能化变革。另一方面，实现高校思想政治教育高质量发展是推动教育与实践相融合，提高全要素劳动生产力的关键，最终将为新质生产力的形成和发展提供知识和思想保障，奠定人才基础。习近平总书记提出："科技是第一生产力、人才是第一资源、创新是第一动力。"科技、创新、人才"三位一体"高质量发展，既需要新质生产力为思想政治教育提供技术、平台支撑，也需要思想政治教育高质量发展为新质生产力提供人才支撑、价值引领。当前，学界对新质生产力与思想政治教育研究尚处于起始阶段，未来需要着重从以下几个方面开展高质量学术研究。

一是加强新质生产力与人的现代化问题的基础研究。现有研究多是从个别理论推演的角度、现实问题倒逼的角度、工作实践经验的角度开展新质生产力与思想政治教育的研究，尚缺乏具有"前置"性质的基础理论研究，以至于现有研究一定程度上缺乏学理性、体系性。因此，要做到以下几点：加强问题研究的时代性，人的现代化其实就是思想政治教育的内在命题和使命任务，关注时代问题，新时代社会生活发生了重大变化，人的现代化要适应各种新变化，新发展阶段不同于以前发展阶段的标志，就是由原来的高速度发展转变为高质量发展，高质量发展一方面为人的发展、人的现代化创造了良好的基础与条件，另一方面又对人的素质、能力提出了更高的要求，高质量发展要求高素质的人才；关注人工智能、生成式人工智能问题，人工智能的发展，已经融入社会生活的方方面面，引起社会生活的深刻变革，有力促进了社会发展和人的发展，但同时引发的法律、伦理问题也日益突出，这些问题都是人的发展遇到的新问题。推进高质量发展，关键是发展新质生产力；发展新质生产力，关键是培育和形成高素质的劳动主体。发展新质生产力既需要能够创造新质生产力的战略人才，又需要能够熟练掌握新质生产力的应用型人才。这就客观上要求提高人的现代化水平。现代化根本上是人的发展需要的产物，代表了人的生产生活方式的发展趋向。深刻理解中国式现代化，关键在科学把握人的现代化。人的现代化，包括个体人和群体人的现代化，个体人的现代化关涉思想观念、价值理念、行为方式、能力素质的现代化，群体人的现代化涉及生产方式、生活方式、文明程度的现代化。习近平总书记指出："现代化的本质是人的现代化"，这正是中国式现代化得以超越西方现代化的要旨。研究人的现代化，必须对这些问题予以应对与回答。因此，要着力提升人的科学文化素质、健康素质、思想道德素质。把新质生产力发展同人的现代化、高水平发展统一起来，着力提升人口整体素质，实现人口治理能力现代化，以人的现代化推进中国式现代化，以中国式现代化引领人的现代化。

二是数字化生存和数字化时代与思想政治教育赋能与转型的再研究。当今时代，身处数字化时代，人们的思维行为深受数字化影响，这是研究新时生产力与思想政治教育的现实境遇。当前学界，主要就数字化对思想政治教育的影响，思想政治教育对数字技术的促进作用进行了研究。但对于数字化时代或数字化生存是如何赋能思想政治教育的？是如何使思想政治教育实现变革的？思想政治教育在数字化时代是否就是做好技术性处理即可？对于这些问题，还需要进一步研究和深入阐释。未来，要关注数字技术、数字经济、数字生存问题，数字技术已经成为现代化发展的重要引擎，一方面给人们的生活带来了更多的便利和发展机会，另一方面又使知识更新的速度越来越快、人才竞争越来越激烈、安全问题越来越突出，这就是新的压力和挑战。有学者认为，新质生产力赋能思想政治教育的实践向度关切数字要素激发的思想政治教育价值再造与其边界限制。价值链再造是指基于数字化生存特点，通过重新设计思想政治教育活动，以实现思想政治教育主要价值的内容增值最大化，实现其实效性的跃进。数字化将形成的数据资源转化为思想政治教育的具体价值，以落实价值场景化与场景生态化的目标，进而解决以下难题：思想政治教育是通过怎样的事实选择与价值判断来重构社会关系？在数字化生存中思想政治教育又是如何将事实、数字、观念转变成改变物质世界的精神力量？数据思维、数字算法、数字技术一定程度上促进了思想政治教育的高质量发展以及意识形态的精准识别，但我们都知道，技术在实现精准供给的同时，也会走向精准供给的反面，也就是逆向精准化。这些问题同样值得研究。

三是深化新质生产力与高校思政课建设研究。今年5月，习近平总书记对学校思政课建设作出重要指示，强调要始终坚持把学校思政课建设放在教育工作的重要位置，坚持思政课建设与党的创新理论武装同步推进，不断开创新时代思政教育新局面。新质生产力的引入对思政教育过程产生了深远的影响。我们要把新质生产力理论有机融入高校思政课教学，不断推动思政课改革创新。有针对性地创新优化学科体系、教学体系、话语体系、实践体系，从思维的广度、理论的高度、实践的深度等方面多维推动思政教育工作高质量发展。针对现有研究，要特别注重以下几个方面的工作。第一，做好理论融入课程的研究。通过讲清楚新质生产力的唯物史观意蕴，使学生更好理解新质生产力的理论逻辑；通过讲清楚新质生产力的生成背景、发展历程，使学生更好理解新质生产力的历史逻辑；通过讲清楚新质生产力的价值意蕴、丰富内涵、鲜明特点、实践要求等，使学生更好理解新质生产力的实践逻辑。同时注重探索在《马克思主义基本原理》《习近平新时代中国特色社会主义思想概论》《毛泽东思想和中国特色社会主义理论体系概论》等课程中，深度挖掘与新质生产力相关的理论体系、教学体系、知识体系。第二，做好方法供给的研究。新质生产力对高校思政教育教学方法具有新启示，也提出了更新的要求。新质生产力理论倡导创新和实践能力的培养，思政课程的教学方法应更多地运用案例分析、项目研究与社会实践等手段，使学生能够在实际操作中深化对知识的理解与掌握。第三，结合专业、院校特色开展思政课程教学。高校思想政治课教学实践，要结合院校特色、地方特色、文化特色和自然条件禀赋，因地制宜讲好新质生产力的故事，引导学生为强国建设、民族复兴贡献青春力量。如：各综合性高校结合专业特色开展思政教育，高职院校结合产学研环节设计实践探索教学任务，农业及自然资源突出的专业院校结合"新质生产力本身是绿色生产力"开展课堂教学，等等。第四，运用好课程思政实现思想政治教育目标。在专业课程教学中，教师可深度挖掘和提炼与课程内容相关的思政元素，如职业道德、工匠精神、社会责任等，使学生在掌握专业知识的同时，也能够形成正确的世界观、人生观和价值观。结合中国制造业的发展历史，讲述大国工匠的故事，并结合实地考察、参观研讨等方式创新课程思政教育教学。第五，做好人工智能、现代信息技术赋能思政课改革创新的研究，让思想政治教育视野"宽"起来，让内容"活"起来，让教学"动"起来，用学生喜闻乐见的语言、形式传递思想政治教育内容、价值，让思政课真正成为一门有"高度"、有"温度"、有"热度"、有"深度"的"金课"。

第十八章　党内法规的思想政治教育意义研究

党内法规是党的制度的重要组成部分，不仅为党员活动提供行为遵循，也为党的领导和党的建设工作提供法治化、规范化保障，从而成为确保党的先进性和纯洁性的有力制度武器。作为管党治党实践经验的总结升华，党内法规既是党的意志的集中体现和党的创新理论的法规制度表达，又是具有强烈价值引领和道德约束功能的规范体系，蕴含着丰富的思想政治教育意义。在全面从严治党的新时代背景下，研究党内法规的思想政治教育意义，是理解当前党建工作理论和实践问题的重要维度。党内法规学是马克思主义理论、法学、中共党史党建学、政治学等学科交叉综合形成的新学科。2024年1月，国务院学位办委托中国学位与研究生教育学会发布《研究生教育学科专业简介及其学位基本要求》，该文件将党内法规学置于法学一级学科下。2024年，党内法规的研究方兴未艾，研究角度多元，集聚马克思主义理论学者、法学学者、中共党史党建学者、政治学学者之力，推动研究向纵深发展。相应地，在党内法规的思想政治教育意义研究方面，也取得了明显进展。

一、党内法规的思想政治教育意义研究的年度进展

党内法规研究热点的呈现与党内法规制定工作同步，新出台的党内法规成为学界研究阐释的焦点。而党内法规的思想政治教育意义是党内法规界和思想政治教育界涉猎的公共领域。2024年度，学界聚焦党内法规整体性研究彰显的思想政治教育意义、部门党内法规及相关制度蕴含的思想政治教育意义、党内法规视角下的纪律建设与纪律教育等领域，推动党内法规的思想政

治教育意义研究取得阶段性进展。

（一）党内法规整体性研究彰显的思想政治教育意义

党内法规整体性研究是指将党内法规作为一个概念整体，做类似于法理学之于法学意义上的研究。党内法规整体性研究成果体量较大，不少成果都涉及党内法规的思想政治教育意义，主要包括党内法规对思想建设的保障性意义、党内法规建设对正确认识中国特色和国际比较的意义、党内法规的思想政治教育史意义等。

首先，党内法规对思想建设的保障性意义。有学者研究了健全完善中国共产党统一思想的制度体系，认为全党在统一思想上仍面临新的问题和挑战，倡导建构由引领性制度、规范性制度、工作性制度、监督保障性制度组成的制度体系，明确了党内法规对统一思想的重要作用，阐发了党内法规的思想政治教育意义。[1] 有学者认为，全面从严治党和党的自我革命经常同步出现在党章党规等党内法规或党的决议报告等规范性文件中，两者高度关联，在价值目标预设和管党思想引领方面，党的自我革命通过思想引领为全面从严治党锚定行动方向。[2] 有作者提出，要紧紧围绕铸牢中华民族共同体意识工作主线，推进民族地区党内法规制度建设，不仅要加强铸牢中华民族共同体意识实践经验总结，把有力的举措转化为法规制度，通过良法保稳定、促团结，同时要把是否有利于铸牢中华民族共同体意识作为检验政策实施效果的根本标准。[3]

其次，党内法规对正确认识中国特色和国际比较的意义。有学者认为，中国式现代化与政党治理现代化的高度契合、党的自身治理的成就和经验提供了历史确证、中国政党主导型现代国家建设具有独特优势等三大判断为推

---

[1] 韩强：《论健全完善中国共产党统一思想的制度体系》，《理论探讨》2024年第4期。
[2] 张海涛：《全面从严治党和党的自我革命的关系辨析》，《北京行政学院学报》2024年第3期。
[3] 内蒙古自治区党委办公厅：《紧紧围绕铸牢中华民族共同体意识工作主线 推进民族地区党内法规制度建设》，《秘书工作》2024年第11期。

进政党治理现代化提供了可能性，党内法规作用不可或缺，全面建设社会主义现代化国家关键在党，政党主导现代化国家建设已经成为中国现代化事业发展的经验事实。①有学者认为，党内法规对于世界政党乃至不同国家治国理政具有重要的参考价值，中国共产党党内法规制度开创了政党治理的新形态，依规治党实践的成功，让世界各国尤其是后发国家都看到，各个国家都有权且能够创造出适合自己的现代化、法治化以及政党治理模式。②

最后，党内法规的思想政治教育史意义研究。勇于自我革命是我们党最鲜明的品格和最大优势。有学者研究了中国共产党在不同历史时期管党治党方式的演变，认为在中国特色社会主义新时代，中国共产党把"依规治党"+"以德治党"作为管党治党的主要方式，把道德要求融入党内法规制度之中，发挥党规禁恶、道德向善功能，有力推进新时代党的建设新的伟大工程。③有学者探讨了土地革命战争时期党的纪检监察制度的历史演进，认为总结纪检监察制度形成和发展过程所遵循的逻辑、原则、具体机制的历史演变具有两个方面的重要意义：一是党内纪检监察制度实践与规范本身密切关联，规范所载的文本对制度实践具有表征作用；二是规范的演变凸显着规范制定背后的考量和用意，进而得出制度形成的历史必然性。④

（二）部门党内法规及相关制度蕴含的思想政治教育意义研究

中国特色社会主义进入新时代，党内法规研究工作主动与制定工作并线，驶入快速发展的车道。2024 年，中央层面先后制定《党史学习教育工作条例》《中国共产党不合格党员组织处置办法》等党内法规，修订《中国共

---

① 王春玺、杨忠林：《中国式现代化视域下推进政党治理现代化的逻辑理路与实践路径》，《河南社会科学》2024 年第 12 期。
② 秦前红：《法治视野下的党内法规研究：奠基与拓展（2014—2024）》，《法学家》2024 年第 6 期。
③ 梁建新、华红林：《论中国共产党管党治党方式的历史演进》，《中州学刊》2024 年第 11 期。
④ 王建芹、陈思羽：《土地革命战争时期党的纪检监察制度的历史演进》，《四川师范大学学报（社会科学版）》2024 年第 6 期。

产党巡视工作条例》，学界迅速作出学术回应，形成了相关研究成果。同时，与党内法规密切相关领域的思想政治教育意义的研究成果也十分丰硕，主要包括党内规范性文件、全面从严治党制度、党的自我革命制度规范体系的思想政治教育意义。党内规范性文件与党内法规同属党的规范体系；全面从严治党制度、党的自我革命制度规范体系与党内法规互相交叉，党内法规构成了前两者的主干部分。基于三者与党内法规逻辑上的密切关系，相关研究成果对党内法规的思想政治教育意义均有所涉及。从成果表述形态来看，很多研究是以逻辑建构的方式提出加强思想建设的路径，从反向逻辑推理可知，思想建设的路径即其思想政治教育意义。

第一，2024 年新出台党内法规的思想政治教育意义。2024 年 2 月 5 日，中共中央印发《党史学习教育工作条例》，有作者从有利于用习近平新时代中国特色社会主义思想凝心铸魂，坚持和发展中国特色社会主义、以中国式现代化全面推进中华民族伟大复兴，坚持和加强党对党史工作的领导、巩固党的文化领导权，推动党史学习教育常态化长效化、深入推进新时代党的建设新的伟大工程，把党史学习教育纳入法治化轨道、开辟党史和文献事业新局面等方面论述了该《条例》的重大意义。[①]2024 年 2 月 8 日，中共中央印发修订后的《中国共产党巡视工作条例》（以下简称《条例》）。有作者从有利于加强党中央对巡视工作集中统一领导等三个方面论述了该《条例》的重大意义，强调要把《条例》作为党委（党组）理论学习中心组学习的重要内容，作为党校（行政学院）、干部学院教育培训必修课，凸显了《条例》的思想政治教育意义。[②]2024 年 8 月，中共中央办公厅印发《中国共产党不合格党员组织处置办法》（以下简称《办法》）。中央组织部负责人就该《办法》制定和贯彻执行等问题回答记者提问指出，《办法》是一部专门就不合格党

[①] 中央党史和文献研究院院务会理论学习中心组：《新时代党史学习教育工作的基本遵循——深入学习贯彻〈党史学习教育工作条例〉》，《机关党建研究》2024 年第 5 期。

[②] 中央巡视工作领导小组办公室：《深入学习贯彻〈中国共产党巡视工作条例〉把巡视利剑磨得更光更亮》，《机关党建研究》2024 年第 4 期。

员组织处置作出规定的党内法规,《办法》的出台有利于贯彻全面从严治党战略方针,坚定不移推进党的自我革命,建设信念坚定、政治可靠、结构合理、素质优良、纪律严明、作用突出的党员队伍,不断增强党的生机和活力。①

第二,与党内法规密切相关的党内规范性文件的思想政治教育意义。宋功德教授指出,推进国家治理体系和治理能力现代化,需要构建四种类型的制度,即党内法规制度体系、国家法律制度体系、党的政策体系、自律性制度。②这四类制度中,党的政策体系与党内法规的联系最为密切,研究党内法规的思想政治教育意义就必须把常态化承担党的政策表达功能的党内规范性文件考察在内。根据《中国共产党党内法规和规范性文件备案审查规定》的规定,所谓党内规范性文件是指党组织在履行职责过程中形成的具有普遍约束力、在一定时期内可以反复适用的文件。有学者认为,以党的代表大会报告为统领的党的规范性文件体系具有政策、法律、道德三重属性,为党的自我革命提供理论指引和政策路径,例如,《中国共产党第十一届中央委员会第三次全体会议公报》引领中国共产党在思想路线、政治路线和组织路线上进行彻底的自我革命。③有学者以《中共中央关于进一步全面深化改革 推进中国式现代化的决定》为中心,对党的二十届三中全会精神进行了法学解读,认为法治宣传教育是增强全民法治意识和法治素养的长久性工程,要深入推进习近平法治思想宣传教育,用社会主义法治精神、法治理念启智润心,不断提高法治宣传教育的吸引力、感染力和实效性。④

第三,全面从严治党制度的思想政治教育意义。有学者讨论了全面从严治党体系的政治意蕴、构成要素与完善路径,并从管理、文化、监督、规

---

① 《为严肃稳妥处置不合格党员提供制度保证——中央组织部负责人就〈中国共产党不合格党员组织处置办法〉答记者问》,《人民日报》2024年8月30日第4版。
② 宋功德:《党规之治:党内法规一般原理》,法律出版社2021年版,第1页。
③ 周敬青:《党的自我革命制度规范体系结构类型探析》,《探索与争鸣》2024年第11期。
④ 黄文艺:《改革、变法与中国式现代化——党的二十届三中全会精神的法学解读》,《法学家》2024年第5期。

范、责任等五个方面对全面从严治党的组织、教育、监管、制度、责任等五大体系进行研究,认为全面从严治党制度体系不能停留在表面的惩处上,必须深入党员干部的内心,塑造敬畏规则、廉洁自律的心理和行为模式,明确了全面从严治党制度的思想政治教育意义。① 有学者认为,要着力提高全面从严治党制度的执行力,着力解决思想认识层面上的一些问题,例如不了解制度规定、不重视制度执行等问题,不断增强领导干部的法治意识、制度意识和纪律意识。②

第四,党的自我革命制度规范体系的思想政治教育意义。有学者指出,要加强党的自我革命制度规范体系的执行力建设,要坚持和加强思想教育,进而形成不想腐的自律意识和牢固的思想道德防线。③ 有学者指出,以伟大自我革命引领伟大社会革命这一战略擘画,为破解大党独有难题锻造了锐利的思想武器,要筑牢执政为民价值观念,永葆为人民服务的初心使命,必须同步健全党内法规制度体系,依靠制度巩固党的团结统一。④ 有学者研究了党的自我革命制度规范体系的政治逻辑与完善机制,认为应当完善"不想腐"的教育自律机制,强调要加强思想教育力度,大力提升党员干部的道德修养等内在品质,确保在面对腐败诱惑时,保持头脑清醒与立场坚定。⑤

(三)党内法规视角下的纪律建设与纪律教育研究

加强纪律建设是全面从严治党的治本之策。2024 年,在以习近平同志为核心的党中央坚强领导下,全党以新修订的《中国共产党纪律处分条例》为

---

① 王立峰、周强伟:《全面从严治党体系的政治意蕴、构成要素与完善路径》,《河南社会科学》2024 年第 12 期。
② 郭鹏、宋秦:《健全全面从严治党体系 深入推进党的自我革命》,《北京联合大学学报(人文社会科学版)》2024 年第 6 期。
③ 肖光文、杨笛:《推动完善党的自我革命制度规范体系》,《中国纪检监察》2024 年第 21 期。
④ 张亚东、王春玺:《以自我革命破解大党独有难题的内在机理与实践进路》,《北京联合大学学报(人文社会科学版)》2024 年第 6 期。
⑤ 王立峰、周强伟:《党的自我革命制度规范体系的政治逻辑与完善机制》,《探索》2024 年第 6 期。

学习重点，深入开展党纪学习教育，赋予了党内法规独特的思想政治教育意义。开展党纪学习教育，对于加强党的纪律建设、维护党的团结统一、推动全面从严治党向纵深发展意义重大。

首先，关于《中国共产党纪律处分条例》的意义研究。有学者从政治规范价值、理论武装价值、纪律治党价值、纪律制度价值等四个方面论述了《中国共产党纪律处分条例》的价值，其中前两个价值是与思想政治教育意义密切相关的价值，特别强调《中国共产党纪律处分条例》有利于把习近平总书记关于全面加强党的纪律建设的重要论述转化为具体的纪律规定。[①] 有学者认为，以党的纪律处分制度的严厉性、严格性破解大党独有难题是2023年修订《中国共产党纪律处分条例》的现实动因之一，是对有效破解"六个如何始终"等大党独有难题的制度作答。[②]

其次，关于党的纪律建设的经验和意义研究。党的纪律建设在新时代党的建设总体布局中处于特殊的重要地位并发挥着独特的规范保障作用。有学者提出，健全全面从严治党体系，必须贯彻落实习近平总书记关于党的自我革命的重要思想，充分运用党的纪律建设的实践经验，丰富和完善党的纪律理论等内容。[③] 有学者立足于新时代三次修订《中国共产党纪律处分条例》及制度执行的实践经验，以党内法规制度建设和纪律运行过程的视角，分析新时代党的纪律建设的主要环节及其内在联系，进而阐释新时代党的纪律建设在运行过程层面的特点和规律。[④] 有学者认为，系统梳理总结新时代加强党的纪律建设的思路和重要举措，挖掘其蕴含的基本逻辑，对深刻理解新时代党的纪律建设的必要性与重要性，高质量推进新时代党的纪律建设具有重要意义。[⑤]

---

① 李斌雄：《〈中国共产党纪律处分条例〉的实质要义》，《人民论坛》2024年第9期。
② 李斌雄、杨檬：《新征程党的纪律处分制度建设的理念思路、制度创新与实施方法》，《学校党建与思想教育》2024年第13期。
③ 蔡志强、郑时雨：《以党的纪律教育推进全面从严治党体系建构》，《思想理论教育》2024年第8期。
④ 李斌雄、宋宗君：《新时代党的纪律建设过程之有机环节论》，《思想理论教育》2024年第6期。
⑤ 周建勇：《新时代加强党的纪律建设：成因、进路及其逻辑》，《思想理论教育》2024年第9期。

最后，关于党的纪律教育的经验和意义研究。有学者提出，中国共产党在延安时期，积累了顺应革命形势推进纪律教育的历史经验，形成了包括教育理念、教育主体、教育阵地、教育内容等在内的纪律教育体系，并取得了前所未有的巨大成就。① 有学者认为，开展党纪学习教育，有利于建设纪律严明的马克思主义政党，促使党员知纪、明纪、守纪，落实全面从严治党战略部署，使广大党员把纪律要求转化为实践自觉，促进党的团结统一，进而形成推进中国式现代化的强大合力。② 有学者提出，新时代中国共产党积累的党纪学习教育的重要经验有：坚持思想引领与立根铸魂相统一、坚持内容为王与精准施策相结合、坚持形式多样与创新求变相融合、坚持案例警示与正反对照并举等。③ 有学者认为，开展党纪学习教育，必须深刻把握习近平总书记关于党的纪律建设的重要论述所蕴含的辩证法，把党纪学习教育作为基础工程，与党性教育、廉洁文化教育贯通起来，既坚持正面引导，又加强反面警示教育。④

二、党内法规的思想政治教育意义研究的年度特征

2024年，党内法规的思想政治教育意义研究坚持以习近平新时代中国特色社会主义思想为指导，呈现出紧跟党和国家政治生活中的大事和中央党内法规制定工作，分散性研究多、集成性研究少等突出特征。

（一）坚持以习近平新时代中国特色社会主义思想为指导，阐释党内法规的思想政治教育意义

一方面，结合党纪学习教育，集中阐释包括《中国共产党纪律处分条例》在内的党内法规的思想政治教育意义。习近平总书记在二十届中央纪委三次全会上强调，"以学习贯彻新修订的纪律处分条例为契机，在全党开展

---

① 陶卓睿：《延安时期中国共产党开展纪律教育的经验与启示》，《毛泽东研究》2024年第5期。
② 刘昱辉：《新时代开展党纪学习教育的目标与有效路径分析》，《理论视野》2024年第7期。
③ 徐俊：《新时代党的纪律教育的重要经验》，《理论探索》2024年第4期。
④ 陈志刚：《深刻把握新时代党的纪律建设的辩证法》，《世界社会主义研究》2024年第6期。

一次集中性纪律教育。"①2024 年 4 月到 7 月，经党中央同意，全党开展党纪学习教育。在党纪学习教育过程中，各级党组织、全体党员把学习《中国共产党纪律处分条例》作为必修课、常修课。2024 年 5 月，中共中央党史和文献研究院编辑的《习近平关于全面加强党的纪律建设论述摘编》出版发行，成为党纪学习教育的重要教材。党的纪律建设作为党的建设"5+2"总体布局的重要内容，对其他方面的建设起到重要的保障作用，同时对于加强党对中国特色社会主义事业的领导发挥着不可替代的作用，是开展思想政治教育的保障。学界以习近平总书记关于全面加强党的纪律建设的重要论述为指导，开展了大量卓有成效的研究，出版了高质量著作和论文，对于党的纪律建设的总体意义、六大纪律的意义、党纪学习教育的意义、《中国共产党纪律处分条例》的意义等进行交叉融合阐释，形成了一定的理论规模。

另一方面，聚焦党的二十届三中全会，集中阐释党的自我革命制度规范体系的思想政治教育意义。党的自我革命是跳出历史周期率的第二个答案，事关党的领导和党的建设大局。党的二十大报告第十五部分"坚定不移全面从严治党，深入推进新时代党的建设新的伟大工程"从七个方面对党的建设理论进行了创新发展。其中第三个方面提出"完善党的自我革命制度规范体系"的要求。党的二十届三中全会审议通过的《中共中央关于进一步全面深化改革 推进中国式现代化的决定》指出："完善党的自我革命制度规范体系"，"完善党内法规，增强党内法规权威性和执行力。"② 习近平总书记就《中共中央关于进一步全面深化改革 推进中国式现代化的决定》起草的有关情况向全会作说明。

党的十八大以来，习近平总书记着眼党和国家事业发展全局，坚定不移全面从严治党，以非凡的政治智慧、强烈的使命担当、深厚的人民情怀，在

---

① 《习近平在二十届中央纪委三次全会上发表重要讲话强调 深入推进党的自我革命 坚决打赢反腐败斗争攻坚战持久战》，《人民日报》2024 年 1 月 9 日第 1 版。

② 《中共中央关于进一步全面深化改革 推进中国式现代化的决定》，人民出版社 2024 年版，第 44、45 页。

全面从严治党实践中回答了我们党为什么要自我革命、为什么能自我革命、怎样推进自我革命等重大问题，形成了习近平总书记关于党的自我革命的重要思想，集中体现为"九个以"的实践要求，构成了习近平新时代中国特色社会主义思想的新篇章，为深入推进党的自我革命提供了根本遵循，引导中国共产党开辟自我革命的新境界。①

习近平总书记在中共中央政治局第十五次集体学习时强调："深化党内法规制度建设改革，做好顶层设计、查漏补缺、提质增效文章，面向实践需要，及时将好经验好做法上升为制度，着力提高制度执行力，推动全面从严治党在法规制度轨道上向纵深发展。"② 完善党的自我革命制度规范体系是以制度化的方式落实习近平总书记关于党的自我革命的重要思想的重大举措。党的自我革命领域的党内法规是党的自我革命制度规范体系的主干部分。学界聚焦贯彻落实完善党的自我革命制度规范体系这一目标，结合中共中央印发的《中央党内法规制定工作规划纲要（2023—2027年）》中提出的立法计划，从完善党的自我革命制度规范体系的重大意义等方面进行阐释，促进了党内法规的思想政治教育意义的研究，产生了相当的学术效应。

（二）在分散性研究中，形塑党内法规的思想政治教育意义体系

从学术成果的集中程度看，研究成果呈现出"三多"的特征：一是热点研究多。学界多结合党内法规制定热点、政治生活热点等进行具有时效性的研究，对于非新出台的党内法规等常态化问题着墨不多。二是分散性研究多。党内法规的思想政治教育意义时常作为"子课题"内嵌于党内法规研究之中，不少关于党内法规的研究成果都对其思想政治教育意义有所涉及，但专门以研究党内法规或者某部具体党内法规的思想政治教育意义为题的成果

---

① 《求是》杂志编辑部：《不断开辟百年大党自我革命新境界》，《求是》2024年第24期。
② 《习近平在中共中央政治局第十五次集体学习时强调 贯彻落实新时代党的建设总要求 进一步健全全面从严治党体系》，《人民日报》2024年6月29日第4版。

较少。三是阐释性研究多。从研究方法来看，一般性解读较多，立法立规建议较少。

在学术出版和学位论文方面，武汉大学主办的《党内法规研究》作为我国党内法规研究领域第一本公开发行的学术性刊物，开设了"党内法规基础理论""党的领导制度化法治化""党内法规制度建设"等研究专栏，发表了大量具有影响力的研究成果。《思想理论教育》《理论探讨》《学校党建与思想教育》等杂志也组织发表了关于党的制度建设、纪律建设的系列文章。不少学位论文就党的巡视制度[①]、党组制度[②]等进行专门研究，间或涉及党内法规的思想政治教育意义。

不管思想政治教育学界抑或党内法规学界，都较少将党内法规的思想政治教育意义这一主题作为独立选题。究其原因有三个方面：第一，不同部门党内法规的思想政治教育意义共通性的认知前提占据了其理论空间。虽然大多数的部门党内法规研究均会涉及党内法规的思想政治教育意义，但是不同党内法规的思想政治教育意义具有一定程度的同质性这一认识，为专题类研究设置了思维桎梏。第二，立法论或者解释论的研究进路延缓了意义论的逻辑出场。党内法规学界的研究多从立法论或者解释论的角度切入，前者重在探讨党内法规如何制定，后者重在探讨党内法规如何适用。对于党内法规的思想政治教育意义，仅在相关分论题有所涉及时才有予以讨论的必要。第三，党内法规的作用体系对意义和价值体系的替代减少了其必要性。党内法规的作用系党内法规一般原理的固定内容，党内法规学教科书均有涉及。而党内法规的意义尤其是思想政治教育意义，多被其作用或者价值体系所吸收，一般不单独成篇。

以上三点是分散性的研究成果较多的原因。但是，党内法规的思想政治教育意义研究不可谓不重要，即便在分散性研究中，学界仍然勾勒出了党内

[①] 朱静：《中国共产党巡视制度研究》，中共中央党校（国家行政学院）2024年博士学位论文。
[②] 周欣：《中国共产党党组制度研究》，中共中央党校（国家行政学院）2024年博士学位论文。

法规的思想政治教育意义的体系，形成了思想政治教育的研究热点。

首先，党内法规作为"教科书"的思想政治教育意义。习近平总书记指出："党的历史是最生动、最有说服力的教科书。"① 百年来，中国共产党领导全国各族人民进行革命、建设、改革积累的丰富成果经验，相当部分被内化为党内法规条文规范。所以，党内法规是权威的教科书，也是党的创新理论的法规化表述。学习党内法规有利于深化对党的创新理论、党的历史的认识，进而增强对中国特色社会主义的道路自信、理论自信、制度自信、文化自信，增强对"中国共产党为什么能，中国特色社会主义为什么好，归根到底是马克思主义行，是中国化时代化的马克思主义行"的认识。

其次，党内法规作为"路线图"的思想政治教育意义。功能各异的党内法规预先划定党员和党组织思想和行为的"路线图"，彰显党内法规的预判意义。大部分党内法规的效力范围和作用对象均明示在其文本中，且多在党内发生效力，但是部分党内法规存在"溢出效应"，不仅在党内有效，也在党外产生效力。党内法规以其独特的制度形式，规定了"什么是正确的、什么是错误的"，"何者可为、何者禁为"等具体问题，有助于相关主体在内心中建构未来行动的心中草图，并在实际党务关系中发挥现实的引导作用。在党内法规的引领下，行为主体对有明确法规制度授权的事项，坚决大胆去干；对于禁止的、违规的事情，内心有确信，坚决不予以触碰；对于灰色地带，坚决予以抵制。

最后，党内法规作为"指南针"的思想政治教育意义。党内法规确定条件假设、行为模式、处理制裁的逻辑结构，即行为人在 A 情况下应该按照 B 规则为一定行为或不为一定行为，如果违反了 B 则导致 C 的不利后果。如此，便在行为人内心中形成强大的威慑力，从而不断规范和矫正行为人的思想和行为，并使之与党内法规的具体规定保持高度一致。需要注意的是，条件假设、行为模式、处理制裁的逻辑结构有的是以隐性散在的方式呈现的，

---

① 习近平：《在党史学习教育动员大会上的讲话》，人民出版社 2021 年版，第 2 页。

比如,《中国共产党廉洁自律准则》规定的是党员行为的高线,但对违反这一《准则》的行为后果则规定在《中国共产党纪律处分条例》等党内法规之中。质言之,党内法规的这种功能为行为主体遵守规则、纪律检查机关适用规则提供了"指南针"。

(三)在阐释性研究中,明确党内法规思想政治教育意义的呈现路径

2024年的相关研究成果多为阐释性作品。现行有效的部门党内法规思想政治教育意义的呈现,因其制度表达方式和承载信息的不同,概略来说有三种途径:一是在党内法规文本中呈现,二是在党内法规实施中呈现,三是在党内法规的发展史中呈现。

第一,在党内法规文本中呈现其思想政治教育意义。所有的党内法规均可以通过文本表征其思想政治教育意义。但是,有一类党内法规的思想政治教育意义与立法目的同源同构。比如,《中国共产党党委(党组)理论学习中心组学习规则》,其思想政治教育意义即在于为党委(党组)理论学习中心组确定学习的原则、形式、内容、要求等,意义内含于规定之中。那么,通过这种途径呈现思想政治教育意义的党内法规,从其属性来看可将其定义为同构型党内法规,主要指"1+4"党内法规制度体系之下,党的自身建设法规中的政治建设和思想建设法规,党对宣传、思想、文化、意识形态、统一战线等思想政治工作的领导法规,以及分散在其他集成性党内法规中的相关规范。

第二,在党内法规实施中呈现其思想政治教育意义。如果说党内法规文本侧重于呈现其静态层面的思想政治教育意义,党内法规实施则注重动态层面。甚至可以说,所有的党内法规均可以通过实施彰显其思想政治教育意义。比如,《中国共产党纪律处分条例》大部分规范的思想政治教育意义是明确禁止性规定和制裁措施,通过对违纪行为的处理,加强警示教育,以反面教材的方式发挥其思想政治教育意义。但是,此类型的党内法规有特殊的意旨考量,立法目并不完全在于思想政治教育,故可将其称为非同构型党内

法规。尽管存有类型上的两种划分，但没有哪一部党内法规不具有思想政治教育的意义。所以，思想政治教育的意义是党内法规的固有意义。

第三，在党内法规的发展史中呈现其思想政治教育意义。任何一部党内法规都不是凭空产生的，都有其生成的深刻经济、政治、文化、社会背景。考察其思想政治教育意义，就必须回溯到相应历史语境，结合相关影响因素，明确其所由来、所由生。以历史唯物主义的态度对待已经失效的党内法规，这部分党内法规效力虽然已经不复存在，但是因其具有党史学习教育素材功能和制定新党内法规镜鉴功能，其思想政治教育的意义仍不容忽视。

三、党内法规的思想政治教育意义研究的趋势展望

就其实质而言，党内法规的思想政治教育意义研究即为探寻作为整体的党内法规或者部门党内法规意义体系中的思想政治教育元素。故此，研究这一主题，就要以形塑党内法规的思想政治教育意义体系为主线，从党内法规的视角和思想政治教育的视角等维度切入，结合党内法规的文本尤其是其具体条文和规范，吸收价值学的基本理论，搭建党内法规的思想政治教育意义体系。从学界既有研究基础来看，对于党内法规意义的研究，应在其有用性、区分度上下功夫：一方面，应在不同部门党内法规、不同类型党内法规的思想政治教育意义的区分度上下功夫，避免出现同类型化党内法规意义趋同化的现象，造成知识生产上的重复。另一方面，应聚焦党内法规的制定、备案、修订、解释等动态层面的思想政治教育意义，增加研究成果在廓清认识误区、深化理论认识方面的学理贡献。

（一）以思想政治教育为主线，研究党内法规对思想政治教育具体领域的意义

广义上的思想政治教育包括党的宣传思想文化工作、统一战线工作、意识形态工作等，其内涵和外延十分广泛。所以，思想政治教育延展到哪里，

党内法规就要推进到哪里，其意义体系就要延伸到哪里。未来研究，可以从深度和广度上加强思想政治教育具体领域的研究，比如党内法规对于党内集中教育的意义。

党的十八大以来，中国共产党共开展七次党内集中教育，分别是党的群众路线教育实践活动（2013—2014年）、"三严三实"专题教育（2015年）、"两学一做"学习教育（2016年以来）、"不忘初心、牢记使命"主题教育（2019—2020年）、党史学习教育（2021年以来）、学习贯彻习近平新时代中国特色社会主义思想主题教育（2023—2024年）、党纪学习教育（2024年4—7月）。其中，"两学一做"学习教育、党纪学习教育等党内集中教育均明确把党内法规作为学习的教材，其他党内集中教育也都以党内法规为依据开展，并把党内法规作为重要学习材料。《中国共产党章程》第32条第（二）项规定："组织党员认真学习马克思列宁主义、毛泽东思想、邓小平理论、'三个代表'重要思想、科学发展观、习近平新时代中国特色社会主义思想，推进'两学一做'学习教育、党史学习教育常态化制度化，学习党的路线、方针、政策和决议，学习党的基本知识，学习科学、文化、法律和业务知识。"这成为常态化开展"两学一做"学习教育、党史学习教育的党内根本法依据。

党的二十大报告指出："以县处级以上领导干部为重点在全党深入开展主题教育。"[①] 那么，党内法规对于党内集中教育具有何种意义和作用？党内集中教育是否需要制定单独的党内法规？如果制定，那么选择何种类型的党内法规？如果不制定，那么如何对主题教育进行制度性规范？党内法规与党内规范性文件在党内集中教育中有什么样的独特作用和价值？实际上，对于此类问题的研究尚有进一步深化的空间。

---

① 习近平：《高举中国特色社会主义伟大旗帜 为全面建设社会主义现代化国家而团结奋斗——在中国共产党第二十次全国代表大会上的报告（2022年10月16日）》，人民出版社2022年版，第65页。

（二）以党内法规为主轴，多视角研究新出台党内法规的思想政治教育意义

2021年7月1日，习近平总书记在庆祝中国共产党成立100周年大会上宣布："形成比较完善的党内法规体系。"①"截至2024年3月，全党现行有效党内法规共3890部。其中，党中央制定的中央党内法规221部，中央纪律检查委员会以及党中央工作机关制定的部委党内法规202部，省、自治区、直辖市党委制定的地方党内法规3467部。"②按照不同的标准，党内法规可作类型划分，比如：根据"1+4"体系划分为党章、党的组织法规、党的领导法规、党的自身建设法规、党的监督保障法规，根据层级划分为中央党内法规、部委党内法规、地方党内法规，根据制度形式划分为党章、准则、条例、规定、办法、规则、细则等七种党内法规，根据规范意旨划分为党的自我革命法规、党领导社会革命的法规，根据规范主体划分为规范党员的法规、规范党组织的法规，根据规范作用对象划分为思想规范法规、行为规范法规、裁判规范法规等等。从动态层面看，党内法规又包括制定、修订、解释、废止等动态过程。可以说，党内法规有多少种分类、运行等方式，就存在多少个思想政治教育意义体系。

一方面，研究视角要在"思想、理论、法规、条文、规范、事实"之间来回流转。研究党内法规的思想政治教育意义，不能固定在某一个视域，研究的"比例尺""分辨率"应根据研究的需要自由缩放，既可以以一般理论为立基点研究法规具体条文的思想政治教育意义，也可以从具体规范出发，研究某个集团规范的思想政治教育意义；既可以从一般的概念逻辑推理研究其思想政治教育意义，也可以从具体案例出发，探讨制度运行层面的思想政治教育意义。未来研究需要在非集成式党内法规即以规范而非法规名称为主要集群的制度体系的思想政治教育意义上加墨着力，厘清党内法规的作用、

---

① 习近平：《在庆祝中国共产党成立100周年大会上的讲话》，人民出版社2021年版，第7页。
② 张劲：《持之以恒推进依规治党——新时代党内法规制度建设》，《党建》2024年第6期。

价值、意义之间的界限，以包括党内法规的思想政治教育意义在内的党内法规的意义体系建构牵引党内法规的制度规范体系塑造。

另一方面，需要深挖新出台的党内法规的思想政治教育意义。2023年4月，中共中央印发的《中央党内法规制定工作规划纲要（2023—2027年）》指出，要完善党的宣传教育制度，明确提出制定《中国共产党思想道德准则》《中国共产党思想政治工作条例》《党史学习教育工作条例》等中央党内法规。其中，《党史学习教育工作条例》已经率先出台。《中国共产党思想政治工作条例》正在制定之中。根据《纲要》规定，制定《中国共产党思想政治工作条例》的目的和意义是完善思想政治工作体系，巩固全党全国各族人民团结奋斗的共同思想基础。实际上，早在2000年，中国思想政治工作研究会主办的刊物《政工研究动态》就发表了文章——《中国共产党思想政治工作条例有望出台》，但是20多年以来，党内没有出台集成性的思想政治工作条例，相关的制度性规范分散在各种党内法规制度规范之中，在实践中发挥了有效的规范作用，保障中国特色社会主义开创新时代。例如，2021年，中共中央、国务院印发了《关于新时代加强和改进思想政治工作的意见》，承担党的思想政治工作大纲的功能。那么，学术界应当回答，现阶段制定《中国共产党思想政治工作条例》的重大意义是什么？对于提升思想政治工作成效有什么作用？

（三）积极吸收实践经验，加强具有思想政治教育意义的典型案例研究

通过意义层面的析出和总结，从意义反推制定和执行，加强对党内法规制定和执行的研究。比如，某地级市党组织加强制度保障，出台"提级+交叉"巡察监督，完善《市委巡察工作操作手册》，修订"提级+交叉"巡察内容，印发《巡察工作常用文件汇编》，对于发挥巡察威慑作用这一思想政治教育意义具有极大的促进作用。从党内法规制度的制定主体来看，该层级的党委没有制定党内法规的权限，仅可制定党内规范性文件，那么，党内规

范性文件的制定的意义可否转移给相关上位党内法规,进而激发党内法规的功能和作用。通过分析应然的党内法规的思想政治教育意义,进而将意义传递到立法,让必要变得可能,增进思想共识,促进党内法规体系的不断完善和质量的逐步提升。

从这个层面进一步延伸,应加强对承载典型的党内法规思想政治教育意义的案例的研究。值得借鉴的是,最高人民法院公布的不少批次的典型案例,具有典型思想政治教育意义。比如,最高人民法院2024年发布的依法惩治"蝇贪蚁腐"6个典型案例,每个案例均由基本案情、办理情况、典型意义等三部分组成,涉及住房保障、教育招生、医疗保险、劳动就业、财政税收、征地拆迁等领域的腐败犯罪,案例的发布有利于公众深刻认识惩治"蝇贪蚁腐"的重大意义。[①] 这些案例启示学界应加强对承载思想政治教育意义的党内法规适用具体案件的研究。

---

① 《最高人民法院发布依法惩治"蝇贪蚁腐"典型案例》,最高人民法院网站 https://www.court.gov.cn/zixun/xiangqing/449421.html.

第十九章　心理健康教育与思想政治教育研究

心理育人作为学校思想政治教育工作的重要内容，在 2024 年思想政治教育研究中仍然保持一定的热度。本年度心理健康教育与思想政治教育研究具有一定的年度背景，2024 年 5 月，教育部印发了《关于开展首个全国学生心理健康宣传教育月活动的通知》(以下简称《通知》)，决定以"全社会都行动起来，共促学生心理健康"为主题开展首个宣传教育月活动，旨在通过形式多样的宣传教育活动，营造积极关心关注、支持参与学生心理健康教育的良好社会氛围，提升师生和家长心理健康知识水平和素养，推动学生心理健康工作提质增效，促进学生身心健康发展。坚持问题意识与实践导向，2024 年学校心理健康教育与思想政治教育研究取得了一定的研究进展。回顾和梳理 2024 年心理健康教育与思想政治教育研究的年度进展，总结年度研究特点，展望未来研究趋势，对进一步深化学校心理健康教育与思想政治教育研究具有重要意义。

一、心理健康教育与思想政治教育研究的年度进展

2024 年，学校心理健康教育与思想政治教育研究聚焦社会发展实际，深入课程体系优化和方式方法创新，取得了一定的阶段性进展，为学校心理育人的理论深化和实践创新提供了良好的研究积累。

（一）心理健康教育与思想政治教育的深度融合研究

2024 年度，心理健康教育与思想政治教育的融合问题备受学界关注，已

有众多学者探讨了两者融合研究的重要性与互补性,学者们以交叉学科研究法积极探索思想政治教育现象背后的心理机制,挖掘心理健康教育中的思政元素,在多个方面将"育心"与"育德"相结合。有学者认为,新时代促进青年精神生活的高质量发展首先需要优化青年心理生活的总体建设,构建帮助青年解决困难的保障体系,构建维护青年心理健康的服务体系,构建激发青年奋斗精神的实践体系,不断提升青年精神生活的安全感、获得感、幸福感和意义感。①有学者将"心理契约"理论融入高校思想政治教育中,提出心理契约的建构与高校思想政治教育过程内在契合,它们注重双向奔赴,不强调单向度灌输,整体动态地把握实践过程,补益思政工作中无法通达的心理和道德领域。②有学者提出思想政治教育在大学生学习力培养中发挥着培植学习力生长环境、提升学习力要素品质、扩大学习力辐射效应的功能作用。为此,应以个体发展和市场需求为导向,利用现代信息技术,科学设计学习力培养方案,整合学校、社会、家庭的优质资源,从不同维度提升大学生学习力。③总的来说,如何更好地解决学生心理与思想问题,提升育人实效,最大化发挥出学科融合的价值是一个值得深入研究的课题。

(二)学校心理健康教育课程研究

心理健康课程在学校思想政治教育工作中发挥重要作用,一直备受学界关注。2024年12月教育部普通高等学校学生心理健康教育专家指导委员会召开全国高校大学生心理健康课程建设研讨会,就心理健康课程建设进行深入讨论。在此背景下,2024年度学者们围绕心理健康教育课程教学体系、教学理念、教学模式等问题进行了深入研究。有学者提出当前心理健康教育课

---

① 陈文娟、曹子阳:《新时代青年精神生活的表现样态、发展趋向及其现实启示》,《思想理论教育导刊》2024年第5期。
② 徐磊:《"心理契约"理论融入高校思想政治教育的逻辑论纲》,《黑龙江高教研究》2024年第3期。
③ 熊辉、周玉波:《思想政治教育在大学生学习力培养中的价值功能及实现路径》,《思想教育研究》2024年第6期。

在培养学生思维品质方面存在教学设计未充分关注学生思维品质的培养，教学实施缺少提升学生思维品质的方法和教学评价忽视学生思维品质的变化等现实问题，需要充分发挥心理健康教育课对思维品质的培养功能，优化教学设计，促进学生思维品质的系统性培养，改进教学实施，确保在实践中提升学生的思维品质，优化教学评价，融入学生思维品质变化评估。① 有学者以高校心理健康课程"成功心理训练"为例，对智慧课堂环境融入心理健康教育课堂进行了探索，在教学设计中将手机应用于课堂内外，同时结合慕课学习资源和传统的书本阅读以及教师的讲授，综合作为学习资源融入日常教学；最后数据分析发现智慧课堂的设计实现了教学目标对于每个训练任务的目标设置，达到了比较良好的教学效果。②

（三）学校心理健康教育机制与路径研究

有学者建议数字技术赋能学生心理危机的应对，通过数字技术，能够更加全面、真实、准确地反映行为特征与症状之间的关系，捕捉人眼无法观察到的细微肢体动作和面部表情的变化，使用多种数字技术、虚拟现实技术、严肃游戏等方式，祛除病耻感，尽早提供行之有效的干预与治疗。③ 有学者提出美育实践感知显著正向预测处境不利青少年的生活满意度，亲子沟通在美育实践感知和生活满意度之间起到中介作用，学生可以通过学校美育实践具备对语言美的感知、鉴赏和创造的技能，同时也可以熟练地掌握语言的艺术，这有助于促使学生在与家长交流时能够创意地使用交流技能，增强其

---

① 朱浩亮、洪旭霞、高崚峰：《论心理健康教育课中学生思维品质的培养》，《课程·教材·教法》2024年第8期。

② 王静、蒲信竹：《智慧学习提升大学生心理健康教育课堂质量的实践探索》，《中国大学教学》2024年第3期。

③ 俞国良、张哲：《数字技术赋能学生心理危机的应对》，《清华大学教育研究》2024年第4期。

主观幸福感。①有学者提出"以劳健心"的观点，认为通过丰富、拓展劳动教育实施途径，能够让学生动手实践、出力流汗，磨炼意志品质，养成劳动习惯，培养学生的动手实践能力、创新能力等劳动素养，有助于塑造自尊、自信的积极心理品质，具备适应环境与社会的功能和潜力，从而促进心理健康。②

（四）学校心理健康教育的影响因素研究

家庭是大学生成长过程中重要的心理支持来源，2024年度关于家庭因素影响大学生心理健康状况的研究热度不减。有学者指出，青少年从小暴露在专制、拒绝、冷漠的家庭教养环境中时，会削弱他们保存现有资源以及发展其他资源的能力，从而对青少年积极发展造成不利影响。③有学者研究发现家庭弹性可以促进大学生社会适应，个人成长主动性在家庭弹性和社会适应之间起了中介作用。在家庭弹性较高的环境中成长的大学生，他们的个人成长主动性也较高，这种积极的个人成长倾向会促使他们有意识地提升和完善自我，积极地面对逆境并寻找生活的目标，从而获得较高的生命意义感，拥有更好的社会适应能力。④有学者研究了父母过度保护与困难解释风格的关系。研究发现，父母保护有助于避免青少年受到外界伤害，给个体提供充足的安全感、归属感和爱，然而随着年龄增长和心理社会能力的发展，父母一味地保护可能会导致子女成为"温室里的花朵"，压制其自主性、关系和能

---

① 肖瑶、姜鑫婷、韩北辰等：《处境不利青少年美育实践感知与生活满意度的关系：感恩倾向和亲子沟通的链式中介作用》，《心理与行为研究》2024年第4期。
② 白荣、张莉、刘霞：《"以劳健心"的理论根基与实践路径》，《北京师范大学学报（社会科学版）》2024年第6期。
③ 唐甜、王雨、巩芳颖等：《家庭教养方式与中国青少年积极发展的关系：系列元分析》，《心理科学进展》2024年第8期。
④ 刘艳、周沛瑜、肖美玲等：《家庭弹性对大学生社会适应的影响：链式中介效应分析》，《中国临床心理学杂志》2024年第4期。

力需要的满足，反而影响其健康发展。①

二、心理健康教育与思想政治教育研究的年度特点

2024年度，心理健康教育与思想政治教育研究成果颇丰，学者将目光聚焦于数字化时代大学生的心理成长与社会适应之上，肩负起"育心""育德"的重任，旨在构建起健全的心理健康教育服务体系，促进学生思想道德素质、科学文化素质和身心健康素质协调发展，相关研究成果呈现出一定阶段性特征。

（一）坚持立德树人的价值导向

2024年度相关研究坚持立德树人这一根本任务，不断探索"育心"与"育德"相互融合的机制。相关研究通过将心理健康教育与思想政治教育课程有机结合，挖掘心理健康教育与思想政治教育之间的内在联系，引导学生树立正确的世界观、人生观和价值观，培养他们的社会责任感、创新精神和实践能力。有学者指出，我们已经置身于一个社会加速的时代，在社会加速进程中，技术创新、知识更新、思想革新等为大学生思想政治教育发展带来新机遇。与此同时，社会加速并不单单意味着"美好加速"，也使大学生思想政治教育面临诸多新挑战。应对社会加速带来的新挑战，做好新时代大学生思想政治教育工作，要用多重支持体系塑造大学生的"强势心理特质"，应重视大学生的心理健康教育与经济、社会、文化之间的全面协调发展，应积极将大学生思想政治教育与心理健康教育结合起来。没有健康的心理就无法形成正确的思想，更不会产生良好的社会行为。在大学生思想政治教育过程中，应进一步探索心理咨询、心理危机干预等与大学生思想政治教育融合

---

① 李永雪、毕重增：《父母过度保护与大学生困难解释风格：真实性和抑郁的链式中介作用》，《中国临床心理学杂志》2024年第1期。

的有效途径,提高大学生保持自身良好心理状态的自觉意识。①学界越发关注学生的积极心理品质和潜能的开发,创设各种情境,让学生在情境中体验不同的情绪和心理状态,学会应对各种挑战和困难。同时,加强对心理健康教育教师的培训,提高他们对立德树人理念的认识和理解,将立德树人的实施情况纳入教师考核评价体系中,激励教师积极落实立德树人的根本任务。

(二)以社会适应作为研究的切入点

随着社会的不断发展和高等教育的普及,高校学生的社会适应和职业发展状况日益受到关注。2024年,学界相关研究不仅包括大学生在社会适应过程中的心理调适、人际关系处理等方面,还涉及职业规划、职业适应、职业发展中的心理品质培养等多个领域。学界对大学生在个人心态与外在环境影响下呈现的纠结、无奈的倦怠感②,以及"躺平""摆烂""内耗"等情绪渲染加速高校学生的群体焦虑等现象进行关注与研究,同时也高度关注大学生在职业发展过程中的积极心理品质的影响,例如大学生坚毅品质、主动性人格、心理资本、职业生涯探索与生涯适应力等心理品质对其职业发展的影响。学界对大学生职业生涯教育和职业实践进行研究,提出高校的专业课教育应把专业技能知识教育与职业教育紧密结合起来,在专业课中渗透职业教育,让学生掌握专业知识的同时,也了解本专业对口的相关行业对从业人员的现实要求。还有研究者借鉴组织管理中的压力传导机制,引导大学生识别压力来源,剖析压力类型,合理分散、运用压力,通过政策的影响力和大学生的自我驱动力共同推动大学生职业生涯教育的发展。③

---

① 张哲:《社会加速视野下的大学生思想政治教育》,《教学与研究》2024年第5期。
② 王美伟、魏代文、陈华洲:《"孔乙己的长衫"现象的成因及其疏导》,《学校党建与思想教育》2024年第8期。
③ 徐淑娟、赵明芳:《压力传导机制在大学生职业生涯教育中的应用研究》,《江苏高教》2024年第6期。

（三）"探索 AI+ 赋能"心理健康教育创新发展

数字技术的飞速发展以及研究对象的高度数字化使本年度相关研究在研究思路设计和研究方法使用上更为数字化，呈现出"探索 AI+ 赋能"的研究特征。首先，数据收集方式的变化。学者们越来越多地利用社交媒体平台（如微博、抖音、小红书等）收集与心理健康相关的数据。例如，通过分析用户发布的文本内容（如微博动态、小红书笔记等），运用自然语言处理技术，提取其中反映情绪状态、心理压力等方面的信息。若一个用户频繁在微博上发布表达焦虑、失眠等负面情绪的内容，可能暗示其正处于心理不健康的状态。社交媒体平台上的用户互动数据（如点赞、评论、分享等）也成为研究的重要资源。例如，在某些心理健康相关话题下，用户的高互动性可能反映出该话题的关注度和对人们心理健康的影响程度。其次，数字化实验与干预。新媒体为开展大规模的网络实验提供了便利。学者们可以通过在线平台招募参与者，进行心理健康相关的实验研究。例如，设计基于网络的认知行为疗法干预实验，参与者通过在线课程、互动练习等方式接受干预，研究人员通过网络平台实时收集数据并评估干预效果。最后，网络互动问题频发。网络社交中的人际冲突（如网络争吵、拉黑、网络欺凌等）对个体心理健康的负面影响。例如，青少年在网络社交中遭遇网络欺凌时，可能会出现自卑、抑郁，甚至自杀等严重心理问题。网络社交中人际关系的特点（如虚拟社交中的亲密关系、朋友关系、群体归属感等）对心理健康也会带来巨大的影响。例如，在网络游戏社区中，玩家之间形成的紧密团队合作关系可以为他们提供社交支持，缓解现实生活中的孤独感和压力，而在一些匿名社交平台上，可能存在虚假的人际关系，容易引发信任危机和心理伤害。

三、心理健康教育与思想政治教育研究的趋势展望

围绕落实《全面加强和改进新时代学生心理健康工作专项行动计划

（2023—2025年）》，学界持续关注学校思想政治教育工作中心理健康教育的时代任务和工作部署，注重将五育并举促进心理健康的理念转化为实际行动，健全监测体系，建立干预机制，完善工作体系，加强科学研究。在总结梳理本年度心理健康教育与思想政治教育研究成果，把握心理健康教育与思想政治教育研究年度特征的基础上，我们对心理健康教育与思想政治教育研究趋势予以展望，以期为后续理论研究和实践探索提供参考。

（一）学校心理健康教育与思想政治教育深度融合仍是研究重点

学校心理健康教育与思想政治教育的深度融合研究将是未来一个重要交叉学科研究课题。《高校思想政治工作质量提升工程实施纲要》明确将"心理育人"纳入高校思想政治教育体系；《高等学校学生心理健康教育指导纲要》对大学生心理健康教育的指导思想、总体目标等多个方面都作出了具体且明确的规定，同时着重指出在高校思想政治工作测评以及文明校园创建工作中，心理健康教育工作应当作为一项重要内容予以重视；教育部等八部门《关于加快构建高校思想政治工作体系的意见》指出要把心理健康教育课程纳入整体教学计划；教育部等十七个部门联合发布了《全面加强和改进新时代学生心理健康工作专项行动计划（2023—2025年）》，强调将学生心理健康教育贯穿德育思政工作全过程，融入教育教学、管理服务和学生成长各环节，纳入"三全育人"大格局，坚定理想信念，厚植爱国情怀，引导学生扣好人生第一粒扣子，树立正确的世界观、人生观、价值观。心理健康教育与思想政治教育的交叉融合进一步加深，学者们不断挖掘心理健康教育中的思政元素，探索通过心理学理论与方法提升思想政治教育的实效性，让心理健康教育与思想政治教育实践的内容与形式变得更为丰富多样。随着相关理论与实践研究的深入，学者们需进一步探讨心理与思政融合的理论基础，构建更加完善的融合理论体系，探索如何将心理学的理论和方法与思想政治教育的内容和目标相结合，形成一套科学、系统的教育模式。学者们应充分利用互联网和信息技术，拓展心理与思政融合的渠道和方式，在理论研究和教育实践等方面取得新的突破。与此同时，学科交叉融合应当进一步关注师资队伍的发展，探索不同学科背景的教师之间协同合作，打破学科之间的壁垒，在共同参与心理健康教育与思想政治教育实践的过程中，加强教师团队的建设，为学生提供更加全面、专业的教育指导。

（二）进一步创新学校思政工作中融入心理健康教育的学理研究

学校心理健康教育理念在不断更新，宣传活动辐射范围越来越广，深化与思想政治教育实践导向相一致的心理健康教育学理研究是今后研究的重要任务。高校心理咨询服务在理念上存在转向发展性咨询为主的趋势。尽管危机个案和有心理障碍的学生依然是需要关注的对象，但高校心理健康教育的性质决定其要更重视教育和发展的功能，更需要服务数量众多的有发展性心理困扰的学生，而程度较重的障碍性心理问题则需要通过转介医疗机构去处理。[①]高校心理健康教育的理论与实践研究应更加注重如何推动基础心理健康知识的普及，除去传统的心理健康教育课程、心理健康教育讲座、已有的心理健康宣传活动等，探索拓宽心理健康教育的路径，发挥新媒体的作用，创新体验式教育，吸引学生的关注和参与，开展心理健康教育宣传和辅导工作，提高心理健康教育的覆盖面和影响力。祛病耻感研究也应当得到进一步深化。病耻感的存在不仅影响患者的心理健康，还可能导致患者延误治疗、社交回避、适应力下降、失去工作机会，最终阻碍患者回归家庭和社会。[②]许多学生对心理疾病缺乏正确的认识，认为患有心理疾病是一种耻辱，不愿意承认自己或他人存在心理问题。这种观念导致他们在面对心理困扰时，往往选择独自承受，不愿意寻求专业的帮助。今后学界需要继续加深对大学生

---

① 陶进、马建青：《新时代我国高校心理健康教育的新发展》，《学校党建与思想教育》2024年第11期。

② 王占仁：《新时代大学生心理健康教育的工作难点与突破策略》，《中国高等教育》2024年第9期。

主观能动性与社会支持系统的研究，了解高校学生对心理疾病的认知和态度，研究不同教育内容对病耻感的干预效果，创新教育方法，增强大学生人际支持系统，探索朋辈辅导、团体心理辅导等方式在祛病耻感中的作用，进一步提高心理咨询队伍的专业素养，确保其具备更高的专业水平和能力，深入推进分层发展模式，根据大学生不同的心理状况和咨询需求，提供更具针对性和个性化的咨询服务，从而满足大学生不断增长的心理咨询需求。

（三）推进学校思政工作与心理健康教育的协同机制研究

2024年11月，教育部等十七部门联合印发《家校社协同育人"教联体"工作方案》。"教联体"是以中小学生健康快乐成长为目标、以学校为圆心、以区域为主体、以资源为纽带，促进"家校社"有效协同的一种工作方式。该文件为今后进一步推进"家校社"合作协同研究提供了重要支撑。在大学生心理健康教育工作中，家庭教育主体的作用尚未得到充分发挥，家庭是大学生成长过程中重要的心理支持来源，良好的家庭功能对大学生积极社会心态发展有促进作用。"家校社"协同建设中家庭教育理念滞后是一个重要问题。高校应当进一步拓展家校之间的联系渠道，主动介入到学生与家庭的互动关系中，为家长提供心理健康教育相关的专业指导与支持，提升对青少年心理健康的监测水平，及时发现潜在问题并进行精准干预。此外，社会各部门也要树立关心关爱孩子健康成长的责任意识，为家长提供更多的家庭教育指导，完善多元主体协作的家庭支持系统，形成全方位、多层次的家校保障机制。高校是大学生社会化的摇篮，心理健康教育和思想政治教育对大学生的世界观、价值观与人生观的塑造具有不可替代的作用。当前部分高校通过不断完善学校心理健康服务体系，提升心理健康教育课程质量，推动心理健康教育人才队伍建设，丰富心理健康教育活动等方式不断提高心理健康教育服务的针对性与有效性。今后应当围绕构建学校与社会协同合作的服务网络，积极构建教育、卫健、公安等多部门密切协作，线上线下共同发力，从发现、干预到治疗的多层次、全覆盖的学生心理健康工作体系进行研究。构建社会心理服务体系也是今后推进家校社合作协同研究的重要内容。2024年国家心理健康和精神卫生防治中心等在成都举办了（第二届）全国社会心理服务情景剧现场展演活动。社会心理服务情景剧就是满足各类群众心理健康需求的一种方式，通过剧情设计与演绎，将一个个真实而又典型的心理问题呈现出来，教会大家如何应对和解决生活中遇到的各种心理困扰。国家教育部主导并推动建设的"中国大学生在线"网站，提供了多样化的网络服务，弘扬健康文化，满足大学生日益增长的成长成才需求，成为服务大学生心理健康教育的新平台。社会心理服务体系的建设研究需要积极探索社会心理服务的有效模式，就如何完善覆盖全人群全生命周期的社会心理服务体系，推动服务网络实现全覆盖，提升服务措施的精准有效性，打造心理健康教育的品牌项目展开研究。

（四）加强大中小学思想政治教育一体化中心理健康教育相关问题研究

心理健康教育是学校思想政治教育的重要组成部分，关于大中小学心理健康教育一体化建设的研究刻不容缓。心理健康教育是一项专业性比较强的工作，在把握和遵循学生成长规律的基础上，帮助学生解决成长中的心理问题，具备良好的心理素质，实现人格健全发展，培育自尊自信、理性平和、积极向上的健康心态。有学者指出，推进大中小学思想政治教育一体化建设要牢牢把握教育效果这一核心要素，从教育目标、制度机制、课程教材、教师教学四个方面，整体布局、分段设计，科学有效地构建适合不同年龄段学生的思想政治教育体系。[①]这为今后加强大中小学心理健康教育一体化研究提供了路径参考，指明了方向。现有相关理论研究多从新时代大中小学心理健康教育一体化建设的路径研究着手，对坚持一体化的育人理念、制定一体

---

① 冯刚、孙贝、束永睿：《大中小学思想政治教育一体化的教育学解读》，《中国远程教育》2024年第1期。

化建设的政策、健全一体化建设的指导机构、建立一体化建设的基地、加强一体化的课程建设、组织一体化的主题活动、培养一体化的师资队伍、推进一体化的家校社建设等方面进行研究。① 也有学者基于认知发展理论进行研究，认为教育者要考虑各学龄段学生的认知发展特点，围绕构建合适的教学内容、设定正确的教学目标、选择恰当的教学策略、实施有效的教学评估等途径开展工作，这样才能科学有效地提升学生心理素质和心理健康水平。2024年《中小学心理健康教育》系列丛书出版，旨在关注学生不同成长阶段的心理状态，助力中小学生收获阳光心态、增强抗挫能力、快乐成长成才。② 总的来说，今后相关研究的开展需要进一步聚焦心理育人，就如何促进大中小学同向同行，夯实中小学基础教育阶段的基础，整体规划各阶段的心理健康教育的任务和目标，切实落实素质教育，提高学生的心理健康水平，培养担当民族复兴大任的时代新人作为研究的重要内容。

---

① 马建青、高颖盈、范昕：《论新时代大中小学心理健康教育一体化建设》，《思想理论教育》2024年第9期。

② 宁维卫：《中小学心理健康教育》，四川大学出版社2024年版。

第二十章　中华优秀传统文化与思想政治教育研究

　　2023年10月召开的全国宣传思想文化工作会议指出，党的十八大以来，习近平总书记在新时代文化建设方面发表了内涵丰富、论述深刻的系列新思想新观点新论断，总结了新时代党领导文化建设实践经验，丰富和发展了马克思主义文化理论。这些思想、观点、论断构成了习近平新时代中国特色社会主义思想的文化篇，形成了习近平文化思想。习近平文化思想揭示了新时代文化建设规律，阐明了"第二个结合"即"把马克思主义基本原理同中华优秀传统文化相结合"的重大意义。它不仅强调以马克思主义"魂脉"引领中华优秀传统文化"根脉"，推动实现中华传统文化创造性转化、创新性发展；而且强调以中华优秀传统文化"根脉"滋养马克思主义"魂脉"，推动实现马克思主义中国化、时代化。习近平文化思想肯定了中华优秀传统文化在涵养中华民族、中国人民的文化自信、历史自信中的作用，为重建中华民族文化主体性提供了根本的方法论指引。习近平文化思想中关于中华优秀传统文化的重要论述，既有文化理论观点上的创新和突破，又有文化工作布局上的部署要求，明体达用、体用贯通，为新时代推进中国特色社会主义文化建设指明了前进方向。在此背景下，2024年度中华优秀传统文化与思想政治教育研究持续推进，学界从思想政治教育视角出发，聚焦习近平文化思想，积极地进行了学理分析和实践研究，形成了系列研究成果，呈现出新的研究特点和发展趋向。梳理本年度学界围绕习近平文化思想展开的传统文化与思想政治教育研究的相关成果，分析研究特征，展望未来发展趋势，是进一步深化相关议题研究，推进思想政治教育创新发展的题中之义。

一、中华优秀传统文化与思想政治教育研究的进展

党的十八大以来，习近平总书记多次围绕中华优秀传统文化与思想政治教育相关主题展开系统论述，形成逻辑严密、内涵丰富的科学理论体系，引起学界的广泛关注和跟踪研究。尤其是习近平文化思想的提出，为学界从更加体系化和系统性角度研究、把握中华优秀传统文化与思想政治教育有关议题，提供了理论遵循和逻辑框架，推动相关议题研究朝着理论更加深刻、主旨更加聚焦的方向演进。

（一）关于中华优秀传统文化的本体论研究

概念是人类思维活动的基本工具和基本素材，是理论创新的基石。深刻学习领会习近平文化思想，准确把握中华优秀传统文化概念范畴，是深化"第二个结合"、不断推进马克思主义中国化、时代化理论研究与实践展开的前提。

首先，党的十八大以来，习近平总书记明确强调指出"要加强对中华优秀传统文化的挖掘和阐发"[①]。习近平总书记率先垂范，通过系统性征引或是举例式列举的方式，从不同角度对中华优秀传统文化进行概括性界说。[②] 例如，习近平总书记在文化传承发展座谈会上发表的重要讲话，指出中华优秀传统文化很多重要元素"共同塑造出中华文明的突出特性"[③]，即连续性、创新性、统一性、包容性、和平性；在纪念孔子诞辰 2565 周年国际学术研讨会暨国际儒学联合会第五届会员大会开幕会上的讲话中，指出："中国优秀传统文化的丰富哲学思想、人文精神、教化思想、道德理念等，可以为人们认识和改造世界提供有益启迪"[④]。

---

① 《习近平著作选读》（第一卷），人民出版社 2023 年版，第 480 页。
② 杨凤城：《习近平传统文化观述论》，《马克思主义理论学科研究》2024 年第 2 期。
③ 习近平：《在文化传承发展座谈会上的讲话》，人民出版社 2023 年版，第 2 页。
④ 习近平：《在纪念孔子诞辰 2565 周年国际学术研讨会暨国际儒学联合会第五届会员大会开幕会上的讲话》，人民出版社 2014 年版，第 7 页。

其次，学界积极响应号召，围绕中华优秀传统文化的丰富内涵、价值精髓、主要特征等进行了系统考察和学理阐释。有学者认为，中华优秀传统文化作为中华民族的精神命脉，是专指带有科学性、民主性、革命性和人民性的文化概念；中华优秀传统文化经典沉深、载籍浩瀚，是内容浩瀚博大的概念；中华优秀传统文化内涵博大精深，融通儒释道等，是具有融合性的整体概念；中华优秀传统文化是用马克思主义立场、观点、方法对中国古代文化的深入挖掘、系统清理、选择重构，是中国古代文化中优秀要素的集合概念；中华优秀传统文化是在历史纵深中形成的思想文化体系，是一个历史性的概念。① 也有学者从历史渊源、核心要义和内容形态维度尝试对中华优秀传统文化加以阐释，指出中华优秀传统文化是五千年中华文明的历史集成，是民本思想、社会担当、和合共生、天下大同等核心理念有机统一的精髓体系，是以哲学思想、传统美德、科技成果、文艺精品、文化遗产等形态存在的珍贵遗产。②

（二）关于马克思主义基本原理同中华优秀传统文化相结合的研究

习近平总书记在文化传承发展座谈会上对"两个结合"，特别是"第二个结合"进行了深刻阐述："'第二个结合'让马克思主义成为中国的，中华优秀传统文化成为现代的，让经由'结合'而形成的新文化成为中国式现代化的文化形态"。③ "第二个结合"作为又一次思想解放，引起学界广泛关注和探讨。

首先，关于"结合"何以可能的研究。"结合的前提是彼此契合"④，马克思主义基本原理同中华优秀传统文化的内在契合性，是二者"有机结合"的

---

① 梅荣政：《中华优秀传统文化研究中需再深化思考的若干问题》，《世界社会主义研究》2024年第8期。
② 韩振峰、李思涵：《习近平对中华优秀传统文化观的创新性贡献》，《湖南社会科学》2024年第1期。
③ 习近平：《在文化传承发展座谈会上的讲话》，人民出版社2023年版，第6页。
④ 习近平：《在文化传承发展座谈会上的讲话》，人民出版社2023年版，第5页。

前提条件。一是认为这种契合性体现为二者共有开放与包容的文化禀性。[1]马克思主义的科学真理性，使其能够摆脱狭隘地域性与民族性的限制；中华优秀传统文化是在"多元一体"中生成的，"多元一体"的特殊生成环境赋予其海纳百川、博采众长、"尚和合"的文化特质。二是强调这种契合性体现为二者相互贯通的思想精髓。[2]中华优秀传统文化同科学社会主义价值观具有高度契合性。例如，"天下为公、讲信修睦的社会追求与共产主义、社会主义的理想信念相通"。[3]中华优秀传统文化和马克思主义都关注人的生存境遇与社会地位，构成了契合的价值基础。三是指出中国共产党在领导人民进行革命、建设、改革的百年奋斗征程中，成功推进二者"有机结合"的实践，证明了二者的相互契合性。[4]

其次，关于"结合"何以必要的研究。一方面，这是二者各自转化发展的理论诉求，在"结合"中实现二者的相互成就。只有把马克思主义融通于中华民族的文化心理结构，才能使马克思主义获得中国人民的广泛认同，夯实中国化时代化的群众基础；只有借助马克思主义的立场、观点、方法将中华优秀传统文化进行革命性重塑，才能实现创造性转化、创新性发展。[5]另一方面，"第二个结合"具有"筑牢道路根基、打开创新空间、巩固文化主体性"的战略意义。[6]在"第二个结合"中，中国人民摆脱了近代以来精神上的被动状态，文化主体性得以重构和巩固，中华民族伟大复兴有了自觉能动的奋斗主体。有了文化主体性，文化主体得以更加自觉能动地开展文化创新、创造，文化事业得以繁荣发展；有了文化主体性，文化自信就有了依

---

[1] 李克明、尹晓燕：《马克思主义基本原理同中华优秀传统文化相结合的内在理路》，《江苏大学学报（社会科学版）》2024年第1期。
[2] 杨明：《"第二个结合"蕴含的时代要求、实践要求与思想内涵》，《南京大学学报（哲学·人文科学·社会科学）》2024年第4期。
[3] 习近平：《在文化传承发展座谈会上的讲话》，人民出版社2023年版，第5页。
[4] 肖贵清、刘世辰：《"第二个结合"的内在机理探赜》，《海南大学学报（人文社会科学版）》2024年第5期。
[5] 任洁：《"两个结合"思想的问题逻辑》，《南通大学学报（社会科学版）》2024年第2期。
[6] 杨凤城：《习近平传统文化观述论》，《马克思主义理论学科研究》2024年第2期。

托，这就为道路自信、理论自信、制度自信厚植了文化根基。

最后，关于"结合"何以推进的研究。学界围绕"结合"推进的主体、原则、机理展开研究。有学者认为，要明确"第二个结合"的推进主体和发展原则。中国共产党是"第二个结合"推进的领导主体，中国人民是"第二个结合"推进的实践主体；习近平新时代中国特色社会主义思想的世界观和方法论即"六个必须坚持"，为不断推进"第二个结合"提供了具体的指导原则。① 有学者揭示了马克思主义与中华优秀传统文化"结合"过程中存在的"碰撞—调适—融合"的成长规律以及"译释—联袂—赋能"的运行机理。②

（三）关于习近平文化思想与中华优秀传统文化的研究

"任何真正的哲学都是自己时代的精神上的精华。"③ 习近平文化思想是习近平总书记把握历史大势、聆听时代声音、回应人民美好精神生活需要的生动实践产物，充分彰显了中国共产党对文化发展规律的深刻认识。习近平文化思想一经提出，学界迅速对其展开学习、研究和阐释。

首先，关于习近平文化思想的研究。学者们分别从习近平文化思想的生成逻辑、理论体系、思想特质、时代价值、实践指引等方面寻找学术生长点和创新点。在生成逻辑层面，有学者基于文化传承创新和个人实践经验总结角度，指出习近平文化思想是对马克思主义文化理论、中华优秀传统文化和社会主义文化建设历史经验的继承和创新，是对习近平总书记地方工作期间以及新时代以来文化建设生动实践的经验总结。④ 也有学者从"根"与"魂"

---

① 张海防：《"第二个结合"的价值意蕴、逻辑理路和发展原则》，《河海大学学报（哲学社会科学版）》2024 年第 4 期。
② 陈欣、廖小丹：《"第二个结合"造就的新的文化生命体——一个中外文化交流史视角》，《中国矿业大学学报（社会科学版）》2024 年第 6 期。
③ 《马克思恩格斯全集》第一卷，人民出版社 1995 年版，第 220 页。
④ 胡洪彬：《习近平文化思想的生成逻辑、理论体系与践行路径》，《云南民族大学学报（哲学社会科学版）》2024 年第 1 期。

契合融通的理论逻辑，党领导文化建设的百年积淀的历史逻辑，新时代新形势下新的文化使命要求的现实逻辑，党的人民情怀、民族情怀、天下情怀彰显的价值逻辑这四个角度加以诠释。① 在理论体系层面，有学者从整体性的视角认为习近平文化思想的理论体系应包括文本体系、学术体系、概念体系三个部分②；也有学者从学术体系视角出发，指出了五个重大学术命题"文化领导权、文化自信、文化体系、'两个结合'、文明交流互鉴"构成的习近平文化思想的科学体系。③ 在思想特质层面，有学者认为习近平文化思想具有鲜明的人民立场、民族特色、世界眼光、体用贯通的理论品质。④ 也有学者认为"明体达用、体用贯通"是习近平文化思想的理论品格，并就明何体、达何用加以阐释。⑤ 在时代价值层面，有的主张实现精神自信自强是习近平文化思想的价值旨归⑥；也有学者认为，习近平文化思想在继续推动文化繁荣、引领文化强国建设、建设中华民族现代文明、实现民族复兴伟业等方面具有行动纲领性的指导意义。⑦ 在实践指引层面，学界多围绕习近平文化思想的"七个着力"诠释新时代文化事业发展的实践向度。⑧

其次，关于习近平文化思想与中华优秀传统文化的关系的研究。中华优

---

① 冯继康、刘晓彤：《习近平文化思想生成逻辑的四维向度》，《山东师范大学学报（社会科学版）》2024年第6期。

② 吴怀友、武晓铮：《习近平文化思想科学体系建构的三重向度》，《吉首大学学报（社会科学版）》2024年第4期。

③ 范玉刚：《习近平文化思想科学体系阐释论纲》，《新疆师范大学学报（哲学社会科学版）》2025年第1期。

④ 冯刚、王莹：《习近平文化思想的价值、特质与内在逻辑》，《重庆大学学报（社会科学版）》2024年第1期。

⑤ 肖伟光：《习近平文化思想的理论品格》，《北京大学学报（哲学社会科学版）》2024年第2期。

⑥ 肖贵清：《实现精神自信自强是习近平文化思想的价值旨归》，《东北师大学报（哲学社会科学版）》2024年第2期。

⑦ 齐卫平：《习近平文化思想的指导意义：理论含量与实践遵循》，《思想理论教育》2024年第1期。

⑧ 田鹏颖：《习近平文化思想的认识论意义和实践向度》，《中国人民大学学报》2024年第2期。

秀传统文化是习近平文化思想的根脉。多数学者在论述习近平文化思想生成逻辑的维度，阐释了习近平文化思想传承弘扬中华优秀传统文化以及推动其创造性转化、创新性发展。例如，有学者认为中华优秀传统文化是习近平文化思想生成和延续的文化本源[①]；有学者从"文化基因""精神命脉""突出优势"等存在论和功能论的角度揭示了习近平文化思想对中华优秀传统文化的创造性阐释。[②]

（四）关于中华优秀传统文化融入思想政治教育的研究

课程是人才培养的核心要素。各类课程都承担着立德树人的根本任务，是有效落实为党育人、为国育才初心使命的基本载体。加强中华优秀传统文化进课程研究，是充分挖掘中华优秀传统文化育人资源、推动中华优秀传统文化创造性转化、创新性发展，贯彻落实"第二个结合"的必然要求。学界围绕中华优秀传统文化与思想政治教育融合发展的历史逻辑、理论逻辑和实践逻辑展开了深入探究。有学者根据思想政治教育学科发展的历史，从建制起步、深化拓展、全面推进三个发展阶段，梳理了中华优秀传统文化融入思想政治教育学科自主知识体系建构的历史过程，分析了二者融合发展的思想框架、基本论域、立场特色。[③]有学者认为，中华优秀传统文化蕴含的思想观念、人文精神、道德规范，有助于推动思想政治教育内容体系的结构优化，夯实思想政治教育的文化根基。[④]较多的学者从实践逻辑层面进行探讨。有的认为，二者的融合应该遵循"进课标—进教材—进课堂—进学生生命"

[①] 代玉启、姚乃文：《习近平文化思想对中华优秀传统文化的传承与创新》，《湖南科技大学学报（社会科学版）》2024年第1期。

[②] 庞立生：《习近平文化思想对中华优秀传统文化的创造性阐释》，《东北师大学报（哲学社会科学版）》2024年第2期。

[③] 王易：《中华优秀传统文化与思想政治教育融合发展的历史与经验》，《教学与研究》2024年第6期。

[④] 单文鹏：《中华优秀传统文化蕴含的思想政治教育资源》，《教学与研究》2024年第6期。

的演进过程①；有的认为，应在提升教育主体素养、构建课程链、建立健全评价机制、优化数字技术载体和数字环境载体等方面推动二者的融合，实现思想政治教育内涵式提升。②

二、中华优秀传统文化与思想政治教育研究的特点

习近平文化思想深刻回答了新时代我们应该建设什么样的新文化、怎样建设这样的新文化这个基本问题，为新时代创造新文化、建设新文明提供了思想引领，在党的宣传思想文化工作史上具有里程碑意义。通过梳理可以发现，国内学者们普遍具有较强的问题意识，其研究内容紧跟党的理论创新成果、学理性不断增强、逐渐具备体系化特征。

首先，研究聚焦热点，紧跟党的理论创新成果。党的十八大以来，以习近平同志为核心的党中央，从实现中华民族伟大复兴的历史高度，紧紧围绕文化强国建设的战略目标，不断深化对新时代中国特色社会主义文化建设的规律性认识，围绕中华优秀传统文化精神内涵、时代价值以及转化发展等议题发表了一系列重要论述。一是生动诠释中华优秀传统文化的精神内涵。有关论述梳理了中华优秀传统文化的发展历程，凝练了中华优秀传统文化的思想精髓，指出"讲仁爱、重民本、守诚信、崇正义、尚和合、求大同"是中华优秀传统文化的思想精华和道德精髓。③二是鲜明标注了中华优秀传统文化的时代定位。"文化基因""精神命脉""站稳脚跟的根基"等用词，形象地体现出中华优秀传统文化对于中华民族推进中国式现代化建设、建设社会主义现代化国家的有益启迪和精神支撑作用。三是充分肯定了中华优秀传

---

① 姚林群：《中华优秀传统文化进课程：历史考察、逻辑生成与实现路径》，《课程·教材·教法》2024年第1期。
② 王增福：《中华优秀传统文化融入思想政治教育的实践路径》，《教学与研究》2024年第6期。
③ 中共中央文献研究室：《习近平关于社会主义文化建设论述摘编》，中央文献出版社2017年版，第141页。

统文化的价值意蕴。"为人民提供丰润的道德滋养"①,"涵养社会主义核心价值观的重要源泉"②,这些表述揭示了中华优秀传统文化对于提升道德修养、凝聚价值公约数的"培根铸魂"价值。四是科学阐明了传承弘扬中华优秀传统文化的方法论。习近平总书记提出,要保护和弘扬各民族传统文化,"努力实现创造性转化和创新性发展"③;要"坚持把马克思主义基本原理同中国具体实际相结合、同中华优秀传统文化相结合"④。"双创""两个结合"为如何赓续弘扬中华优秀传统文化提供了方法论指引。这些新思想、新观点和新论断,成为习近平文化思想的重要组成部分,得到学界的阐释和研究。

其次,研究内容深化,学理性进一步增强。2023年,两个与文化事业繁荣发展密切相关的重要会议召开,即"文化传承发展座谈会"和"全国宣传思想文化工作会议"。学界围绕中华文明的突出特性、"第二个结合"、习近平文化思想等重大问题展开探究,凸显出中华优秀传统文化与思想政治教育研究的创新成果。但由于研究尚处于起步阶段,学界对于这些议题的认识和积淀不足,宣传性研究较多,学理深度不足。2024年,学界围绕这些议题进一步深化具有学理性的研究。在中华文明的突出特性把握上,开始运用马克思主义国家观、马克思主义人民观、马克思主义政治观、马克思主义文明观、马克思主义历史观来科学认识和分析中华文明的五大特性,深化了对中华文明本质内涵的认识。⑤在"第二个结合"的分析阐释中,逐渐深化了对"为什么要结合、为什么能够结合、怎么结合"这几个问题的认识。在"何以能够"结合问题的追问探究中,学界逐渐得出了具有一定共识度的观点:二者在价值观念等领域的高度契合性,是二者能够结合的先决条件。在

---

① 中共中央文献研究室:《习近平关于社会主义文化建设论述摘编》,中央文献出版社2017年版,第12页。
② 中共中央文献研究室:《习近平关于社会主义文化建设论述摘编》,中央文献出版社2017年版,第141页。
③ 《习近平著作选读》(第一卷),人民出版社2023年版,第287页。
④ 《习近平著作选读》(第二卷),人民出版社2023年版,第483页。
⑤ 辛向阳:《中华文明五大突出特性的马克思主义之维》,《东南学术》2024年第6期。

习近平文化思想研究上，正如前文所述，学界在生成逻辑、理论体系、思想特质、时代价值、实践指引等维度强化了学理阐释，深化了对习近平文化思想的丰富内涵、深邃思想、严密体系的科学认识。

最后，研究视野开阔，逐渐形成初步研究体系。2023年"文化传承发展座谈会"和"全国宣传思想文化工作会议"，是与习近平文化思想形成密切相关的会议。在这两次会议召开以前，学界在"中华优秀传统文化与思想政治教育"领域的相关研究，尚未充分聚焦。在此期间，学界围绕习近平总书记关于社会主义文化建设的重要论述展开理论深耕。相关的研究议题包括：坚定文化自信、提升文化软实力、建设文化强国、中华优秀传统文化与科学社会主义价值观主张的契合性、"双创"、"两个结合"等。研究议题多领域多维度开花，研究内容呈现离散布局。在这两次会议召开后，学界关于"中华优秀传统文化与思想政治教育"的研究就有了主心骨，初步确立了研究的主要内容框架和基本逻辑。此后，研究呈现为主体性与多样性的统一，也就是将习近平文化思想作为议题研究的主轴，围绕这一中心命题展开相关议题的探究。一方面，学界围绕习近平文化思想的理论渊源、核心要义、内容体系、实践要求等方面逐渐形塑出研究的基本框架。例如，在理论渊源方面，基本围绕理论逻辑、历史逻辑、实践逻辑、价值逻辑展开；在核心要义方面，聚焦"推进中国特色社会主义文化建设"[①]；在内容体系方面，不少学者尝试对习近平文化思想的内容体系加以总结提炼，认为可以将内容体系划分为本体论、战略论、任务论、行动论四个方面，回答了"是什么""为什么""做什么""怎么做"[②]。另一方面，学界逐渐将习近平文化思想提出之前形成的松散的研究命题与习近平文化思想研究之间建立关联，即从习近平文化思想的整体维度对此前在"中华优秀传统文化与思想政治教育"领域已有

---

① 袁银传、邵雪：《论习近平文化思想的核心要义》，《浙江工商大学学报》2024年第3期。
② 陈宝凤：《习近平文化思想的内容体系、哲学意蕴与践行逻辑》，《哈尔滨工业大学学报（社会科学版）》2024年第3期。

的研究命题重新加以审视。例如,将"两个结合"视为习近平文化思想对新时代文化建设的规律性认识[①];将"文化自信"视为习近平文化思想在价值引领与世界向度的重要方面[②];将"建设文化强国"纳入习近平文化思想揭示的文化使命范畴加以研究[③]。

三、中华优秀传统文化与思想政治教育研究的展望

"明体达用、体用贯通"是习近平文化思想鲜明的理论品质。"明体"即是深刻把握习近平文化思想的核心要义,"达用"即是以之指引新时代宣传思想文化工作的开展。在过去一年里,学界在传统文化与思想政治教育研究领域,聚焦习近平文化思想、中华优秀传统文化本体论、"第二个结合"、文化主体性等关键词进行了深入学习研究,成果紧跟党的创新理论、学理性不断增强、逐渐体系化。相关议题研究在取得阶段性丰硕成果的同时,也存在一些不足,需要我们继续以"明体达用、体用贯通"的文化研究理路,进一步深化中华优秀传统文化与思想政治教育相关议题的基础理论研究,不断探索优化习近平文化思想,尤其是中华优秀传统文化精髓融入大中小学思政课教学的实践路径。

(一)进一步强化中华优秀传统文化的基础理论研究

基础理论研究是建构研究体系、推动学术发展的基础。中华优秀传统文化是中华民族的精神命脉,是实现中华民族伟大复兴的精神动力和智力支持,是习近平文化思想的根脉。准确把握中华优秀传统文化概念的规定性,

---

[①] 段妍、刘新甜:《习近平文化思想的科学内涵与世界意义》,《广西大学学报(哲学社会科学版)》2024年第2期。

[②] 徐艳玲:《习近平文化思想的世界向度》,《北京大学学报(哲学社会科学版)》2024年第5期。

[③] 张明:《习近平文化思想的三重叙事结构——基于本体论、方法论和价值论的分析框架》,《社会科学辑刊》2024年第6期。

是"第二个结合""双创"工作推进的始基。从现有研究成果来看，已有学者开始关注中华优秀传统文化的基础理论研究问题，并且围绕中华优秀传统文化的概念界定、内容体系、主旨理念、价值意蕴等方面进行了研究。

然而，中华优秀传统文化绵延了数千年之久，内容体系庞大、思想精髓深奥，学界尚未能够在短期内打牢基础性研究的根基，对"中华优秀传统文化是什么"这个命题的理论解答有待进一步强化和夯实。一是推进基本概念研究。例如，中华优秀传统文化的界定依据，"优秀"的评判标准是什么？只有根据党和国家事业发展的需要，立足时代要求、社会特征和发展变化，运用马克思主义立场、观点和方法来明确"优秀"的评判标准，才能形成中华优秀传统文化的界定依据。有了这样的前置条件，对传统文化取其精华、去其糟粕才得以可能。二是推进中华优秀传统文化内容体系的研究。中华优秀传统文化散见于卷帙浩繁的经史子集中，我们如何凝练梳理中华优秀传统文化的精神内核，可以采用何种思维逻辑框架对中华优秀传统文化进行重新整合，实现中华优秀传统文化的创造性转化、创新性发展？明确了这一点，才能更好地将中华优秀传统文化纳入中华民族共有精神家园建设之中。在这方面，已有学者"以墨子思想接引马克思主义传播为例"[①]对如何实现马克思主义与中华优秀传统文化相结合进行了探索，力求从墨子思想中寻找与马克思主义相契合的思想元素。

（二）进一步强化马克思主义基本原理与中华优秀传统文化相结合的研究

在马克思主义中国化时代化的理论创新中，马克思主义是"魂脉"，中华优秀传统文化是"根脉"。自习近平总书记提出"第二个结合"这个命题以来，学界围绕这一命题展开深入研究，从基本内涵及其辩证关系，着重分析了马克思主义基本原理与中华优秀传统文化相结合的内在逻辑、历史进

---

① 崔海亮：《马克思主义与中华优秀传统文化相结合的初步探索及启示——以墨子思想接引马克思主义传播为例》，《现代哲学》2024年第3期。

程、时代价值、实践路径等，形成了丰富的研究成果。其中，对"第二个结合"思想史的考察，对结合逻辑的学理性分析，对融通机制的研究探讨，还有待进一步深化。

继续推进"第二个结合"在这些领域的研究，对提升党对马克思主义中国化时代化命题内在规律性的认识高度，具有重要意义。一是拓展深化"第二个结合"思想史梳理。"马克思主义与中华优秀传统文化相结合"这个命题，虽然是习近平总书记 2021 年在庆祝中国共产党成立 100 周年大会上的讲话中首次明确提出的，但是在这个命题提出以前，如何处理作为外来文化的马克思主义与中华优秀传统文化之间的关系，始终是中国共产党在不同历史时期不断思考追问、探索实践的重要命题。从百年党史的维度，考察、拓展与深化中国共产党推动马克思主义与中华优秀传统文化融会贯通的经验与启示，从而论证马克思主义基本原理同中华优秀传统文化相结合是中国共产党人经过长期理论与实践探索获得的真理性认识。二是强化论证"第二个结合"的学理逻辑。正如前所述及的，不少学者都认识到"契合"是结合的前提条件。然而，我们对这个问题的认识显然不能止步于此，我们当进一步追问：这种契合性是从来就有的，还是后来产生的？马克思主义传入中国前，马克思主义理论体系与中华优秀传统文化之间已有的契合性，主要是从来就有的；对于马克思主义传入中国后，中国共产党推进马克思主义中国化时代化过程中形成的理论成果而言，这种二者之间的契合性，显然主要是后来形塑的，需要我们进一步加以区分梳理。三是厘清二者融通机制。如何运用马克思主义基本原理重新整合凝练中华优秀传统文化，推动"双创"工作；如何将中华优秀传统文化融入马克思主义基本原理，实现马克思主义中国化时代化。这些问题都需要我们进一步加以研究。

（三）进一步强化习近平文化思想与中华优秀传统文化研究

习近平文化思想深刻回答了新时代我们应建设什么样的新文化、怎样建设这样的新文化这两个基本问题，为新时代党领导人民创造新文化、建设新文明提供了思想引领。学界从多个维度对习近平文化思想展开了学习研究，形成了许多高质量成果。习近平文化思想研究成果主要集中在理论来源、核心要义、重大意义、实践要求等方面。而对习近平文化思想形成作历史维度的考察，对习近平文化思想内容作"体系化"阐释，对习近平文化思想贡献作"原创性"分析仍有待深入。

首先，增强习近平文化思想形成的历史考察。习近平文化思想的形成，是对人类文化发展历史经验的深刻反思总结。在中国共产党团结带领人民在革命、建设、改革的一百多年奋斗征程中，中国共产党积累了推进文化建设的丰厚经验，丰富发展了马克思主义文化理论，赓续、激活并光大了中华文明。习近平文化思想的形成，是建立在对这一历史性的文化建设理论与实践探索成果的接力奋斗基础上。习近平文化思想是在深刻总结中华民族上下五千年文明发展史中蕴含的文化建设发展智慧、凝练梳理中国共产党推进文化发展的百年经验积淀中，赓续、弘扬并发展了中华优秀传统文化。

其次，增强对习近平文化思想内容体系的总结形塑。在总结凝练习近平文化思想内容体系的方法论上，要坚持以习近平总书记关于文化建设的重要论述为遵循，融通"问题与回应""坚持与发展""明体与达用"三组关键词。① 在内容凝练上，加强"九个坚持""十四个强调""七个着力""两个结合""双创"等的丰富内容及其相互关系研究。

最后，增强习近平文化思想内容体系的原创性贡献研究。一方面，要从百年党史的深厚文化底蕴中梳理出习近平文化思想在传承的基础上，有哪些"新增量"；另一方面，习近平文化思想对马克思主义和中华优秀传统文化的传承与创新性发展的研究，尤其是创新性发展的研究，有待进一步深化。

---

① 本刊记者：《深化习近平文化思想的学习和研究——访武汉大学马克思主义学院沈壮海教授》，《马克思主义研究》2024年第8期。

（四）进一步强化思想政治教育与中华优秀传统文化相结合的研究

中华优秀传统文化穿越千年历久弥新，是绵延于中华民族过去、现在和未来的思想文化基因，蕴含着丰富的思想政治教育元素。新时代思想政治教育推陈出新、提质增效，离不开对中华优秀传统文化的创造性转化和创新性发展。通过对2024年思想政治教育与中华优秀传统文化相结合的相关研究成果的梳理，不难发现创新成果相继涌现，但也还存在一些问题。首先，关于中华优秀传统文化融入思想政治教育的高质量研究成果总体偏少。现有研究已经在融入的现实困境、融入的逻辑理路、融入的实现路径等方面进行了初步尝试。未来除了要在这些领域继续深化研究外，还需进一步拓展研究领域，在中华优秀传统文化融入思政课的内容择取，即中华优秀传统文化资源选择取用研究上下功夫，包括教育方法资源的取用、道德精神资源的取用、载体资源的取用，等等。其次，关于中华优秀传统文化融入大中小学思政课的研究还较为薄弱。推进中华优秀传统文化融入大中小学思政课程，需要根据大中小学思政课受众接受规律的不同，有差别地择取相应的文化资源。一是要采用分众方式，精细化分析大中小学不同教育场域下，中华优秀传统文化融入思政课的融入内容择取、融入实现路径以及融入存在的现实困难。二是要立足数字化智能化大背景，思考人工智能如何在教学内容整合、教学模式创新、教学资源开发、教学评价科学化等方面为中华优秀传统文化融入思政课赋能。三是要在中华优秀传统文化融入思政课的教学方案设计上进一步细化研究。就高校而言，"习近平新时代中国特色社会主义思想概论""毛泽东思想和中国特色社会主义理论体系概论""思想道德修养与法律基础"等不同门类思政课，应当设计出具有针对性、可行性、可操作性强的具体教学方案。

第二十一章　社会思潮与思想政治教育研究

在世界百年未有之大变局和中华民族伟大复兴战略全局深度交织、相互激荡的复杂局面下，世界格局加速演进，国际秩序继续调整，国际文化交流日益增强，文化多元发展，互联网文化发展迅猛，为中国文化现代化提供了重要契机。当前，我国正处于以中国式现代化全面推进强国建设、民族复兴伟业的关键时期，社会思潮对社会舆论、社会发展等方面的影响明显。国际形势纷繁复杂、不确定性不稳定性加剧，各种社会思潮在国内国外、线上线下交融、交锋，这为社会思潮研究提供了多维视角。本年度学界对社会思潮的基本理论、网络空间社会思潮传播及影响、思想政治教育引领社会思潮、不同类型的社会思潮及其关系、国外社会思潮进行了研究，具有对社会思潮的基本理论研究更加深入、社会思潮研究多视角多方法综合运用的态势更加明显、对网络社会思潮的研究更加深化、社会思潮研究成果呈现形式更加多样的特点。未来相关研究要以习近平文化思想为指导加强社会思潮基本理论研究、以国际视野研究社会思潮在全球的发展态势、深入研究数智化时代社会思潮的引领与治理、加强社会思潮的多视角多方法综合研究。

一、社会思潮研究年度成果

2024年社会思潮与思想政治教育研究既是对之前研究的进一步深入和拓展，也出现了一些新的研究方向。一些高质量的学术论文在重要期刊发表，相关专著也对社会思潮的基本理论和实践问题进行了研究，系列硕博论文聚焦不同类型社会思潮研究，凸显出学术界对社会思潮研究的持续关注和深度聚焦；社会思潮与思想政治教育相关的科研项目立项结项、学术论坛和研讨会多次召开、教育部社科奖项获得等，聚焦社会思潮的科学引领、主动引领，凝练出一批高水平研究成果；深度关注社会思潮在国际国内、线上线下的流变及传播，分析研究不同类型的社会思潮之间、社会思潮与社会实践之间的互动关系，取得了相应的研究进展。

（一）社会思潮基本理论研究

2024年社会思潮基本理论研究从多维度、多学科的视角展开，集中关注了新技术环境下社会思潮的新特征、国际国内社会思潮联动的新态势、多样化社会思潮融合的新样态，为新时代社会思潮引领及治理提供了指导。

首先，从整体层面对社会思潮一般特征、传播特点、社会思潮与意识形态安全关系的研究。有研究对国内外社会思潮进行了系统阐释，内容主要包括马克思主义视野中的意识形态与社会思潮、当代社会思潮及其谱系、当代社会思潮的一般特征、主要社会思潮批判、用社会主义核心价值观引领社会思潮等问题。[1] 有研究对当代中国社会思潮多样化的内驱力和外驱力，社会思潮多样化背景下我国意识形态安全面临的挑战，以及如何正确认识西方以社会思潮为载体进行意识形态渗透的路径等问题进行了阐释。[2]

其次，对不同类型社会思潮内涵特征、主要表现等方面的研究。有研究跟踪研判社会思潮的新变化、捕捉分析社会思潮的新特点，聚焦新自由主义、历史虚无主义、逆全球化、民粹主义、科技思潮、生态思潮、青年亚文化、女权主义等思潮，对如何看待、怎样辨析、怎么引导这些社会思潮进行了分析和阐释。[3]

最后，对主流意识形态与社会思潮关系的研究。有研究指出，要坚持马

---

[1] 肖巍：《马克思主义与当代社会思潮》，北京师范大学出版社2024年版。
[2] 丁祥艳：《社会思潮多样化与维护我国意识形态安全研究》，光明日报出版社2024年版。
[3] 本书编写组：《社会思潮怎么看3》，江苏人民出版社2024年版。

克思主义在主流意识形态领域指导地位的根本制度，不断增强主流意识形态的凝聚力和引领力，加强对重大社会思潮的辨析引导。① 有研究强调，要旗帜鲜明地反对和抵制各种错误观点，在对错误思潮的批判中坚持马克思主义的指导地位，在社会主义建设中传导主流意识形态。②

（二）网络空间社会思潮传播及影响研究

2024年网络空间社会思潮传播及影响的研究进一步深化，在深入分析社会思潮传播特点、发展态势的基础上，对其内在机理、互动关系、影响及危害等多个维度进行了研究。

首先，对智媒时代社会思潮内在机理方面的研究。有研究指出，智媒时代泛娱乐主义的内在机理主要是以资本逻辑的裹挟引控为驱动，以技术平台的助推加持为手段，以操控诱导思想行为为目的。③ 有研究基于情感社会学视角，对网络民粹主义对网民产生影响的内在机理进行了研究，提出了"情感依附→情感共融→情感导航→情感约束"的影响过程。④

其次，对数字化时代社会思潮传播内驱力的研究。有研究指出在数字化时代，资本与网络的结合成为网络娱乐的内驱力，消费主义盛行导致网络娱乐的泛化，使泛娱乐主义成为整合了多种社会思潮后的新思潮。⑤ 有研究指出历史虚无主义作为一种以释放历史诠释权为名、以放逐客观性为实的意识形态，其传播的内在机理在于依循"解构—颠覆—重构"的逻辑。它以从整体到真相的全面解构为逻辑起点，以从认知到价值的全面颠覆为逻辑展开，

---

① 姜辉：《守正创新推进新时代马克思主义理论研究和建设工程高质量发展》，《人民日报》2024年12月20日。
② 郑敬斌：《以强大思政引领力助推教育强国建设》，《中国教育报》2024年12月12日。
③ 毕红梅、伍玥：《智媒时代泛娱乐主义冲击主流意识形态的多维审视》，《河北青年管理干部学院学报》2024年第7期。
④ 张洪钰、陈东琼：《网络民粹主义对青年网民的施为机理及消释策略》，《理论导刊》2024年第5期。
⑤ 洪晓楠、翟思羽：《网络泛娱乐主义及其治理路径》，《理论探索》2024年第5期。

以利用特定的理论与方法实现彻底重构为逻辑旨归，进而实现全面虚无化"四史"的意图。①

最后，对不同类型社会思潮网络传播的研究。随着网络空间的时空范围不断拓展，不同类型的社会思潮都在网络空间广泛传播。有研究指出泛娱乐主义在算法推荐场域中呈现出载体上的"流量为王"，效果上的"全景监狱"，渠道上的"算法黑箱"，形式上的"自产自销"等。②有研究指出民族虚无主义者全面升级了以具象化的方式传播西式价值观的手段，通过媒介语言"潜隐"滥造民族间敏感议题、以媒介影像"戏谑"剔除民族严肃性记忆、以媒介技术肢解民族自豪感，造成受众的民族认同模糊、精神信仰瓦解和公共理性偏离等。③也有一批硕博论文聚焦逆全球化思潮生成理路及未来走向、网络民粹主义的新态势、网络历史虚无主义的现实样态等，对不同类型社会思潮网络传播的新形态进行了研究。

（三）思想政治教育引领社会思潮研究

2024年对社会思潮的引领及应对研究主要体现在重视理论指导、重视经验总结、重视关键渠道、重视科学方法等方面。

首先，以习近平总书记相关重要论述为指导引领社会思潮的研究。有研究分析了习近平总书记批判历史虚无主义的重要论述的理论贡献。习近平总书记在相关重要论述中批判历史虚无主义"全盘否定"历史的观点，揭示"四个选择"是符合历史发展趋势的正确答案；批判历史虚无主义评价历史人物的错误方法，阐明评价历史人物的科学方法；批判历史虚无主义将改革开放前后两个历史时期对立起来的观点，要求深化对社会主义发展规律的认

---

① 郑志康：《历史虚无主义虚无"四史"：基本样态、内在逻辑与应对策略》，《统一战线学研究》2024年第5期。
② 于钦明、王启帆：《泛娱乐主义的算法审视与纠治》，《江汉论坛》2024年第7期。
③ 解帅、吕永红：《新媒体场域民族虚无主义的叙事转向、隐忧识别及治理进路》，《广西民族研究》2024年第3期。

识。① 这一系列重要论述为思想政治教育在实际工作中批判历史虚无主义等错误思潮提供了科学的指南。

其次，对我国有效引领社会思潮的经验的研究。有研究指出改革开放后，邓小平对历史虚无主义的批判主要表现在五个方面：批判和反对马克思主义过时论，倡导继承发展科学理论；批判和反对否定党的历史，倡导加强改善党的领导；批判和反对丑化抹黑领袖人物，倡导正确评价领袖人物；批判和反对贬低唱衰传统文化，倡导传承弘扬优秀传统文化；批判和反对崇洋尚洋社会思潮，倡导坚定地走自己的路等。② 有研究指出，中国共产党把马克思主义与中国实际、中华优秀传统文化相结合使科学社会主义具有了真正的中国特色，中国共产党始终坚持人民主体地位使科学社会主义道路越走越宽广。③

最后，通过高校思政课引领社会思潮的研究。有研究指出，"中国近现代史纲要"课教学中应注重向学生阐释清楚历史虚无主义思潮的表征和本质、历史虚无主义思潮的新动向，以教材篇章为基础，分专题、分模块精准靶向地辨析和批判历史虚无主义思潮，借助多元教学实践载体提升课程教学的针对性和实效性，搭建"大思政课"媒体平台，在活力课堂建设中凝聚共识、树立"大历史观"。④

（四）不同类型社会思潮及其关系研究

2024年对不同类型社会思潮及其相互关系的研究受到了学界的关注。

首先，历史虚无主义是学界重点关注的社会思潮。历史虚无主义的研究

---

① 谢晓娟、莫修良：《习近平关于批判历史虚无主义重要论述的理论贡献》，《学校党建与思想教育》2024年第17期。

② 于安龙：《论改革开放后邓小平对历史虚无主义的批判及其启示》，《山东社会科学》2024年第9期。

③ 王连杰、丁晓强：《从空想到科学：近代以来的中国社会主义思潮与实践》，《中南民族大学学报（人文社会科学版）》2024年第5期。

④ 马明冲：《"中国近现代史纲要"课教学抵御历史虚无主义思潮的路径探析》，《思想理论教育导刊》2024年第7期。

更加深入、全面，不仅关注历史虚无主义的理论本质和起源表征，而且对其在网络空间的表现形态及其进一步泛娱乐化、软性化、生活化等新的转向有了更多的研究。其一，对历史虚无主义理论本质、起源表征等方面的研究。有研究指出历史虚无主义"主体虚无"就是对"现实的人"作为社会实践主体三种样态的虚无化，导致"现实的人"的历史主体角色与价值判断能力不断弱化。其二，对历史虚无主义网络空间传播实质的研究。① 有研究指出历史虚无主义的传播在智能技术广泛应用的背景下发生了转向，通过"信息茧房"与"算法黑箱"体现出生活化叙事与碎片化呈现、同质化生产与定向化推送、隐蔽化渗透与指数型扩散的特征和样态。其传播的实质是通过智能算法技术促成民众虚假选择、转变议题设置使民众形成虚假认同、刻意迎合包装掩盖政治指向，企图割裂历史整体叙事，消解主流意识形态历史事实依托，由此加大了对历史虚无主义进行批驳的难度。其三，对历史虚无主义社会化转向的研究。② 有研究指出当前历史虚无主义思潮的"社会化"转向呈现出"泛娱乐化""软性化"以及"生活化"的特征。有研究指出软性历史虚无主义实质上是历史虚无主义的新变种③。它以隐蔽的形式肆意妄为，以碎片化信息解构历史，借泛娱乐主义外衣否定历史，与网络民粹主义糅合颠覆历史，对我国意识形态安全产生严重危害。④ 有研究指出新时代文化虚无主义思潮蕴含着"去民族化""去主流化""去思想化"的错误文化观和思想本质。⑤

其次，对其他社会思潮的研究与分析。除了历史虚无主义及其新变种、

---

① 赵华美：《历史虚无主义的"主体虚无"论及其规正理路》，《安徽师范大学学报（社会科学版）》2024 年第 9 期。
② 肖唤元、赵翅景：《历史虚无主义的智能化传播剖析及防范化解策略》，《青年学报》2024 年第 4 期。
③ 曲成、赵智博：《软性历史虚无主义的表征、对高校的危害及抵御》，《齐齐哈尔大学学报（哲学社会科学版）》2024 年第 3 期。
④ 胡大平、周邵年：《历史虚无主义思潮的"社会化"转向及解决路径》，《河南社会科学》2024 年第 8 期。
⑤ 王凯全：《文化自信视域下文化虚无主义的三重危害及其批判》，《思想教育研究》2024 年第 9 期。

新样态的研究之外，其他类型的社会思潮如泛娱乐主义、网络民粹主义、消费主义、精致利己主义、后现代主义、女性主义等方面的研究也取得了相应的成果。有研究构建了一个1990—2019年27个欧洲国家的原创数据集，运用双向固定效应模型、合成控制法和反事实估计量识别民粹主义掌权的因果效应，并指出民粹主义掌权者不仅没有履行再分配承诺，而且在某种程度上削弱了公民自由、问责制和法治，加剧了政治腐败。① 有研究指出精致利己主义具有多重面具，对社会生产、人际交往、公序良俗和自主创新能力的可持续发展能够造成严重阻碍。市场经济的内在逻辑是精致利己主义产生的土壤，价值观念扭曲是其滋生的根基，各类错误社会思潮是精致利己主义蔓延的温床。② 有研究指出"鬼畜"文化作为盛行于中国互联网的青年亚文化现象，以拼贴、恶搞和戏仿等方式展现着独特的后现代主义风格，推崇感官至上、解构权威、情绪宣泄等，容易造成青年精神追求的矮化、价值的迷失、认知的极化。③

最后，对不同类型社会思潮互动关系的研究。泛娱乐化、历史虚无主义等社会思潮与网络技术深入融合，在信息生产、智能生成、深度伪造等方面呈现出新的态势，呈现出散播渠道更加多样、诉求表达更加隐晦、辨析和监管的难度增加等显著特征。有研究指出价值虚无主义与拜金主义、个人主义、泛娱乐主义和消费主义等社会思潮相互聚合，在与其他社会思潮的合流联动中不断发展演进，助长了其产生的终极价值虚无化、人的价值否定化、价值取向物质化的消极影响。④

---

① 肖伟林：《民粹主义掌权之后：制度化还是激进化》，《世界经济与政治》2024年第11期。
② 刘娜：《精致利己主义的概念、危害及成因》，《思想教育研究》2024年第7期。
③ 张瑜、王涵：《后现代主义思潮对当代青年价值观的消极影响及对策研究》，《社会主义核心价值观研究》2024年第1期。
④ 苗瑞丹、方溢超：《当代中国价值虚无主义的审视》，《厦门大学学报（哲学社会科学版）》2024年第2期。

（五）对国外社会思潮的分析研究

2024年学界对国外社会思潮的研究不仅关注其理论本质和历史沿革，还关注到了它在国际政治、经济、文化等方面的影响。

首先，国内学者对国外社会思潮的研究。有研究指出新自由主义的产生与存在，既与资本主义演进到帝国主义阶段有着紧密联系，也与社会主义国家及其制度的存在有着直接关系。① 有研究对美国自由社会主义、21世纪社会主义、阶级斗争社会民主主义、新无政府主义等社会思潮的相同之处和不同之处进行了分析。② 有研究指出奥金的家庭正义理论在一定程度上丰富和拓展了正义理论的研究视野，缓和了长久以来自由主义与女性主义之间的紧张关系。然而，用公共领域中的按劳分配原则替代家庭中的按需分配，可能会导致家庭成员之间的情感冷漠甚至家庭解体。③ 有研究对作为否定哲学的虚无主义、作为思想运动的虚无主义、作为心理状态的虚无主义、作为对抗力量的虚无主义、作为自否定哲学的虚无主义进行了分析，指出其长期主宰着西方话语实践，导致了各种意识形态的相互攻讦等危害。④

其次，国外学者对社会思潮的研究。有研究关注到当代美国民主社会主义政治意识形态的四个构成性概念，并指出美国民主社会主义运动内部对社会主义、民主、阶级和革命的认知并未达成一致。⑤ 有研究指出要以一种"现实主义乌托邦"路径实现生态社会主义，这种路径将更加深入地分析生态社会主义过渡的可能动力、可能面临的权衡取舍、困境和危险，以及生态

---

① 戴圣鹏：《论新自由主义的立场、实质与危害》，《当代国外马克思主义评论》总第36辑。
② 高建明：《美国新一轮社会主义思潮评析》，《马克思主义与现实》2024年第1期。
③ 孙一令：《论女性主义对西方传统正义理论的消解与批判》，《山东女子学院学报》2024年第5期。
④ 张红军：《虚无主义的五类面孔》，《烟台大学学报（哲学社会科学版）》2024年第3期。
⑤ ［美］卡罗·因弗尼兹·阿塞蒂，牛政科译：《什么是美国的民主社会主义？》，《马克思主义与现实》2024年第1期。

社会主义者如何制定最佳战略进行应对。①

二、社会思潮研究呈现的特征

从2024年发表的与社会思潮相关的学术论文、出版的相关学术著作、立项成果、学术论坛及获奖成果等方面来看，其中既有对社会思潮的一般理论研究，也有对社会思潮的影响及应对方面的研究，同时对国外社会思潮的研究、数智化时代社会思潮的研究、社会思潮与实践关系的研究日益深化，由此呈现出一些新的特征。

（一）对社会思潮的基本理论研究更加深入

2024年社会思潮的研究不仅在理论层面更加深化，而且体现在对社会思潮的历史沿革、生成传播、影响与危害、引领与治理等方面的研究进一步深入和拓展。

首先，对社会思潮历史沿革、生成、传播等方面的研究更加深入。学界聚焦国内外不同类型的社会思潮，对其历史沿革、基本特征、传播规律等方面进行研究，拓展了社会思潮基本理论研究的深度。其中既有从社会思潮整体层面开展的分析和研究，关注到了社会思潮生成与传播的一般规律；也有对不同类型社会思潮的研究，关注到了特定类型社会思潮的特殊性。不同类型社会思潮有其独特的历史沿革与生成过程，对其进行分析能够更好把握特定社会思潮的利益诉求和传播路向。

其次，对不同类型社会思潮影响及引领等方面研究更加深入。主要聚焦国内外影响较大的社会思潮，如历史虚无主义、网络民粹主义、泛娱乐化等社会思潮，除了对特定的受众群体及其思想观念、行为方式等方面的影响，而且随着网络技术的助推，这些思潮在更多的群体、更大的范围内产生了不

---

① ［英］迈克尔·艾伯特，靳呈伟、刘玉编译：《现实主义者的生态社会主义》，《世界社会主义研究》2024年第2期。

同程度的影响。因此，这部分研究不仅关注了社会思潮对特定群体思想引领、价值引领层面的影响，也关注到了国际范围内社会思潮对国际政策、贸易关系等方面的影响，社会思潮的传播对教育事业以及其他工作带来的挑战等，这些研究对于全面、精准应对社会思潮带来的负面影响，提供了理论支撑与现实启示。

最后，对不同类型社会思潮之间互动关系的研究更加深入。不同类型的社会思潮不仅在内在本质和价值诉求等方面有着深刻关联，而且在网络空间的传播路径、特定群体等方面具有相似性。这些社会思潮相互融合、交汇的态势更加明显，产生的影响也更加复杂。因此，对相互交织的各类思潮之间互动规律、传播规律等方面的研究，有助于提出针对性的治理策略。这些研究的推进有助于理解社会思潮的动态变化，深刻把握社会思潮对社会政治、经济、文化等方面产生的影响。

（二）社会思潮研究多视角多方法综合运用的态势更加明显

社会科学研究中的理论检验和理论构建、定性研究与定量分析都至关重要，在综合运用多种研究方法的基础上才能获得更为全面的研究视角，准确洞察社会思潮发展与变化的态势。

首先，社会思潮研究的多学科研究态势更加明显。社会思潮研究综合运用了计算机科学、新闻传播学、心理学、外交学、政治学、历史学，全方位、多视角地研究了社会思潮，从而全面刻画了社会思潮的立体图景。这种多学科研究的态势不仅体现在一些学术论文和硕博论文中，在科研项目中也有体现。不同学科的研究者基于不同的研究视角和学科视域共同构建出更为广阔的社会思潮研究图景。

其次，社会思潮研究的多种方法综合运用。这主要体现在一批社会思潮相关的硕博论文中。检索 2024 年社会思潮相关的硕博论文可以发现，多篇论文都综合采用了文献研究法、历史研究法、问卷调查法等，实现了定量分析与定性分析的结合、文献研究与实地研究的结合、理论检验与理论构建的结合。

最后，社会思潮研究引入了其他学科的研究方法。社会思潮的生成、发展、衰退有着一般规律。一些研究者采用模型构建、合成控制法和反事实估计量识别等研究方法，研究了特定类型和特定区域的社会思潮。这些研究试图从规律层面分析和理解社会思潮的动态变化，为社会思潮的科学引领提供理论支持。

（三）对网络社会思潮的研究更加深化

中国互联网络信息中心（CNNIC）发布的第 54 次《中国互联网络发展状况统计报告》显示，截至 2024 年 6 月，我国网民规模近 11 亿人（10.9967 亿人），互联网普及率达 78.0%。在网络空间进行学习、娱乐、社交、生活已经成为人们的生活常态，通过移动互联网获取各类信息和资讯已经成为信息接收的主要渠道。互联网的海量信息与智能算法的存在，使网络空间成为信息生产和传播的复杂场域。网络空间为社会思潮提供了信息传播速度更快的平台。一些社会思潮借助网络热点和网络爆点传播，为社会思潮引领与治理带来了一定的挑战。2024 年的社会思潮研究对网络空间的特性有了更为深入的把握、更加关注网络社会思潮的生成与传播、更加关注如何应对网络空间治理的新挑战。

首先，对社会思潮在网络空间生成与传播的研究更加深入。在网络空间，生成与传播社会思潮的主体更加大众化、传播范围更加广泛、传播势头更加迅猛。同时，各种社会思潮之间的交错混杂也使得辨析社会思潮的难度更高，需要综合考虑技术、社会等因素对社会思潮的综合作用。近年来，学界对影响较大的社会思潮如历史虚无主义、泛娱乐化、民粹主义等思潮在网络空间传播的基本特征、传播路径等研究有所深化。此外，学界对各类社会思潮争夺传播空间、特定群体受到社会思潮影响的内在逻辑和算法技术等内容进行了研究。这些研究初步呈现出多维度、跨学科的趋势。

其次，对社会思潮传播与网络技术的关系的研究更加深入。一些研究成果注意到，人工智能和算法技术使得社会思潮的网络传播可以实现精准投喂、海量推送，这既为社会思潮引领提供了技术支撑，也为错误思潮的传播提供了更为便捷的渠道。具体来说，它们关注到了人工智能、智慧生成等在社会思潮传播过程中的作用，进而从受众主体性的视角分析网络空间信息传播特点，并提出社会思潮引领与治理也应该深入研究、充分利用现代网络技术，如思想政治教育如何参与算法的设计和优化等。

最后，对社会思潮传播与网络受众关系的研究更加深入。社会思潮以群体的社会心理为基础，社会心理的变动影响着社会思潮变化的方向。尤其是在网络空间，社会思潮的生产往往会迎合受众的猎奇心理、从众心理等负面心理，并在传播中对受众进行精准的信息投喂，进而引发群体极化。这种媚俗化的内容输出、生活化的信息渗透以更加隐蔽、迂回的方式影响人们的思想观念。同时，网络中的受众不仅是信息的接收者，而且也是传播过程的参与者或内容的生产者，他们可以在不同的平台进行信息分享，推动社会思潮的跨平台传播。这一角色变化既打破了传统传播格局的限制，也容易引发社会思潮网络治理的难题与挑战。

（四）社会思潮研究成果呈现形式更加多样

社会思潮研究不仅要通过学术著作、学术论文等形式服务于学界的研究，还承担着为社会思潮引领与治理提供实践指导的功能。2024年社会思潮研究成果呈现形式更加多样，以不同的形式和话语发挥着更为广泛的社会影响。

首先，学术著作、学术论文、学术会议。一些重要的标志性成果在权威出版社和重要期刊发表，并在学界产生重要影响。一些重要的学术会议和论坛，聚焦社会思潮研究的最新理论进展，取得重要理论成果。2024年6月，由中国社会科学院历史理论研究所、浙江省哲学社会科学重点研究基地宁波大学浙东文化研究院联合主办的第四届"新时代历史思潮研究"学术研讨会，主题包含了新时代历史学中国本土化思潮、文化思潮、中华民族现代文明、史学理论与史学史、历史虚无主义辨析等。2024年11月，新时代党的创新理论与实践研究学术研讨会在重庆举行，有学者对新时代大变局背景下中国社会思潮的多元化特征、主题的碎片化和多元化、受众主体的大众化和传播媒介的网络化、内在核心诉求的政治指向性和政治化演变趋势、社会思潮传播的资本操纵和技术赋权的双重逻辑等内容进行了分析，并在此基础上提出了科学引领的原则和策略。2024年12月，新时代思政引领力提升专题研讨会暨中国教育发展战略学会思想道德建设专业委员会在西安召开，有学者指出各种西方思潮暗流涌动，在人工智能等新技术加持的背景下社会思潮随时可能发生与科学理论传播相对滞后的紧张关系，并围绕何以引领、以何引领、如何引领等方面，对中国特色社会主义话语体系及语境优势、引领社会思潮的内在机理和路径进行了阐释。

其次，科研项目和获奖成果。一批直接或间接以社会思潮为题的科研项目立项或结项，其中既有国家社科基金项目，也有各省自治区直辖市的社科规划项目及重大委托课题，涉及的学科主要有马列·科社、法学、政治学、哲学、文学等，选题涵盖了社会思潮的基本理论、历史变迁、网络社会思潮、国外社会思潮、不同类型的社会思潮及社会思潮的引领与治理研究。同时，专著《新时代引领社会思潮合力研究》《理论是非辨与析：用马克思主义引领社会思潮》获得教育部第九届高等学校科学研究（人文社会科学）优秀成果二等奖，凸显出相关部门和学界对社会思潮研究的重视和支持，也在客观上体现出社会思潮研究的理论和实践需求。

最后，社会思潮通俗读物。如中共江苏省委宣传部在组织编撰通俗理论读物《社会思潮怎么看》《社会思潮怎么看2》的基础上，组织编撰了《社会思潮怎么看3》，普及了一系列影响重大的社会思潮，围绕如何看待、怎样辨析、怎么引导等问题，可以帮助党员干部群众和青年学生廓清思想迷雾、澄清理论是非。这一类可读性强、通俗易懂的社会思潮出版物，对于现实生活中不同群体快速识别、正确辨析不同类型社会思潮提供了重要借鉴。

三、社会思潮研究趋势前瞻

2024年，习近平总书记多次在讲话中指出世界百年变局加速演进，世界开放指数不断下滑，世界进入新的动荡变革期，单边主义、保护主义蔓延，这些变化与调整会对社会思潮的形成与发展带来深刻影响，使社会思潮在国际国内的传播呈现出更加复杂的态势。2024年7月，中国共产党第二十届中央委员会第三次全体会议通过的《中共中央关于进一步全面深化改革 推进中国式现代化的决定》指出要健全用党的创新理论武装全党、教育人民、指导实践工作体系，坚决反对拜金主义、享乐主义、极端个人主义和历史虚无主义，这就为社会思潮与思想政治教育研究指明了方向。

（一）以习近平文化思想为指导加强社会思潮基本理论研究

在社会思潮研究中必须坚持正确的文化立场和原则方向。习近平文化思想深刻回答了新时代我国文化建设举什么旗、走什么路、实现什么目标等根本问题，是新时代党领导文化建设实践经验的最新理论总结，为社会思潮基本理论研究提供了根本遵循。

首先，深刻领会习近平文化思想及蕴含其中的世界观和方法论，并将其作为社会思潮研究的科学指导。习近平文化思想是习近平新时代中国特色社会主义思想的重要组成部分，其所体现的系统观、历史观、文化观和时代观为深刻把握新时代文化使命提供了根本遵循和行动指南，蕴含着新时代新征程我国关于文化强国建设的战略构想和科学部署。要进一步深化以习近平新时代中国特色社会主义思想武装头脑、教育人民的研究，使之成为新时代引领社会思潮的重要思想武器。在社会思潮研究中要牢牢坚持大历史观、大文化观、大时代观，厘清社会思潮的理论逻辑、实践逻辑、历史逻辑、时代逻辑，在科学理解当代中国和世界现实的过程中提升对社会思潮的研究能力。

其次，全面把握新时代新征程社会思潮研究的价值指向。在实现中国式现代化的过程中，各种思潮相互激荡；网络空间为各种文化博弈带来了新的空间，使意识形态斗争面临新的形势。社会思潮作为意识形态安全态势及其变化的"晴雨表"，其交织融合、多样呈现的复杂态势加剧了我国意识形态领域斗争形势的艰巨性。中国既要保持战略定力、有效应对各种风险挑战，还要坚持历史主动，聚焦中国式现代化重大理论和实践问题，开展战略性、前瞻性、储备性研究，发挥先进文化的引领作用，以中国特色社会主义理论体系和党的最新理论成果引领社会思潮研究。

最后，以习近平文化思想为指导进一步强化党引领社会思潮的研究。国际国内社会思潮的交流交锋、线上线下社会思潮的交融交汇，使社会思潮生成与传播的空间不断拓展；党引领社会思潮的研究既要聚焦中国式现代化进程中的实践需求，又要求思想政治教育在全球范围内引领社会思潮的话语创新。习近平文化思想是"两个结合"在党的文化建设领域的最新成果，也是党在百年奋斗历程中领导文化建设的实践经验总结。要根据新时代新征程的新要求和具体实际的变化，强化中国共产党引领社会思潮的研究与实践，为全面深化改革、推进中国式现代化提供坚实的思想保证、强大的精神支撑和丰厚的文化土壤。

（二）以国际视野研究社会思潮在全球的发展态势

国际范围内社会思潮及其变化不仅直接影响社会思潮的传播与发展，而且影响着国际关系、外交政策、对外贸易等方面。世界百年未有之大变局与中华民族伟大复兴的战略全局深度交织，对于国际范围内社会思潮及其传播中出现的一系列新动向、新趋势，要进行及时监测和科学研判，探讨社会思潮与国际格局变化之间的内在关联。

首先，深入研究影响重大的社会思潮内在本质及历史沿革。社会思潮反映了特定时期、特定阶层和特定群体的内在诉求，与社会重大问题和一定的社会心理相关联，不仅能够体现特定时期的社会结构和文化背景，也随着社会发展而不断演变。因此对一些影响重大的社会思潮进行内在本质和历史沿革等方面的研究，才能把握其生成与传播的基本规律。

其次，深入研究国外社会思潮及其对国际国内社会不同向度的影响。一些错误的国外社会思潮不断在网络空间制造各种乱象，破坏网络空间的生态环境，试图扰乱我国网络意识形态安全。同时，国外社会思潮的传播也在一定程度上影响到现实层面，如外交政策、国际贸易、文明交流互鉴等。只有对国外社会思潮对国内国际不同向度的影响进行深入研究，才能全面把握国际范围内社会思潮的传播及其价值诉求并做出有效应对。

最后，对社会思潮与社会实践之间相互关系的研究。社会思潮在一定程度上能够影响社会实践的方向和内容，而社会实践又会催生某种新的思潮或强化某种已有思潮的影响力，是特定社会思潮产生与传播的土壤。在世界格局深刻变化的背景下，社会思潮正在以各种方式影响着利益、权力和资源等方面的分配格局。对社会思潮与社会实践之间相互关系进行深入研究，才能进一步把握特定类型社会思潮生成和传播的内在动力和外在需求，从而进行科学化的引领和治理。

（三）深入研究数智化时代社会思潮的引领与治理

数智化时代对社会思潮研究提供了新的视角和方法，同时技术变革与社会思潮传播形态的变迁、算法技术和资本驱动导致的价值淡化、内容窄化、效力弱化等问题也给社会思潮引领与治理带来了新的挑战。

首先，研究数智化时代社会思潮传播与发展的规律。各种社会思潮借助网络空间，实现了话语叙事的数智化转向。数智化时代的社会思潮传播渠道实现了去中心化，使信息更加分散，参与传播链条的主体更多，从而为传播结果带来了不确定性。同时，传播内容的生活化和泛娱乐化也使得社会思潮更加贴近受众的日常生活和娱乐需求，更容易推动受众主动参与信息的传播。媒体与平台可以运用数智化技术进行快速、广泛的信息供给，利用 AI 等工具快速生成专业化的内容，利用视频等载体提升信息传播的感染力和吸引力。对此进行深入研究，才能有效利用数智化时代的新理念、新技术，引领与治理社会思潮。

其次，研究数智化时代社会思潮传播的社会心理。数智化时代传播载体呈现多元化态势，挑战了传统媒体和平台在信息传播过程中的优势。网络技术的发展改变了信息的接收、处理、传播的模式，解构了传统的现实空间社交结构，形塑了网络空间受众的社会心理与行为。具体来说，在算法的裹挟之下，个体心理及行为在网络空间日益透明化，使一些媒体和平台可以通过用户画像来精准定位目标受众，深入研究其需求和兴趣，持续性进行信息推送，使受众陷入信息茧房，形成片面或者错误的认识。对数智化时代社会思潮的社会心理基础进行研究，了解社会心理及其变化态势，才能深刻把握个体和群体的内在需求和信息接收方式，才能提高社会主义意识形态的话语权和影响力。

最后，研究数智化时代社会思潮的综合治理。数智化时代的信息发布、传播、生成、融合使网络空间成为没有地理边界的流动空间，信息的快速传播会在短期内引发极大的社会反响，在一定程度上增加了社会生活的复杂性和不确定性，加强了社会思潮对人的思想的影响力。同时，数智技术也为引领社会思潮提供了更多技术手段。通过大数据挖掘可以对社会思潮在网络空间传播的文本进行识别和分析，判断网络空间各类舆论态度，收集受众关注的热点话题等。因此，需要在网络空间影响力不断增强的过程中，研究社会思潮的网络治理、跨学科合作、数智化技术的运用，对网络空间进行更为深入的研究与关注。

（四）加强社会思潮的多视角多方法综合研究

近年来，社会思潮研究成果的多学科态势愈加明显。相关研究综合运用传播学、心理学、政治学、外交学、计算机科学等学科视角，采用文献研究法、问卷调查法、历史研究法等，对社会思潮加以研究，形成了相应的研究成果。但是，在一些研究方法的选择和运用方面尚有进一步提升的空间。

首先，综合选择多学科多视角研究社会思潮。社会思潮处于持续变化的过程中，随着网络技术带来的时空拓展，社会思潮及其传播呈现出诸多新的变化。社会思潮的影响综合体现在国际国内、线上线下，在不同层面产生了复杂多样的影响，这就需要运用更多视角和方法，及时从新的社会思潮中总结其内在规律，并通过多学科多视角的深度对话、融合，拓展社会思潮研究的新空间。

其次，科学运用多种方法研究社会思潮。近年来，社会思潮研究中已经有了多种方法综合运用的成果，以使用问卷调查法、访谈法的硕博论文为代表。但是，未来的研究需要进一步强化问卷和访谈提纲编制的质量、重视调查样本取样的科学性等，以此保证调查研究的实际效果，客观、深入地呈现社会思潮的传播过程及其影响。同时，在社会思潮的传播与影响、社会思潮传播的社会心理基础与社会思潮导致的行为等方面的实证研究也可为引领社会思潮提供重要启示。

最后，及时采用新的网络技术和方法研究社会思潮。一方面，一些新的信息科学技术如 AI 的广泛普及，为社会思潮研究所需要进行的信息收集、远程调查、综合分析等研究过程提供了更有效的技术支撑；另一方面，社会思潮研究的多学科、跨学科和交叉学科特点也决定了不仅需要采用社会科学的传统研究方法，也需要及时引入更多样化的研究方法，如社会网络分析、网络民族志、虚拟仿真、文献计量、模型构建等研究方法。这些研究方法不仅可以对网络空间的海量信息进行分析，也能够深刻把握网络空间社会思潮传播的路向与规律。

第二十二章　时代新人培育研究

党的二十大报告进一步提出"着力培养担当民族复兴大任的时代新人",①时代新人培育对于党和国家各项事业发展具有重要意义。近年来,学界围绕时代新人培育研究不断拓展、持续深化,本章旨在系统回顾2024年时代新人培育的理论与实践研究成果,在梳理本年度研究成果的基础上总结年度研究进展与特点,并尝试对未来趋势进行合理展望。

一、时代新人培育研究成果的年度回顾

2024年,时代新人培育的理论与实践成果不断涌现。论文发表方面,在中国知网以"时代新人"为主题进行搜索,共1527篇;其中以篇名"时代新人"检索,2024年发表397篇文献,其中37篇CSSCI、核心期刊论文。围绕青年群体、时代新人培育相关问题②、培育时代新人理论与实践③、时代新人人格培育的相关著作相继出版。实践探索方面,诸多学校就"时代新人铸魂工程"制定具体实施方案并展开实践创新。与近年相比,学界对该主题的理论与实践研究呈现出持续的关注和研讨,成果在数量和质量方面稳中有升。在承接2023年热点基础上,系统梳理2024年度时代新人培育的研究成果,论题主要集中在时代新人培育的基本问题、"时代新人铸魂工程"、时代新人培育与"以文化人"、精神涵育、创新发展等方面。

---

①　习近平:《高举中国特色社会主义伟大旗帜　为全面建设社会主义现代化国家而团结奋斗——在中国共产党第二十次全国代表大会上的报告》,人民出版社2022年版,第44页。
②　董一兵等:《时代新人培育若干问题研究》,上海辞书出版社2024年版。
③　丁昀:《培育时代新人理论与实践研究》,南京大学出版社2024年版。

（一）时代新人培育的基本问题研究

一是时代新人培育的理论研究。有学者认为，"时代新人"是习近平总书记在新的历史条件下对中国共产党全新育人范式的高度凝练与集中概括，创造性地阐明了党在新时代"培养什么人"的重要遵循。① 有学者认为，习近平总书记的关于培养时代新人的重要论述科学界定了"时代新人"概念的理论内涵，系统阐明了时代新人培育工作的战略地位、根本保证及实践方略，形成了逻辑严密的科学体系。② 其本质特征体现在"何为时代新人的内涵和标准"问题上，坚持了连续性与阶段性的辩证统一；在"时代新人为谁服务"问题上，坚持了主体性与社会性的有机结合；在"以何视野培养时代新人"问题上，坚持了民族性与世界性的融合；在"以何方法培养时代新人"问题上，坚持了显性教育与隐性教育的相辅相成。③

二是时代新人内涵研究。有学者认为，时代新人的内涵"包括立远大志向、树高尚品德、成实干之才及担时代重任等"。④ 也有学者从中国式现代化的视域出发，提出时代新人人生观包含"心系家国、胸怀天下"的人生目标，"有理想、敢担当、能吃苦、肯奋斗"的人生态度，"服务人民、奉献祖国"的人生价值。⑤ 在培育内容方面，有学者指出："社会主义核心价值观是当代中国精神的集中体现，凝结着全体人民共同的价值追求，要用社会主义

---

① 庞申伟、段丽：《试析习近平关于时代新人重要论述的创造性贡献》，《中国教育学刊》2024年第3期。
② 王伟：《习近平关于时代新人重要论述的生成逻辑、核心要义与理论品格》，《理论导刊》2024年第1期。
③ 葛士新：《思想资源、本质特征与推进原则——学习习近平关于培养时代新人的重要论述》，《海南大学学报（人文社会科学版）》2024年第6期。
④ 刘建成、钱佳琦：《习近平总书记关于时代新人重要论述的多维探究》，《新东方》2024年第5期。
⑤ 林伯海、赵周鉴：《中国式现代化视域下时代新人人生观培育探究》，《思想理论教育导刊》2024年第7期。

核心价值观培育时代新人。"① 还有学者指出："铸牢中华民族共同体意识具有鲜明的育人价值，在高校时代新人培养中有助于引导大学生坚定理想信念、激发使命担当精神、增强民族团结意识。"②

三是时代新人培育机制优化研究。有学者指出："加强顶层设计，发挥思政领航作用；坚持三维育人，凝聚强大育人合力；发挥主体作用，推动协同育人常态化。"③ 也有学者认为："要完善立德树人机制，创新家校社协同育人；要健全德智体美劳全面发展的培养体系，坚持五育并举、五育融合；坚持问题导向，把德育放在更加重要的位置，推进大中小学思政课一体化改革创新。"④ 在提高教育者能力方面，2024 年 8 月，中共中央国务院印发《关于弘扬教育家精神加强新时代高素质专业化教师队伍建设的意见》。基于此文件，有学者认为，应当"通过加强师德师风建设、创新教育理念和方法、营造良好的教育环境、开展主题教育活动等有效措施，将教育家精神切实融入时代新人的培育过程之中"。⑤

四是时代新人培育路径研究。有学者认为，应当进一步"完善课堂、文化、实践和网络一体化培养机制，打造好课堂场域、实践场域、文化场域和网络场域的育人'生态圈'"。⑥ 有学者指出："随着对立德树人整体认识的不断深入，对思政课建设与育人目标的理解不断深化，从大中小学思政课一体化到大中小学思想政治教育一体化的理解和实践不断丰富，思政课教师队伍建设也取得了长足进展。当前，我国思政课建设的整体蓝图和重大主题

---

① 杨贤金：《用社会主义核心价值观培育时代新人》，《红旗文稿》2024 年第 9 期。
② 刘琼豪、吕嘉欣：《铸牢中华民族共同体意识的高校时代新人培养》，《新疆大学学报（哲学社会科学版）》2024 年第 4 期。
③ 孙靓、黄文泽、徐鹏宇：《时代新人视域下高校基层学院思政领航协同育人机制研究》，《江苏高教》2024 年第 7 期。
④ 冯建军：《聚焦时代新人培养完善立德树人机制》，《人民教育》2024 年第 Z3 期。
⑤ 焦阳、张振海：《弘扬教育家精神融入培育时代新人路径探赜》，《成才之路》2024 年第 35 期。
⑥ 马福运、陈雨昕：《时代新人培养：深刻意涵、理论溯源和培育路径》，《思想战线》2024 年第 1 期。

教育的落实也更为系统，为培养担当民族复兴大任的时代新人奠定了可靠的基础。"① 有学者提出培育时代新人要善用"大思政课"，"要建好'大思政课堂'，打破传统思政课堂的空间壁垒，联通实践空间、虚拟空间、物理空间，促使思政课堂与社会、网络、专业课堂相结合，延展思政课教学空间，实现不同课堂空间的联动育人。"② 还有学者从中华美学精神出发，提出"通过增强政治自觉，加强美育课程构造与师资队伍建设、推进美育实践实施、营造美育场景，全面发挥美育的育人功能，以中华美学精神涵育时代新人。"③

（二）"时代新人铸魂工程"研究

培育时代新人是党的教育方针立足新时代的诠释和表达，是事关党和国家事业后继有人的系统性工程。2021 年 7 月，中共中央、国务院印发的《关于新时代加强和改进思想政治工作的意见》中提出"实施时代新人培育工程"④的重要要求，为时代新人培育工作指明了方向。2023 年印发《关于在高校实施"时代新人铸魂工程"的方案》，教育部思想政治工作司把"全面实施'时代新人铸魂工程'"列入工作要点。2024 年，各高校围绕"时代新人铸魂工程"进行了针对性、具体性的实践探索，对"时代新人铸魂工程"的实践进展与理论研究仍在继续发展和推进。有学者基于系统组织视角指出："高校时代新人铸魂工程具有复杂的立体结构，是由相互联系的众多因素构成的有机系统，高校时代新人铸魂工程的有效实施、持久开展需要统筹各方形成合力，打造以动力机制、融合机制、治理机制为核心的协同运行机制，并优化运行路径，如构建'点—线—面'立体化联动路径，采用'叙事+

---

① 李晓东：《培养担当民族复兴大任的时代新人——六年来我国落实立德树人根本任务的进展与政策分析》，《人民教育》2024 年第 17 期。
② 王雪、刘世华：《善用"大思政课"培育时代新人的进路》，《学校党建与思想教育》2024 年第 6 期。
③ 金一斌：《以中华美学精神涵育时代新人》，《中国高等教育》2024 年第 11 期。
④ 《中共中央、国务院印发〈关于新时代加强和改进思想政治工作的意见〉》，《人民日报》2021 年 7 月 13 日。

导向'的正向叙事形式,以及以'数智技术+铸魂改革'赋能工程提档升级。"①也有学者基于理论、历史与现实三重逻辑,提出新质生产力赋能"时代新人铸魂工程"的机理,认为"新质生产力赋能'时代新人铸魂工程'有利于技术赋权与人本表达有机整合以实现身份对话;资源涵盖与人才需求深度融嵌以完成质量进阶;效能升级与人力产值高度适契以催生教育迭代"。②也有学者立足教育强国背景,提出"高校要在抓理论武装、关键阵地和新兴技术方面进一步积累实践经验,以党建引领、队伍锻造、制度建设为有力保障支撑"。③同时,在全面实施"时代新人铸魂工程"背景下,高校育人体系向全社会延伸。因此,有学者提出,校友作为高校育人的直接成果,也是重要的社会育人资源,应当充分运用校友资源更好地服务高校铸魂育人工作。④

(三)时代新人培育与"以文化人"研究

本年度围绕习近平文化思想、中华优秀传统文化、社会主义先进文化等课题所形成的研究成果十分丰富,部分学者将文化涵育与时代新人培育相结合,为时代新人培育与"以文化人"研究提供新成果。

习近平文化思想是新时代中国特色社会主义文化建设的指导思想,以习近平文化思想铸魂育人对于培养担当民族复兴大任的时代新人、实现中华民族伟大复兴具有重要意义,是落实立德树人根本任务的应然之举。有学者指出,要以巩固文化的主体性为根本,为培育时代新人"定位";以推进"两个结合"为遵循,为培育时代新人"定法";以肩负新的文化使命为目

---

① 刘朝阁:《高校时代新人铸魂工程运行机制论析》,《高教论坛》2024 年第 10 期。
② 栾淳钰、杜葳:《新质生产力赋能"时代新人铸魂工程"的机理、价值与策略》,《当代教育论坛》2024 年 12 月 13 日网络首发。
③ 韩春红、杜源恺:《教育强国背景下高校深入推进"时代新人铸魂工程"略论》,《学校党建与思想教育》2024 年第 5 期。
④ 郁颖佳、李文洁、王孟霆等:《"时代新人铸魂工程"视域下校友联络机制的优化分析》,《大学》2024 年第 34 期。

标，为培育时代新人"定标"，这形成了习近平文化思想引领时代新人培育的逻辑理路。① 同时，"为了充分实现习近平文化思想的铸魂育人价值，应当集聚力量、整合内容、创新方式、营造环境，从而汇聚育人合力、锚定育人着力点、打造育人亮点、强化育人效果，不断增强以习近平文化思想铸魂育人的亲和力、实效性。"② 也有诸多学者从不同角度提出运用具体文化发挥教育和引导时代新人。有学者认为，中华优秀传统文化作为当代中国的精神根脉，是激励当代青年团结一致、奋发向上、全面发展的宝贵资源，对其进行深入学习是当代中国青年认识自我、继承并弘扬中华民族精神的重要途径。还有学者认为，加强中华优秀传统文化教育的目标在于"传承民族基因、弘扬传统美德、培育担当精神、坚定文化自信"③，要"从家国情怀、奋斗精神和矛盾化解等多个角度深挖中华优秀传统文化的理论内涵，着力提升教育效度、扩展教育向度、增进教育温度"。④ 有学者指出，儒家君子人格理念中，君子是仁、智、勇的统一，具有"君子不器"的重要品质与"修身齐家治国平天下"的价值追求。儒家君子人格理念与时代新人培育有着理念、目标、内容上的高度契合。⑤ 有学者认为："要通过系统进行中华优秀传统文化教育、推进大中小学中华优秀传统文化教育一体化、提升中华优秀传统文化教育效能等路径，切实把厚植培育时代新人的中华优秀传统文化底色落到实处。"⑥ 此外，还有学者聚焦社会主义先进文化的精神实质及其育人价值，指

---

① 方可、龙婉婷：《习近平文化思想引领时代新人培育的三重维度》，《沈阳师范大学学报（社会科学版）》2024 年第 6 期。

② 费萍、吴方梅：《以习近平文化思想铸魂育人的价值意蕴与实践进路》，《知与行》2024 年第 4 期。

③ 石书臣、李春林：《厚植培育时代新人的中华优秀传统文化底色》，《人民教育》2024 年第 7 期。

④ 裴榕：《以中华优秀传统文化涵育时代新人的理论内涵和实践指向》，《理论导刊》2024 年第 12 期。

⑤ 王刚、李爽：《儒家君子人格理念涵养时代新人培育的三重理路》，《湖南师范大学社会科学学报》2024 年第 2 期。

⑥ 石书臣、李春林：《厚植培育时代新人的中华优秀传统文化底色》，《人民教育》2024 年第 7 期。

出"社会主义先进文化及其观念是我国最具时代气息的社会主义崭新文化；是中华民族'文化生命体'的重要元素，是对中华优秀传统文化和革命文化的继承和发展。社会主义先进文化所承载的理想信念、价值规范、科学思想和文化观念等丰富内涵，为时代新人的成长打牢了精神底色，对青少年学生具有培根铸魂、启智润心、立德树人的价值。"①

（四）时代新人精神涵育研究

中国共产党人精神谱系是中国共产党人的政治标识和精神内核，是涵育时代新人的富矿。2024年，这一主题的研究热度依然不减。有学者从理论逻辑、历史逻辑和实践逻辑三个方面探讨了中国共产党人精神谱系涵育时代新人的生成逻辑和实践路径，认为要以"六个必须坚持"为指引，以中国共产党人精神谱系促进时代新人全面发展、塑造精神特质、拓展涵育路径、增强涵育实效、贯通涵育链条、拓展宏阔视野②。有学者基于沉浸理论，探讨了在沉浸理论视域下高校如何遵循"认知反馈—行动—收获"育人规律以及"文化网络实践—心理"高校日常思想政治工作规律，形成伟大建党精神文化育人、网络育人、实践育人、心理育人的四重策略。③也有学者对红色基因涵育时代新人展开研究，认为"红色基因是中国共产党在长期革命斗争和实践中形成的先进思想因子的总和，是铸魂时代新人的最好营养剂。要以研为先、以史为纲、以讲为媒、以文化人，联通学习、资源、宣传、文化四维链接，以红色基因铸魂时代新人"。④

---

① 夏玉环、郭元祥：《用先进文化培育时代新人——社会主义先进文化的精神实质及其育人价值实现》，《教育研究与实验》2024年第1期。
② 李明文、郭国祥：《中国共产党人精神谱系涵育时代新人的生成逻辑》，《江西社会科学》2024年第11期。
③ 沈琪蕊：《沉浸理论视域下伟大建党精神引领时代新人培育的原则与策略》，《中学政治教学参考》2024年第40期。
④ 朱晓青：《高校基层党组织以红色基因铸魂时代新人的路径探析》，《党政论坛》2024年第6期。

（五）时代新人培育相关问题的创新研究

有学者将定性与定量研究相结合，立足高校时代新人"现代人格培育"的维度，通过梳理关于品德结构的研究，尝试从心理学向社会学研究视角的转换，并以"品德三维结构说"为理论基础梳理实证研究成果，进而探究品德三维结构说在高校时代新人现代人格培育中的实践运用。① 有学者指出，"加快发展新质生产力"是培育时代新人的重要时域和场域，要树立"新质态"人才观，培育具有新质素养的时代新人。"时代新人的'新质素养'是个体能够适配新质生产力发展所需要的胜任力或竞争力，是成功应对个体全面发展和经济社会高质量发展所需要的'高阶素养'，其中，创新素养、跨学科素养、技术适应性是新质素养中的'优先项'，三者之间存在协同交互作用，共同构成相互促进、相互依赖、持续发展的循环。"② 也有学者提出，既要从中国式现代化的环境生态、教育科技人才三位一体协同的开放创新生态、全媒体融合的良好网络生态三个维度深刻把握培育时代新人的战略环境，同时也要从做好青年的知心人、热心人、引路人三个方面做好青年工作，培育堪当民族复兴大任的时代新人。③ 有学者提出，时代新人蕴含着深刻的现代性，思考人在现代化革新过程中表现出的本质占有、反思批判和实践存在等应然层面的关键问题，时代新人的现代性得以通过具有民族特色和文明底色的现代人文性、现代合理性和现代主体性表达出来。④ 此外，也有学者立足精神生活共同富裕的时代背景，提出"准确把握时代新人的哲学语境与时代特质，探讨培育时代新人的价值意蕴与现实逻辑、探究培育时代新

---

① 陈卓、熊峰、孙宁：《高校时代新人现代人格培育（基于品德三维结构说）》，浙江大学出版社 2024 年版。

② 胡玉宁、徐欣：《人才新质态：时代新人"新质素养"的理论思考》，《中国矿业大学学报（社会科学版）》2024 年第 4 期。

③ 白永生、莫舒惠：《培育时代新人的内涵意蕴、战略环境与方法要求》，《学校党建与思想教育》2024 年第 7 期。

④ 徐欣顺：《论时代新人的现代性与现代文明教育》，《民族教育研究》2024 年第 1 期。

人的实践进路，具有重要的现实意义。"①

二、时代新人培育研究的年度进展与特点

本年度时代新人培育研究在研究深度和广度上不断增加，取得了十分可观的研究成果与研究进展。总结本年度时代新人培育研究的进展与特点对于深入实施时代新人培育工程，深化新时代思想政治教育理论发展具有重要意义。

（一）时代新人培育研究的年度进展

第一，根据育人实际成效进一步推动时代新人铸魂工程。"时代新人铸魂工程"是构建落实立德树人根本任务新格局、着力培养担当民族复兴大任的时代新人实施的战略工程，是进一步深化"三全育人"工作的具体措施。2023年，时代新人铸魂工程启动实施，着眼构建立德树人新格局，截至目前共推出10项专门行动和37个具体项目，各高校结合各自实际情况纷纷推出《推进落实"时代新人铸魂工程"的实施方案》，建设了多个校地企社育人共同体和近1400个育人基地。2024年10月，教育部决定启动2025年度高校思想政治工作质量提升综合改革与精品建设项目的申报工作。其中包括品牌项目示范推广、骨干队伍培育提升和平台基地辐射引领3个类别，共15个子项，即着眼"时代新人铸魂工程"提质升级，着力建设高质量思想政治工作体系、构筑立德树人新格局，有利于为实施新时代立德树人工程提供有力支撑。习近平总书记在2024年9月召开的全国教育大会上强调，要坚持不懈用新时代中国特色社会主义思想铸魂育人，实施新时代立德树人工程。教育部深入推进时代新人铸魂工程，全面推进"大思政课"建设。各地各级各类学校积极探索以"大思政课"拓展全面育人新格局。例如，中共北京市委

---

① 戴昶春、牛涛：《精神生活共同富裕背景下高校时代新人培育研究》，《学校党建与思想教育》2024年第4期。

教育工作委员会提出，以首善标准办好学校思政课，培养担当民族复兴重任的时代新人。①2024年12月，第二十八次全国高校党的建设工作会议提出，要求加快形成强大思政引领力，高质量实施新时代立德树人工程，坚持思政课建设与党的创新理论武装同步推进，持续打造实践育人大课堂，从加强大中小学思政教育一体化建设，到全面实施时代新人铸魂工程，从思政课改革创新，到各类课程与思政课同向同行，各级各类学校全面贯彻党的教育方针，不断推动思政教育创新发展。

第二，聚焦科技前沿，彰显时代新人培育的数智趋向。随着人工智能、大数据等技术的飞速发展，教育领域正不断探索利用科技手段来培育时代新人，以适应日益变化的社会需求。2024年世界慕课与在线教育大会明确指出，高等教育正在加速进入智慧教育阶段，"智慧教育元年"已经到来。这一变化不仅为教育模式的转型提供了契机，也为人才培养的理念和方式带来了深刻变革。《无限的可能——世界高等教育数字化发展报告（2024）》深入分析了"开创智慧教育元年""开辟智慧教育新路径""开启智慧教育之门"所带来的启示，为教育现代化以及时代新人培育提供了新的视角和方向。随着教育数字化转型的深入，各类在线教育平台和虚拟现实（VR）技术逐渐成为个性化学习的重要平台与工具。这些技术的应用使教学更加灵活高效，能够依据学生的不同需求提供定制化的学习方案，从而促进科技与教育的深度融合。2024年12月，首届全国思想政治教育实证研究学术论坛在重庆大学成功举办，来自50余所高校的100多位专家学者齐聚一堂，围绕数智时代的思想政治教育实证研究和教育效果评价进行深入交流，为助推中国特色社会主义教育强国建设进一步凝聚思政理论共识、提供思路启发。因而本年度围绕"时代新人数字素养""数字技术赋能""数字时代下时代新人素养"等相关研究成果与往年相比，呈现大幅上升。

---

① 《以首善标准办好学校思政课培养担当民族复兴重任的时代新人》，《红旗文稿》2024年第11期。

第三，强调时代新人综合素质的动态发展。本年度的研究成果不仅涵盖了时代新人综合素质的整体性描述和研究，还进一步探索了时代新人某一具体素质及其丰富内涵、结构模型及具体实践。从横向上看，诸多高校将"五育"纳入学生综合素质评价，修订本科生综合素质测评指导意见，将德、智、体、美、劳素质分和综合素质加分等列入学生成长核心要素清单，并注重对青年学生理想信念、道德品质、知识智力、身体和心理素质等各方面的培养。从纵向上看，2024年5月，习近平总书记对学校思政课建设作出重要指示，强调要构建以新时代中国特色社会主义思想为核心内容的课程教材体系。大中小学各学段全面使用《习近平新时代中国特色社会主义思想学生读本》。全国高校实现开设"习近平新时代中国特色社会主义思想概论"课及统编教材使用全覆盖，以"概论"为核心的课程群不断完善；中小学开设习近平总书记最新讲话精神导读、导学及主题活动选修课。自2024年秋季开学起，全国范围内的小学和初中将正式启用新修订的道德与法治、语文、历史三科统编教材。这些新修订的教材在育人导向上更加鲜明，更加注重夯实学生的核心素养，旨在使党的创新理论更好地融入教材、渗透课堂、深入人心，从而成为铸魂育人的有力工具和生动载体。新时代对人才的要求已经不再局限于学业成绩"唯分数论"，而是更加注重综合素质的全面提升，也更加注重道德品质的高尚、心理素质的坚韧、社会责任感的强烈等多个方面的塑造和培育。

（二）时代新人培育研究的年度特点

第一，时代新人培育研究的理论与实践的深度和广度不断加深。在理论层面，学者们不仅对习近平总书记关于时代新人重要论述进行深入多维探究，或结合中国共产党人精神谱系等理论资源进行挖掘，而且立足新时代对时代新人的内涵特征、培育内容、方式方法、机制路径等进行了深入剖析。学者们力求从多个维度阐释时代新人的核心要素和发展方向。当前，教育界、学术界、理论界正在推动时代新人从一个政治标识性概念转化为中国特色哲学社会科学的标识性概念，在学理与实践的同频共振中回应如何培养时代新人的重大命题。在实践层面，党和国家注重将理论成果转化为具体实践措施，各地各高校积极探索实践育人的有效路径。例如，通过新修订的教材内容，使党的创新理论更加贴近学生实际；利用在线教育平台，拓宽理论学习的覆盖面和互动性；借助虚拟现实技术，增强理论学习的沉浸感和实效性。这些举措旨在将党的创新理论更好地融入教育教学全过程，从而实现铸魂育人的目标。研究者们也高度关注科技与时代新人的深度融合问题，积极探索如何利用现代科技手段，如人工智能、大数据等，有效提升时代新人的创新能力和实践能力，使其更好地适应和引领时代发展。在理论和实践的双重维度上，时代新人培养的相关研究成果为时代新人培育工作提供坚实的支撑和科学的指导。

第二，研究的"点与面"相结合，既注重宏观层面的整体把握，又关注微观层面的具体剖析。本年度研究成果呈现"点与面""宏观与微观"相结合的特点，既有立足时代新人培育对部分高校具体时间案例、社会事件、社会思潮影响的深入研究，也有从整体性研究出发，对时代新人培育的政策、理论、趋势和结构的综合分析。时代新人研究可以通过理论研究和具体的实例来反映更广泛的社会现象和趋势。例如，在研究青年大学生的价值观时，有学者通过访谈或案例分析来探讨一批青年学生生活背景、社会环境等影响因素，同时结合统计数据分析年轻一代在整体上的价值观变化。此外，在观察和研究时代新人时，学者们关注社会、经济、文化等因素，综合考虑这些因素对时代新人培育的影响，对时代新人培育进行全面梳理和总结，为后续研究提供了学术成果支持。除了宏观分析之外，学者们也深入到微观层面的具体环节。有学者深入个体的生活经历、情感表达和行为模式等，探讨这些微观层面如何塑造个体的身份认同和社会角色。例如，针对时代新人精神涵育、素质能力形成等具体问题进行深入研究和探讨并提出针对性的对策和建议。例如，聚焦时代新人的政治素质、道德素质、使命担当、家国情怀、国际视野等内容中的某一方面进行深入研究和分析。

总的来说，宏观与微观研究并不是截然分开的，相反，它们是相辅相成的。宏观研究提供了背景框架和整体趋势，而微观研究则为宏观现象提供了具体的例证和解释，通过细致入微的探究，挖掘时代新人具体问题，力求全面揭示其内在逻辑和发展规律。通过这种交融，学者们能够形成更加全面、深入的理论体系，更有效地揭示时代新人所面临的复杂现实。时代新人研究现状的特点在于宏观与微观的结合、量与质的平衡，以及案例与理论的互补，使研究在广度和深度上都有所拓展，从而更好地把握和理解这一命题。"点与面"相结合的研究方式，有助于形成更加全面、深入、系统的研究成果。

第三，研究呈现"时代新人+"趋势。本年度对时代新人培育的研究，既从狭义的"时代新人"层面将主体定为能够"把报国之志转化为实际行动的广大青年"并聚焦时代新人培育本身展开相关研究，同时也从广义层面将时代新人视为"能够适应中国式现代化的发展要求的现代化的人"并将时代新人置于更广泛的社会、文化、科技背景中进行考察，与其他领域、其他群体、其他时代背景相结合，进行跨学科、跨领域的深入研究，形成"时代新人+科技""时代新人+文化""时代新人+社会治理""浸润理论+时代新人"等多维度、跨学科的研究模式。例如，有学者将时代新人培育与乡村振兴、数字经济、生态文明建设等紧密结合，探讨在新时代背景下，如何培养具有新时代特征、能够担当民族复兴大任的时代新人。这种"时代新人+"的研究模式，不仅拓宽了时代新人培育的研究视野，也为新时代的人才培养提供了更加丰富的思路和路径。同时，这种跨领域、跨学科的研究方式，也有助于推动时代新人培育理论与实践的深度融合，促进研究成果的转化和应用，为新时代的人才培养提供更加坚实的理论支撑和实践指导。此外，实证研究与案例分析的强化，也是 2024 年时代新人培育研究的一个重要特点。

越来越多的学者开始采用问卷调查、访谈、实地观察等实证研究方法，收集和分析关于时代新人培育的第一手资料。通过案例分析，提炼出具有普遍意义的时代新人培育经验和模式，为其他地区和学校的人才培育工作提供了有益的参考和借鉴。此外，跨学科研究的融合也是时代新人培育研究的一大亮点。教育学、心理学、社会学、文化学、系统科学等多学科的交叉融合，为时代新人培育提供了更为全面和深入的视角，从而揭示时代新人成长的内在规律和外在影响因素。

三、时代新人培育研究的发展展望

纵观近几年时代新人培育研究的相关成果可以看出，学界对时代新人内涵的界定日益清晰，对精神涵养途径的探索更加深入，对实践路径的探索更加丰富，对保障机制的完善更加重视。总体而言，时代新人培育研究呈现出稳中有进，并随新理论政策、新热点不断发展的趋势。时代新人培育工作本身是一项长期而复杂的任务，需要持续深入研究，不断探索新的理论和实践路径。对时代新人的研究既是对育人理论的不断挖掘探索，也是对育人实践经验积累的过程。因此，时代新人培育在未来仍然有很大研究空间。

（一）以党的创新理论指导时代新人培育研究

党的二十届三中全会通过的《中共中央关于进一步全面深化改革 推进中国式现代化的决定》对如何实现中国式现代化作出战略部署，提出"教育、科技、人才是中国式现代化的基础性、战略性支撑"。教育作为"构建支持全面创新体制机制"的重要组成部分，必须深化综合改革。深化教育综合改革，为中国式现代化提供基础性、战略性支撑，首要的是突出教育的政治属性，紧扣培养担当民族复兴大任的时代新人完善立德树人机制。2024年9月，习近平总书记在全国教育大会上强调，要统筹实施科教兴国战略、人才强国战略、创新驱动发展战略，一体推进教育发展、科技创新、人才培养。2024年9月，习近平总书记在全国民族团结进步表彰大会上的讲话中强调铸牢中华民族共同体意识的重要性，将其视为全党全国各族人民的共同任务。习近平总书记的系列重要讲话为时代新人培育研究注入新的活力。学者们将不仅仅停留在对这些新概念、新观点的表面解读，而是深入挖掘其背后的理论逻辑和实践意义，探讨它们对时代新人培育的深远影响。例如，马克思主义中国化时代化与时代新人培育、中国共产党人精神谱系引领时代新人发展、习近平文化思想融入时代新人培育、新质生产力与时代新人新质素质、铸牢时代新人中华民族共同体意识、学校思政课建设对时代新人培育的重要作用、发挥思想政治教育引领力培育时代新人以及时代新人培育与当代社会思潮等具体议题都有可能成为下一年的研究热点与方向。

（二）以数智技术赋能时代新人培育研究

2024年政府工作报告提出"深入实施科教兴国战略，强化高质量发展的基础支撑""大力发展数字教育"等重要要求。全国教育大会也提出要"深入实施国家教育数字化战略"。数智技术，即以大数据、人工智能、移动互联网、云计算等一系列数字化技术将持续深入影响高等教育的全过程和各要素，对思政课建设、人才培育都具有广泛持久的影响。数智技术能够实现资源共享与个性化学习，通过在线教育平台、虚拟现实等技术提供个性化的学习体验。与此同时，思想政治教育的创新实践逐渐走向多元化。借助新媒体平台和社交网络加强与学生的互动。利用短视频、播客、在线讨论等形式，思想政治教育不仅能够提高学生的参与感和兴趣，还能更好地将复杂的理论变得生动易懂。这种新颖的教育方式能够在潜移默化中改变学生的思想观念，提升思想政治教育的实效性与吸引力。此外，各地高校和教育机构也在积极探索将科技与教育、人才培育相结合的新方法。青年学生是"数字原住民"群体，以数字化赋能"大思政课"，在培育时代新人上实现高质量发展，是教育、科技、人才三位一体发展的必然要求。因此，围绕数智技术赋能时代新人培育、时代新人数字素质培育、时代新人媒介素养的培育也将成为持续研究点。此外，个人隐私、数据安全、"数智+"思政课等切入点也是与时代新人培育研究相关的连接点。

（三）以学科交叉深化时代新人培育研究

就近几年的研究成果而言，交叉学科研究趋势尤为显著，这将助力时代新人培育多元化研究视角的进一步扩张。2024年9月，习近平总书记在全国教育大会上提出加强交叉学科建设和拔尖人才培养的重要指示，为学术研究和教育改革指明了方向，也为各学科的协调发展提供了新的视角。时代新人培育不仅是思想政治教育学科的重要研究内容，而且涉及教育学、心理学、社会学等传统学科的理论和知识，还涉及与信息技术、经济学、管理学等新兴学科的深度融合。因此，对时代新人培育的研究将不再局限于单一学科领域，而是呈现出跨学科、综合性的特点。这种跨学科的研究方式不仅拓宽了时代新人培育的研究视野，也为其提供了更为全面和深入的指导。例如，有学者结合心理学的理论，探讨了如何根据时代新人的心理特点和需求，设计更为科学有效的培育策略；还有学者从社会学的角度分析了社会环境对时代新人成长的影响，并提出了相应的对策建议。有学者采用机器学习分析社会媒体的数据可以洞察青年对社会热点话题的情感倾向，从而为教育政策提供实时反馈与优化建议。跨学科的研究视角将为时代新人培育提供更加全面和深入的理论与实践增长点。

第二十三章　辅导员队伍建设研究

随着中国式现代化进程的深入推进，对高质量教育体系的渴求愈发强烈。辅导员队伍作为高校思想政治工作体系的重要组成部分，在大学生日常思想政治教育中扮演着关键角色。因此，针对辅导员队伍的规模调适、年龄结构的优化升级及综合素质的全面提升展开深入探究，对于巩固和发展具有中国特色的高等教育体系与专业建设而言，具有举足轻重的战略意义。回望2024年度辅导员队伍建设的研究，学界聚焦于三大核心维度：理论与实践成效的深度剖析、队伍建设面临的困境与挑战以及探索队伍建设的有效路径。这些研究为当下乃至未来辅导员队伍的发展提供了有益参考。对本年度研究成果的系统梳理与深刻反思，对于促进辅导员队伍建设的精细化、规范化、科学化及可持续发展路径的构建，具有重要的实践价值。尽管当前辅导员队伍建设的研究成果在紧贴时代脉搏、融合跨学科视角以及促进个体成长与集体构建相结合方面日益精进，但研究内容的同质化趋势、理论深度的不足等问题也日益凸显，成为制约辅导员队伍建设研究进一步深化的障碍。因此，需立足新时代的发展需求，深化辅导员队伍建设研究。具体而言，应紧密结合辅导员队伍的实际状况，依托多元化的研究平台，紧跟学科研究前沿，强化跨学科交流合作，并以此为杠杆，推动辅导员队伍建设研究在"质"上追求卓越，在"量"上持续增加。

一、辅导员队伍建设研究的成果述评

基于研究内容视角，2024年度辅导员队伍建设研究主要围绕三个方向展开，一是辅导员队伍建设理论和实践成效的探讨；二是辅导员队伍建设过程中存在的矛盾和困境研究；三是辅导员队伍建设的路径研究。

（一）关于辅导员队伍建设理论和实践层面的探讨

综观 2024 年度的辅导员队伍建设研究成果，学界基于理论和实践层面的研究有了显著进步。

首先，在理论研究层面，学界注重从多种理论出发，推动辅导员队伍建设研究内容的扩充。辅导员队伍建设理论研究是对辅导员队伍的构建、发展和管理进行的理论性分析，在促进政策制定、推动学科发展、提升社会认知等方面发挥着重要作用。学界基于组织行为理论、学习理论、社会支持理论等理论对辅导员队伍建设的各要素进行综合性分析，涵盖了辅导员的职业特征、角色定位、环境分析等方面。例如，基于组织行为理论，探索辅导员队伍的组织结构、团队协作和管理机制，研究如何通过有效的组织管理提升辅导员的工作效率和服务质量；基于社会支持理论，探析如何综合发挥情感支持、信息支持和资源支持等方面的优势和作用促进辅导员成长；基于职业发展理论，重点关注辅导员的职业培训、职业标准、晋升机制等，探究辅导员素质提升和人格养成的路径选择。此外，学界还注重从教育生态理论、政策分析理论等角度探究辅导员队伍建设的环境支撑和阻力所在，多角度分析辅导员队伍建设与教育系统其他要素的关系，为优化辅导员的工作环境，发挥政策支持系统优势等实践层面的问题提供了参考。这些理论探讨为现阶段及未来一定时期内辅导员队伍的高品质建设提供了理论视角与框架，有助于学术界与相关实践者更深入地理解并推进辅导员队伍的专业化、科学化及职业化发展。

其次，辅导员队伍建设实践层面的研究逐渐成为主流的研究方向，研究的实用性日益凸显。辅导员队伍建设实践研究是对辅导员队伍的构建、发展和管理所进行的系统性研究，在推进辅导员队伍建设的质量和水平上有突出作用。目前，学界对辅导员队伍建设实践层面的研究大致涵盖了数字技术运用、政策实施效果、团队协作与管理、学生发展成效等因素对辅导员队伍建设的作用力和效果评估。例如，以数字化和信息化为背景，围绕辅导员在信息技术应用方面的参与度和熟练度问题，从能力向度探索辅导员如何"适应新的网络工作场域和网络工作方法，提升网络育人能力和水平"[1]。个案研究在提升实践效果、增强研究全面性、深入理解研究对象等方面具有重要作用，成为了诸多学者的研究方法选择。例如，以代际差异为研究视角，对一线高校辅导员展开调研，探析高校辅导员队伍建设策略；对高校辅导员队伍建设方案作文本分析，探索当前辅导员队伍建设存在的缺陷和队伍建设可能的路径选择；通过对民办高校、应用型高校等辅导员队伍建设的现状分析，强调辅导员队伍结构优化、工作模式创新的重要性。此外，对国家和地方政府出台的辅导员队伍建设政策在实际操作中的效果进行评估和分析，包括政策落实情况、辅导员的反馈和建议等，从而为在实践中继续推进辅导员队伍建设打下重要基础。例如，学界对北京师范大学、华东师范大学、中国海洋大学、四川大学等高校在辅导员队伍建设方面的实践成效进行了全面系统的评估，深入解读了实践过程中的创新举措，并提炼出具有借鉴价值的实践策略与路径。这些高校实践研究为辅导员队伍建设提供了经验基础和实证依据，有助于高校在具体操作过程中持续改进辅导员队伍建设策略与管理架构。

（二）关于辅导员队伍建设过程中存在的矛盾和困境研究

首先，在"双高"计划的研究背景下，有学者指出，高职院校辅导员队伍发展面临着辅导员的知识储备难以与教育改革和行业发展的步伐保持同步、职业发展路径的单一性和晋升机会的有限性并存、职责内容的重叠和冲突阻碍工作最大效能的发挥、工作存在脱节使德技并修成效严重受限等普遍

---

[1] 蒋怀柳、刘世勇、李海涵：《新时代加强高校辅导员队伍建设的三个向度》，《长江大学学报（社会科学版）》2024年第1期。

问题，对教育策略的多样性以及队伍建设的质量和水平产生了负面影响。有学者基于多元化用工机制，对高校辅导员队伍建设的主要问题及原因进行全面分析，指出由于存在三大矛盾，即"单一的人事管理制度与多元的用工方式的矛盾、维持岗位竞争力需要与考核激励机制不健全的矛盾、专业化、职业化建设要求与职业发展机制不健全的矛盾"①，出现了制度适用性缺失、岗位竞争力下降和专业化、职业化程度低等问题，成为了辅导员队伍高质量建设的阻力。

其次，学界对于辅导员个体发展与队伍整体建设过程中存在矛盾的探讨立足点是多样的。从个体发展层面上看，高校辅导员对时间管理的自由性和主动性较强，但在实际工作中仍然面临着"学生工作事务的日益繁重与辅导员数量不足之间的矛盾、辅导员队伍专业化建设与实际工作对辅导员'全能型'要求之间的矛盾、辅导员队伍职业化建设与现实中辅导员职业认同感较低之间的矛盾"②。这直接造成高校辅导员的日常工作内容较复杂，工作强度较大，进而影响工作效率。还有学者对辅导员队伍的职业发展需求以及职业晋升瓶颈进行探讨，提出"晋升标准缺乏差异性，未突出思政岗位特色，辅导员竞争力不足；缺少配套的政策保障，辅导员职业发展支持较少；职责边界不清晰，事务管理工作占用较多精力，事实层面存在'单线'晋升情况；晋升岗位数量有限，两条晋升通道的发展前景均不明朗"③。研究辅导员职业晋升问题，寻求突破晋升瓶颈的路径是加强辅导员队伍建设的新课题。从队伍整体建设层面看，当前辅导员队伍建设存在三大困境：一是在队伍配备与选聘层面，存在年龄结构不合理、选优配强难度大的问题；二是在发展与培训方面，团队成员构成的不稳定性以及使用与培养之间力量分配的不平衡问

---

① 严伟光、董明：《多元化用工机制下高校辅导员队伍建设路径探析》，《教育教学论坛》2024年第11期。

② 张紫千：《高校"双肩挑"辅导员队伍建设的时代意义、基础条件和实践路径——以清华大学为例》，《高校马克思主义理论研究》2024年第2期。

③ 李飞宇、王志梅：《新时代高校辅导员职业发展"双线"晋升的现实问题和优化路径》，《中国管理信息化》2024年第5期。

题凸显；三是在职责与要求方面，职业定位的明确性与工作界限的模糊性并存，导致辅导员的工作成就感普遍偏低。这些问题的发现和研究有助于为辅导员队伍建设"对症下药"。

（三）关于辅导员队伍建设的路径研究

随着时代的发展，辅导员政策的时代特征、人文关怀、育人传统和实施成效日益显著。在新时代的背景下，辅导员队伍的构建应从个体与高校两个维度着手，重点聚焦于辅导员的个人素质提升、职位配置、培训与考核等关键环节。

首先，于个体层面而言，辅导员个体的发展是辅导员队伍建设的内核动力。在理想状况下，辅导员就像全能的大家长，在教书育人、管理学生、关注学生需求等方面发挥着重要作用。但现实情境中，因职责边界的模糊性、晋升条件的固定性以及发展空间的有限性，使辅导员的角色定位发生了一定程度的变化。所以，有学者强调，要始终坚持"以人为本"的工作原则，助推辅导员在工作中完成多种角色的转变，从"教育者"和"管理者"积极向"引导者"和"服务者"转变，充分认识自己的岗位身份，明确职责范围。有学者以新质生产力为研究视域，结合辅导员工作实际，将高校辅导员素质能力的新内涵定义为"育人情感与价值观、育人学识与职业技能、育人个性与内驱发展力"①。此外，针对新媒体的发展趋势，辅导员要注重提升新媒体应用能力，利用易班、学工系统等新媒体平台的功能，以工作的创新性主动适应新时代学生工作的特点。由于辅导员服务对象的复杂性和不稳定性，要求辅导员的服务不能停留在口头上，而是应该从"向下扎根、向上生长、向内激励、向外输出四个维度提升辅导员素质能力的深度、高度、温度和广度"②。辅导员在应对繁杂的工作任务、不断变化的工作环境以及性格各异的

---

① 岑晓婧、赵娟：《新质生产力视域下高校辅导员素质能力的新内涵、新挑战及新路径》，《2024高校辅导员队伍建设与职业发展论坛论文集》。

② 耿海霞：《新时代高校辅导员素质能力提升的四维路径研究》，《科教文汇》2024年第22期。

工作对象时，必须具备高度的适应性和专业能力。有学者指出，为实现高质量的工作成果，辅导员不能仅满足于现有的知识和技能水平，而要坚持"向书本学习、向同行学习、向学生学习"①，以此提升梯队辅导员的学习能力，进而提升辅导员队伍的整体素质。由于辅导员角色的复杂性和变化性，需要辅导员自觉加强自身的政治判断力、政治觉悟力以及政治执行力的建设，"要以加强思想政治建设为提升'政治三力'的前提和基础，把开阔思维视野作为提升'政治三力'的关键环节，切实强化自身的素养能力"②。

其次，于高校而言，学界普遍倡导采取有效策略，运用科学合理的激励手段，以提升辅导员在育人工作中的协同积极性，构建有序的育人体系。由于各类高校的学生层次、培养模式和管理模式等要素存在差异，这要求各高校采取差异化的辅导员配备比例，依据各自独特的学校特点优化辅导员师生配备比例。故有学者强调，要通过"规范辅导员配备与选聘制度、优化辅导员发展与培训制度以及优化辅导员考核激励管理等措施最大限度激发辅导员的智慧才能，拓展辅导员的职业发展空间"③。选拔和聘用工作构成了辅导员队伍建设的根基，直接关系到建设的成果、学生工作的成效以及职业化与专业发展的成效。有的学者从高校辅导员职业发展需求出发，强调要"明确选拔的基本原则、建立科学的选拔标准、执行严格的选拔程序、运用科学的测评手段"④，以此严守选聘入口关，实现科学选拔。加强高校辅导员队伍建设对于促进辅导员队伍专业化职业化发展、落实立德树人根本任务、提高思想政治教育工作质量、培养堪当民族复兴大任的时代新人等目标的实现具有重要的理论意义和实践价值。故高校要积极"成立领导专班，建立健全相关规

---

① 何文举、张瑜、花芸：《高校辅导员选留现状及路径优化》，《产业与科技论坛》2024年第11期。
② 李锦韬：《高校辅导员提升"政治三力"略探》，《学校党建与思想教育》2024年第10期。
③ 林可全：《高校辅导员"双线"晋升的现实制约因素及解决路径探究》，《大学》2024年第22期。
④ 蒋怀柳、刘世勇、李海涵：《新时代加强高校辅导员队伍建设的三个向度》，《长江大学学报（社会科学版）》2024年第1期。

章制度，以协调整合大学生思想政治教育工作力量，形成思想政治教育队伍的大治理格局"①，为高校辅导员队伍的建设创造有利环境。基于此，有学者通过梳理清华大学"双肩挑"辅导员制度的历史演变与时代意义，总结清华大学"双肩挑"辅导员队伍建设的相关经验，强调辅导员制度建设工作须结合时代的发展，要"在学校层面做好专兼结合的顶层设计、严格'双肩挑'辅导员的选拔标准、在院系层面加强对'双肩挑'辅导员的全生命周期管理和培养、坚持培养与使用相结合"②，并强调高校要善于结合自身的实际情况，做好"双肩挑"辅导员全生命周期培养和管理的顶层设计，聚焦形式层面的创新，以强化辅导员队伍育人的效果。此外，高校要结合时代发展变化不断优化高校辅导员职业能力政策环境，从"认识和把握内涵、把握正确政治方向、加强顶层设计、注重政策执行和政策环境评估"③出发，发挥政策环境在育人过程中的显著优势，更好地实现立德树人的根本任务。

二、辅导员队伍建设研究的年度特点与不足

2024年辅导员队伍建设研究在既往研究的基础上，对研究热点、研究视角和研究方法呈现出新特点和新趋势。总结本年度研究成果的不足，是推动辅导员队伍建设持续发展的现实要求和价值旨归。

（一）辅导员队伍建设研究的成果数量与质量

辅导员队伍建设研究的成果数量和质量是该领域研究热点、研究难题和研究方法等要素的重要体现。以"辅导员队伍建设"为篇名在中国知网学术

---

① 王倩祯：《从碎片到整体：高校思想政治教育队伍建设的方向与路径》，《甘肃教育研究》2024年第6期。

② 张紫千：《高校"双肩挑"辅导员队伍建设的时代意义、基础条件和实践路径——以清华大学为例》，《高校马克思主义理论研究》2024年第2期。

③ 李树学、龚超：《新时代高校辅导员职业能力建设的政策环境研究》，《学校党建与思想教育》2024年第1期。

期刊数据库中检索，数据来源时间限定为 2015 年至 2024 年，其中，2024 年的发文总量为 50 篇，约占 2023 年发文总量（119 篇）的 50%。多年来，学者们在辅导员队伍建设的过程、思路、路径和辅导员个体发展等方面形成了丰富的研究成果，并基本达成了共识。故辅导员队伍建设研究成果的数量可能难以像早些年那样持续增长，相关的期刊文献和研究成果数量总体呈现下降的趋势，更多地转向内涵式的高质量研究、专项研究与交叉学科理论阐释的研究。在中国知网学术期刊数据库中以"思想政治教育"为篇名检索发现，近十年思想政治教育领域期刊发文数量数以万计，其中，2024 年的发文数量约为 3400 篇，而辅导员队伍建设的发文数量仅占其中的 1.4%。以"思想政治教育"和"辅导员队伍建设"为关键词在中国国家图书馆数据库中检索发现，图书数量分别为 3 万余册、2 万余册；其中，前者 2024 年专著共 350 册，后者仅为 4 册，占比约 1.1%。特别是近十年来，学界关于辅导员队伍建设的专著数量较思想政治教育领域而言，占比也微乎其微，在诸多报纸的检索结果中亦是如此。可见，诸多学者的研究大致成了思想政治教育研究的"跟随者"和"追捧者"，多聚焦于思想政治教育的政策环境、过程规律和逻辑生成等内容，使辅导员队伍建设研究在一定程度上被"边缘化"了。

研究内容的前瞻性、现实性和价值性等特性是检验文章质量的重要指标。以中国知网学术期刊数据库为检索数据来源，关于辅导员队伍建设的研究成果以北京科技大学、安徽师范大学、山东大学、辽宁工业大学等具有一定代表性的单位为主，在 SCI、核心期刊、CSSCI 三类期刊发表的文章数量甚少。同时，大多数研究都以辅导员队伍的建设路径、建设的必要性为研究方向，对辅导员队伍的本质、系统运行、建设规律等的论述较少。相反，思想政治教育领域研究成果在核心期刊中的发文数量占比远大于辅导员队伍建设研究，这说明学界对辅导员队伍建设研究的深度和广度还有待加强。

（二）辅导员队伍建设研究的特点

辅导员队伍建设是高校教师队伍的重要组成部分，更是贯彻立德树人根本任务的关键环节。随着辅导员队伍建设政策的不断完善，2024年辅导员队伍建设研究在研究方向、研究内容和研究成果上呈现出显著特征，一定程度上揭示了辅导员队伍建设研究的热点问题和前沿动态，为宏观把握相关研究前景和总体把握相关研究趋势提供了借鉴和参考。

首先，在研究方向上更注重辅导员队伍建设研究的时代性。时代性是指事物在特定历史时期内所表现出的特征、性质及其所具备的时代价值，是历史发展脉络中的具体层面上的体现。在新时代背景下，加强辅导员队伍建设是落实立德树人根本任务、促进学生成长成才、提高思想政治教育有效性的必然要求。学者们紧抓该领域的研究热点、难点和痛点，主动适应和满足当前的社会需求，不断强化研究的实践导向性和影响辐射力，力求在一定程度上为当前和未来辅导员队伍建设研究的难题提供解决思路和方案。关键词的研究是表达研究文献内容和方向的重要桥梁，也是能有效挖掘该领域研究热点问题的重要方法。通过分析与辅导员队伍建设相关性较强的关键词是探究2024年辅导员队伍建设特点的关键步骤。2024年度的高频关键词是"高等院校""辅导员""辅导员队伍""辅导员队伍建设""高校辅导员队伍建设""专业化""职业化"等。这些关键词紧跟国家政策导向变化，与辅导员队伍建设的相关性较强。它们所囊括的研究内容与体现的研究方向构成了2024年辅导员队伍建设领域的研究热点，凸显出社会对辅导员队伍建设的要求和期待。

辅导员政策发展史成为学界的又一重点研究对象。辅导员政策发展史中能体现中国共产党在高校人才培养体系构建中的特色与传统，对于促进新时代辅导员队伍的高质量、高水平发展具有重要意义。基于过往经验，学者们从理论与实践、整体与局部、宏观与微观三个维度，对辅导员政策发展史的价值功能、内容特色、特征影响等方面进行了多层次、全方位的探讨。基于《辅导员工作条例》《关于加强高等学校辅导员、班主任队伍建设的意见》《普通高等学校辅导员队伍建设规定》《全面加强新时代高校辅导员队伍建设行动方案》等政策性文件，学界紧密结合时代背景和社会主义发展需求，试图理清辅导员队伍政策史的主线和重点，对辅导员队伍建设的实践成效进行评估和反思，把握辅导员政策的演变和发展规律，探索辅导员工作深厚的理论基础和可借鉴的实践经验，正视辅导员工作面临的现实问题，探究辅导员工作的未来趋势、解决方案，推动辅导员队伍建设的专业化、职业化和科学化发展。《新时代背景下高校辅导员队伍建设的优化路径研究》《政策支持下高校辅导员的身份认同与新时代青年培育路径研究》《高校辅导员政策创新性发展的策略探析》《深化高校辅导员政策发展的规律性认识》等文章梳理和探索了高校辅导员政策的形成和发展过程，积极回应党和国家对辅导员队伍建设的期待。

其次，研究成果的跨学科趋势不断凸显。辅导员队伍建设是加快高等教育高质量发展、精准满足学生成长成才的现实要求。随着社会的发展和人才需求的变化，传统的学科分类已不足以满足现有人才培养的需求。交叉学科的发展为辅导员队伍建设提供了新的思路和方法。通过各学科之间的合作和交叉，可以促进知识的整合和交流，提升辅导员的综合素质和能力，更好地适应学生的需求。

2024年的辅导员队伍建设研究在完善顶层设计、聚焦发展难题和抓好关键点位等经验的基础上，在运用新方法研究老问题、运用老方法研究新问题和运用新方法研究新问题方面都取得了一定程度的进展。在运用传统的访谈法、比较分析法和文献研究法等方法时，研究的跨学科特征愈加凸显。如有学者基于HRM（人力资源管理）角度，从激励目标、激励对象、激励内容和激励过程四个方面探讨高校辅导员队伍激励机制的构成要素和实施策略，推动实现辅导员队伍成员及其队伍的良性管理和运行。有学者基于政治经济学的角度，分析当前应用型高校辅导员队伍建设存在的困境，从顶层设计、选聘机制、培训教育、管理考核等方面给出应用型高校辅导员队伍建设机制建设的路径选择。有学者基于管理学研究视角，分析和强调高赋能组织管理模式、"1+2+N"协同育人模式和多元化用工机制在提升高校辅导员队伍建设实效、增强队伍成员凝聚力层面的积极作用，提出辅导员队伍建设的协同路径。在运用传统方法之外，有学者还借助 CiteSpace 和 VOSviewer 分析软件对辅导员队伍建设成果进行可视化分析，剖析该领域的研究热点和方向，以提升研究成果质量。有学者分析和总结了 258 名一线高校辅导员在关注点、行为方式和职业认知等层面的差异以及这些差异所带来的辅导员队伍内部分化、典型引领弱化和管理评价不适应等问题，提出能够消解代际差异的有效方案。

最后，研究内容注重将辅导员队伍建设的个体成员发展与整体发展相结合。一是更注重辅导员队伍成员的个体发展。辅导员是学生人生道路的引路人、突发状况的"消防员"，是学生成长的助力者和心理健康导师，是推动高校思想政治教育生活化的重要实践者和基层骨干力量。随着辅导员地位和作用的日益凸显，学者们持续关注辅导员的个体发展，在"大思政""三全育人""双高""代际差异"等视域下深入探索、分析和研究辅导员的身份界定、职能职务、素质提升、选聘考核和培养路径等内容。如《高校研究生兼职辅导员队伍的特殊定位及其建设路径》《新时代高校辅导员核心素养的基本内涵及其提升路径》《高校辅导员提升"政治三力"略探》《"三全育人"格局下高校辅导员队伍现状及建设路径探索》《自媒体场域中高校辅导员网络形象塑造研究》《新时代高校辅导员职业发展力的体系构建及提升路径——基于 100 所高校辅导员招聘公告文本的质性分析》《高校辅导员的情绪劳动：内涵阐释、多重镜像与优化进路》《新质生产力视域下应用型高校辅导员队伍建设路径研究》等，在论述辅导员个体发展的重要性和必要性基础上，紧密结合辅导员队伍建设的新背景、新形势和新环境，寻找辅导员个体发展和辅导员队伍建设之间的契合点。有的学者基于辅导员的工作获得感、幸福感、安全感需要，聚焦与辅导员队伍建设相关的系统的良性运行、管理现状和实际，强调书院与学院协同合作模式、职业发展"双线"晋升通道、"三个向度"、工匠精神、教育家精神、就业导向服务等要素在辅导员个体发展和辅导员队伍建设层面上的积极作用，如《教育家精神引领高校辅导员队伍建设：内在逻辑、价值使命及实践路径》《双院协同育人背景下高校辅导员队伍建设研究》《基于就业导向的高校辅导员队伍建设研究》《基于获得感、幸福感、安全感需要的高校辅导员队伍建设探析》《工匠精神融入高校辅导员职业能力培育论略》等文章探索了辅导员个体发展及辅导员队伍建设的可行路径。

（三）辅导员队伍建设和发展研究的不足

2024 年辅导员队伍建设研究成果的数量总体呈现下降趋势，且核心期刊发文数量占比较小。故在把握其年度特点的同时，更需要关注辅导员队伍建设研究过程中的不足和短板。党和国家对辅导员的地位给予了高度重视和认可，辅导员队伍建设在党和国家的支持下也逐渐趋向完善，但在发展过程中仍面临诸多困境。从辅导员队伍的重要作用和地位入手，剖析辅导员工作面临的困境和短板，是推进辅导员队伍高质量建设的重要环节。为了提升辅导员队伍建设的整体研究质量，要对辅导员队伍建设的内在规律探索、基于辅导员队伍建设实践基础上的深度理论阐释、跨学科的研究方法在研究过程中的运用等内容有更为深入的探索。当前，辅导员队伍建设研究的不足主要体现在以下两点。

首先，关于辅导员队伍建设的研究成果同质化问题较为突出，体现在两个方面，一是多聚焦辅导员队伍建设的现象，疏于对规律的分析和探索；二是研究成果对各高校的特殊性关注不足，同质化现象较为明显。一方面，辅导员队伍建设研究的规律性认识要求学者们在总结经验中深化思想认识，在探索规律中开拓新局,掌握研究对象固有的、内在的本质联系。但总体而言,目前大多研究成果聚焦各类院校在辅导员队伍建设的现状、影响因素、原因和改善措施等内容,多为一般意义上的经验总结,缺乏对辅导员队伍建设研究的规律性认识。同时,经过对诸多研究成果的标题和关键词归纳和总结发现,"辅导员队伍建设"与"本质""规律""经验"等词的黏性较弱,但与"现状""困境""路径""对策"等词的桥接性较强,这表明学界对辅导员队伍建设研究的规律性认识关注度和研究深度稍显单薄。另一方面,基于中国知网、国家图书馆等数据库中对辅导员队伍建设研究相关的论文成果、图书报纸等资料进行分析和研究,发现现有的研究成果大多以政策文件为研究中心。虽然这些研究成果为现今和未来的辅导员队伍建设研究提供了重要的思路和路径选择,但就其本质而言,大多数研究成果只是对辅导员队伍建设存在的现象进行分析和研究,研究着力点稍显单一,研究成果多是学界已经达成普遍共识的结论和观点。也就是说,学界对辅导员队伍建设的研究是共性的研究,缺少相关案例的分析和支撑,多限于文本性的阐释和总结,总体的规律性认识深度还不够。

其次,辅导员队伍建设研究实践基础上的理论阐释深度不够。辅导员队伍建设是一个漫长且多变的过程,需要在实践的基础上结合理论阐释,并采取各种路径推进理论和实践的良性互动,以推动辅导员队伍高质量建设。2024年度学界关于辅导员队伍建设研究的问题意识整体上较弱,分析的对象和问题系统性不够。辅导员队伍建设的过程复杂,系统性较为突出,故单一的理论较难对辅导员队伍建设的本质问题作出深度的解释和研究。未来的研究要以前瞻性思考、全局性谋划、战略性布局推进辅导员队伍建设研究。例如,针对辅导员的素质提升,学者多是基于某种能力和素质展开研究,导致其研究缺乏系统性。此外,多数研究成果的研究内容是针对一些关乎辅导员队伍建设的政策文件内容作出文本性陈述和主观性论证;即使跨学科的理论在辅导员队伍建设的研究中有所运用,但多数研究只是停留在跨学科理论和研究问题的简单桥接，并非深层次的论述和结合，甚至有的在研究的过程中，忽视了辅导员系统与其他系统的联系和区别，导致理论的阐释在一定程度上脱离了实践土壤，使跨学科理论在辅导员队伍建设研究的过程中解释力和说服力较弱。

三、辅导员队伍建设和发展研究的展望

辅导员队伍建设工作是对新时代思想政治工作新要求的精准把握，是落实强国教育战略的重要抓手。在党和国家的政策支持下，辅导员队伍建设取得了良好的成绩，但也面临诸多现实困境。在新环境下，结合辅导员队伍建设的现实状况，以多元平台为跳板、以学科研究热点为导向、以学科交流为重要方式，为辅导员队伍的高质量建设与发展营造良好的环境。

（一）以多元平台为依托，提升辅导员队伍建设研究成果的数量和质量

随着时代的发展，辅导员队伍建设研究要注重搭建多元平台，着力提升学科研究成果的数量和质量。

首先，发挥网络平台的资源优势，贯通辅导员队伍建设理论研究和实践研究的渠道。新媒体的迅猛发展为辅导员队伍建设研究工作带来了新的机遇和环境。互联网进一步增强了辅导员队伍以"点"带"面"的辐射引领效果。学习共同体是为个体提升提供资源支持的重要单元，因而建设学习共同体是辅导员队伍专业化职业化发展的重要工作。故在新环境中，各类高等院校及众多研究者应积极利用互联网和社交媒体等技术平台，主动参与辅导员队伍研究的理论、宣传、教育以及对话等专栏，对热点进行深入剖析，扩宽研究视角、研究方法，进行深入的科学研究，构建学习共同体。尤其是党的十八大以来，各种网络平台的健康发展得到了政策层面的支持，各种网络素材包和资源包更新速度快、囊括内容多的特征不断凸显，故辅导员队伍建设应该主动适应这种趋势。在网络领域中，以全国高校辅导员年度人物、高校

学者等汇聚而成的主题研讨活动和主题式直播互动答疑逐渐增多。这一方面为学术交流提供了便利的条件，另一方面开拓了新的研究领域，即网络环境与辅导员队伍建设之间的关系研究，从而推动产生了更多高质量的辅导员队伍建设研究。

其次，发挥制度平台优势，为辅导员队伍建设增效护航。辅导员队伍的建设是一个系统工程，必须通过制定和设计制度，明确辅导员队伍建设的靶向目标。指向明确、内容清晰的辅导员队伍建设制度为辅导员提供了清晰的职业发展路径和成长空间，是有效提升辅导员队伍的整体素质和工作效能的重要保障。未来的研究要关注为了适应不断变化的教育环境和学生多样化需求，如何在现有制度基础上，通过完善辅导员队伍的管理与服务制度、辅导员素质能力标准、职业选聘制度、激励评价制度、岗位晋升制度等，充分调动辅导员队伍的积极性和主动性。同时，未来的研究要注重制度如何实施与执行，从而发挥各项制度导向定位控制保障、协调整合、约束规范的正向功能，避免辅导员队伍建设制度执行的僵化机械。此外，未来的研究还应根据各个高校的特点和教育环境的变化，做好顶层制度设计工作，构建一个涵盖教学、科研、实践、管理、服务、组织和心理等关键要素的长效运行机制，并将这些要素融入育人过程，促进优秀人才的有效流动，激发辅导员队伍内部活力，实现资源配置的全方位优化，进一步发挥制度平台对辅导员队伍建设的辐射力和影响力。

最后，利用环境平台，增强辅导员队伍建设合力。辅导员队伍建设是思想政治教育队伍中的重要一环，但它当前"面临一体化意识欠缺、一体化能力薄弱、一体化机制不足等现实梗阻，其路径优化可从增强一体化自觉、提升一体化能力、完善一体化机制诸方面进行"[①]。随着"大思政"育人格局的深入发展，辅导员队伍建设研究有了新方向。为此，未来的研究要认识和厘

---

① 刘亚欧、王冠中：《大中小学思想政治理论课教师队伍一体化建设的路径研究》，《思想政治教育研究》2024 年第 4 期。

清辅导员队伍建设过程中各主体间的相互关系，找准辅导员队伍的定位，加强辅导员队伍的本职工作与其他工作的协同研究，推动形成培育时代新人的强大合力，为在实践中建设"人人关心、人人参与、人人尽力"的多类型辅导员队伍提供理论资源。此外，未来的研究还要明确辅导员队伍自身运行以及和校内其他队伍体系、校内外环境的协同运行的机制，通过厘清辅导员的工作指向和职责边界，探索如何实现各项工作的协同协作、同向同行、互联互通的目标。具体来说，就是研究不同类别人员之间互相沟通、相互支持、分工合作、协同配合的方式方法，探索如何最大限度地发挥育人合力，打造有利于辅导员队伍建设的良好环境。

（二）把握当下研究趋势，提升辅导员队伍建设研究的时效性

党的十八大以来，党和国家持续关注辅导员队伍建设发展动向，为其锚定前进方向、勾画发展蓝图，从发展理念到保障措施等方面出台了许多行之有效的、指导性和引领性强的政策文件，为辅导员队伍建设和发展制定了包括工作准则、职责界定、选聘培养、管理考核等方面的时间表和路线图，从而构建了辅导员队伍建设的长效机制。因此，这对未来的研究提出了以下要求。

首先，洞悉辅导员队伍建设研究前沿，围绕热点开展研究。学者们要助力辅导员队伍建设朝着专业化、职业化、专家化的方向发展，通过认真研究服务对象成长发展的思想特征和行为特点，掌握其认知规律和接受特点的变化趋势，不断在研究中凸显和强化实际工作导向，满足处于变化中的教育对象的需求。2024年度，辅导员队伍建设研究的热点集中在职业能力、新媒体环境、队伍管理制度创新等主题，但目前，学界关于以上研究热点及前沿高质量研究成果数量仍然不足，并且存在研究不够深入的问题。未来，学界仍需紧跟国家政策，抓住辅导员队伍建设研究热点，进一步聚焦辅导员队伍建设前沿问题。

其次，聚焦辅导员队伍建设现状，解决研究关键点。随着时代的发展和高等教育改革的不断深入，辅导员队伍建设发展的瓶颈性问题逐渐显现，集中体现在队伍的素质结构、专业发展、职业愿景、内驱动力等方面的不足。这需要学术界重视对如何提升辅导员的专业素质与能力的研究。学界应深入探究辅导员的职业特性、成长规律及发展需求，并对培训过程中的关键难题进行重点研究。学界还应通过精准把握辅导员队伍建设的核心要素，增强辅导员队伍建设研究的针对性，推动辅导员队伍回归其育人的根本职责，为缓解"能力恐慌"现象提供对策。此外，学界要关注辅导员队伍建设的实际需求，深入探索其内在动力，致力于构建一个分层次、分类别、多样化的体系。总之，持续聚焦辅导员队伍发展的热点和难点是实现以点带面、以点促面、以点化面，进一步促进辅导员队伍建设研究成果时效性的重要基础。

（三）增强多学科交流，加快解决队伍建设研究难题

回顾和梳理党的十八大以来我国辅导员队伍建设研究发现，新时代的发展趋势对辅导员队伍的高效化与科学化提出了更高要求。在坚持传统与创新并重的发展路径中，当前辅导员队伍建设已取得显著的进展。在未来，要进一步促进跨学科的合作与交流，充分运用多学科的视角和研究方法。

要借鉴其他相关理论或学科知识，促进辅导员队伍建设的研究、发展与优化，即跨学科、多视角的研究方法使辅导员队伍在建设过程中存在的一些问题得到了不同视角的分析与论证，为辅导员队伍的建设提供了多元化的解决方法，从而推动辅导员队伍建设的深入科学研究。众多研究者广泛地汲取了管理学、社会学等学科的理论探索辅导员队伍构建的路径。例如，部分高等教育机构基于管理学的视角，主张从管理学的角度强化高校辅导员队伍的建设，主动将其融入学校人才培养体系，完善管理制度，构建系统化、规范化、制度化的培育模式，以促进高校辅导员队伍的建设。有的学者从人力资源管理（HRM）的视角出发，强调高校辅导员队伍激励机制的实施策略应

当全面而细致，以确保辅导员队伍的稳定性和高效性。组织行为学是组织情境下的个体、群体、组织本身对实现组织目标所表现的行为和态度的学问。有学者指出，"将组织行为学中的相关理论迁移到高校这个场域，把组织行为学中的个体、群体、组织分别对应高校辅导员个体、辅导员群体与学校，从组织行为学的微观视角来观察与研究高校辅导员队伍的群体行为。"[①] 这为探析当前辅导员队伍建设存在的普遍问题以及探索推动辅导员队伍建设提质增效的方法提供了较好的方法借鉴。战略思维教学视域强调在教育中要通过多样化的教学方法和跨学科的整合，培养对象的战略思维能力，使其能够在复杂多变的环境中应对挑战。在战略思维教学视域下，对于高校辅导员队伍建设研究的基本问题，高校需要根据实际情况设计相关的培养策略。除上述理论研究视角外，有研究者基于角色理论、经济学视角、生态学理论及管理学维度，对辅导员队伍的建设进行了深入的理论探讨与实践探索，以在从多维度实现辅导员队伍建设的预期目标。

---

① 土晴：《基于组织行为学视角的高校辅导员队伍建设研究》，《中国多媒体与网络教学学报》2024年第9期。

第二十四章　民族思想政治教育研究

对 2024 年度民族思想政治教育研究成果进行回顾与深入分析，把握民族思想政治教育研究成果的特点以及存在的不足，有助于准确判断和精准把握民族思想政治教育研究领域的方向与趋势，对于未来推动民族思想政治教育研究的开展，促进思想政治教育学科高质量发展具有至关重要的意义。

一、民族思想政治教育研究的年度进展

对 2024 年民族思想政治教育研究成果进行回顾与梳理，学者们立足以往研究成果，对民族思想政治教育的概念、内容、方法等方面的研究持续深入，初步形成了民族思想政治教育学理性研究的分析框架。

（一）关于民族思想政治教育的概念理解

在关于什么是民族思想政治教育的问题上，早在 2005 年就有学者提出，民族思想政治教育是指在特定国家内，面向少数民族群体、民族地区以及民族自治地方开展的思想政治教育工作。[①]另一种观点认为，民族思想政治教育是面向中国 56 个民族共同开展的思想政治教育实践。[②]2024 年，学者们主要从两个维度对民族思想政治教育的概念进行思考和把握。

一是从地理空间维度把握民族思想政治教育的内涵。有学者研究了来自少数民族地区青年的思想政治教育，针对少数民族地区大学生思想政治教育

---

① 崔运武：《中国少数民族地区思想政治教育概论》，云南大学出版社 2005 年版，第 1—24 页。
② 徐柏才、姜诚：《民族思想政治教育内容研究》，《思想教育研究》2014 年第 2 期。

存在的脱离生活实际、脱离少数民族地区大学生特点、生活化不足等问题，探究思想政治教育生活化的意义和措施，实现少数民族地区大学生融入内地高职院校和自身发展的目的。① 有学者研究了边疆民族地区教师的思想政治教育，针对一些边疆民族地区存在思想重视不够、工作方式简单的问题，从夯实学校开展教师思想政治工作的主体责任，发挥党组织的领导核心作用，系统化建立思想政治工作体系，多元化拓宽思想政治工作范围，个性化精准分层分类施策，鼓励主动学习创新等方面提出提升教师思想政治素质的对策建议。② 有学者研究了民族地区高校的思想政治教育，针对民族地区高校中华优秀传统文化融入思想政治教育的问题，把中华优秀传统文化与地方民族文化结合，从创新教学形式与内容、优化课程设置与教学手段、加强师资队伍建设、丰富校园文化活动等方面提出推动民族地区高校思想政治教育改革创新的举措。③

二是对民族学生、民族地区开展思想政治教育的相关问题研究。有学者研究了少数民族学生思想政治教育，从国家层面、社会需要和少数民族大学生自身特点出发，对少数民族大学生的特点进行了论述，并从强化理想信念教育、加强教师队伍建设、推进高校校园文化建设、建立并依托网络平台等四个维度，提出少数民族学生思想政治教育工作机制创新的路径。④ 有学者研究了长征时期中国共产党对桂北少数民族思想政治工作的探索，回顾总结了中国共产党积极采取多种方式宣传民族政策、团结少数民族上层人士的思想政治工作方法，从而获得了桂北少数民族群众的信任和支持，有力补给了

---

① 沈国农、季淼淼、于楼云：《高职院校少数民族地区青年思想政治教育生活化实现路径研究》，《现代商贸工业》2024 年第 24 期。
② 李晨光、张颖：《新时代加强边疆民族地区教师思想政治工作的价值与策略》，《中学政治参考》2024 年第 35 期。
③ 蓝青、陈宗岚：《中华优秀传统文化融入民族地区高校思想政治教育研究》，《贵州民族研究》2024 年第 4 期。
④ 祖丽胡玛尔·哈力甫、董丽欣：《少数民族学生思想政治教育工作机制创新研究》，《吉林工程技术师范学院学报》2024 年第 1 期。

红军的革命力量，并给后期中央红军途经其他少数民族地区开展工作提供了经验借鉴，以及对铸牢中华民族共同体意识和推动民族工作现代化启示等方面进行了深入分析。① 有学者研究了少数民族预科生的思想政治教育，针对少数民族预科生的特点，提出顶层设计、教师队伍建设、课程内容优化、发挥课堂主渠道作用、充分利用"学长关怀计划"和激发学生内在动力"六维一体"的教育创新路径。②

（二）关于民族思想政治教育的内容研究

2024 年，学者们主要围绕习近平总书记在党的十九大报告中关于"引导人们树立正确的历史观、民族观、国家观、文化观"③的重要论述展开研究，认为民族思想政治教育内容主要包括历史观、民族观、国家观、文化观、宗教观教育等方面。

一是关于马克思主义历史观教育，认为中华民族发展史教育是马克思主义历史观教育的重要内容，包括了中华民族历史认知教育、中华民族历史情感教育、中华民族历史自信教育三方面④，把马克思主义历史观教育纳入党史、新中国史、改革开放史、社会主义发展史、中华民族发展史整体框架下推动。学者们提出，开展马克思主义历史观教育应将历史与现实统一起来，将教育同国家建设、社会发展结合起来，以实现历史经验的现实转化⑤。学者们认为，《中华民族共同体概论》以清晰的脉络、严谨的架构为我们细致地

---

① 肖芝琳：《长征时期中国共产党对桂北少数民族思想政治教育的探索》，《淮北职业技术学院学报》2024 年第 3 期。
② 买乌露旦·艾比布拉：《高校少数民族预科生"六维一体"思想政治教育路径探析》，《新疆社科论坛》2024 年第 3 期。
③ 习近平：《决胜全面建成小康社会 夺取新时代中国特色社会主义伟大胜利——在中国共产党第十九次全国代表大会上的报告》，《人民日报》2017 年 10 月 28 日。
④ 海路、杨柄：《中华民族历史观教育：内涵、价值与实践路径》，《民族研究》2022 年第 4 期。
⑤ 崔金洋：《"五史"教育的内涵演进、逻辑机理与育人路径》，《中共云南省委党校学报》2024 年第 4 期。

梳理出中华民族漫长发展历程中的关键节点、重要转折以及深远变迁，使我们得以透彻地洞察中华民族从远古走来，历经岁月沧桑却始终保持坚韧不拔的凝聚力与向心力的核心根源①，因此，开展中华民族历史认知教育应用好《中华民族共同体概论》。针对中华民族历史情感教育，有学者结合网络时代的特点，分析了网络历史虚无主义以其传播速度迅捷，隐蔽性、渗透性强等特点给中华民族历史情感教育带来了历史观弱化、政治观扭曲、价值观不正、人生观偏向的问题，提出要牢牢把握主流意识形态领导权、健全思想政治教育体系、提升网络媒体素养、提高网络监管和治理水平的措施②。有学者立足"十二个坚持"为基本遵循，以"五个高度认同"为价值取向，提出了在开展中华民族历史情感教育活动时要重视史论互补、在主体上加强队伍建设、在内容上聚焦时代镜像、在话语上重构语言体系的路径③。学者们提出，中华民族历史自信教育能使人们正确认识和理解国家、民族的历史与现实，并对其未来发展前途充满信心④。所以，要尽最大限度地激发人民群众的积极性、主动性与创造性，强化人民群众主人翁意识，推动人民群众思想观念的根本转变，不断提高其践行中华民族伟大复兴使命的自觉性和自信心，彰显各族群众在铸牢中华民族共同体意识过程中的主体地位⑤。

二是关于马克思主义民族观教育，认为在马克思主义中国化的语境下，铸牢中华民族共同体意识是民族团结的进一步升华⑥。"铸牢中华民族共同体

---

① 牛海桢、王弘卓：《从历史进程中体悟中华民族共同体的形成和发展——学习〈中华民族共同体概论〉》，《西北民族大学学报（哲学社会科学版）》2024年第4期。

② 吴顿、穆文若：《网络历史虚无主义在高校的传播及其治理》，《学校党建与思想教育》2024年第6期。

③ 张丽娟、乔秀丽：《"五个高度认同"视域下理解铸牢中华民族共同体意识的三重维度》，《黑龙江民族丛刊》2024年第1期。

④ 海路、杨柄：《中华民族历史观教育：内涵、价值与实践路径》，《民族研究》2022年第4期。

⑤ 叶世才：《论铸牢中华民族共同体意识的缘由、主体、路径与评估机制》，《新疆大学学报（哲学社会科学版）》2024年第3期。

⑥ 汪永安：《智媒时代国家认同图式的挑战与再塑——从"想象的共同体"到命运共同体》，《上海市社会主义学院学报》2024年第2期。

意识"作为 2024 年度民族思想政治教育研究的重点,众多学者从不同视角展开深入探究。有学者从本体论角度探讨了中华民族共同体的内涵、本质与形成过程[①];有学者从认识论角度分析了如何认识中华民族共同体的表现和特点[②];还有学者从方法论角度研究并提出了铸牢中华民族共同体意识的具体方法和路径。例如,从文化认同角度,提出要加强对各民族共享文化符号进行系统梳理研究,发挥共享的中华文化符号在中华民族交往交流交融史中的重要作用[③]。从人口流动与社会融合角度,提出通过构建互嵌式社会和互嵌社区环境铸牢中华民族共同体意识[④]。

三是关于国家观教育,把国家认同教育、爱国主义教育和维护祖国统一教育作为重点内容,相关研究成果比较集中。2024 年学界关于国家认同教育的研究继续保持着多维度的态势。有学者从国内国际形势入手,分析了影响国家认同的主要因素:其一是国家、社会和个人结构性张力牵引国家认同程度波动;其二是全球化与区域化同步重塑国家认同价值取向;其三是数字技术与虚拟环境嵌入国家认同样态建构[⑤]。有学者从具体的教育实践入手,提出以红色文化为载体开展情感教育,唤醒情感共鸣、通过开展意动教育,实现价值体认同,激发参与式国家认同[⑥]。2024 年度关于爱国主义教育的研究,有学者总结了以《爱国主义教育法》为代表的系列法律规范为爱国主义教育提供了制度依据、科学指导和行动标尺的重要意义[⑦]。有学者提出要进一步探析

---

① 冯雪红、张冰青:《中华民族共同体理论的科学内涵与实践路径探赜》,《湖北民族大学学报(哲学社会科学版)》2024 年第 5 期。
② 邹诗鹏、黄庆辉:《马克思世界历史论域下的"民族共同体"》,《民族论坛》2024 年第 2 期。
③ 方李莉、毛薇娜:《各民族共享的中华文化符号的内涵及共同体意识的再建构》,《民俗研究》2024 年第 1 期。
④ 段成荣、周思瑶、王力:《助推大流动大融居促进全方位民族互嵌》,《中央社会主义学院学报》2024 年第 5 期。
⑤ 冯庆想:《当代国家认同的理论阐释和实践路径》,《思想理论教育》2024 年第 3 期。
⑥ 庄伟:《民族地区红色文化教育与国家认同路径研究》,《西北师大学报(社会科学版)》2024 年第 6 期。
⑦ 王树荫、吴一凡:《爱国主义教育法治化:从〈实施纲要〉到〈爱国主义教育法〉》,《思想理论教育》2024 年第 2 期。

大中小学爱国主义教育一体化建设①。有学者提出爱国主义教育既需要向国民证明国家作为工具性存在，也需要让国民认可国家作为目的性存在的观点②。2024年度维护祖国统一教育研究，有学者梳理了"统一的多民族国家"概念是孕育于中国自古以来的"国家统一"话语③；提出只有坚持维护祖国统一教育，才能在面对外部文化冲击和分裂势力的干扰时，全国人民能够团结一心，共同维护国家的文化安全和统一④；应运用统一战线工作中知识传授、文化熏陶和价值观引导等方式，为人们行为提供价值导向，使他们在面对分裂思想和行为时能够自觉抵制⑤。

此外，也有学者对马克思主义宗教观教育进行了研究，提出加强各民族的宗教观教育应以马克思主义宗教观为指导，重点加强中国共产党宗教政策的教育⑥。高校是新形势下做好宗教工作、引导宗教与社会主义社会相适应、坚持我国宗教中国化方向的关键场域，要立足高校实际，全方位进行宗教中国化的教育实践⑦。有学者从理论角度进行了梳理，分析了宗教与民族、宗教工作与民族工作之间的密切联系，提出了以民族地区宗教中国化为铸牢中华民族共同体意识赋能⑧。

---

① 赵轩：《大中小学爱国主义教育一体化建设探析》，《西北师大学报（社会科学版）》2024年第3期。

② 刘争先、杨岚：《国家建构视野下爱国主义教育的时代挑战与实践逻辑》，《教育学报》2024年第1期。

③ 鲁特：《"统一的多民族国家"：概念溯源与话语演变》，《社会主义研究》2024年第1期。

④ 陈旭清：《我国意识形态安全的特征和挑战》，《社会科学家》2024年第1期。

⑤ 钱再见、史诗悦：《共识与团结：统一战线视域下中华民族共同体建设的理论与实践》，《江苏省社会主义学院学报》2024年第2期。

⑥ 董杰：《关于民族思想政治教育若干问题的思考》，《高校思想政治教育的理论与实践》会议论文集，第191-198页。

⑦ 张春贵、李鑫：《坚持我国宗教中国化方向做好高校宗教工作》，《中国宗教》2024年第7期。

⑧ 张志刚：《铸牢中华民族共同体意识与深入推进民族地区宗教中国化》，《西北民族研究》2024年第4期。

（三）关于民族思想政治教育的方法研究

一是理论研究法在民族思想政治教育研究中的运用。本年度，学界在理论研究法的运用上取得了显著成果。其中，围绕"中华民族现代文明"展开的理论层面剖析成为一大研究热点。"建设中华民族现代文明"这一议题，不仅是对中华民族现代文明观教育必要性、合理性与可行性的深入追问，更是对如何增强中华民族现代文明观教育实践自觉性、深刻性与现实性的深度思考。[①] 经过众多学者一年的潜心研究，在这一方向上收获了丰硕的成果，进一步丰富和完善了民族思想政治教育的理论体系，为后续的教育实践提供了更为坚实的理论支撑。

二是实证研究法在民族思想政治教育研究中的应用。全面深入地调查了解各民族人民群众的思想状况、生活状况以及交往状况，并充分把握各民族不同的民族心理、个性、气质等实际情况，可以为民族思想政治教育的实践提供支持。众多学者积极开展实证研究。例如，有学者选取某一高校作为研究对象，从微观视角切入，深入剖析民族思想政治教育在校园环境中存在的问题。[②] 有学者以某一群体为落脚点，围绕特定教育对象展开研究。[③] 还有学者以某一民族地区为研究样本，紧密结合当地的民族特色，对民族思想政治教育面临的现实问题展开研究。[④]

三是交叉学科研究法推动民族思想政治教育研究的发展。有学者巧妙结合传播学的文化符号理论，深入研究民族思想政治教育。他提出，应加强对各民族共享文化符号的系统梳理。因为这些共享的中华文化符号，在中华民

---

① 青觉、谭刚：《论中华民族现代文明观教育的基本逻辑》，《民族教育研究》2024年第1期。
② 蓝青、陈宗岚：《中华优秀传统文化融入民族地区高校思想政治教育研究》，《贵州民族研究》2024年第4期。
③ 迪拉热·艾则孜、王雯姝：《中华民族共同体意识融入大学生思想政治教育的内在理路与主要着力点》，《思想教育研究》2024年第11期。
④ 毛英：《脱贫攻坚精神融入民族地区高校大学生思想政治教育研究——以凉山实践篇为个案》，《黑龙江教育（理论与实践）》2024年第9期。

族交往交流交融的历史进程中发挥着关键作用，通过符号学的分析，可以更好地挖掘其内涵，将其运用到民族思想政治教育中，增强民族凝聚力[①]。还有学者借助社会学的理论与方法，从人口流动与社会融合的独特视角展开研究。他指出，通过构建互嵌式社会和互嵌社区环境，能够有效铸牢中华民族共同体意识。这种从社会学角度出发的研究，为民族思想政治教育在社会层面的实践提供了新的路径与方法，有助于在现实社会环境中更好地开展民族思想政治教育工作[②]。

二、2024年度民族思想政治教育研究的特征与不足

总结2024年度民族思想政治教育研究的特点与不足，是全面总结民族思想政治教育发展现状的必然要求，也是为未来研究指明方向、推动其高质量发展的关键环节。

（一）2024年度民族思想政治教育研究的特征

民族思想政治教育研究的特征是对民族思想政治发展呈现出的现象进行总体性总结。通过对已有的相关理论研究成果进行全面梳理和综合归纳，提炼出2024年度民族思想政治教育研究的主要特征。

一是党的方针政策融入民族思想政治教育研究已然成为当下学界研究的趋势。例如，十四届全国人大常委会第六次会议通过了《中华人民共和国爱国主义教育法》，为爱国主义教育法治化研究提供了政策指导与法律支撑。习近平总书记在中共中央政治局第九次集体学习时着重强调，"以铸牢中华民族共同体意识作为党的民族工作和民族地区各项工作的主线，不断加强和改进党的民族工作，扎实推进民族团结进步事业，推进新时代党的民族工作

---

① 方李莉、毛薇娜：《各民族共享的中华文化符号的内涵及共同体意识的再建构》，《民俗研究》2024年第1期。

② 段成荣、周思瑶、王力：《助推大流动大融居促进全方位民族互嵌》，《中央社会主义学院学报》2024年第5期。

高质量发展。"①这一重要指示精神掀起了理论界围绕铸牢中华民族共同体意识的研究热潮。经由系统地梳理也能够清晰发现，在本年度理论界高度聚焦"爱国主义教育""铸牢中华民族共同体意识"等选题展开潜心钻研、深度挖掘，形成了一系列高质量的研究成果，彰显出民族思想政治教育研究在新时代背景下与时俱进、蓬勃发展的强劲态势与广阔前景，彰显了研究主题与党和国家发展战略的高度契合性以及对时代需求的敏锐回应性。

二是探索民族思想政治教育与不同学科之间的交叉融合，致力于在深度整合多学科理论与方法的进程中拓宽民族思想政治教育的研究边界与视野。例如，有学者将政治心理学的微观心理理论②、民族学的宏观民族文化与群体理论③等不同学科的前沿理论有机融入民族思想政治教育研究中，在坚守民族思想政治教育核心原则与传统优势的基础上，实现研究理念与方法的创新突破，为该领域的学术研究注入源源不断的活力与创造力，有力地推动着民族思想政治教育研究迈向更高的发展台阶。

三是从时代背景、国家战略等宏观层面的视角出发，着重将民族思想政治教育与时代趋势、国家政策导向等方面相结合展开研究。例如，有学者立足于数字化视域，提出社会个体意识、国际敌对势力以及网络民族主义对民族思想政治教育带来的挑战，提出了要认清网络政治带来的利与弊、持续拓展各民族网络空间发展的共享机遇、主动构建"互联网＋各民族共有精神家园"网络传播格局、不断健全网络空间风险防控体系的措施④。有学者立足国际视野，提出民族思想政治教育面临着部分反华敌对势力妄图以"马克思

---

① 《习近平在中共中央政治局第九次集体学习时强调 铸牢中华民族共同体意识推进新时代党的民族工作高质量发展》，《人民日报》2023年10月29日。

② 焦伟、陈华森：《以团学组织促进高校铸牢中华民族共同体意识教育：耦合关联、逻辑理路与实践进路——基于政治心理学的分析》，《思想政治教育研究》2024年第5期。

③ 罗家珩、罗盛东：《铸牢中华民族共同体意识教育融入民族学本科专业课程教学的探索与实践》，《广西教育学院学报》2024年第1期。

④ 冯一鸣、李建森：《网络政治视域中的中华民族共同体意识：内在机理、现实挑战、实践路径》，《学术探索》2024年第12期。

主义过时论""社会主义失败论""中华民族分裂论"等荒谬言论的挑战。对此，要坚持以"两个结合"筑牢中国特色社会主义道路的文化根基，充分激发中华文明中"连续性""创新性""统一性"等基因的关键作用①。此类宏观层面的探讨对于把握民族思想政治教育的整体发展方向、明晰其在国家发展大局中的定位具有的重要意义。

（二）2024年度民族思想政治教育研究的不足

总结本年度学界在民族思想政治教育研究方面存在的欠缺，并非仅仅是对现有问题的简单罗列，其更深层次的意义在于为该领域迈向更高质量的发展阶段精准锚定前行的方向。通过对2024年度民族思想政治教育研究进行横向对比，发现本年度民族思想政治教育研究存在基础理论研究有待加强、运用实证研究法展开的研究成果较少、研究的均衡性欠佳等不足。

一是基础理论研究有待加强。基础理论研究是构建系统化学理体系的应有之义。然而，目前学界对于民族思想政治教育基本内涵的精准界定、主体范畴的明确划分以及基本原则的确立等层面的研究占比相对偏低。尽管已有学者在早期阶段展开了一些研讨，但随着时代的持续发展与现实生活中的变迁，民族思想政治教育被赋予了新的内涵、呈现出新的特征。例如，当前的民族思想政治教育不能简单等同于少数民族教育。中华民族作为一个紧密相连、不可分割的有机整体，民族思想政治教育不能只针对少数民族，而应兼顾汉族和少数民族在内的全体社会成员。因此，民族思想政治教育理论研究必须积极拓展教育对象的范围，将触角延伸至涵盖不同年龄、不同地域、不同职业的各民族成员，把民族思想政治教育有机融入社会生活的各个层面和角落。所以，唯有及时且精准地更新其内涵与外延界定研究，才能够坚固这一领域研究的基础理论，进而为后续更为深入、系统的研究提供稳固且强有

---

① 刘宗灵：《中华民族现代文明与中华民族共同体的三维契合向度——基于习近平文化思想的整体性审思》，《社会科学辑刊》2024年第1期。

力的理论指引与方向保障。

二是民族思想政治教育实证研究的成果较少。当前民族思想政治教育研究领域存在的一个关键问题是过度依赖经典理论和政策文件进行理论演绎，而忽视田野调查的实证研究。虽然通过逻辑推导来构建研究框架和得出结论能够在理论层面上形成较为系统的阐述，但由于缺乏深入民族地区的学校、社区等微观实践场景展开的微观实践研究，可能会导致所提出的实施路径缺乏可操作性和针对性，以至于难以真正落地实施。究其原因，一方面是因为民族思想政治教育实证研究涉及不同民族的文化、习俗、信仰等多方面因素，要获取全面、准确且具有代表性的数据并非易事。不同民族地区的教育环境、学生背景等差异较大，还需要耗费大量的时间和精力去设计合理的调查方案、选取样本以及收集数据。另一方面，研究资源与条件也在一定程度上也限制了学者开展实证研究活动。实证研究通常需要一定的资金投入用于调查样本的选取、数据的收集与分析、研究设备的购置等。然而，很多研究者难以有足够的专项研究资金，这导致大规模、深入细致的实证研究难以开展。实证研究尤其是大型的调查研究，还需要不同专业背景的人员组成研究团队，共同协作完成。但在实际中，民族思想政治教育领域的研究人员可能分散在不同的地区和单位，难以形成有效的团队合作，这也在一定程度上影响了实证研究的开展。

三是存在着研究内容和研究对象上的不均衡。从研究内容来看，在2024年度的民族思想政治教育研究中，部分热门主题如铸牢中华民族共同体意识、爱国主义教育等吸引了大量学者的关注，研究成果较为丰硕，但对于其他领域或问题，如民族思想政治教育中的特殊群体（如少数民族流动人口、边境地区少数民族等）教育问题、民族思想政治教育在不同行业（如民族文化产业、民族旅游等）中的应用与发展等方面的研究则相对不足，导致研究成果在内容分布上呈现出明显的不均衡态势，难以全面、系统地覆盖民族思想政治教育的各个方面与各个领域，不利于构建完整的民族思想政治教育理论与实践体系。从研究对象的角度而言，现有研究较多地聚焦于民族地区的学校教育场景或少数民族聚居群体，而对于非民族地区的民族思想政治教育情况、散居少数民族以及不同年龄段、不同社会阶层的民族群体的思想政治教育需求与特点等方面的研究相对薄弱，这使得研究成果在应用推广过程中存在一定的局限性，无法满足不同民族群体和不同社会环境下的民族思想政治教育实际需求，影响了民族思想政治教育研究的全面性与普适性。

三、民族思想政治教育研究展望

展望未来，民族思想政治教育研究需要在多个关键方面持续发力，不断深化与拓展，以适应时代发展的需求，提升研究的质量与水平。

（一）持续深入开展民族思想政治教育的基础理论研究

基础理论研究为民族思想政治教育规范了明确的研究范畴，有助于学者们在研究过程中有章可循，避免研究的随意性和主观性。未来，需要学界继续深入研究民族思想政治教育的基础理论，深挖理论深度。一方面，加强相关概念的厘清研究。民族思想政治教育与民族教育、思想政治教育以及其他相关概念存在着复杂的联系和区别。学界需要细致辨析这些概念，更加准确地把握民族思想政治教育的本质特征，避免在实践和研究中概念混淆，导致工作方向错误或研究成果缺乏针对性。另一方面，加强自身理论体系研究。新范畴的融入必然会引发原有体系框架的改变，学界需紧跟理论研究的动态发展需求，着力打造一个开放且包容的民族思想政治教育体系。在具体操作层面，可以围绕新范畴与基本范畴之间的内在关联、新范畴在整个理论体系当中所处的地位、所发挥的独特作用等关键方面，全方位、多层次地展开系统且细致的研究工作，以此推动民族思想政治教育体系在新时代背景下不断优化、完善并创新发展，使其能够更好地适应时代需求。

（二）注重不同民族地区、民族群体思想政治教育的个案研究

学者在开展实证研究活动时，为了保证研究的科学性，一方面需要注意根据研究问题的特点和要求，选取具有代表性的民族地区、民族群体、教育机构或个人作为研究对象。例如，研究民族地区学校思想政治教育，可选不同层次、不同类型的民族中小学或高校作为样本；研究民族社区的思想政治教育，可选取具有不同文化传统和经济发展水平的民族社区进行调查。确保样本的多样性和随机性，以提高研究结果的普遍性和可靠性。另一方面需要根据研究对象和问题的性质，选择合适的方法组合。如采用问卷调查法收集大量数据，了解民族群体的思想政治教育认知和态度；运用访谈法深入了解教育工作者、民族文化传承人的教育实践和经验；通过观察法实地考察民族文化活动、思想政治教育课堂等场景，获取生动的一手资料，综合运用多种实证研究方法。相关部门也要发挥组织协调作用，整合各方资源，尤其是促进不同学科背景的研究人员合作开展研究项目，例如组织民族学专家与教育技术专家共同设计针对民族地区远程教育的思想政治教育效果评估方案，通过协调多方面资源与合作实现优势互补，提高研究的质量和效率。

（三）思想政治教育学科发展整体视域下的民族思想政治教育研究

虽然众多学科为民族思想政治教育提供理论支撑和实践指导，使其理论体系更加完善和科学，但需要学者始终从思想政治教育学科发展的角度把握民族思想政治教育的研究方向。对此，首先需要深化理论学习与研究。一方面，学者应全面深入地研读马克思、恩格斯、列宁等经典作家关于民族问题的论述，把握其核心观点和思想脉络，如马克思主义关于民族平等、团结和共同繁荣的基本理念，为民族思想政治教育研究提供深厚的理论渊源。另一方面，时刻关注党中央在不同时期出台的民族政策方针，通过分析政策制定的背景、目标和实施路径，将其融入民族思想政治教育的研究中，使研究

成果能够紧密贴合国家民族工作的实际需求，体现时代性和现实针对性。其次，加强学术交流与合作。学者应通过积极参加民族思想政治教育及相关学科领域的学术研讨会，与国内外同行专家交流最新研究成果和学术观点，了解学科前沿动态，及时吸收借鉴先进的研究经验和方法，拓宽研究思路。最后，积极联合不同学科背景的专家学者，开展协同研究项目。例如，由思想政治教育学者牵头，与民族学研究者共同深入民族地区进行田野调查，收集一手资料。邀请心理学专家对民族学生的思想认知特点和心理发展规律进行分析，从而为民族思想政治教育方法的创新提供依据。

第二十五章　大中小学思想政治教育一体化研究

2019年，习近平总书记在全国学校思想政治理论课教师座谈会上强调，在大中小学循序渐进、螺旋上升地开设思政课，在学界掀起了大中小学思想政治理论课一体化研究热潮。时隔五年，2024年7月21日，党的二十届三中全会通过的《中共中央关于进一步全面深化改革 推进中国式现代化的决定》指出："完善立德树人机制，推进大中小学思政课一体化改革创新，健全德智体美劳全面培养体系。"[①] 思想政治教育在国家治理层面的引领力凸显，充分彰显了中国共产党对大中小学思想政治教育一体化的战略布局。本年度，学术界坚持问题意识和实践导向，对大中小学思想政治教育一体化进行了多视角、多层次、多角度的深入研究，并形成了丰富的研究成果。分析把握大中小学思想政治教育一体化的研究进展、特征和趋势，是进一步深化大中小学思想政治教育一体化研究的关键着力点。

一、大中小学思想政治教育一体化研究的主要进展

本年度大中小学思想政治教育一体化研究，在基础理论研究中主要聚焦在大中小学思想政治教育一体化的科学内涵、核心要义、关键环节、运行逻辑等方面；在实践应用研究中着重回应了大中小学思想政治教育一体化的现实挑战、发展模式、实践探索等方面问题；在相关学科交叉研究中主动融入教育学、社会学、系统学、法学等学科，形成了较为重要且丰富的研究

---

① 《中共中央关于进一步全面深化改革 推进中国式现代化的决定》，《人民日报》2024年7月22日。

成果。

（一）大中小学思想政治教育一体化的基础理论研究

大中小学思想政治教育一体化的基础理论研究是大中小学思想政治教育一体化研究的理论基础和理论依据。本年度，学者们在以往研究成果的基础上，进一步深化大中小学思想政治教育一体化科学内涵的研究，持续深化大中小学思想政治教育一体化核心要义的研究，开始关注大中小学思想政治教育一体化关键环节和运行逻辑的研究，极大地丰富和深化了大中小学思想政治教育一体化的基础理论研究。

关于大中小学思想政治教育一体化的科学内涵。学术界丰富了对"大中小学思想政治教育一体化"的科学内涵研究。本年度，学者们在原有研究基础上推陈出新，从哲学、教育学和大思政课等多种角度进行系统解读，赋予"大中小学思想政治教育一体化"新的时代内涵。具体来看，有学者从哲学的角度进行分析，认为"一体"有浓厚的辩证色彩，暗示着有"部分"的存在之意；"化"则侧重强调事物的运动本性与运动方向。从整体来看，"一体化"的实质是将零散的部分联合、归一为有机整体的过程。[1] 有学者从教育学的角度，分析"大中小学思想政治教育一体化"是指在国家总体统筹规划下，以立德树人为根本任务，以为党育人、为国育才为根本目标，以服务中华民族伟大复兴为重要使命指导，为实现开展大中小学思想政治、意识形态方面的教育，协调和融合大中小学思想政治教育的核心资源、关键要素，使其形成横向贯通、纵向连接的有机育人共同体，让学生成为合格的社会主义建设者和接班人。[2] 有学者从大思政课的角度进行分析，指出其内涵要求主要体现在大中小学各学段教育目标、内容和方法相贯通，思政课程与课程思

---

[1] 李海萍：《大中小学思想政治教育一体化：内涵、意义与实践路径》，《湖南社会科学》2024年第5期。

[2] 冯刚、孙贝、束永睿：《大中小学思想政治教育一体化的教育学解读》，《中国远程教育》2024年第1期。

政相融通，思政小课堂与社会大课堂相互通，以及线下思想政治教育与线上思想政治教育相联通。①

关于大中小学思想政治教育一体化的核心要义。本年度学者们从把握大中小学思想政治教育一体化的核心要义出发，着眼于国家发展战略、育人资源及要素协同集成、体制机制的科学统筹等方面，就把握大中小学思想政治教育一体化的关键环节和主要矛盾开展了研究。具体来看，在结合国家发展战略层面，有学者指出，推进大中小学思政课一体化建设，循序渐进、螺旋上升地开设思政课，就是要站稳国家战略需要、教育事业发展、学生成长成才的根本立场，深刻领悟大中小学思政课一体化建设的根本遵循。②在充分调动育人资源及要素协同集成层面，有学者提出，要坚持以习近平新时代中国特色社会主义思想为指导，深入学习贯彻习近平总书记关于教育的重要论述，以"共同体"的意识、"集成化"的思路、"一体化"的方略，深入推进大思政机制、主渠道教学、社会大课堂、大资源平台、大师资体系"五个共建"，努力在抓实办好立德树人关键课程、纵深推进思政课一体化建设上展现新作为、作出新贡献。③在体制机制的科学统筹层面，有研究者认为，所谓"一体化"就是要通过科学的制度机制设计将思想政治教育所涉及的各学段、场域、方法、队伍等进行科学统筹，从而形成一个动态、协调、有机的体系。④

关于大中小学思想政治教育一体化的关键环节。随着增强教育强国建设中思政引领力的提出，本年度学术界关于大中小学思想政治教育一体化研究也聚焦到其关键环节，学者们着重分析大中小学思想政治教育一体化建设中

---

① 王易：《深入推进大中小学思想政治教育一体化建设》，《红旗文稿》2024年第10期。
② 徐蓉：《推进大中小学思政课一体化建设：循根本、强实践、求创新》，《思想理论教育导刊》2024年第3期。
③ 徐艳国：《以"五个共建"推进大中小学思政课一体化建设》，《国家教育行政学院学报》2024年第3期。
④ 曹鹤鸣：《大中小学思想政治教育一体化建设的价值意蕴、核心要义与实践要求》，《学校党建与思想教育》2024年第11期。

的主要矛盾及重要方面。一方面,本年度学者们从较为宏观的视角整体性地把握大中小学思想政治教育一体化建设的关键环节。有学者从建构大中小学思想政治教育一体化的现实运行机制过程中,提出中小学校的主体性发挥是非常必要的现实启动力量,并强调基于学校活力的相关研究,中小学校的主体性活力主要表现为内驱力、自组织力和交互力三个方面。[1]有学者从推进大中小学思想政治教育一体化建设的核心要点入手,强调推进大中小学思想政治教育一体化建设是复杂的系统工程,核心要点在于推进育人目标、育人内容、育人方式、育人队伍等的一体化,即要聚焦培养担当民族复兴大任的时代新人,实现用党的创新理论铸魂育人有效衔接,形成纵横协同育人的整体效应,打造具有教育家精神的专门力量。[2]另一方面,本年度学者们也从较为微观的视角集中性地聚焦大中小学思想政治理论课一体化建设的关键环节。有学者从探寻大中小学思政课一体化建设要实现内涵式发展的角度,指出要强化立德树人关键课程地位,更好地彰显思政课的思想性,体现思政课一体化建设的连贯性,进一步落实党和国家的育人要求。[3]有学者们从大中小学思政课教师队伍一体化建设的角度着手,认为实现大中小学思政课教师队伍一体化是思政课一体化发展的肯綮之举,是关乎大中小学思想政治教育一体化发展成效的重要变量。[4]

关于大中小学思想政治教育一体化的运行逻辑。大中小学思想政治教育一体化的运行逻辑是其内在机理和内在规律的体现,也是学术界一直关注的焦点。本年度,学者们也从不同的维度分析大中小学思想政治教育一体化运行的底层逻辑,产出了较为丰富的理论成果。学者们提出,在建设教育强国

---

[1] 焦龙保、余清臣:《大中小学思想政治教育一体化的现实运行机制建设——基于中小学校主体性的必要性与提升策略》,《中国教育学刊》2024年第8期。

[2] 石海君:《推进大中小学思想政治教育一体化建设的战略基点、核心要点与施策重点》,《思想理论教育导刊》2024年第2期。

[3] 李晓东:《大中小学思政课一体化建设如何走向内涵式发展》,《人民教育》2024年第5期。

[4] 刘亚欧、王冠中:《大中小学思想政治理论课教师队伍一体化建设的路径研究》,《思想政治教育研究》2024年第4期。

的背景下，大中小学思政课一体化建设要以教育高质量发展理念为引领，以信息技术赋能一体化建设，以教、学、评一体化提升思政课教学实效性，推进一体化建设的区域均衡发展。① 学者们从理论逻辑、历史逻辑和现实逻辑的角度解构大中小学日常思想政治教育一体化建设，指出推进大中小学日常思想政治教育一体化建设要彰显思想政治教育一体化的理论内涵、遵循其历史趋势、回应其现实需要。② 学者们认为，新时代大中小学思政课一体化建设要把握四个要点，即从统筹系统、落实系统、保障系统把握系统性；从育人目标、课程内容、教师队伍把握规律性；从课内实践元素、课外实践资源、数字赋能实践教学转型把握实践性；从课程思政同向同行、日常思政同频共振、综合评价目标牵引把握有效性。③

（二）大中小学思想政治教育一体化的实践应用研究

大中小学思想政治教育一体化既是一个理论命题，也是一个实践命题。大中小学思想政治教育一体化研究不仅要有基础理论研究，同样需要有坚实的实践应用研究。2024年度，学术界坚持实践导向，把握大中小学思想政治教育一体化持续深化发展过程中的实际需求，在相关实践领域展开了深入探讨。

关于大中小学思想政治教育一体化的现实挑战。2024年学术界在以往研究成果的基础上，围绕大中小学思想政治教育一体化的现实挑战展开进一步深化研究，许多学者在本年度都把研究视野聚焦到大中小学思政课一体化建设的现实困境上，分析当前发展重点与难点，为实践探索打下基础。有学者提出，大中小学思政课一体化建设的现实困境体现在：大中小学思政课的教学内容简单重复，缺乏纵向合力；大中小学思政课教师的一体化意识有待提

---

① 许瑞芳、张宜萱：《大中小学思想政治理论课一体化建设的回顾与展望》，《思想理论教育》2024年第3期。

② 姜土生、杜忠泓：《推进大中小学日常思想政治教育一体化的逻辑理路与实践探索》，《学校党建与思想教育》2024年第10期。

③ 闫辉、宗爱东：《准确把握新时代大中小学思政课一体化建设的四个着力点》，《中国高等教育》2024年第6期。

升；大中小学思政课一体化体制机制不健全、不完善。① 有学者们认为，五年来，大中小学思政课一体化建设成效亮眼的同时，在教学内容、教师队伍、评价机制等方面也暴露出一些问题。具体来看，大中小学思政课一体化教学内容仍存在交叉重复现象；大中小学思政课一体化教师队伍仍存在参差不齐现象；大中小学思政课一体化教学评价机制仍需进一步完善。② 有学者们指出，就大中小学思政课教师一体化建设面临的现实挑战而言，当前存在一些思政课教师一体化建设意识不够、教师配备不足、教师素质能力不齐、教师培训和协同不强等问题。③

关于大中小学思想政治教育一体化的发展模式。本年度学术界对大中小学思想政治教育一体化发展模式的相关研究成果较为丰富。一方面，本年度学者们开始重点关注大中小学思想政治教育一体化的发展指数与发展模型，探索构建发展模式。有学者们以构建大中小学思政课一体化发展指数为切入点，根据发展性、科学性、可测量和分层分类原则，建立分别针对思政课教师个体和大中小学校的两套大中小学思政课一体化发展指数初始指标体系，并在此基础上，相应建立教师一体化发展指数模型（TID）和学校一体化发展指数模型（SID）。④ 有学者对新时代中小学思政课一体化发展模式与建设逻辑进行了分析，并从加强顶层设计、搭建互动平台、加强实践活动三个方面提出了建议，以期对推进中小学思政课一体化实施有所启示。⑤ 另一方面，本年度也有学者们关注到学情分析及学段特征对于大中小学思想政治教育一

---

① 陈吉鄂：《大中小学思政课一体化建设的现实困境与优化对策》，《学校党建与思想教育》2024年第3期。
② 饶旭鹏、崔牡丹：《五年来大中小学思政课一体化建设的实践探索与未来展望》，《北京工业大学学报（社会科学版）》2024年第6期。
③ 庞立生、郗厚军：《大中小学思政课教师一体化建设的核心要义、现实挑战及推进策略》，《国家教育行政学院学报》2024年第3期。
④ 王在亮、周东威：《构建大中小学思政课一体化发展指数探究》，《学校党建与思想教育》2024年第22期。
⑤ 吕菲：《新时代中小学思政课一体化发展模式与建设逻辑》，《中国教育学刊》2024年第S2期。

体化发展模式的正向积极作用。有学者们提出，开展一体化学情分析研究是基于凸显思政教育一体化工作价值与增强现实工作实效的需要。在大中小学的学段进阶中，学生的知识基础、认知能力与心理需求是贯通于各个学段、有较为明显的学段差异并与思想政治教育效果关系紧密的关键学情，是一体化学情分析的重点内容。① 学者们指出，学生的认知方式、思想动态、价值取向和行为特征等构成了学段特征的基本要素。学段特征是推进大中小学思政课深度一体化的教育基点。思政课教师要在充分尊重和把握学段特征的基础上，依据学段特征开展不同学段的学情分析、开展教材体系向教学体系转化、开展跨学段集体备课，并依据学段特征创新教学方法，从而有效推进大中小学思政课深度一体化。②

关于大中小学思想政治教育一体化的实践探索。2024 年度，学者们围绕数字技术、精神文化、机制建构等方面对大中小学思想政治教育一体化研究展开了探讨。

第一，数字技术赋能大中小学思想政治教育一体化。本年度学者们关注到数字技术、生成式人工智能对于大中小学思想政治教育一体化的适应与耦合。有学者从运行之维、问题之维和路径之维三重维度研究数字技术赋能大中小学思政课一体化建设问题，指出数字技术以其工具理性和技术属性为大中小学思政课一体化建设开拓了新视野、提供了新空间，有利于破解不同学段思政课的畅通难题，实现思政课从形式到内容的改革创新，推动大中小学思政课高质量发展。③ 也有学者们通过探析生成式人工智能赋能大中小学思政课一体化的耦合机理，审视其在思政课应用中的风险挑战，有利于更好地发挥出生成式人工智能对培养时代新人、拓展思政课教学方式、实现循序渐

---

① 邓验、刘显：《大中小学思想政治教育一体化建设需要一体化学情分析》，《湖南师范大学教育科学学报》2024 年第 5 期。
② 王淑荣、王青佩：《基于学段特征推进大中小学思政课深度一体化》，《思想理论教育导刊》2024 年第 2 期。
③ 姜国峰：《数字技术赋能大中小学思政课一体化建设刍论》，《学校党建与思想教育》2024 年第 18 期。

进和螺旋上升育人规律的现实意义。①

第二,精神文化融入大中小学思想政治教育一体化。本年度学者们不仅关注到红色文化、红色资源与大中小学思想政治理论课融合;同时学者们也关注到中国共产党精神谱系在大中小学思想政治教育一体化建设发展中的价值引领和人格塑造的功用。有学者面对红色文化教育纵向贯通不畅、横向联动乏力、内容简单机械重复、教学方式单一化与同质化等问题,认为构建纵向衔接贯通的红色文化协同育人机制,打造横向联动协作的红色文化资源合作开发机制,拓宽和丰富红色文化教学内容供给渠道与呈现样式,创新多样化多层次教学方式,进而推动红色文化融入大中小学思想政治理论课一体化建设工作。②有学者们关注到红岩精神,提出将红岩精神融入大中小学思政课一体化教学改革之中,有助于为民族复兴大任培育时代新人,有助于通过传承红色文化涵育文化自信,有助于创新中国共产党精神谱系育人体系。③有学者在推动"大思政课"和大中小学思想政治教育一体化建设发展的大背景下,指出进一步强化雷锋精神教育大中小学一体化的课程建构,是培养担当民族复兴重任的时代新人、实现物质文明和精神文明相协调的中国式现代化、提升大中小学思想政治教育一体化建设实效性的必然选择。④

第三,机制建构保障大中小学思想政治教育一体化。本年度学者们主要聚焦大中小学思想政治理论课一体化建设,围绕其考核评价机制、一体化协同机制、一体化建设长效机制、课程资源共建共享机制等方面展开研究。有学者指出考核评价一体化是大中小学思政课一体化建设的关键一环,并提出

---

① 刘思源、贺苗:《生成式人工智能赋能大中小学思政课一体化的耦合机理、风险审视与路径探要》,《中国矿业大学学报(社会科学版)》2024年第6期。

② 闪茜菁:《红色文化融入大中小学思想政治理论课一体化建设的实践路径探究》,《思想教育研究》2024年第1期。

③ 黄旭、邹绍清:《红岩精神融入大中小学思政课一体化教学改革探析》,《中国矿业大学学报(社会科学版)》2024年第6期。

④ 刘志丹:《雷锋精神教育大中小一体化的课程建构:要旨、挑战与对策》,《思想政治教育研究》2024年第5期。

要深刻理解和把握思政课考核评价一体化的内涵实质与价值意蕴、构成要素与内在机理,并进一步明晰考核评价一体化应坚持的原则和要求,推动大中小学思政课考核评价一体化落地见效,更好完成思想政治教育铸魂育人重大使命。① 有学者们提出,大中小学思政课一体化协同机制包括目标衔接机制、内容整合机制、教师联动机制、制度协同机制、效果评价机制等机制链条,协同机制主要通过协同差异测评、协同事项沟通、协同要素整合和协同成效反馈等发挥作用,体现的是协同的实施、运转、反馈、监督等运行过程。② 有学者指出,协同共建大中小学思政课一体化建设长效机制需要在师资队伍建设方面,构建合作培养机制;在教学数据方面,可通过大中小学思政课一体化建设平台实现共享,对学生思想政治、道德素养进行持续跟踪分析,并以此作为大中小学思政课教学持续改进的依据;在教学内容方面,针对大中小学生的年龄特点进行设计与谋划,注重完善现有的实践教育教学基地,提高思政课的针对性和实效性。③ 也有学者们提出,推动大中小学思政课优质课程资源共建共享是加强大中小学思政课一体化建设的必然举措,智能技术与教育的融合发展助推教育数字化智能化转型升级,思政课建设也随之进入新的发展阶段,这给思政课建设提出了高质量发展的新要求。④

(三)大中小学思想政治教育一体化的学科交叉研究

本年度,学者们围绕大中小学思想政治教育一体化的理论审思和实践策略,融合教育学、社会学、系统学、法学等学科知识体系和研究方法,对大中小学思想政治教育一体化的科学内涵、学段需求、要素构成、教学体系等进行了更为深入的研究。

---

① 李忠军:《大中小学思政课考核评价一体化理论探究》,《中国高等教育》2024年第7期。
② 焦晓云、代红艳:《论大中小学思政课一体化协同机制的构建》,《课程·教材·教法》2024年第3期。
③ 肖坤:《协同共建大中小学思政课一体化建设长效机制》,《中国高等教育》2024年第7期。
④ 杨增崇、金灿洋、藏雪:《大中小学思政课一体化建设背景下优质课程资源共建共享探赜》,《学校党建与思想教育》2024年第1期。

基于教育学视角。有学者从教育学视角对大中小学思想政治教育一体化进行解读，能够进一步廓清大中小学思想政治教育一体化的内涵、外延和目标，明晰大中小学思想政治教育一体化的价值意蕴，更好助力大中小学思想政治教育一体化建设深化和发展。[①]

基于社会学视角。有学者从社会学视角出发，指出在青少年的成长过程中，思想政治教育不仅是传授知识和理论的途径，更是引导实现社会化的重要手段。为此，需要在认识各学段学生社会化需求特点基础上给予具有系统性、连续性的整体设计和积极引导。[②]

基于系统学视角。有学者基于系统思维，深入分析大中小学思政课劳动教育一体化内蕴的整体性、结构性、层次性、开放性等系统特征及其子系统与要素构成，并在此基础上剖析其在现实方面存在的诸多困境，进而从教育者、受教育者、教育课程体系、教育评价体系构建、育人力量与资源整合等方面，探究具体有效的推进策略。[③]

基于法学视角。有学者基于法治国家建设，指出法治教育作为思政课程的关键分支，如何将其贯穿于大中小学思政教育全程至关重要。基于上述背景，学校应紧密结合当下法治教育实际，围绕法治教育核心目标，构建动态化、科学化的分层式教学体系，循序渐进地推动法治教育目标的落实。[④]

二、大中小学思想政治教育一体化研究的年度特征

2024年度，大中小学思想政治教育一体化研究在继承以往研究成果的基

---

① 冯刚、孙贝、束永睿：《大中小学思想政治教育一体化的教育学解读》，《中国远程教育》2024年第1期。
② 刘谦、唐伊豆：《社会化视角下大中小学思想政治教育一体化的理论审思与实施策略》，《思想战线》2024年第4期。
③ 蔡万焕、刘大伟：《系统思维视域下大中小学思政课劳动教育一体化探赜》，《社会主义核心价值观研究》2024年第10期。
④ 郭虹、韩宏伟：《大中小学思政课一体化视域下分层式法治教育体系构建研究》，《学校党建与思想教育》2024年第3期。

础上，呈现出新的年度特点，形成了系列重要成果；同时，本年度的相关研究还存在着未来持续探索的空间，总结这些研究特点以及不足，对于把握大中小学思想政治教育一体化的研究现状以及明晰其未来研究发展方向具有重要意义。

（一）大中小学思想政治教育一体化研究的年度特征

一方面，本年度大中小学思想政治教育一体化研究彰显鲜明的时代特征。紧扣时代，关注热点，对于深化和推进大中小学思想政治教育一体化研究至关重要。2024年度的时代背景为深化大中小学思想政治教育一体化研究提供了重要的契机。首先，2024年5月11日新时代学校思政课建设推进会召开。习近平总书记对学校思政课建设作出重要指示，强调："要坚持以新时代中国特色社会主义思想为指导，全面贯彻党的教育方针，落实立德树人根本任务，坚持思政课建设与党的创新理论武装同步推进，构建以新时代中国特色社会主义思想为核心内容的课程教材体系，深入推进大中小学思想政治教育一体化建设。"①2024年度围绕习近平总书记重要讲话精神，尤其是习近平总书记针对大中小学思想政治教育一体化建设的重要论述，学术界进行了广泛和深入的研究，相关研究成果聚焦大中小学思想政治教育一体化建设的科学内涵、核心要义、关键环节、运行逻辑、实践路径等，多维度分析了大中小学思想政治教育一体化内涵式发展的现实必然性和实践操作性。其次，2024年7月21日，党的二十届三中全会通过的《中共中央关于进一步全面深化改革 推进中国式现代化的决定》指出："完善立德树人机制，推进大中小学思政课一体化改革创新，健全德智体美劳全面培养体系。"②本年度，学者们聚焦这一部署要求，围绕大中小学思想政治理论课建设的现实挑战、

---

① 《习近平对学校思政课建设作出重要指示强调 不断开创新时代思政教育新局面 努力培养更多让党放心爱国奉献担当民族复兴重任的时代新人》，《人民日报》2024年5月12日。
② 《中共中央关于进一步全面深化改革 推进中国式现代化的决定》，《人民日报》2024年7月22日。

发展模式、实践探索、交叉学科等方面展开深入探讨，凸显出大中小学思想政治教育一体化研究聚焦党的理论创新成果，紧跟年度热点的研究趋势。最后，2024年9月10日，全国教育大会召开。习近平总书记强调："我们要建成的教育强国，是中国特色社会主义教育强国，应当具有强大的思政引领力、人才竞争力、科技支撑力、民生保障力、社会协同力、国际影响力，为以中国式现代化全面推进强国建设、民族复兴伟业提供有力支撑。"① 在建成教育强国的战略背景下，本年度学术界重点关注思政引领力对于大中小学思想政治教育一体化建设的启航定向功能，学者们牢牢把握住具有铸魂育人作用的思政课，对大中小学思想政治理论课一体化建设的基础理论和实践应用等方面展开了多维度的研究，充分彰显了思政引领力在大中小学各学段中立德树人的重要作用。总体而言，2024年度大中小学思想政治教育一体化研究紧跟时代步伐、反映时代脉搏、具有鲜明的时代特征。

另一方面，本年度大中小学思想政治教育一体化研究凸显实践导向。紧跟实践，关照现实，是增强大中小学思想政治教育一体化研究内生动力的动力来源。2024年度学者们密切关注大中小学思想政治教育一体化建设的现实发展过程中的最新动向，凸显出鲜明的实践导向。首先，密切关注大数据时代背景下技术升级和技术更迭的客观现实。"数字技术正以新理念、新业态、新模式全面融入人类经济、政治、文化、社会、生态文明建设各领域和全过程，给人类生产生活带来广泛而深刻的影响。"② 随着网络化、信息化、数据化深刻地改变了人们的生活方式、工作方式、学习方式等，同时对于大中小学思想政治教育一体化的具体实践来说，数字技术为其改革创新开拓了新视野、提供了新思维、明确了新方向、营造了新环境。本年度，学者们关注到数字技术为大中小学思政课一体化建设的技术赋能，促进其教学方

---

① 《习近平在全国教育大会上强调 紧紧围绕立德树人根本任务 朝着建成教育强国战略目标扎实迈进》，《人民日报》2024年9月11日。

② 《习近平向2021年世界互联网大会乌镇峰会致贺信》，《人民日报》2021年9月27日。

式、建设内容、建设环境的更新，更倾向于在数字化空间中开展大中小学思想政治工作一体化的具体实践。与此同时，生成式人工智能作为全新的数据引擎工具，能够以技术特性实现不同学段的思政课教学空间、教学思维和教学设计的耦合一体化。但需注意到，在学界对技术赋能进行"热讨论"的同时，也有学者们在进行"冷思考"，诸如生成式人工智能自身的技术局限性可能导致大中小学思政课一体化旨归的背离，这种哲学审思和风险审视也是本年度学者们围绕技术赋能与大中小学思想政治教育一体化进行深入研究产生系列学术成果的重要原因所在。其次，密切关注不同学段在大中小学思想政治教育一体化实践中面临的现实问题。本年度关于大中小学思想政治教育一体化研究充分体现出注重学段学情这一特征，学者们不仅关注到学生的学习、成长、发展的各个方面，如智力、情感、心理、价值观等，而且也关注到学生的知识接收和技能培养等相关学习情况。与此同时，也有学者们基于学段学情，系统总结和概括出遵循学生成长规律和认知规律，对处在某一学段的学生在接受能力、理解能力、认知能力、行为方式等方面表现出来的比较稳定的学段特征。本年度学者们正是捕捉到小学、中学、大学等不同学段教育对象不同的思维特点及接受特点，并立足于解决问题，旨在增强大中小学思想政治教育的科学性和针对性，这也是本年度大中小学思想政治教育研究在探究学段学情特征中取得进展的重要原因。最后，密切关注运行规律在大中小学思想政治教育一体化实践中运转的底层逻辑。本年度一些学者们从整体视角、宏观层面阐释了把握新时代大中小学思政课一体化建设的着力点，探讨大中小学思政课一体化建设的系统性、规律性、实践性和有效性，加强具体落实工作的细化，突出瓶颈问题解决方案的深化，不断推进思政课建设内涵式发展。同时，也有学者们从微观层面，深度分析大中小学日常思想政治教育一体化的逻辑理路，比如有学者在解构大中小学日常思想政治教育一体化建设的理论逻辑、历史逻辑和现实逻辑，从党团队建设一体化、"大思政课"基地建设一体化、心理健康教育一体化、生涯规划教育一体化等方面探索推进大中小学日常思想政治教育一体化的实践路径。这一研究特点既反映出学界对于大中小学思想政治教育一体化研究的关注程度，也反映出学界的研究旨趣，反映出学者们贯彻落实、积极回应党和国家重要方针政策。

（二）大中小学思想政治教育一体化研究的不足分析

一方面，本年度大中小学思想政治教育一体化研究基础理论研究有待进一步深化。大中小学思想政治教育一体化的基础理论研究包含大中小学思想政治教育一体化的科学内涵、价值意蕴、核心要义等组成的科学逻辑体系，在大中小学思想政治教育一体化研究中具备基础性和根本性，对于推动大中小学思想政治教育一体化持续纵深发展发挥着重要作用。2024年度，学者们持续关注大中小学思想政治教育一体化基础理论问题，取得了一系列重要成果，然而仍然有一些重要的基础理论问题需要进一步研究和细化。其一，大中小学思想政治教育一体化的概念内涵、本质特征、核心要义等问题需要进一步深入研究。大中小学思想政治教育一体化视域下延伸出的大中小学思想政治理论课一体化等核心概念的联系与区别，充分反映着大中小学思想政治教育一体化的本质属性，这是大中小学思想政治教育一体化研究中的"元问题"和"压舱石"，是对大中小学思想政治教育一体化科学性、系统性、针对性的合理审视及边界反思，是大中小学思想政治教育一体化的研究起点和运行开端，在开展研究中具有全局性和根本性。本年度，有学者基于教育学的观点系统地剖析了大中小学思想政治教育一体化的学理建构、概念边界以及核心要义，具有很强的启发性。对大中小学思想政治教育一体化内涵及特征的系统凝练有助于更精准地把握其科学内涵及价值意蕴，也有助于更好地理解大中小学思想政治教育一体化、大中小学思想政治理论课一体化等普遍性及特殊性，今后还有待从不同理论视角进行多维度的剖析。其二，大中小学思想政治教育一体化的基础理论问题还有待进一步加强。对大中小学思想政治教育一体化的历史发展、成功经验、作用机理、生成逻辑等重要理论问题还需要进一步的理论阐释加以论述和印证，同时对于把握大中小学思想政治教育一体化规律的相关研究也需要进一步统筹整体性的宏观视角和聚焦性的微观视角，形成在学理层面对于大中小学思想政治教育一体化运行规律的精准把握，这些留有的学术空间也是今后学术界需要着力进一步研究的重要学理性问题。

另一方面，本年度大中小学思想政治教育一体化研究实践应用研究有待进一步跟进。大中小学思想政治教育一体化不仅是一种教育理念，更是一种实践活动。这就需要学者们不断关注实践领域的最新进展，才能在解决实际问题中不断促进理论的创新发展。2024年度，学者们重点关注到大数据时代下技术的更迭，特别是生成式人工智能对于大中小学思想政治教育一体化实践中带来的机遇与挑战，但是还存在一些实践领域有待进一步更进。其一，就大中小学思想政治教育一体化建设的发展模式而言，对于特定领域的特殊性研究较多，而对于普遍领域的普适性研究较少，特别是整体性地把握大中小学思想政治教育一体化过程中发展特点、发展模式等还存在着进一步深化的空间。同时，本年度学者们也重视文化资源对于大中小学思想政治教育一体化建设的正向作用，学者们聚焦于红色文化、革命文化、中国共产党精神谱系等对大中小学思想政治教育一体化的影响，但同时在实际应用过程中，校园文化、班级文化、中华优秀传统文化、社会主义先进文化、中华民族现代文明中蕴含的文化资源与文化力量均存在着巨大的思维碰撞和学术探索空间，这也是学者们在未来研究中需要重点关注的现实问题。其二，就大中小学思想政治教育一体化的主体和对象而言，特别是对于不同学段学生特点的分析和把握，是大中小学思想政治教育一体化在实践过程中的全新境遇和重要挑战。当前Z时代的"数字青年"，由于成长环境的变化，自身的思维特点、性格特征、发展需求、行为表现等均呈现出全新的代际特点，在这种全新境遇下，大中小学思想政治教育一体化目标的明确、内容的丰富、方法的变革等问题的研究还存在着进一步深化的空间，这些实践过程中出现的新情况、展现的新特点、面临的新挑战也是亟需学者们研究破解的重要问题。

三、大中小学思想政治教育一体化研究的发展展望

本年度，大中小学思想政治教育一体化研究取得了较为充实的成果，这些研究成果一方面展现出了大中小学思想政治教育一体化研究的阶段性新特征，另一方面也预示着今后一段时期大中小学思想政治教育一体化研究的创新发展方向。

（一）理论与实践相统一：进一步凸显相关研究的科学性

在未来的大中小学思想政治教育一体化的研究中，大中小学思想政治教育一体化的基础理论研究将会被继续夯实。本年度学者们尝试探索大中小学思想政治教育一体化的理论根基，为大中小学思想政治教育一体化研究提供了丰厚的理论滋养。虽然从大中小学思想政治教育一体化的规律性认识和成功经验等角度进行探讨的基础性理论成果较少，但是从整体上看，学者们本年度的相关研究成果中理论与实践相统一的思路客观上反映了大中小学思想政治教育一体化的规律，也较为全面地回应了大中小学思想政治教育一体化在建设过程中的理论逻辑与现实问题。同时，从理论和实践相统一的角度共同推进，探寻在教育现代化和教育强国背景下，如何高效提升思政引领力，实现大中小学思想政治教育一体化建设的科学性和系统性等都将成为后续研究持续关注的重要内容。

在未来的大中小学思想政治教育一体化的研究中，实现基础理论与实践导向的协同推进，进一步凸显相关研究的科学性，重点在于两者的协同推进，形成良性循环。一方面，要把基础理论作为开展大中小学思想政治教育一体化研究重要的逻辑起点。夯实的基础理论研究为解决实践问题提供理论

遵循，在未来的相关研究中不仅要持续深化地对大中小学思想政治教育一体化的基本概念、相关命题、科学内涵等开展研究，从概念辨析、学科边界、现实要求等层面系统分析大中小学思想政治教育一体化建设的关键要素；而且也要形成以概念研究为起点的研究范式，通过相关概念的科学厘定与清晰解释，能够真正地从源头上科学把握大中小学思想政治教育一体化的各个命题，特别是精准把握好大中小学思想政治教育一体化、大中小学思想政治理论课一体化等核心概念的区别与联系。另一方面，要把实践导向作为开展大中小学思想政治教育一体化研究重要的逻辑节点。实践问题的解决进一步地推动和促进基础理论研究的纵深推进。在未来的相关研究中不仅要加强大中小学思想政治教育一体化基础理论成果转化的研究，充分尊重不同学段学生的主体性地位，坚持问题导向、实践导向的基本原则，从机制建设、条件保障、实践环节等方面加强相关研究成果由理论转向实践、保障各项实践举措有效落实的研究；而且也要加强大中小学思想政治教育一体化成果转化机制的研究，建立健全相关机制保障和推进各项研究成果的实践转化，学术界的各位专家学者们也要为建立健全研究成果转化机制贡献理论指导与政策参考。

（二）守正与创新相统一：进一步提升相关研究的实效性

对于大中小学思想政治教育一体化研究的质量提升必然关注提质增效，如何进一步提升相关研究的实效性也是后续研究亟需关注的问题。在大中小学思想政治教育一体化研究中从基本原理层面的逻辑内涵探讨就是守正，从多样化研究视角、交叉学科范式和多样化研究方法进行理论和实践的探索就是创新。在大中小学思想政治教育一体化研究中坚持守正与创新相统一，就是在发挥好传统的大中小学思想政治教育一体化的教学目标、教学原则、教学内容、教学载体等价值意蕴和功能蕴含的前提下，持续探索大中小学思想政治教育一体化建设守正创新的方式和模式等。在未来的研究中，如何运用创新性研究视角和研究方法开展前瞻性研究将会成为今后研究可以预见的趋势之一，预计在未来的研究成果中也会出现更多坚持守正与创新相统一，充分体现大中小学思想政治教育一体化建设研究实效性的优秀研究成果。

在未来的大中小学思想政治教育一体化建设的研究中，实现守正与创新的辩证统一，需要在具有明确的学科边界的基础上，进行多学科的交叉融合，坚持"以我为主"的原则，立足本学科的属性和发展需求不断推陈出新。一方面，要在思想政治教育的学科规范和研究方法中找到必须坚守的"学术坚守点"。在进行大中小学思想政治教育一体化建设的相关研究时，要明确思想政治教育学科是基础学科，要本着"为我所用"的原则吸收借鉴其他学科的学术资源和研究范式等，切忌"颠倒主次"过度强调交叉学科的自身独立性，进而把这种独立性绝对化，使思想政治教育学科成为其他交叉学科的"附庸"，这是需要特别注意和警惕的研究倾向。所以，要始终处理好思想政治教育学科与交叉学科"体"与"用"的关系。另一方面，要善于从多学科的交叉和融合中寻找拓展研究领域的"学术增长点"。随着大中小学思想政治教育一体化建设研究的持续深入，需要不断完善知识体系并持续回应大中小学思想政治教育一体化在实践过程中的热点、难点问题，这就必然要求要不断深化与学科交叉和融合。在大中小学思想政治教育一体化建设研究的过程中，为了更好地解决大中小学思想政治教育一体化建设中的理论与现实问题，也使学科交叉与融合步入更深的层次，不仅要继续推进与教育学、政治学、社会学等传统交叉学科的融合，而且要积极鼓励与统计学、概率学、智能技术等新兴学科方向的融合，持续地吸纳其他学科优秀的研究范式、研究方法、研究理论，不断拓展学科理论体系的领域版图。

（三）深度与广度相统一：进一步彰显相关研究的系统性

对于大中小学思想政治教育一体化研究来说，研究的深度体现在针对具体研究问题聚焦式的深度挖掘，而研究的广度体现在对研究范围的整体性的全面研究呈现，研究深度与广度的相统一，进一步彰显了大中小学思想政治教育一体化研究的系统性。一方面，未来的研究会对大中小学思想政治教育一体化的思政引领力、公众形象、教育强国进程下价值引领与塑造等宏观问题的具体要素进行重点把握，在提升研究整体性的同时突出研究的关键环节，反映重点内容和相关概念的研究全貌。另一方面，未来的研究也会继续聚焦在具有较高研究价值、研究热度的具体问题。比如，生成式人工智能等全新的数据手段和数据技术融入大中小学思想政治教育一体化的相关研究将会成为持续深入的热点研究，通过信息技术精准切入大中小学思想政治教育一体化的创新发展，以此揭示大中小学思想政治教育一体化的未来发展趋势。

在未来的大中小学思想政治教育一体化的研究中，需要将研究深度与研究广度相统一的原则一以贯之，确保研究深度与研究广度的同向而行。一方面，从研究广度来看，要加强总结经验规律，聚焦大中小学思想政治教育一体化的规律性。虽然本年度相关研究中有针对大中小学思想政治教育一体化的发展模式和运行逻辑的相关研究，但更多的是停留在中观和微观层面的分析，从宏观视角对大中小学思想政治教育一体化的专门性规律研究仍有进一步深化的空间。特别是对中国共产党成立以来、新中国成立以来、改革开放以来大中小学思想政治教育一体化的历史规律性总结，有助于大中小学思想政治教育一体化研究的持续深化。例如，在百年党史视域下对大中小学思想政治教育一体化建设进行历时性总结研究不仅有助于充实思想政治理论课研究架构，而且有助于完善大中小学思想政治教育一体化建设的内容体系。同时，未来对于大中小学思想政治教育一体化研究也将继续挖掘中华传统优秀文化中的育人资源和育人要素，为大中小学思想政治教育一体化研究提供理论和实践层面的历史借鉴和文化熏陶。另一方面，从研究深度来看，要持续把握实践导向，探索大中小学思想政治教育一体化与信息技术的深度融合。随着信息技术发展带来的"信息茧房""伦理挑战""隐私泄露"等一系列问题也成为大中小学思想政治教育一体化在守正创新过程中亟需面对的时代课题。因此，在今后的研究中，大中小学思想政治教育一体化建设的相关研究需要进一步探究与现代信息技术的紧密结合，使互联网成为大中小学思想政治教育一体化相关研究的"最大增量"，以丰硕的研究成果带动大中小学思想政治教育一体化的创新发展。

展望未来，从大中小学思想政治教育一体化研究的科学性、实效性和系统性出发，学术界后续必定有更多优秀的研究成果和研究作品出现，并以此不断丰富大中小学思想政治教育一体化研究的内容体系，完善大中小学思想政治教育一体化研究的理论和实践内涵，不断推动大中小学思想政治教育一体化高质量发展。

第二十六章　比较思想政治教育相关问题研究

比较思想政治教育相关问题研究是一个充满活力且不断发展的学术论域，致力于探索思想政治教育与国外相关领域基本问题的比较研究。2024年，思想政治教育学界围绕这一话题展开了丰富探讨，不断深化和拓宽思想政治教育理论研究视域，为进一步深化比较思想政治教育相关问题研究提供了宝贵视角。

一、比较思想政治教育相关问题研究的年度进展

系统梳理2024年比较思想政治教育相关研究的最新成果，深度分析年度研究进展，有助于进一步把握比较思想政治教育相关问题研究的阶段性特点，进而更好地预测未来研究趋势。

（一）比较思想政治教育学科发展研究

"经过30余年学术上的积累与沉淀，比较思想政治教育的理论成果不断涌现，学术共同体初具规模，学科整体性建设提上日程。比较思想政治教育的学习和研究对于拓宽学者视野，深化学生对思想政治教育本质的理解，强化党的思想政治教育工作效果，提高中国话语国际影响力具有重要意义。"[①]2024年度比较思想政治教育研究热度持续上升，学者们通过严谨的学术研究和深入的理论探讨为思想政治教育学科发展注入了新的活力。

---

① 冯刚主编：《思想政治教育学科40年发展研究报告》，中国人民大学出版社2024年版，第521页。

创新探索了比较思想政治教育三维理论框架研究。有学者在教材中对比较思想政治教育领域进行了深入研究，尝试探讨该领域存在的规律和趋势。提出了一个由三个板块组成的理论框架，即阐述学科基本问题、从宏观角度探讨不同层面和主体的思想政治教育实践及特征、聚焦于公民教育和政党与思想政治教育两个核心问题。[①] 这一框架创新了比较思想政治教育研究的系统知识体系，对比较思想政治教育学科理论建设具有参考价值。

丰富了思想政治教育创新发展的世界向度研究。有学者在研究中提出了新时代思想政治教育创新发展的世界向度，强调了思想政治教育不仅要面向中国式现代化，还要更加积极主动地面向世界百年未有之大变局，提出了和合共生力、叙事传播力、话语阐释力和自信力四个维度作为新时代思想政治教育创新发展的客观要求。[②] 这一分析为我们理解比较思想政治教育研究在全球化背景下的学科发展提供了新的视角。

（二）介绍相关国家的实践创新进展

本年度学界介绍了相关国家在"道德教育"等相关领域的实践创新研究。首先，介绍美国社会服务与道德教育的融合与挑战。有学者阐述了美国研究型大学社会服务课程改革框架，认为该框架实现使命与价值统一，包含目标政策、立体课程、保障体系和多元参与，体现高校主导与社会参与及全球本土平衡。提出我国研究型大学应通过完善政策保障、探索课程、畅通参与路径、加强组织建设和健全评价体系，将育人与服务统一，确保社会服务职能的有效实施。[③] 其次，介绍德国法治教育与专门德育的理性导向。有学者介绍了德国专门德育学科课程，提出德国中小学德育课程旨在多元价值背

---

① 陈立思：《比较思想政治教育（第二版）》，中国人民大学出版社 2018 年版。
② 曾令辉、卜路平：《论新时代思想政治教育创新发展的世界向度》，《思想教育研究》2024 年第 6 期。
③ 胡昌翠：《"使命"与"价值"：美国研究型大学社会服务课程改革框架考察》，《外国教育研究》2024 年第 11 期。

景下培养学生的道德能力，强调理性自主建构价值、价值教育功能和生活实践联系。课程内容从个人生活经验扩展到全球视野，采用议题教学法，评价侧重学生的道德论证能力，同时全方位提升教师的德育教学能力。[①] 最后，介绍日本社会科课程的分化与道德教学的转型。有学者认为，日本道德教学领域中从"读物道德"到"思考与讨论型道德"的深刻转向，被视为实现道德教育"质的变革"的关键，这表明日本在道德教育实践中正逐渐从单一的道德灌输转向培养学生的道德思辨与判断能力。[②]

（三）介绍国外德育相关领域的研究进展

本年度学界高度关注和介绍国外相关领域工作的创新研究。首先，介绍国外青年爱国主义教育的基本情况。有学者分析了美国、英国、俄罗斯、新加坡、乌兹别克斯坦等国家的爱国主义教育，将国外青年爱国主义教育的实践探索划分为知识、情感、实践三个向度，提出探索"知—情—行"爱国主义教育模式，推动爱国主义教育的制度化发展。[③] 其次，介绍国外劳动教育的实践进展。有学者深入剖析了德国劳动教学论，认为德国劳动教学论兼具研究性与应用性，形成系统教学法，使德国劳动教育成效显著，并提出我国劳动教学论建设应聚焦学生劳动素养的培养，遵循课程标准的基本要求，完善多主体协同合作机制。[④] 最后，介绍公民教育的价值与发展趋势。有学者深入分析了《全球成人学习与教育报告（五）》，指出该报告重点讨论了全球公民教育的发展愿景，指出主要发展趋势是塑造时代公民身份，培养可持续

---

① 彭韬：《价值多元时代德国专门德育学科课程的核心理念和实践路径》，《外国教育研究》2024年第6期。

② 吴璇：《聚焦"思考与讨论"：当代日本道德教学新转向研究》，《外国教育研究》2024年第10期。

③ 代玉启、董智慧：《国外青年爱国主义教育的三重向度及其启示》，《学校党建与思想教育》2024年第3期。

④ 任平、林嘉雯：《德国劳动教学论：学科定位、理论框架与实践路径》，《全球教育展望》2024年第2期。

发展能力公民，提供多样化教育内容，以及长周期、多途径的教育形式。认为报告指出了公民教育在目的、内容、对象等方面面临的挑战，建议从弥合公民身份与社会规则差异、提高扫盲教育社会价值等方面调整，以推进全球公民教育发展愿景的实现。①

二、比较思想政治教育相关问题研究的年度特点与不足

纵观 2024 年比较思想政治教育相关问题研究，学界在深入探索的过程中呈现出来了一定的阶段性特点，同时也不难发现其存在一些亟待解决的问题。把握 2024 年度比较思想政治教育相关问题研究的特点和不足，对进一步厘定该领域研究趋势具有重要意义。

（一）比较思想政治教育相关问题研究的年度特点

就内容而言，聚焦主要发达国家的公民教育和道德教育研究。比如，在相关研究成果中，对美国的社会服务与道德教育融合模式进行了深入探讨。学者们不仅分析了这一模式的具体实践，还重探讨了其背后的教育理念和教学方法，如威斯康星州 K-12 阶段服务学习的实施情况及发展阻滞原因等，这些研究为我们提供了美国思想政治教育领域的丰富实践与创新思路。与此同时，德国法治教育与专门德育的理性导向也成为了研究的热点，学者们细致分析了德国中小学法治教育的改革动向，探讨了其法治教育与德育相结合的独特体系，这些成果揭示了德国教育体系的严谨与前瞻。此外，日本在社会科课程和道德教学上的深刻改革同样引起了学者们的广泛关注，从"读物道德"到"思考与讨论型道德"的转向，不仅体现了日本教育理念的更新，也展示了其在教学方法上的创新。相关研究还关注了英国、新加坡、俄罗斯等国家的道德教育、品格教育等内容，但总体而言，研究仍集中在为数不多

---

① 徐月莹、殷玉新：《全球公民教育的价值、趋势与挑战——基于〈全球成人学习与教育报告（五）〉的分析》，《成人教育》2024 年第 5 期。

的几个国家。之所以出现这一特点，主要原因在于这些国家在教育领域的投入和积累相对较多，其教育体系和实践经验具有较高的参考价值和借鉴意义。同时，国际学术交流的便利性和开放性也使得学者更容易获取到这些国家的教育资源和研究成果，从而促进了对其教育体系的深入研究和比较。总之，相关研究以部分发达国家为主的特点在相关研究成果中得到了充分体现。这一特点不仅反映了这些国家在教育领域的实际情况，也体现了国际学术交流中的资源优势和研究方向的聚焦。通过深入研究这些国家的思想政治教育实践和经验，可以为我国的思想政治教育提供有益的参考和启示。

就研究范式而言，学界主要聚焦相关国家教育工作中的相关内容与思想政治教育的比较阐释。学者们不仅致力于深入挖掘各国教育体系中道德教育和公民教育的内在逻辑与独特价值，还通过广泛的国际比较，揭示出不同教育体系之间的异同与互补性，展现出一种交叉学科和国际视野的研究范式。例如，在美国社会服务与道德教育融合的研究中，学者们不仅细致分析了美国研究型大学课程改革的框架与实施效果，还深入剖析了其背后的文化逻辑和社会影响。通过与中国大学教育的对比研究，他们提出了富有针对性的改进建议，使得这项研究既具有深厚的学术底蕴，又兼具广泛的实践应用价值。在道德教育理论的研究领域，有学者深入研究了20世纪以来道德判断理论的争论及其对中国道德教育的影响。梳理了理性主义与社会直觉主义的显著争论，并剖析了这些争论对理论传播与发展的促进作用。通过广泛比较，揭示了相关内容对中国道德教育研究范式、视野及实践的积极推动作用，提供了宝贵理论与实践启示。[①] 此外，有学者在世界历史视域下对道德教育基本矛盾进行了独到解读。相关研究探讨了基本矛盾的本源性和总制动作用，引入世界历史视域揭示了道德教育发展演化的基本矛盾。研究指出，主流意识形态一统性诉求与社会意识多样性间的对立统一关系是决定性

---

① 樊改霞、高绚丽：《20世纪以来道德判断理论的争论及对中国道德教育的影响》，《现代大学教育》2024年第2期。

矛盾，丰富了我们对思想政治教育本质的认识，为实践提供了新理论支撑和方法路径。① 这些研究不仅涵盖了从宏观政策制定到微观课堂教学实践的多个维度，还秉持着国际视野，致力于在广泛的国际背景下寻找并对比各国在解决相似教育问题时采取的不同策略与方法。这种深度与广度并重的研究模式，不仅极大地丰富了我们对比较思想政治教育全貌的理解，还为我们构建更加适应时代需求、具有全球视野的思想政治教育体系提供了宝贵的理论与实践依据。这一研究模式的形成，源于学者们对全球化背景下教育交流与合作的深刻认识，及他们对构建人类命运共同体教育理念的积极践行。

比较思想政治教育视域下相关专题研究成果增多。比较思想政治教育研究领域中，思想教育、政治教育、公民教育等传统研究成果建设，相比之下道德教育、劳动教育、品格教育等方面的专题研究成果增多。例如，道德教育探讨了美国融合模式与日本教学转型，劳动教育剖析了德国教学论及改革启示，品格教育讨论了英国公共性争议与课程建设。还有，在道德教育领域，有学者对美国新品格教育与关怀教育展开了深入研究，揭示了两者在多元化时代背景下的批判与融合趋势，为道德教育提供了新的理论视角。② 同时，在心理健康教育方面，日本中小学的实践和经验也被学者所关注，其研究成果展示了日本在提高学生主观幸福感方面的有效策略。③ 这一特点源于多方面因素。一方面，随着全球化进程的加速和多元文化的交融，道德教育、劳动教育、品格教育及世界公民教育等议题日益凸显其重要性，成为回应时代需求、培养具有全球竞争力公民的关键；另一方面，这些领域的研究问题往往涉及广泛的社会现实和深层次的教育机制，要求学者必须跳出传统教育学的框架，结合实际情况进行深入剖析。在研究过程中，学者们不断探

---

① 刘娟:《世界历史视域下思想政治教育基本矛盾解读》,《思想教育研究》2024 年第 4 期。
② 杨宇轩、柳海民:《美国新品格教育的关怀批判——兼论多元化时代德育的三重扩充》,《全球教育展望》2024 年第 3 期。
③ 李冬梅:《日本中小学心理健康教育：提高学生的主观幸福感》,《人民教育》2024 年第 18 期。

索新的理论视角和研究方法，以适应这些复杂且多变的研究需求。通过这种持续的探索和实践，学者们逐渐拓宽了研究视野，形成了更为全面和深入的研究思路，从而推动了研究成果的丰富涌现。此外，国际间教育交流与合作的加强，也为这些领域的研究提供了更广阔的视野和丰富的实践案例，进一步推动了研究成果的产出。

（二）比较思想政治教育相关问题研究的年度不足

比较思想政治教育学科的基础理论与发展研究不足。尽管学者们在比较思想政治教育相关问题研究中，在相关基础理论领域取得了一些成果，如有学者强调了建构思想政治教育学科自主知识体系的重要性，以及提出了新时代思想政治教育创新发展的世界向度；有学者对德国冲突教育理论的争论进行深入剖析，提出冲突教育是现代德国教育学理论的基本维度，能培养理性温和的公民。[①]但相关研究更多聚焦于宏观框架和理念创新，而对于基础理论的系统性、深入性探讨则相对不足。同时，虽然有文献涉及思想政治教育比较研究的学科建设历史回顾与时代要求，但针对比较思想政治教育核心理念、方法论基础，以及跨学科融合的理论探讨仍显不足，如何构建中西文化背景下具有普遍性与特殊性的思政教育理论体系，以及如何运用比较方法论挖掘不同文化背景下思政教育的内在逻辑与外在表现，这些基础理论问题尚待充分阐述论证。这种不足的出现主要是因为比较思想政治教育相关研究涉及不同文化、不同社会制度下的教育实践，其复杂性和多样性要求学者具备跨文化的视野和深厚的理论功底。这既是当前学科的实际情况，也是今后着力的重点内容。

比较思想政治教育研究中的实证研究不足。这一不足主要体现在部分研究相对侧重实践经验的总结和理论思辨，缺乏深入的实证研究、量化研究成

---

① 温辉、彭正梅：《培养理性温和的公民：德国冲突教育理论争论》，《比较教育研究》2024年第11期。

果。从相关研究中可以发现，众多学者在探讨比较思想政治教育的发展时，常常借助二手文献和翻译文本进行深入研究。在学科建设的相关讨论中，学者们普遍强调了建构思想政治教育学科自主知识体系的重要性，并对此进行了详尽的理论阐述。不过，实证数据方面的支撑尚显不足。同样，在思想政治教育创新发展的探讨中，学者们提出了一系列富有创新性的维度，这些维度为理论研究提供了新的视角。但值得注意的是，这些维度的提出主要基于理论推演，其实际效用和可行性尚需通过更多的实证研究来加以验证。这种实证与量化分析的不足在全球国别教育体系的剖析中表现得尤为明显。在探讨社会服务与道德教育融合的主题时，尽管学者们提出了课程改革的框架和实施路径，但对于这些改革措施的实际效果，尚缺乏具体的量化数据来进行全面评估。这种不足的出现，部分原因在于实证研究的难度和复杂性。比较思想政治教育的研究对象和研究内容具有复杂性和多样性，使得进行实证研究面临诸多挑战。同时，量化研究和质性研究需要专业的研究方法和技能，以及大量的时间和资源投入，这也是导致相关研究不足的原因之一。

跨学科研究不够充分。部分思想政治教育的交叉学科研究未能充分展现出多学科视角对于深化比较思想政治教育研究的潜力。具体而言，尽管有研究涉及了教育学、政治学、社会学等多个学科的理论和方法，但在实际研究中，这些学科的融合往往停留在表面，缺乏深度的交叉融合。例如，在某些关于劳动教育的国际融合探索中，虽然提到了经济学、心理学等学科对于劳动教育的影响，但如何将这些学科的理论和方法系统地融入思想政治教育中，形成具有创新性的理论和实践模式，仍是一个亟待解决的问题。与此相类似，在公民教育的实践中，尽管涉及了跨文化交流、国际关系等领域，但如何将这些领域的最新研究成果应用于比较思想政治教育研究，以培养学生的全球视野和跨文化理解能力，也仍需进一步的探索。跨学科研究不足的原因有多方面。一方面，思想政治教育研究往往侧重于本学科内的理论探讨和实践经验总结，对于其他学科的理论和方法缺乏足够的了解和掌握。这种学科壁垒限制了研究的视野和深度，使得思想政治教育难以从其他学科中汲取新的灵感和思路。另一方面，跨学科研究需要学者具备跨学科的知识背景和研究能力，而这在当前的教育体系中可能并未得到充分的重视和培养。

三、比较思想政治教育相关问题研究的趋势展望

当前世界文化交流、交融、交锋日益频繁，比较思想政治教育相关问题研究正面临着前所未有的机遇与挑战，思想政治教育的跨文化交流与文明互鉴成为必然趋势。

（一）文明交流与互鉴的深度审视

文明的交流与互鉴成为未来发展的必然趋势，比较思想政治教育相关问题研究也将更加注重从过去、现在以及未来的多维视角去审视和解读不同教育体系的历史因素、国内与国际间的相互影响。这要求学者具备宽广的国际视野和深厚的历史意识，以揭示思想政治教育相关的教育现象背后的深层次动因和规律。在文明交流与互鉴日益频繁的背景下，比较思想政治教育相关问题研究不能再局限于个别国家或地区的视角，而必须将其置于全球的大格局中进行考察。学者需要深入挖掘不同教育体系的历史渊源、发展脉络和演变规律，探讨它们在不同历史时期如何受到国际政治、经济、文化等多种因素的影响。同时，需要进一步关注国际间文化、教育领域的相互影响和借鉴。当前世界各国在教育领域的交流更为密切。学者需要比较不同国家思想政治教育体系之间的异同，分析它们之间的相互影响和借鉴机制，探讨如何在保持本国特色的基础上，吸收借鉴他国的有益经验，推动思想政治教育的创新发展。为了实现这一展望，学者需要具备跨文化的视野和深厚的理论功底。学者需要熟悉不同国家的文化传统、社会制度和教育背景，能够运用比较研究方法论深入挖掘不同文化背景下思想政治教育相关议题发展的内在逻辑与外在表现。此外，学者还需要具备扎实的理论基础和敏锐的问题意识，

能够发现并提出具有普遍性和规律性的问题，为比较思想政治教育研究的理论创新和实践发展提供有力支撑。在未来的研究中，我们可以期待看到更多关于全球化背景下思想政治教育比较研究的成果。这些成果将不仅有助于我们更深入地理解不同教育体系的历史和现实，还将为思想政治教育的创新发展提供新的思路和方向。同时，这些研究也将促进各国之间的文化交流与合作。

（二）关注借鉴与改进的实践导向

比较思想政治教育相关问题研究将更加注重实践应用，以借鉴和改进为基础，推动德育体系的优化和发展。在这一实践导向的引领下，学者们将不再仅仅满足于对各国教育制度的宏观描述和理论分析，而是将更深入地挖掘各国德育实践中的成功案例和有效策略。细致考察不同文化、不同社会制度下的教育实践，通过深入的实证研究和量化分析，揭示这些实践背后的理论基础、教育理念以及教育政策与实践之间的相互作用机制，将成为一个主要趋势。借鉴是实践导向的重要环节。在深入分析各国教育制度优势和不足的基础上，将积极汲取他国有益的教育经验，探索如何将这些经验本土化，融入本国教育实践中。例如，借鉴他国在劳动教育方面的创新做法，结合经济学、心理学等学科的理论和方法，构建具有本国特色的劳动教育体系；在公民教育的实践中，可以吸收跨文化交流、国际关系等领域的最新研究成果，培养学生的全球视野和跨文化理解能力，使他们能够更好地适应全球化时代的发展需求。改进是实践导向的核心目标。在借鉴他国经验的基础上，可以结合本国教育的实际情况，对现有的教育体系进行优化和改进，通过实证研究验证各种教育策略的有效性，用量化数据说话，为教育改革提供有力的证据支持。学者们也需要积极推动跨学科研究的深入发展，打破学科壁垒，促进多学科视角的交叉融合。

（三）突出育人特色与深度理解并重

在未来的比较思想政治教育相关问题研究中，突出各国育人特色与深度理解其中的相互关系将愈发显著，成为推动该领域发展的重要动力。深入挖掘各国教育体系中的育人特色，是丰富和拓展比较思想政治教育理论体系的必要途径。每个国家都有其独特的历史背景、文化传统和社会制度，这些因素共同塑造了各国教育体系中的育人特色。需要通过细致入微的国别研究，揭示这些特色背后的文化逻辑、历史渊源和社会动因。在挖掘各国育人特色的同时，深度理解各国教育体系之间的内在联系和共同规律也至关重要。尽管各国教育体系在表现形式和内容上存在显著的差异，但它们在培养人的思想品德、促进社会和谐稳定等方面仍具有一定的共同目标和功能。通过深入探究，我们可以发掘不同教育体系在方法论、教育理念、教育政策等方面的共通之处，进而揭示人才培养中价值引导的普遍性规律。为了实现育人特色与深度理解的并重研究，需要具备跨文化的视野和深厚的理论功底。需要熟练掌握比较研究方法论，能够深入挖掘不同文化背景下人才培养中价值引导的内在逻辑与外在表现。同时，学者还应注重实践经验的积累，通过实地考察、交流访问等方式，深入了解不同国家人才培养中价值引导的实际运作情况，为理论研究提供丰富的实践素材。此外，学术评价体系也应适当调整，更加注重对比较思想政治教育相关问题研究中的理论创新和实践应用的评价，鼓励学者提出新颖的理论观点，并探索这些理论在实际教育中的应用效果，以提升研究的学术价值和实际意义。

（四）交叉学科协同攻关与跨学科方法创新

多样视角的融入、跨学科的深度合作，以及研究方法的不断创新，正成为驱动比较思想政治教育相关问题研究持续发展的重要动力。当前，该领域在研究方法上存在一定的局限性，如偏重理论思辨和实践经验总结，缺乏深入的实证研究和量化分析等，不仅限制了研究的深度和广度，也影响了研究成果的科学性和说服力。为了克服这些不足，未来的比较思想政治教育相关问题研究应更加注重研究方法的创新，并积极拓宽研究视野，实现多元化与跨学科的深度融合。一方面，要加强实证研究和量化分析的运用，学者需深入实际，通过调查问卷、实地观察、实验设计等方式收集第一手数据和资料，运用统计分析和数据挖掘等技术手段对收集到的数据进行深入处理和分析，以提炼出具有普遍性和规律性的结论。另一方面，积极借鉴和融合其他学科的研究方法。教育学、政治学、社会学、心理学、经济学等多个学科的理论和方法，都可以为比较思想政治教育相关问题研究提供新的视角和思路。跨学科的融合不仅仅停留在表面的引用或简单的类比上，而是将其他学科的理论框架、研究方法和实证数据系统地融入比较思想政治教育的研究中，形成具有创新性的理论体系和实践模式。同时，跨学科研究也将促进比较思想政治教育研究领域的拓展和研究方法的创新。思辨性研究和经验总结将逐渐与实证研究、量化研究和质性研究相结合，形成多元化的研究方法体系。通过跨学科的合作，学者可以运用更先进、更科学的研究工具和技术，对比较思想政治教育的实际效果进行更精准、更全面的评估。此外，学术界和政策制定者也应给予更多的支持和鼓励，通过设立专项研究基金、提供研究资源和平台、加强跨学科合作与交流等方式，来推动交叉学科研究方法创新的发展。改革学术评价体系，更加重视实证研究和跨学科研究的成果，将激发学者进行方法创新的积极性和创造力。

参考文献

一、经典文献

[1]《马克思恩格斯选集》(第一——四卷),人民出版社2012年版。

[2]《习近平谈治国理政》(第一卷),外文出版社2018年版。

[3]《习近平谈治国理政》(第二卷),外文出版社2017年版。

[4]《习近平谈治国理政》(第三卷),外文出版社2020年版。

[5]《习近平谈治国理政》(第四卷),外文出版社2022年版。

[6]《习近平著作选读》(第一卷),人民出版社2023年版。

[7]《习近平著作选读》(第二卷),人民出版社2023年版。

[8] 习近平:《论教育》,中央文献出版社2024年版。

[9] 习近平:《在文化传承发展座谈会上的讲话》,人民出版社2023年版。

[10] 习近平:《在庆祝中国共产党成立100周年大会上的讲话》,人民出版社2021年版。

[11] 习近平:《思政课是落实立德树人根本任务的关键课程》,人民出版社2020年版。

[12]《习近平文化思想学习纲要》,学习出版社、人民出版社2024年版。

[13]《习近平关于中国式现代化论述摘编》,中央文献出版社2023年版。

[14]《党的二十届三中全会〈决定〉学习辅导百问》，学习出版社、党建读物出版社 2024 年版。

[15]《中共中央关于进一步全面深化改革 推进中国式现代化的决定》，人民出版社 2024 年版。

[16]《深入学习贯彻党的二十届三中全会精神 凝心聚力推动改革行稳致远》，《人民日报》2024 年 10 月 30 日。

[17]《习近平在全国教育大会上强调 紧紧围绕立德树人根本任务 朝着建成教育强国战略目标扎实迈进》，《人民日报》2024 年 9 月 10 日。

[18]《中共中央关于进一步全面深化改革 推进中国式现代化的决定》，《人民日报》2024 年 7 月 22 日。

[19]《习近平在中共中央政治局第十五次集体学习时强调 贯彻落实新时代党的建设总要求 进一步健全全面从严治党体系》，《人民日报》2024 年 6 月 29 日。

[20]《铸牢中华民族共同体意识推进新时代党的民族工作高质量发展》，《人民日报》2023 年 10 月 29 日。

[21]《习近平在中共中央政治局第五次集体学习时强调 加快建设教育强国 为中华民族伟大复兴提供有力支撑》，《人民日报》2023 年 5 月 30 日。

[22]《习近平在中共中央政治局第四次集体学习时强调 把学习贯彻新时代中国特色社会主义思想不断引向深入》，《人民日报》2023 年 4 月 1 日。

二、学术著作

[23] 丁祥艳：《社会思潮多样化与维护我国意识形态安全研究》，光明日报出版社 2024 年版。

[24] 丁昀：《培育时代新人理论与实践研究》，南京大学出版社 2024 年版。

[25] 冯刚主编：《思想政治教育学科 40 年发展研究报告》，中国人民大学出版社 2024 年版。

[26] 冯刚、张力、山述兰等：《新时代数字思政体系构建研究》，中国社会科学出版社2024年版。

[27] 金国峰：《思想政治教育场景论》，光明日报出版社2024年版。

[28] 骆郁廷：《思想政治教育贯通论》，人民出版社2023年版。

[29] 宁维卫：《中小学心理健康教育》，四川大学出版社2024年版。

[30] 秦启文、周永康：《形象学导论》，社会科学文献出版社2004年版。

[31] 申晓腾：《"人工智能+"思想政治教育研究》，中国社会科学出版社2024年版。

[32] 项久雨：《新时代思想政治教育主题论》，人民出版社2023年版。

[33] 朱宏强：《思想政治教育内生动力理论研究》，光明日报出版社2024年版。

三、期刊论文

[34] 阿卡扬·安德烈维奇、叶甫盖尼娅·伯拉日尼克、埃琳娜·皮斯克诺娃、唐晓彤：《数字化转型背景下俄罗斯道德教育面临的风险挑战及其应对》，《教育科学》2024年第2期。

[35] 安红霞：《高校思政课教学质量综合评价体系构建研究》，《学校党建与思想教育》2024年第2期。

[36] 白荣、张莉、刘霞：《"以劳健心"的理论根基与实践路径》，《北京师范大学学报（社会科学版）》2024年第6期。

[37] 白永生、赵佳怡：《自媒体话语的意义重构对思想政治教育的挑战及其应对》，《思想教育研究》2024年第10期。

[38] 包丽颖、任宝龙：《政治认同：思想政治教育的根本价值取向》，《思想教育研究》2024年第7期。

[39] 包心鉴：《当代中国进一步全面深化改革深刻蕴涵科学社会主义思想逻辑》，《济南大学学报（社会科学版）》2024年第5期。

［40］蔡中华：《党和国家功勋荣誉表彰制度推进爱国主义教育：价值意蕴、内容指向与实践理路》，《思想理论教育导刊》2024年第3期。

［41］曹海军：《全面深化改革与中国式现代化的战略定力》，《探索》2024年第5期。

［42］曹鹤鸣：《大中小学思想政治教育一体化建设的价值意蕴、核心要义与实践要求》，《学校党建与思想教育》2024年第11期。

［43］陈阿莉：《小学语文革命文化类课文的育人价值挖掘》，《中国教育学刊》2024年第8期。

［44］陈宝凤：《习近平文化思想的内容体系、哲学意蕴与践行逻辑》，《哈尔滨工业大学学报（社会科学版）》2024年第3期。

［45］陈飞、万胜：《新时代强化高校学生党支部政治功能的理论与实践》，《学校党建与思想教育》2024年第3期。

［46］陈吉鄂：《大中小学思政课一体化建设的现实困境与优化对策》，《学校党建与思想教育》2024年第3期。

［47］陈金龙：《进一步全面深化改革的阐释方法》，《马克思主义理论学科研究》2024年第9期。

［48］陈理：《新时代全面深化改革的几个鲜明特征》，《中共党史研究》2024年第3期。

［49］陈联俊：《论人工智能对思想政治教育系统要素的影响》，《马克思主义理论学科研究》2024年第5期。

［50］陈欣、廖小丹：《"第二个结合"造就的新的文化生命体——一个中外文化交流史视角》，《中国矿业大学学报（社会科学版）》2024年第6期。

［51］陈旭清：《我国意识形态安全的特征和挑战》，《社会科学家》2024年第1期。

［52］谌舒山：《从疏离到复归：教学与文化关系考辩》，《湖南社会科学》2024年第6期。

[53] 程琼、刘宏达：《基于生成式人工智能的思想政治教育场景构建及其风险防范》，《国家教育行政学院学报》2024年第8期。

[54] 崔海亮：《马克思主义与中华优秀传统文化相结合的初步探索及启示——以墨子思想接引马克思主义传播为例》，《现代哲学》2024年第3期。

[55] 代玉启、田雨：《论中国共产党思想政治教育的四大模式》，《河北大学学报（哲学社会科学版）》2024年第6期。

[56] 代玉启：《推动〈中华人民共和国爱国主义教育法〉实施的立体化》，《思想理论教育导刊》2024年第1期。

[57] 戴昶春、牛涛：《精神生活共同富裕背景下高校时代新人培育研究》，《学校党建与思想教育》2024年第4期。

[58] 戴建华：《四维一体的思政课一体化教学路径探析》，《思想政治课教学》2024年第11期。

[59] 戴圣鹏：《论新自由主义的立场、实质与危害》，《当代国外马克思主义评论》2024年第1期。

[60] 单文鹏：《改革开放精神的时代出场、基本内涵与赓续弘扬》，《思想理论教育》2024年第10期。

[61] 单文鹏：《中华优秀传统文化蕴含的思想政治教育资源》，《教学与研究》2024年第6期。

[62] 邓旭阳、谢雨锜、周萍：《高校积极生态心理健康教育服务机制研究》，《学校党建与思想教育》2024年第4期。

[63] 邓验、刘显：《大中小学思想政治教育一体化建设需要一体化学情分析》，《湖南师范大学教育科学学报》2024年第5期。

[64] 邓喆、荣雨：《全国重点马克思主义学院微信公众号在国家重大活动中的舆论宣传及其思想政治教育功能》，《思想理论教育》2024年第6期。

[65] 丁越、贾晓旭：《新时代大学生长征精神培育路径探究》，《学校党建与思想教育》2024年第14期。

［66］董宏建、路林湘：《数字新质生产力驱动教育平台智能化重构的治理逻辑》，《河南师范大学学报（哲学社会科学版）》2024年第6期。

［67］董辉、马鑫一：《数字技术赋能民族地区高校大学生铸牢中华民族共同体意识探析——基于思想政治教育视角》，《贵州民族研究》2024年第3期。

［68］董翼：《ChatGPT融入思想政治教育的作用机理、潜在风险及研究展望》，《学校党建与思想教育》2024年第11期。

［69］段妍、刘新甜：《习近平文化思想的科学内涵与世界意义》，《广西大学学报（哲学社会科学版）》2024年第2期。

［70］樊改霞、高绚丽：《20世纪以来道德判断理论的争论及对中国道德教育的影响》，《现代大学教育》2024年第2期。

［71］范香立：《新时代高校思想政治教育话语提升路径探究》，《教育理论与实践》2024年第30期。

［72］范玉刚：《习近平文化思想科学体系阐释论纲》，《新疆师范大学学报（哲学社会科学版）》2025年第1期。

［73］方李莉、毛薇娜：《各民族共享的中华文化符号的内涵及共同体意识的再建构》，《民俗研究》2024年第1期。

［74］冯刚：《思想政治教育学科40年发展的规律性把握与时代展望》，《马克思主义理论学科研究》2024年第4期。

［75］冯刚、徐先艳：《把握习近平文化思想的真理和道义力量》，《北京大学学报（哲学社会科学版）》2024年第5期。

［76］冯刚、姜天宠：《信息革命时代思想政治教育方法的演进》，《思想政治教育研究》2024年第6期。

［77］冯刚、杨小青：《新时代高校思政课形象传播的理论审思》，《重庆大学学报（社会科学版）》2024年第5期。

［78］冯惠芳、赵平：《比喻说理：塑造思想政治教育形象的重要方法》，《学校党建与思想教育》2024年第14期。

[79] 冯继康、刘晓彤：《习近平文化思想生成逻辑的四维向度》，《山东师范大学学报（社会科学版）》2024年第6期。

[80] 冯建军：《聚焦时代新人培养完善立德树人机制》，《人民教育》2024年第Z3期。

[81] 冯庆想：《当代国家认同的理论阐释和实践路径》，《思想理论教育》2024年第3期。

[82] 付轶男、马静：《文化转型视角下英国学校价值教育的变革：取向与形式》，《外国教育研究》2024年第6期。

[83] 甘荣丽：《"数字思政"教学中的娱乐主义文化倾向及应对策略》，《教育探索》2024年第6期。

[84] 高飞：《论社会风险治理视域下思想政治教育的价值、功能及其实现路径》，《马克思主义理论教学与研究》2024年第3期。

[85] 高佳哲、程立涛：《思想政治教育视域下智能算法的赋能风险及伦理省思》，《大连理工大学学报（社会科学版）》2024年第5期。

[86] 高建明：《美国新一轮社会主义思潮评析》，《马克思主义与现实》2024年第1期。

[87] 高静毅：《高校思政课形象塑造的困境与突破》，《思想政治教育研究》2024年第1期。

[88] 高娟：《"Z世代"大学生思想政治教育交互模式探析》，《江苏高教》2024年第4期。

[89] 高佩、魏变竹、张有武：《共产党人精神谱系与大学生思政教育的融合》，《山西财经大学学报》2024年第S2期。

[90] 高盛楠、代金平：《数字思政空间：基本内涵、运行机理与建设路径》，《探索》2024年第4期。

[91] 葛士新：《思想资源、本质特征与推进原则——学习习近平关于培养时代新人的重要论述》，《海南大学学报（人文社会科学版）》2024年第6期。

[92] 耿中华：《人工智能赋能高校思想政治教育话语权建设研究》，《学校党建与思想教育》2024年第12期。

[93] 宫长瑞、张乃亮：《思想政治教育数字叙事的生成逻辑、问题表征与路径优化》，《思想理论教育》2024年第3期。

[94] 龚蛟腾、张康：《新时代高校图书馆文化育人：价值意蕴、理论内涵、实践体系和关键路径》，《大学图书馆学报》2024年第5期。

[95] 郭虹、韩宏伟：《大中小学思政课一体化视域下分层式法治教育体系构建研究》，《学校党建与思想教育》2024年第3期。

[96] 郭岚：《美国威斯康星州中小学服务学习的可持续发展困境》，《比较教育学报》2024年第5期。

[97] 郭鹏、宋秦：《健全全面从严治党体系 深入推进党的自我革命》，《北京联合大学学报（人文社会科学版）》2024年第6期。

[98] 郭强：《习近平关于全面深化改革论述的理论品格》，《理论视野》2024年第7期。

[99] 海路、杨柄：《中华民族历史观教育：内涵、价值与实践路径》，《民族研究》2022年第4期。

[100] 韩春红、杜源恺：《教育强国背景下高校深入推进"时代新人铸魂工程"略论》，《学校党建与思想教育》2024年第5期。

[101] 韩强：《论健全完善中国共产党统一思想的制度体系》，《理论探讨》2024年第4期。

[102] 韩振峰：《习近平关于全面深化改革的新思想、新观点、新论断探析》，《思想理论教育导刊》2024年第9期。

[103] 赫曦滢、关婷婷：《数字技术赋能高校思政课载体创新的思考》，《学校党建与思想教育》2024年第22期。

[104] 洪晓彬、李金坤、祝捷、刘洋：《体育心理学课程思政的依据、资源与路径探索》，《体育学刊》2024年第1期。

[105] 洪晓楠、翟思羽：《网络泛娱乐主义及其治理路径》，《理论探索》2024年第5期。

[106] 侯惠勤：《深入领悟进一步全面深化改革的改革精神——党的二十届三中全会精神融入思想政治理论课的思考》，《马克思主义理论学科研究》2024年第10期。

[107] 侯勇、肖洋：《思想政治教育学口述史研究方法的三维探究》，《学校党建与思想教育》2024年第17期。

[108] 胡昌翠：《"使命"与"价值"：美国研究型大学社会服务课程改革框架考察》，《外国教育研究》2024年第11期。

[109] 胡大平、周邵年：《历史虚无主义思潮的"社会化"转向及解决路径》，《河南社会科学》2024年第8期。

[110] 胡洪彬：《教育强国建设中思政引领力的生成机理与集成路径》，《思想理论教育》2024年第12期。

[111] 胡洪彬：《运用大系统观把握进一步全面深化改革——全面和深入理解党的二十届三中全会精神》，《学术界》2024年第9期。

[112] 胡玉宁、徐欣：《人才新质态：时代新人"新质素养"的理论思考》，《中国矿业大学学报（社会科学版）》2024年第4期。

[113] 黄冬霞：《场景化传播赋能思想政治教育话语实践论析》，《思想理论教育》2024年第1期。

[114] 黄华莉：《新时代高校辅导员思想政治教育话语能力提升略探》，《学校党建与思想教育》2024年第16期。

[115] 黄铭心：《思想政治教育数字化转型视域下数字身份的构建》，《思想理论教育》2024年第4期。

[116] 黄蓉生、刘云彬：《40年来思想政治教育功能的演进、建构与发展论析》，《思想理论教育导刊》2024年第7期。

[117] 黄蓉生：《思想政治教育学科创立与发展的根本价值取向——写

在思想政治教育学科创立40周年之际》,《思想理论教育》2024年第6期。

[118] 黄文艺:《改革、变法与中国式现代化——党的二十届三中全会精神的法学解读》,《法学家》2024年第5期。

[119] 黄艳、林巧、李卫东:《直播学习临场感对大学生思想政治教育传播效果的影响研究》,《高校教育管理》2024年第4期。

[120] 黄莺莺、刘迟、薛玉梅:《网络思想政治教育语境优化的系统审视》,《学校党建与思想教育》2024年第17期。

[121] 黄志斌、赵燕飞、魏荣:《数字技术赋能思想政治教育方法创新的指向、特质及进路》,《思想教育研究》2024年第2期。

[122] 姜国峰:《数字技术赋能大中小学思政课一体化建设谫论》,《学校党建与思想教育》2024年第18期。

[123] 姜甜甜、叶方兴:《学科史视域中"德育"与"思想政治教育"的科学区分》,《思想教育研究》2024年第10期。

[124] 姜土生、杜忠泓:《推进大中小学日常思想政治教育一体化的逻辑理路与实践探索》,《学校党建与思想教育》2024年第10期。

[125] 蒋红、周虹江:《数字思政与思政课教师能力结构再塑》,《学校党建与思想教育》2024年第5期。

[126] 焦龙保、余清臣:《大中小学思想政治教育一体化的现实运行机制建设——基于中小学校主体性的必要性与提升策略》,《中国教育学刊》2024年第8期。

[127] 焦晓云、代红艳:《论大中小学思政课一体化协同机制的构建》,《课程·教材·教法》2024年第3期。

[128] 解帅、吕永红:《新媒体场域民族虚无主义的叙事转向、隐忧识别及治理进路》,《广西民族研究》2024年第3期。

[129] 金丹:《新时代爱国主义教育制度化及其实践理路》,《思想理论教育导刊》2024年第6期。

[130] 金一斌:《以中华美学精神涵育时代新人》,《中国高等教育》2024 年第 11 期。

[131] 靳玉军、邱庆:《思想政治教育自然环境研究反思与重构》,《思想教育研究》2024 年第 1 期。

[132] 康秀云、罗肖肖:《思想政治教育动力界定及研究进展——基于思想政治教育学科发展四十年》,《湖北社会科学》2024 年第 9 期。

[133] 康云菲:《解构教育国际传播:"全球素养"从美国到世界的扩散》,《比较教育研究》2024 年第 11 期。

[134] 孔宪峰:《新时代"大思政课"建设的推进策略》,《思想政治课教学》2024 年第 1 期。

[135] 匡宁、王习胜:《论思想政治教育主要矛盾的判定》,《思想教育研究》2024 年第 6 期。

[136] 赖先进:《从层次化走向全流程化:进一步全面深化改革对改革方法论的发展》,《人文杂志》2024 年第 9 期。

[137] 蓝青、陈宗岚:《中华优秀传统文化融入民族地区高校思想政治教育研究》,《贵州民族研究》2024 年第 4 期。

[138] 蓝晓霞:《教育强国新征程提升思政引领力的宣传担当》,《思想教育研究》2024 年第 11 期。

[139] 李斌:《信息化时代高校心理健康教育范式的新跃进》,《江苏高教》2024 年第 1 期。

[140] 李斌雄、杨檬:《新征程党的纪律处分制度建设的理念思路、制度创新与实施方法》,《学校党建与思想教育》2024 年第 13 期。

[141] 李斌雄:《〈中国共产党纪律处分条例〉的实质要义》,《人民论坛》2024 年第 9 期。

[142] 李超民、周雯:《新质生产力在高中思政课中的教学呈现与教学策略研究》,《天津师范大学学报(基础教育版)》2024 年第 4 期。

[143] 李承秋、韩丽颖：《新时代大学生劳动精神培育探究》，《社会科学战线》2024年第1期。

[144] 李春玲、高云浩：《学业和就业竞争压力下大学生社会心态特征——基于2023年"中国大学生追踪调查"数据分析》，《青年探索》2024年第5期。

[145] 李东坡、李媛媛：《论网络社会心态的现代治理》，《思想理论教育》2024年第11期。

[146] 李冬梅：《日本中小学心理健康教育：提高学生的主观幸福感》，《人民教育》2024年第18期。

[147] 李芳、王丹竹：《论新时代思想政治教育教学环境构建的三维向度》，《思想教育研究》2024年第9期。

[148] 李海萍：《大中小学思想政治教育一体化：内涵、意义与实践路径》，《湖南社会科学》2024年第5期。

[149] 李辉：《思政引领力：中国特色社会主义教育强国的首要特质》，《思想教育研究》2024年第10期。

[150] 李佳泓、黄嘉、古炬贤：《论自然语言处理中的意识形态安全问题——以ChatGPT为例》，《情报杂志》2025年第1期。

[151] 李蕉、郭壮：《重视形成性评价：思政课学习内卷化的归因与化解》，《中国大学教学》2024年第4期。

[152] 李锦韬：《高校辅导员提升"政治三力"略探》，《学校党建与思想教育》2024年第10期。

[153] 李静、袁玉芝：《大中小学思政课培育学生科学精神的内涵、偏差与重构路径》，《教育科学研究》2024年第8期。

[154] 李克明、尹晓燕：《马克思主义基本原理同中华优秀传统文化相结合的内在理路》，《江苏大学学报（社会科学版）》2024年第1期。

[155] 李辽宁、魏倩倩：《社会阶层结构变迁对思想政治教育的挑战及

其应对》,《教学与研究》2024 年第 7 期。

[156] 李敏:《思想政治教育学科发展的历史回顾与前瞻——复旦大学邱柏生教授访谈录》,《思想政治教育研究》2014 年第 6 期。

[157] 李明文、郭国祥:《中国共产党人精神谱系涵育时代新人的生成逻辑》,《江西社会科学》2024 年第 11 期。

[158] 李娜、庄得宝:《势能、动能、效能:数字化赋能思政课评价的逻辑理路》,《思想政治教育研究》2024 年第 5 期。

[159] 李潘、林伯海:《中国式现代化与人的思想观念现代化探赜》,《思想理论教育》2024 年第 3 期。

[160] 李尚宸、张志丹:《全人类共同价值对西方现代意识形态的超越》,《云南大学学报(社会科学版)》2024 年第 1 期。

[161] 李树学、龚超:《新时代高校辅导员职业能力建设的政策环境研究》,《学校党建与思想教育》2024 年第 1 期。

[162] 李双套:《进一步全面深化改革:基于"生产力和生产关系辩证关系"的人学阐释》,《求索》2024 年第 5 期。

[163] 李斯明:《新时代高校思想政治教育话语新特点、新挑战与新路径》,《思想政治教育研究》2024 年第 5 期。

[164] 李维军:《语图互文:思想政治教育叙事的二元进阶》,《思想教育研究》2024 年第 4 期。

[165] 李伟、高春花:《大数据赋能高校思想政治教育创新发展研究》,《学校党建与思想教育》2024 年第 16 期。

[166] 李晓东:《培养担当民族复兴大任的时代新人——六年来我国落实立德树人根本任务的进展与政策分析》,《人民教育》2024 年第 17 期。

[167] 李晓虹、张婷婷、李天硕:《社会支持与大学生数字成瘾的关系:一项元分析》,《图书情报工作》2024 年第 16 期。

[168] 李晓明:《论纪检监察监督及其功能价值》,《法学评论》2024 年

第 5 期。

[169] 李永雪、毕重增：《父母过度保护与大学生困难解释风格：真实性和抑郁的链式中介作用》，《中国临床心理学杂志》2024 年第 1 期。

[170] 李云峰：《新时代高校思想政治理论课教师话语身份的场域理析》，《思想教育研究》2024 年第 7 期。

[171] 李忠杰：《以进一步全面深化改革开创中国式现代化新局面》，《北京社会科学》2024 年第 9 期。

[172] 李忠军：《大中小学思政课考核评价一体化理论探究》，《中国高等教育》2024 年第 7 期。

[173] 李卓、张妹：《习近平新年贺词的思想政治教育功能及其实现》，《思想政治教育研究》2024 年第 5 期。

[174] 李紫娟：《新时代高校思想政治理论课改革创新刍议》，《学校党建与思想教育》2024 年第 8 期。

[175] 栗蕊蕊、王淼：《Z 世代大学生网络社交：行为特征与引导策略》，《思想理论教育》2024 年第 7 期。

[176] 陈文娟、曹子阳：《新时代青年精神生活的表现样态、发展趋向及其现实启示》，《思想理论教育导刊》2024 年第 5 期。

[177] 梁钦、沙星雨：《思想政治教育视域下青年数字素养生成研究》，《思想教育研究》2024 年第 4 期。

[178] 廖军和：《思政课与课程思政同向同行的逻辑、问题与实施路径——基于"大中小学一体化"视角》，《教育科学研究》2024 年第 9 期。

[179] 林伯海、赵周鉴：《中国式现代化视域下时代新人人生观培育探究》，《思想理论教育导刊》2024 年第 7 期。

[180] 林明惠：《数字时代高校思政课精准教学：机遇、挑战与路径》，《中国大学教学》2024 年第 9 期。

[181] 刘朝晖：《作为方法的"大思政课"：出场逻辑与内在规定》，《思

想理论教育》2024 年第 10 期。

[182] 刘晨：《英国基本价值观教育：现实动因、政策演进与实践进路》，《比较教育研究》2022 年第 7 期。

[183] 刘复兴、李清煜、张剑：《习近平总书记关于家庭家教家风建设重要论述的理论体系与时代价值》，《教育研究》2024 年第 10 期。

[184] 刘海燕：《"两个结合"视域下践行教育家精神的时代意蕴》，《四川师范大学学报（社会科学版）》2024 年第 6 期。

[185] 刘宏达、彭嘉琪：《思想政治教育大数据分析的创新逻辑与方法建构》，《思想理论教育》2024 年第 4 期。

[186] 刘娟：《世界历史视域下思想政治教育基本矛盾解读》，《思想教育研究》2024 年第 4 期。

[187] 刘珂岩、赵晨璇：《数字时代思想政治教育环境异质性探析》，《学校党建与思想教育》2024 年第 18 期。

[188] 刘娜：《精致利己主义的概念、危害及成因》，《思想教育研究》2024 年第 7 期。

[189] 刘谦、唐伊豆：《社会化视角下大中小学思想政治教育一体化的理论审思与实施策略》，《思想战线》2024 年第 4 期。

[190] 刘琼豪、吕嘉欣：《铸牢中华民族共同体意识的高校时代新人培养》，《新疆大学学报（哲学社会科学版）》2024 年第 4 期。

[191] 刘思源、贺苗：《生成式人工智能赋能大中小学思政课一体化的耦合机理、风险审视与路径探要》，《中国矿业大学学报（社会科学版）》2024 年第 6 期。

[192] 刘伟、刘新琦：《高校思想政治教育数字化发展的现实效能、风险检视与优化路径》，《黑龙江高教研究》2024 年第 1 期。

[193] 刘先锐：《论思想政治教育隐喻的构思过程与达意机制》，《思想教育研究》2024 年第 5 期。

[194] 刘晓玲：《新时代高校思想政治理论课公众形象塑造的现实路径探析》，《思想教育研究》2024年第1期。

[195] 刘晓霞、程立涛：《列宁灌输理论之于当前思想政治教育的价值》，《学校党建与思想教育》2024年第12期。

[196] 刘亚欧、王冠中：《大中小学思想政治理论课教师队伍一体化建设的路径研究》，《思想政治教育研究》2024年第4期。

[197] 刘艳、周沛瑜、肖美玲、陈欢、游志麒、刘红亚：《家庭弹性对大学生社会适应的影响：链式中介效应分析》，《中国临床心理学杂志》2024年第4期。

[198] 刘勇、王国洪：《进一步全面深化改革推进中国式现代化的时代要求、突出特点和重大意义》，《探索》2024年第5期。

[199] 刘争先、杨岚：《国家建构视野下爱国主义教育的时代挑战与实践逻辑》，《教育学报》2024年第1期。

[200] 刘志丹：《雷锋精神教育大中小一体化的课程建构：要旨、挑战与对策》，《思想政治教育研究》2024年第5期。

[201] 刘志明、朱思远：《邓小平关于改革的重要思想及其现实意义》，《中州学刊》2024年第9期。

[202] 卢岚：《思想政治教育数字化转型的逻辑意蕴与范式革命》，《思想教育研究》2024年第6期。

[203] 鲁君：《论具身思想政治教育的道德观塑造功能及实现》，《思想教育研究》2024年第1期。

[204] 鲁特：《"统一的多民族国家"：概念溯源与话语演变》，《社会主义研究》2024年第1期。

[205] 路小可：《关于思政课教学理念和教学方式改革创新的若干思考——基于部分院校思政课课堂教学情况调研的分析》，《思想理论教育导刊》2024年第6期。

[206] 栾淳钰、杜葳:《新质生产力赋能"时代新人铸魂工程"的机理、价值与策略》,《当代教育论坛》2025 年第 1 期。

[207] 罗洪铁:《关于思想政治教育环境若干问题的理论思考》,《思想理论教育导刊》2024 年第 9 期。

[208] 罗喆、沈晓敏:《劳动教育融入中小学课程:日本的经验与启示》,《基础教育》2024 年第 1 期。

[209] 骆郁廷、靳文静:《深化高校思想政治教育质量评价的思考》,《思想理论教育》2024 年第 1 期。

[210] 骆郁廷、余焰琳:《论思想政治理论课的战略定位》,《马克思主义与现实》2024 年第 5 期。

[211] 吕菲:《新时代中小学思政课一体化发展模式与建设逻辑》,《中国教育学刊》2024 年第 S2 期。

[212] 吕洪良、沈阳:《人工智能:推动思想政治教育高质量发展的新质生产力》,《思想政治教育研究》2024 年第 5 期。

[213] 吕星卓:《延安时期党员干部思想政治教育方法及其启示》,《学校党建与思想教育》2024 年第 6 期。

[214] 马福运、陈雨昕:《时代新人培养:深刻意涵、理论溯源和培育路径》,《思想战线》2024 年第 1 期。

[215] 马慧、王延中:《准确把握中华文化与各民族文化的关系》,《新疆社会科学》2024 年第 2 期。

[216] 马建青、高颖盈、范昕:《论新时代大中小学心理健康教育一体化建设》,《思想理论教育》2024 年第 9 期。

[217] 马明冲:《"中国近现代史纲要"课教学抵御历史虚无主义思潮的路径探析》,《思想理论教育导刊》2024 年第 7 期。

[218] 马志霞、廖贵彩:《伟大建党精神深度融入"思想道德与法治"课教学:目标、素材与方法》,《思想政治教育研究》2024 年第 1 期。

[219] 马忠:《思想政治教育话语环境的时代变迁研究》,《思想教育研究》2024年第9期。

[220] 梅萍、李婵玲:《革命场馆和高校思政协同育人的空间向度》,《学校党建与思想教育》2024年第9期。

[221] 梅荣政:《中华优秀传统文化研究中需再深化思考的若干问题》,《世界社会主义研究》2024年第8期。

[222] 蒙怡馨、孙其昂:《基于实践观的思想政治教育环境分析》,《思想教育研究》2024年第2期。

[223] 苗瑞丹、方溢超:《当代中国价值虚无主义的审视》,《厦门大学学报(哲学社会科学版)》2024年第2期。

[224] 闵辉、宗爱东:《准确把握新时代大中小学思政课一体化建设的四个着力点》,《中国高等教育》2024年第6期。

[225] 闵雪、石书臣:《数智技术赋能新时代思想政治教育话语创新论析》,《思想教育研究》2024年第7期。

[226] 聂小雄:《大数据赋能思政课教师队伍形象建构的多维进路》,《重庆大学学报(社会科学版)》2025年第1期。

[227] 牛海桢、王弘卓:《从历史进程中体悟中华民族共同体的形成和发展——学习〈中华民族共同体概论〉》,《西北民族大学学报(哲学社会科学版)》2024年第4期。

[228] 牛小侠、黄卫东:《高校善用"大思政课"培根铸魂的内涵、原则和关系探究》,《思想理论教育导刊》2024年第3期。

[229] 牛亚飞、李亚员:《新时代培育大学生工匠精神略探》,《学校党建与思想教育》2024年第2期。

[230] 庞立生、郝厚军:《大中小学思政课教师一体化建设的核心要义、现实挑战及推进策略》,《国家教育行政学院学报》2024年第3期。

[231] 庞立生:《习近平文化思想对中华优秀传统文化的创造性阐释》,

《东北师大学报(哲学社会科学版)》2024年第2期。

[232] 庞申伟、段丽:《试析习近平关于时代新人重要论述的创造性贡献》,《中国教育学刊》2024年第3期。

[233] 彭斌、毛依凡:《新时代高校思想政治教育评价研究现状与前景展望》,《学校党建与思想教育》2024年第10期。

[234] 彭庆红、唐淑楠:《坚持思政课建设与党的创新理论武装同步推进》,《思想教育研究》2024年第5期。

[235] 彭庆红:《善用数字技术建好"大思政课"》,《中国高等教育》2024年第9期。

[236] 彭容容、王跃:《算法时代思想政治教育话语的转向与优化》,《学校党建与思想教育》2024年第11期。

[237] 彭韬:《价值多元时代德国专门德育学科课程的核心理念和实践路径》,《外国教育研究》2024年第6期。

[238] 彭钰美、徐秦法:《新时代高校思想政治教育高质量发展论析》,《学校党建与思想教育》2024年第1期。

[239] 彭正梅、吴月竹、毛宵:《理性作为人的尊严:论康德意义上的教育必然是世界公民教育》,《湖南师范大学教育科学学报》2024年第3期。

[240] 亓光:《全面深化大中小学思政课一体化管理体制改革——以"SCRVS"模型为视角》,《学校党建与思想教育》2024年第19期。

[241] 齐卫平:《论进一步全面深化改革和推进中国式现代化的双轮并驱》,《思想理论教育》2024年第10期。

[242] 祁峰、林延鸿:《大数据时代思想政治教育实践思维的转向、困阻与创新》,《学校党建与思想教育》2024年第9期。

[243] 秦博、徐浩铭:《利用机器学习技术防范网络意识形态风险的理论模型与逻辑进路》,《党政研究》2024年第4期。

[244] 秦前红:《法治视野下的党内法规研究:奠基与拓展(2014-

2024）》，《法学家》2024 年第 6 期。

［245］秦宣、俞佳奇：《习近平关于全面深化改革重要论述的逻辑理路》，《马克思主义理论学科研究》2024 年第 9 期。

［246］曲嘉：《中国共产党革命精神融入思想政治教育的实践路径》，《思想政治课教学》2024 年第 10 期。

［247］曲建武、方圆：《高校思政课切实完成好培养时代新人历史使命的四重维度》，《中国大学教学》2024 年第 9 期。

［248］饶旭鹏、崔牡丹：《五年来大中小学思政课一体化建设的实践探索与未来展望》，《北京工业大学学报（社会科学版）》2024 年第 6 期。

［249］任洁：《"两个结合"思想的问题逻辑》，《南通大学学报（社会科学版）》2024 年第 2 期。

［250］任鹏飞：《美国数据战略及其全球影响》，《当代世界社会主义问题》2024 年第 3 期。

［251］荣婷、左川冀：《偏差与归一：青年自我身份认同的话语修辞——基于"内卷"网络流行语的幻想主题分析》，《现代传播（中国传媒大学学报）》2024 年第 6 期。

［252］闪茜菁：《红色文化融入大中小学思想政治理论课一体化建设的实践路径探究》，《思想教育研究》2024 年第 1 期。

［253］佘双好、路娅容：《思想政治教育学科科学化发展的回溯与反思》，《思想教育研究》2024 年第 11 期。

［254］佘双好：《改革开放以来思想政治教育学科发展的回溯与展望》，《社会科学辑刊》2024 年第 3 期。

［255］沈传亮：《习近平总书记关于全面深化改革重要论述的道理学理哲理》，《党建》2024 年第 7 期。

［256］沈壮海、李健民：《在建设教育强国进程中自觉担负新的文化使命》，《中国高等教育》2024 年第 11 期。

[257] 石海君：《推进大中小学思想政治教育一体化建设的战略基点、核心要点与施策重点》，《思想理论教育导刊》2024 年第 2 期。

[258] 石书臣、李春林：《厚植培育时代新人的中华优秀传统文化底色》，《人民教育》2024 年第 7 期。

[259] 石元鹏、万远英：《数字思政的内涵特征、建设优势及实践路径》，《学校党建与思想教育》2024 年第 6 期。

[260] 史宏波、李尉清：《思想政治教育学科的问题自觉与方法论探赜》，《思想理论教育导刊》2024 年第 6 期。

[261] 帅建强：《大数据嵌入思想政治教育治理的逻辑理路、风险隐忧及其优化路径》，《思想政治教育研究》2024 年第 2 期。

[262] 宋振超：《时空迭嬗视域下数字意识形态安全风险治理的实践进路》，《中州学刊》2024 年第 5 期。

[263] 苏玉波、董育余：《中国共产党人精神谱系融入"大思政课"的价值逻辑》，《思想政治教育研究》2024 年第 1 期。

[264] 孙程芳、吴琼：《思想政治教育视域下推进文化自信自强的现实困境与实践进路》，《北京交通大学学报（社会科学版）》2024 年第 1 期。

[265] 孙婧、王鹤岩：《人工智能赋能思想政治理论课教学方法创新研究》，《学校党建与思想教育》2024 年第 19 期。

[266] 孙靓、黄文泽、徐鹏宇：《时代新人视域下高校基层学院思政领航协同育人机制研究》，《江苏高教》2024 年第 7 期。

[267] 孙其昂：《思想政治教育基础理论研究反思及再出发》，《思想政治教育研究》2024 年第 3 期。

[268] 孙其昂：《推进思想政治教育基础理论的体系研究》，《社会科学辑刊》2024 年第 3 期。

[269] 孙棋、周鑫鹏：《基础学科拔尖人才思想政治教育的成效、问题与对策研究——以浙江大学强基计划为例》，《高教探索》2024 年第 4 期。

[270] 孙晓琳：《新时代思想政治教育话语发展的核心要义》，《马克思主义理论学科研究》2024年第1期。

[271] 谭培文、邝文聪：《数字技术赋能高校思想政治教育方法创新应用研究》，《思想政治教育研究》2024年第2期。

[272] 谭铁牛：《紧紧围绕立德树人根本任务多措并举提升高校思政引领力》，《中国高等教育》2024年第18期。

[273] 唐良虎、吴满意：《数字思政空间的基本内涵与价值意蕴探析》，《云南大学学报（社会科学版）》2024年第4期。

[274] 陶进、马建青：《新时代我国高校心理健康教育的新发展》，《学校党建与思想教育》2024年第11期。

[275] 田鹏颖：《习近平文化思想的认识论意义和实践向度》，《中国人民大学学报》2024年第2期。

[276] 田甜：《场域变迁视角下农村籍女大学生精神焦虑的逻辑与困境》，《中国青年研究》2024年第9期。

[277] 涂良川、张宝翠：《"进一步全面深化改革"推进中国式现代化的文明逻辑》，《南京社会科学》2024年第10期。

[278] 万志昂、万冰岩：《论数字思政的叙事机理》，《教育理论与实践》2024年第18期。

[279] 汪斌：《数字青年的生存境遇及引导策略》，《学校党建与思想教育》2024年第6期。

[280] 汪长明：《科学家精神融入大学生思想政治教育的价值意蕴与实践进路》，《上海交通大学学报（哲学社会科学版）》2024年第9期。

[281] 王爱祥、古静：《数字赋能思想政治教育的内在逻辑与实践遵循》，《学校党建与思想教育》2024年第9期。

[282] 王丛丛、巩凡新：《思想政治教育学科政策演进40年：历程、特征与发展趋势》，《学校党建与思想政治教育》2024年第9期。

[283] 王方、杨小青:《高校思政课公众形象塑造的演进、内容及遵循》,《湖南大学学报(社会科学版)》2024年第1期。

[284] 王刚、李爽:《儒家君子人格理念涵养时代新人培育的三重理路》,《湖南师范大学社会科学学报》2024年第2期。

[285] 王海军、秦立富:《"决定中国式现代化成败的关键一招"——改革开放伟大实践的逻辑演进与全面深化》,《思想理论教育导刊》2024年第8期。

[286] 王海威:《人工智能诱发隐性意识形态话语风险的逻辑机理及化解策略》,《马克思主义研究》2024年第4期。

[287] 王鸿铭:《国家治理能力:现代国家建设的理论分析范式》,《学海》2024年第3期。

[288] 王家明:《"大思政课"建设的基本内涵、理念提升和机制建立》,《江苏高教》2024年第2期。

[289] 王建芹、陈思羽:《土地革命战争时期党的纪检监察制度的历史演进》,《四川师范大学学报(社会科学版)》2024年第6期。

[290] 王金良、叶文杰:《空间赛维坦与空间赛托邦:ChatGPT时代的权力悖论》,《中南大学学报(社会科学版)》2024年第2期。

[291] 王静、蒲信竹:《智慧学习提升大学生心理健康教育课堂质量的实践探索》,《中国大学教学》2024年第3期。

[292] 王凯全:《文化自信视域下文化虚无主义的三重危害及其批判》,《思想教育研究》2024年第9期。

[293] 王立峰、周强伟:《党的自我革命制度规范体系的政治逻辑与完善机制》,《探索》2024年第6期。

[294] 王立峰、周强伟:《全面从严治党体系的政治意蕴、构成要素与完善路径》,《河南社会科学》2024年第2期。

[295] 王丽君、代粮:《新时代高校学生党建工作路径探索》,《学校党

建与思想教育》2024年第2期。

[296] 王连杰、丁晓强：《从空想到科学：近代以来的中国社会主义思潮与实践》，《中南民族大学学报（人文社会科学版）》2024年第5期。

[297] 王妮：《高校思政课教师评价的发展特点及改进策略》，《学校党建与思想教育》2024年第9期。

[298] 王倩祯：《从碎片到整体：高校思想政治教育队伍建设的方向与路径》，《甘肃教育研究》2024年第6期。

[299] 王睿：《培育新时代大学生奋斗精神的时代内涵与路径选择》，《学校党建与思想教育》2024年第15期。

[300] 王淑荣、王青佩：《基于学段特征推进大中小学思政课深度一体化》，《思想理论教育导刊》2024年第2期。

[301] 王树荫：《论思想政治教育历史学的知识体系建构》，《马克思主义理论学科研究》2024年第10期。

[302] 王树荫：《中国共产党思想政治教育历史研究述评》，《马克思主义研究》2024年第5期。

[303] 王帅：《人工智能时代思想政治教育功能研究的变化及特点》，《学校党建与思想教育》2024年第17期。

[304] 王天民：《数字化时代思想政治教育的实践遵循》，《思想教育研究》2024年第6期。

[305] 王婷婷、向艳：《新时代高校校园文化育人的逻辑机理及路径优化》，《江苏高教》2024年第1期。

[306] 王熙、侍晓坤：《反思英国品格教育的公共性》，《外国教育研究》2024年第5期。

[307] 王雪、刘世华：《善用"大思政课"培育时代新人的进路》，《学校党建与思想教育》2024年第6期。

[308] 王易：《守正创新推动思政课建设内涵式发展》，《思想教育研究》

2024 年第 5 期。

[309] 王莹、白永生:《高校思政课公众形象科学建构的策略研究》,《重庆大学学报(社会科学版)》2024 年第 5 期。

[310] 王在亮、周东威:《构建大中小学思政课一体化发展指数探究》,《学校党建与思想教育》2024 年第 22 期。

[311] 王增福:《中华优秀传统文化融入思想政治教育的实践路径》,《教学与研究》2024 年第 6 期。

[312] 王占仁:《新时代大学生心理健康教育的工作难点与突破策略》,《中国高等教育》2024 年第 9 期。

[313] 王振:《论思想政治教育学科的理论基础与基础理论》,《马克思主义理论学科研究》2024 年第 7 期。

[314] 温辉、彭正梅:《培养理性温和的公民:德国冲突教育理论争论》,《比较教育研究》2024 年第 11 期。

[315] 温旭:《"数字思政"的作用机制及其实现路径》,《思想理论教育》2024 年第 3 期。

[316] 吴顿、穆文若:《网络历史虚无主义在高校的传播及其治理》,《学校党建与思想教育》2024 年第 6 期。

[317] 吴海江:《新时代全面深化改革之道——从马克思主义本体论、认识论和方法论来看》,《思想理论教育》2024 年第 11 期。

[318] 吴俊、薛天涵:《新时代爱国主义教育法治保障建设的动因、经验与展望》,《教学与研究》2024 年第 4 期。

[319] 吴满意、陈伟:《以数育人:出场语境、基本内涵与实践路径》,《思想理论教育》2024 年第 9 期。

[320] 吴满意、唐良虎:《数字思政技术构件:内在意蕴、发展梗阻与纾解理路》,《贵州师范大学学报》2024 年第 5 期。

[321] 吴潜涛、杜思睿:《思想政治教育学科建设的历史发展与基本经

验》,《马克思主义理论学科研究》2024年第7期。

[322] 武传鹏、邵申林:《高校思政课课程形象评价体系构建研究》,《学校党建与思想教育》2024年第1期。

[323] 武航剑:《思想政治教育隐喻话语的内涵阐释、生成机理与运用理念》,《思想教育研究》2024年第10期。

[324] 夏玉环、郭元祥:《用先进文化培育时代新人——社会主义先进文化的精神实质及其育人价值实现》,《教育研究与实验》2024年第1期。

[325] 项久雨:《"四十不惑":思想政治教育学科发展的历史沉思》,《思想理论教育导刊》2024年第4期。

[326] 项久雨:《思想政治教育现代化要素的解释之维》,《思想理论教育》2024年第2期。

[327] 肖伟光:《习近平文化思想的理论品格》,《北京大学学报(哲学社会科学版)》2024年第2期。

[328] 肖小丽、王让新:《大数据赋能思想政治教育创新发展的三重意蕴》,《学校党建与思想教育》2024年第4期。

[329] 肖瑶、姜鑫婷、韩北辰、方晓娟、刘永:《处境不利青少年美育实践感知与生活满意度的关系:感恩倾向和亲子沟通的链式中介作用》,《心理与行为研究》2024年第4期。

[330] 谢四元、王树明:《新时代学校体育"以体育心"的内在逻辑与推进策略》,《思想教育研究》2024年第7期。

[331] 谢晓娟、莫修良:《习近平关于批判历史虚无主义重要论述的理论贡献》,《学校党建与思想教育》2024年第17期。

[332] 徐辉、滑子颖:《教育强国建设的历史逻辑与文化基因》,《教育研究》2024年第5期。

[333] 徐佳辉、黄蓉生:《思想政治教育贯通的内涵、机理与价值》,《教学与研究》2024年第9期。

[334] 徐娟、王晓红：《政治仪式的思想政治教育功能及其实现》，《学校党建与思想教育》2024年第22期。

[335] 徐磊：《"心理契约"理论融入高校思想政治教育的逻辑论纲》，《黑龙江高教研究》2024年第3期。

[336] 徐曼、郑宏宇：《"课程思政"政策何以成为国家行动？——基于多源流理论的分析》，《河南师范大学学报（哲学社会科学版）》2024年第6期。

[337] 徐小强、王莹：《治理视域下思想政治教育过程优化的价值与策略》，《思想理论教育》2024年第4期。

[338] 徐小强：《数字时代思想政治教育创新发展探究》，《学校党建与思想教育》2024年第16期。

[339] 徐欣顺：《论时代新人的现代性与现代文明教育》，《民族教育研究》2024年第1期。

[340] 徐岩、米华全：《推荐算法赋能大学生爱国主义教育话语创新的辩证省思》，《思想政治教育研究》2024年第2期。

[341] 徐岩、唐登蕓：《"00后"大学生爱国主义教育话语传播的效度难题与优化策略》，《学校党建与思想教育》2024年第22期。

[342] 徐艳玲：《习近平文化思想的世界向度》，《北京大学学报（哲学社会科学版）》2024年第5期。

[343] 许瑞芳、张宜萱：《思想政治教育现代化的内涵、动力与路径》，《思想理论教育》2024年第9期。

[344] 薛朝霞、任子媛、荆雷、李慧：《大学生自杀行为影响因素的分类决策树分析》，《心理发展与教育》2024年第3期。

[345] 薛寒：《多民族互嵌社区铸牢中华民族共同体意识教育的逻辑、困境及突破》，《西北师大学报（社会科学版）》2024年第6期。

[346] 颜佳华、李睿昊：《网络思政、虚拟思政、数字思政、数据思政、智能思政与智慧思政概念及其关系辨析》，《湘潭大学学报（哲学社会科学

版)》第 48 卷第 3 期。

[347] 杨凤城：《习近平传统文化观述论》，《马克思主义理论学科研究》2024 年第 11 期。

[348] 杨怀川：《新时代思想政治教育话语创新论析》，《思想政治课教学》2024 年第 7 期。

[349] 杨明：《"第二个结合"蕴含的时代要求、实践要求与思想内涵》，《南京大学学报（哲学·人文科学·社会科学）》2024 年第 4 期。

[350] 杨明洪、袁子媚：《共同富裕对中华民族共同体建设的作用机制研究》，《思想战线》2024 年第 3 期。

[351] 杨若辰、杨茹：《大数据视域下我国高校意识形态风险防控与安全建设研究》，《思想政治教育研究》2024 年第 6 期。

[352] 杨威、丁丽：《思想政治教育科学化的形态学意义与结构》，《大学教育科学》2024 年第 2 期。

[353] 杨威、张会静：《论思想政治教育的有形与无形》，《思想教育研究》2024 年第 8 期。

[354] 杨贤金：《用社会主义核心价值观培育时代新人》，《红旗文稿》2024 年第 9 期。

[355] 杨晓、向文：《井冈山时期红色革命歌曲的思想政治教育功能及其实现》，《学校党建与思想教育》2024 年第 14 期。

[356] 杨晓慧：《新时代高校思政课建设的主要成就、重要经验和创新向度》，《思想理论教育导刊》2024 年第 3 期。

[357] 杨旭东、袁霄：《新时代统一战线领域意识形态工作风险研判与对策建议》，《湖北省社会主义学院学报》2024 年第 5 期。

[358] 杨叶平：《精准思维提升思政课教学实效》，《思想政治课教学》2024 年第 7 期。

[359] 杨宜音、牧石玲：《大学生"躺平"心态剖析》，《北京行政学院

学报》2024 年第 6 期。

[360] 杨宇轩、柳海民：《美国新品格教育的关怀批判——兼论多元化时代德育的三重扩充》，《全球教育展望》2024 年第 3 期。

[361] 杨增崟、金灿洋、藏雪：《大中小学思政课一体化建设背景下优质课程资源共建共享探赜》，《学校党建与思想教育》2024 年第 1 期。

[362] 姚纲、甘海霞：《表情语言意义的社会建构及其网络治理回应——以信息传播载体的发展为视角》，《湖北社会科学》2024 年第 5 期。

[363] 姚菁菁：《论思想政治教育基础理论研究的生长向度》，《思想理论教育》2024 年第 10 期。

[364] 姚林群：《中华优秀传统文化进课程：历史考察、逻辑生成与实现路径》，《课程·教材·教法》2024 年第 1 期。

[365] 叶方兴：《"思想实际"的思想政治教育学阐释》，《思想教育研究》2024 年第 6 期。

[366] 叶世才：《论铸牢中华民族共同体意识的缘由、主体、路径与评估机制》，《新疆大学学报（哲学社会科学版）》2024 年第 3 期。

[367] 尤文梦：《新时代社会主义意识形态认同的战略布局》，《云南大学学报（社会科学版）》2024 年第 5 期。

[368] 游志纯、赵玥颖：《i 人，e 人？：青年"MBTI 热"现象的分析与审思》，《中国青年研究》2024 年第 7 期。

[369] 于安龙：《论改革开放后邓小平对历史虚无主义的批判及其启示》，《山东社会科学》2024 年第 9 期。

[370] 于成文、尹兆华：《新时代钢铁行业背景高校文化育人工作探究——以北京科技大学为例》，《思想教育研究》2024 年第 3 期。

[371] 于钦明、王启帆：《泛娱乐主义的算法审视与纠治》，《江汉论坛》2024 年第 7 期。

[372] 俞国良、张哲：《数字技术赋能学生心理危机的应对》，《清华大

学教育研究》2024年第4期。

[373] 俞晓婷：《数字技术赋能听障大学生思想政治教育的有为与可为：从技术融合到价值融入》，《中国特殊教育》2024年第9期。

[374] 虞滢：《思想政治教育学科范畴研究的规范性探微》，《思想教育研究》2016年第10期。

[375] 宇文利：《新征程上思想政治教育学原理创新的范式》，《思想理论教育导刊》2024年第10期。

[376] 袁帅：《新加坡品格与公民教育课程建设及其启示》，《教学与管理》2024年第4期。

[377] 袁文华：《论思想政治教育数字叙事的四种形态》，《思想理论教育》2024年第8期。

[378] 袁银传、邵雪：《论习近平文化思想的核心要义》，《浙江工商大学学报》2024年第3期。

[379] 袁媛：《新时代高校思想政治理论课公众形象传播的挑战、影响因素与优化策略》，《思想教育研究》2024年第1期。

[380] 张春贵、李鑫：《坚持我国宗教中国化方向做好高校宗教工作》，《中国宗教》2024年第7期。

[381] 张国启、汪丹丹：《思想政治教育高质量发展的时代意涵与价值理路》，《思想教育研究》2024年第9期。

[382] 张国启：《我国意识形态领域制度优势转化为治理效能的张力及其调适》，《学术界》2024年第7期。

[383] 张海防：《"第二个结合"的价值意蕴、逻辑理路和发展原则》，《河海大学学报（哲学社会科学版）》2024年第4期。

[384] 张海涛、冯晓畅：《论现行〈中国共产党章程〉总纲的叙事结构与制度功能》，《社会主义研究》2024年第4期。

[385] 张海涛：《全面从严治党和党的自我革命的关系辨析》，《北京行

政学院学报》2024 年第 3 期。

[386] 张家臻、李蕉：《习近平总书记关于全面深化改革重要论述的三维论析》，《新疆社会科学》2024 年第 6 期。

[387] 张建晓：《论思想政治教育形象评价的模型构建与过程管理》，《马克思主义理论学科研究》2024 年第 6 期。

[388] 张劲：《持之以恒推进依规治党——新时代党内法规制度建设》，《党建》2024 年第 6 期。

[389] 张军：《为推动新质生产力加快发展贡献新时代高等教育力量》，《红旗文稿》2024 年第 5 期。

[390] 张丽娟、乔秀丽：《"五个高度认同"视域下理解铸牢中华民族共同体意识的三重维度》，《黑龙江民族丛刊》2024 年第 1 期。

[391] 张萌萌：《新时代思政课话语亲和力的提升》，《思想政治课教学》2024 年第 4 期。

[392] 张明：《习近平文化思想的三重叙事结构——基于本体论、方法论和价值论的分析框架》，《社会科学辑刊》2024 年第 6 期。

[393] 张澍军、杨昇昌：《思想政治教育理论谱系的生成基础、历史定位和赓续发展——纪念思想政治教育专业（学科）建制 40 周年》，《东北师大学报（哲学社会科学版）》2024 年第 6 期。

[394] 张晓燕、朱航正：《中共党章学研究问题刍议——以新民主主义革命时期中共党章修改为中心的考察》，《理论学刊》2024 年第 5 期。

[395] 张欣：《新时代高校思想政治理论课公众形象建构的三个着力点》，《思想教育研究》2024 年第 1 期。

[396] 张耀灿：《思想政治教育学科专业创建 30 年的回顾和展望》，《思想理论教育》2014 年第 1 期。

[397] 张瑜、石秋怡：《论思想政治教育网络环境的制度优化》，《思想教育研究》2024 年第 9 期。

[398] 张瑜、王涵：《后现代主义思潮对当代青年价值观的消极影响及对策研究》，《社会主义核心价值观研究》2024年第1期。

[399] 张元奎：《苏霍姆林斯基劳动教育思想的价值向度与时代启示》，《教育理论与实践》2024年第5期。

[400] 张哲、张裕然：《人工智能时代思想政治教育的空间逻辑》，《思想理论教育》2024年第2期。

[401] 张哲：《社会加速视野下的大学生思想政治教育》，《教学与研究》2024年第5期。

[402] 张志刚：《铸牢中华民族共同体意识与深入推进民族地区宗教中国化》，《西北民族研究》2024年第4期。

[403] 张紫千：《高校"双肩挑"辅导员队伍建设的时代意义、基础条件和实践路径——以清华大学为例》，《高校马克思主义理论研究》2024年第2期。

[404] 赵华美：《历史虚无主义的"主体虚无"论及其规正理路》，《安徽师范大学学报（社会科学版）》2024年第5期。

[405] 赵继伟：《以国家治理现代化引领思想政治教育创新》，《中南民族大学学报（人文社会科学版）》2024年第5期。

[406] 赵鹭、刘云林：《大历史观与思想政治教育的耦合与融贯：价值供给、讲授模式与落实方案》，《教育科学研究》2024年第7期。

[407] 赵轩：《大中小学爱国主义教育一体化建设探析》，《西北师大学报（社会科学版）》2024年第3期。

[408] 赵燕萍、陈叙龙：《数字空间意识形态安全的风险防范与治理回应》，《华东理工大学学报（社会科学版）》2024年第5期。

[409] 赵野田、王永红：《价值观确立：思想政治教育的根本》，《学校党建与思想教育》2024年第4期。

[410] 郑卫丽、段梦伟：《"大思政课"视域中高校爱国主义教育时代话语建构的四维向度》，《思想政治教育研究》2024年第1期。

[411] 中央巡视工作领导小组办公室：《深入学习贯彻〈中国共产党巡视工作条例〉把巡视利剑磨得更光更亮》，《机关党建研究》2024年第4期。

[412] 钟君：《习近平关于全面深化改革论述对邓小平改革思想的丰富和发展》，《中南大学学报（社会科学版）》2024年第5期。

[413] 周敬青：《党的自我革命制度规范体系结构类型探析》，《探索与争鸣》2024年第11期。

[414] 周琪：《思想政治教育四十年话语回溯与展望》，《湖南社会科学》2024年第3期。

[415] 周肃军、常扩、周详：《积极心理学视域下高校心理健康教育的范式革新及体系建构》，《黑龙江高教研究》2024年第11期。

[416] 朱浩亮、洪旭霞、高崚峰：《论心理健康教育课中学生思维品质的培养》，《课程·教材·教法》2024年第8期。

[417] 朱金广、陈圣军：《新时代十年来思想政治教育方法研究的省思与前瞻》，《学校党建与思想教育》2024年第6期。

[418] 朱逸、王瑕莉：《文明交流互鉴：关于深化新时代思想政治教育比较研究的若干思考》，《思想政治教育研究》2024年第4期。

[419] 祝刚、孔令帅、杨启光、吴天一：《从民族主义到世界主义：比较教育研究方法论的理路转向》，《华东师范大学学报（教育科学版）》2024年第9期。

[420] 庄伟：《民族地区红色文化教育与国家认同路径研究》，《西北师大学报（社会科学版）》2024年第6期。

[421] 訾彦锋：《积极心理资本融入高校思政课教学的逻辑理路与实践路径》，《教育理论与实践》2024年第30期。

[422] 邹太龙、戚冠辉：《全媒体时代思政课教师话语权的内涵嬗变、现实挑战与重构路径》，《民族教育研究》2024年第1期。

后 记

2024年思想政治教育学科迎来了40周年纪念，在承前启后、守正创新中推动思想政治教育学科迈上发展新台阶。在党的二十届三中全会和全国教育大会精神指导下，学界2024年围绕思想政治教育研究热点问题，坚持理论拓展与实践创新相结合，持续深化思想政治教育的规律性认识，取得了一系列研究成果。这些研究成果既是立足40年学科积淀的深化探讨，也是学科研究新进展的集中体现，还蕴含着学科未来的发展方向和前景趋势。梳理研究进展，把握特点不足，展望发展趋势，对于提升思想政治教育质量实效，在新的历史起点上进一步推动思想政治教育学科守正创新具有重要意义。在此背景下深化思想政治教育热点问题研究，我们继续组织思想政治教育学科领域的专家、学者共同撰写《思想政治教育研究热点年度发布（2024）》。

《思想政治教育研究热点年度发布（2024）》一书由北京科技大学思想政治工作研究院院长冯刚教授负责全书策划和框架设计。经过课题组多次研讨和认真准备，编写工作于2024年9月正式启动。全书具体分工如下：前言（冯刚）、第一章（曹鹤鸣）、第二章（李亚美）、第三章（徐先艳）、第四章（金国峰、郑沛宇）、第五章（朱宏强）、第六章（刘晓玲、周青青）、第七章（王楠）、第八章（代玉启、徐福祥）、第九章（陈倩）、第十章（董翼）、第十一章（景星维、林煊）、第十二章（白永生、赵佳怡）、第十三章（聂小雄）、第十四章（王振）、第十五章（石元鹏）、第十六章（高静毅）、第十七章（陈科、张林）、第十八章（李萌）、第十九章（宁维卫、毕红雪）、第二十章（张发政）、第二十一章（邓卓明、邵二辉）、第二十二章（王莹)、第二十三章（李伟）、第二十四章（武传鹏、张尚明珠）、第二十五章（刘嘉圣）、第二十六章（束永睿）。冯刚、王振、白永生、朱宏强、景星维、汪斌、高静毅、杨璐负责全书统稿，鲍良玉、王莹、曹鹤鸣等参与协助统稿工作。杨小青、王晨蔚、王鹏云、杨雪、王文雨、赵宇等负责相关文献整理和资料收集工作。

  本书的编撰除了经典著作以外，还参考了大量专家学者的研究成果，在此深表感谢！文中采用脚注方式进行了标明，还在书末列出了主要参考文献。本书力求展现2024年思想政治教育学科热点研究全貌，但是由于学科研究内容甚为丰富，加之篇幅有限，研究成果的出版又具有一定滞性，这些都给编写工作带来了较大难度。因时间有限、工作量较大，肯定有遗漏之处，对于本书的局限与不足只能留待今后补充与修正，我们也真诚地希望各位专家、读者批评指正。

本书编写组
2025 年 1 月